U0635279

浙江省普通高校“十三五”新形态教材

高等职业教育财经类规划教材·精品与示范系列（财务会计专业）

纳税会计

林松池　主　编

陈丽君　周一凡　项康丽　副主编

電子工業出版社

Publishing House of Electronics Industry

北京·BEIJING

内 容 简 介

作为浙江省普通高校“十三五”新形态教材，本书将纸质教材与数字资源进行了充分融合。基于工作过程，从创作思想、体例设计、结构和内容等方面体现高职教育以能力为本位、以够用为度、以实用为目的的教学特色。本书包括九个项目和一个综合实训，书中安排了大量案例、图表及二维码，全面介绍了纳税会计的基本理论，以及增值税、消费税、企业所得税、个人所得税和其他税种的涉税会计处理，可以快速提升读者的涉税处理能力。

本书既可作为高职高专院校、独立本科学院和成人高等院校财政、税务、会计、审计等相关专业的教材，也可作为企业经营管理人员、财务会计人员、税务人员学习和工作的参考用书。

图书在版编目（CIP）数据

纳税会计 / 林松池主编. —北京：电子工业出版社，2019.8

ISBN 978-7-121-36652-9

Ⅰ. ①纳… Ⅱ. ①林… Ⅲ. ①税收会计－高等学校－教材 Ⅳ. ①F810.42

中国版本图书馆 CIP 数据核字（2019）第 100531 号

责任编辑：张云怡　　　特约编辑：田学清
印　　刷：北京捷迅佳彩印刷有限公司
装　　订：北京捷迅佳彩印刷有限公司
出版发行：电子工业出版社
　　　　　北京市海淀区万寿路 173 信箱　　邮编：100036
开　　本：787×1092　1/16　印张：18.75　字数：480 千字
版　　次：2019 年 8 月第 1 版
印　　次：2023 年 1 月第 5 次印刷
定　　价：56.00 元

凡所购买电子工业出版社图书有缺损问题，请向购买书店调换。若书店售缺，请与本社发行部联系，联系及邮购电话：（010）88254888，88258888。

质量投诉请发邮件至 zlts@phei.com.cn，盗版侵权举报请发邮件至 dbqq@phei.com.cn。

本书咨询联系方式：（010）88254573，zyy@phei.com.cn。

前　言

随着新一轮税制改革的深入，企业的涉税业务愈加复杂，纳税会计工作日益受到企业的重视，高等职业教育会计专业学生掌握纳税会计知识和技能显得更加重要。因此，编者依据现行税收法律法规及企业会计准则的规定，结合20多年的会计、税收教学研究和实务经验，编写了本书。

与市面上已出版的同类书籍相比，本书具有以下几个特点。

（1）内容新颖、全面。本书根据2019年6月30日前发布（修订）的最新增值税、个人所得税政策及其他最新的财税法规、政策、会计准则编写，力求法律条文、案例、会计处理的时效性和新颖性。本书共涉及17个常用税种的会计处理，内容翔实具体。

（2）理论与实践结合紧密。学习纳税会计需要精通法律条文，同时还必须运用鲜活的案例阐述晦涩难懂的法规。本书在介绍纳税会计理论的基础上，更加注重税务实务的操作性，安排了丰富的税务案例，有助于读者对法规的精准理解。全书嵌入了大量的二维码，拓展数字资源和延伸性知识点；重点突出，难点分析透彻，使读者能迅速地掌握纳税会计的精髓。

（3）编排体例清晰。本书共九个项目和一个综合实训。项目一为纳税会计认知，介绍纳税会计的基本理论。项目二至项目九以我国现行税制中的主要税种为研究对象，分别介绍增值税、消费税、城市维护建设税及教育费附加、关税、财产行为税、资源税、企业所得税、个人所得税的涉税会计处理。在综合实训部分，将企业的投资、筹资、日常经营活动等业务所涉及的税种进行综合编排，使读者通过多税种综合练习，全面、系统地掌握纳税会计的知识和技能。

（4）突出能力培养要求。针对高等职业教育学生的特点，本书坚持以够用为度，将兼顾读者后续发展作为原则，采用项目化教学，并且安排了技能测试题和项目实训题。技能测试题的二维码可连接到智能测评中心，通过在线练习和测评结果，学生可以准确了解自己的知识掌握情况，从而有针对性地进行复习强化。在综合实训中，根据企业业务特点，以点串线，通过多税种综合实训提升学生的涉税处理能力。

本书由林松池担任主编，并编写项目一、项目二、项目九和综合实训部分；陈丽君编写项目三至项目五；周一凡编写项目六和项目七，项康丽编写项目八；林松池负责本书的提纲拟定及定稿；薛亨微担任本书的主审；部分学生参与了后期的文字校对和排版工作。

本书可作为高职高专院校、独立本科学院和成人高等院校财政、税务、会计、审计等相关专业的教材，也可作为企业经营管理人员、财务会计人员、税务人员学习和工作的参考用书。

在编写过程中，温州诚达会计师事务所、浙江爱信诺航天信息技术有限公司提供了部分素材，同时参考、借鉴了大量相关著作、教材与论文，在此向其作者表示衷心感谢。

由于编者水平所限，书中难免存在不足之处，竭诚欢迎广大读者批评指正。

为方便教师教学，本书另配有教学课件以及综合实训的答案解析，请登录华信教育资源网（www.hxedu.com.cn）下载。若您使用本书在教学过程中遇到疑问，欢迎与我们进行交流，联系方式：469754399@qq.com。

目　录

项目一　纳税会计认知

能力目标

1. 能正确理解税收的特征，识别税法构成要素；
2. 能正确洞悉纳税会计的对象、目标、基本前提；
3. 会办理纳税申报，能正确使用发票，知晓纳税人的权利和义务。

知识目标

1. 掌握税收的特征和税法的构成要素；
2. 熟悉税收分类，了解税收的作用及税收立法体系；
3. 熟悉纳税会计的对象、目标、基本前提；
4. 熟悉纳税申报，掌握发票管理规定，熟悉纳税人权利和义务。

【案例导入】

在土耳其洗脸要付三种税

第一种税是从 1993 年开始征收的“环境清洁税”，它在土耳其又被称为“垃圾税”。实施新的税法以后，这个税被纳入水费中。第二种税是“污水费”，由政府按照自来水费 50%的标准收取。第三种税是“增值税”，不论是家庭还是写字楼都要支付这项费用，按照水费的 18%收取。

有老百姓表示，以后洗脸的时候也要想想：随着水哗哗地流，要不断增加税费，实在是让人心疼，不如干脆用湿纸巾擦擦算了！

任务一　认识税收和税法

一、税收的概念、作用、特征及分类

（一）税收的概念

税收，是指以国家为主体，为实现国家职能，凭借政治权力，按照法定标准，无偿取得财政收入的一种特定分配形式。它体现了国家与纳税人在征税、纳税的利益分配上的一种特殊关系，是一定社会制度下的一种特定分配关系。

税收是政府收入的最重要来源，是一个具有特定含义的独立的经济概念，属于财政范畴。税收的定义可以从以下三点进行理解。

（1）税收与国家存在直接联系，两者密不可分，是政府赖以生存并实现其职能的物质

基础。

（2）税收是一个分配范畴，是国家参与并调节国民收入分配的一种手段，是国家财政收入的主要形式。

（3）税收是国家在征税过程中形成的一种特殊分配关系，即以国家为主体的分配关系，因此税收的性质取决于社会经济制度的性质。

（二）税收的作用

税收在组织财政收入、调控经济运行、维护国家政权和维护国家利益等方面具有重要作用。

1．税收是国家组织财政收入的主要形式

税收组织财政收入的作用主要表现在两个方面：一是由于税收具有强制性、无偿性和固定性，因此能保证其收入的稳定；二是税收的源泉十分广泛，能从多方面筹集财政收入。

2．税收是国家调控经济运行的重要手段

国家通过税种的设置，以及在税目、税率、加成征收或减免税等方面的规定，可以调节社会生产、交换、分配和消费，从而促进社会经济健康发展。

3．税收具有维护国家政权的作用

国家政权是税收产生和存在的必要条件，而国家政权的存在又有赖于税收的存在。没有税收，国家机器就无法有效运转。

4．税收是国际经济交往中维护国家利益的可靠保证

在国际交往中，任何国家对在本国境内从事生产、经营的外国企业或个人都拥有税收管辖权，这是国家权益的具体体现。

（三）税收的特征

与其他财政收入形式相比，税收具有强制性、无偿性和固定性三个特征。

1．强制性

强制性是指国家以社会管理者的身份，凭借政权力量，通过颁布法律或法规，按照一定的征收标准进行强制征税。

2．无偿性

无偿性是指国家取得税收收入既不需要偿还，也不需要对纳税人付出任何代价。

3．固定性

固定性是指国家征税以法律形式预先规定征税范围和征收比例，包括时间上的连续性和征收比例的固定性。

（四）税收的分类

1. 按征税对象分类

按征税对象不同可分为流转税类、所得税类、财产行为税类和资源税类。

（1）流转税类。流转税是以商品流转额和非商品营业额（服务收入）为征税对象的一个税种。流转税包括增值税、消费税、关税。

（2）所得税类。所得税即收益税，是对企业与个人因为从事劳动、经营和投资所取得的各种收益为征税对象的税。所得税包括企业所得税、个人所得税。

（3）财产行为税类。财产行为税是指纳税人拥有的财产数量或者财产价值为征税对象，或是为了实现某种特定的目的，以纳税人的某些特定行为为征税对象的税种。财产行为税包括房产税、契税、土地增值税、车船税、城市维护建设税、车辆购置税、印花税等。

（4）资源税类。资源税是以各种应税自然资源为征税对象、为了调节资源级差收入并体现国有资源有偿使用而征收的一种税。资源税包括城镇土地使用税、环境保护税等。

2. 按征收管理的分工体系分类

按征收管理的分工体系不同可分为工商税类和关税类。

（1）工商税类，由税务机关负责征收管理。

（2）关税类，由海关负责征收管理（进出口关税、进口环节增值税、消费税等）。

3. 按税负能否转嫁分类

按税负能否转嫁可分为直接税和间接税。

（1）直接税，是指纳税义务人同时是税收的实际负担人，纳税人不能或不便于将税收负担转嫁给别人的税种，即纳税人与负税人一致，如所得税、财产税等。

（2）间接税，是指纳税义务人不是税收的实际负担人，纳税义务人能够用提高价格或提高收费标准等方法将税收负担转嫁给别人的税种，即纳税人与负税人不一致，如增值税、关税、消费税等。

4. 按计税标准不同分类

按计税标准不同可分为从价税、从量税和复合税。

（1）从价税，以课税对象的价格作为计税依据。从价税实行比例税率和累进税率，税收负担比较合理，如我国现行的增值税、关税和所得税等税种。

（2）从量税，以课税对象的重量、件数、容积、面积等作为计税标准，如我国现行的车船税和城镇土地使用税等采用从量税。

（3）复合税，对课征对象既征从量税，又征从价税，如我国现行的消费税中的卷烟、白酒等产品采用复合税。

5. 按税收与价格关系分类

按税收与价格关系可分为价内税和价外税。

（1）价内税就是税金包含在价格之中，作为价格构成部分的税种，如消费税。

（2）价外税是指税金不包含在价格之中，价税分列的税种，如增值税。

二、税收法律关系

（一）税收法律关系的构成

税收法律关系在总体上与其他法律关系一样，也由权利主体、权利客体和税收法律关系的内容三方面构成。

1．权利主体

权利主体，即税收法律关系中享有权利和承担义务的当事人。在我国税收法律关系中，权利主体一方是代表国家行使征税职责的国家税务机关，包括国家各级税务机关、海关和财政机关；另一方是履行纳税义务的人，包括法人、自然人和其他组织，在华的外国企业、组织、外籍人、无国籍人，以及在华虽然没有机构、场所但有来源于中国境内所得的外国企业或组织。这种对税收法律关系中权利主体另一方的确定，在我国采取的是属地兼属人的原则。

2．权利客体

权利客体，即税收法律关系主体的权利、义务所共同指向的对象，也就是征税对象。例如，所得税法律关系客体就是生产经营所得和其他所得，财产税法律关系客体就是财产，流转税法律关系客体就是销售收入。

3．税收法律关系的内容

税收法律关系的内容就是权利主体所享有的权利和所应承担的义务，这是税收法律关系中最实质的东西，也是税法的灵魂。它规定权利主体可以有什么行为，以及不可以有什么行为，若违反了这些规定，必须承担相应的法律责任。

（二）税收法律关系的产生、变更与消灭

税法是引起税收法律关系的前提条件，但税法本身并不能产生具体的税收法律关系。税收法律关系的产生、变更与消灭必须有能够引起税收法律关系产生、变更或消灭的客观情况，也就是由税收法律事实决定。这种税收法律事实，一般是指税务机关依法征税的行为和纳税人的经济活动行为，发生这种行为才能产生、变更或消灭税收法律关系。例如，纳税人开业经营即产生税收法律关系，纳税人转业或停业会造成税收法律关系的变更或消灭。

三、税法及构成要素

（一）税收与税法

1．税法的概念

税法，即税收法律制度，是国家权力机关和行政机关制定的用于调整国家与纳税人之间在征纳税方面的权利与义务关系的法律规范的总称，是国家法律的重要组成部分。

（1）税法的立法主体具体包括全国人民代表大会及其常务委员会、国务院、地方人民

代表大会及其常务委员会、国务院税收主管部门、地方政府等。

（2）税法的调整对象是税收分配中形成的权利与义务关系，而不直接调整税收分配关系。

2．税收与税法的关系

税收活动必须严格依照税法的规定进行，税法是税收的法律依据和法律保障。而税法又必须以保障税收活动的有序进行作为其存在的理由和依据。

税收作为一种经济活动，属于经济基础范畴。税法是一种法律制度，属于上层建筑范畴。

（二）税法的分类

（1）按照税法的功能作用不同，可分为税收实体法和税收程序法。

① 税收实体法。税收实体法主要是指确定税种立法，具体规定各税种的征收对象、征收范围、税目、税率、纳税地点等。例如，《中华人民共和国增值税暂行条例》《中华人民共和国企业所得税法》《中华人民共和国个人所得税法》都属于税收实体法。

② 税收程序法。税收程序法是指税务管理方面的法律，主要包括税收管理法、发票管理法、税务机关法、税务机关组织法、税务争议处理法等。例如，《中华人民共和国税收征收管理法》就属于税收程序法。

（2）按照主权国家行使税收管辖权的不同，可分为国内税法、国际税法和外国税法。

① 国内税法一般是按照属人或属地原则，规定一个国家的内部税收制度。

② 国际税法是指国家间形成的税收制度，主要包括双边或多边国家间的税收协定、条约和国际惯例等。

③ 外国税法是指其他国家（非本国）制定的税收制度。

（3）按照税法法律级次不同，可分为税收法律、税收行政法规、税收行政规章和税收规范性文件。

① 税收法律，由全国人民代表大会及其常务委员会制定，如《中华人民共和国税收征收管理法》《中华人民共和国个人所得税法》《中华人民共和国企业所得税法》等。

② 税收行政法规，由国务院制定的税收法律规范的总称，如《中华人民共和国增值税暂行条例》《中华人民共和国个人所得税法实施条例》等。

③ 税收行政规章，包括国务院税务主管部门（财政部、国家税务总局和海关总署等）制定的税收部门规章和地方政府制定的地方税收规章。该级次规章不得与宪法、法律、行政法规相抵触。地方政府要在法律法规明确授权的前提下立法，不得与税收法律、行政法规相抵触。例如，《中华人民共和国发票管理办法》《税务稽查工作规程》《中华人民共和国增值税暂行条例实施细则》《房产税实施细则》等。

④ 税收规范性文件，县级（含本级）以上各级税务机关依照法定职权和规定程序制定并发布的，涉及税务行政管理相对人权利与义务，在本辖区内对征纳双方具有普遍约束力并能够反复适用的文件。制定税收规范性文件，应当符合宪法、法律、法规、规章及上级税收规范性文件的规定，并遵循国家税务总局颁发的《税收规范性文件制定管理办法》规定的制定规则和制定程序。

知识拓展

（三）税法的构成要素

税法的构成要素一般包括总则、纳税义务人、征税对象、税目、税率、纳税环节、纳税时间、纳税地点、减税免税、罚则、附则等项目，详见表 1-1。

表 1-1　税法构成要素一览表

要素		内容		举例
1	总则	主要包括立法依据、立法目的、适用原则等		
2	纳税义务人（纳税主体）	一切履行纳税义务的法人、自然人及其他组织		纳税人应当与负税人进行区分。负税人是最终负担税款的单位和个人。二者有时可能相同，纳税人本身就是负税人，如个人所得税、企业所得税等。二者有时又不尽相同，税收虽然由纳税人缴纳，但实际上是由他人负担的，如增值税、消费税，纳税人和负税人不一致，这就是通常所说的税负的转嫁
3	征税对象	税收法律关系中征纳双方权利与义务所指向的物或行为。这是区分不同税种的主要标志，我国现行税收法律、法规都有自己特定的征税对象		企业所得税的征税对象是应税所得，增值税的征税对象是商品、劳务、服务等在生产和流通过程中的增值额
4	税目	各个税种所规定的具体征税项目		消费税具体规定了烟、酒等 15 个税目
5	税率	税率是应纳税额与征税对象之间的比率，是计算应纳税额的尺度，反映了征税的程度；税率是税法的核心要素，是衡量国家税收负担是否适当的标志		
		（1）比例税率	即对同一征税对象，不分数额大小，规定相同的征收比例	增值税、城市维护建设税、企业所得税
		（2）定额税率	即按征税对象确定的计算单位，直接规定一个固定的税额	车船税、城镇土地使用税
		（3）累进税率：把征税对象的数额划分等级，再规定不同等级的税率	全额累进税率，即征税对象的全部数额都按其相应等级的累进税率计算征收	由于税负不合理，目前我国已不采用
			超额累进税率，即把征税对象按数额的大小分成若干等级，每个等级规定一个税率，税率依次提高，但每个纳税人的征税对象依据所属等级同时适用几个税率分别计算，将计算结果相加后得出应纳税款	个人所得税中的综合所得、经营所得税目
			超率累进税率，即以征税对象数额的相对率划分若干级距，分别规定相应的差别税率，相对率每超过一个级距，对超过的部分就按高一级的税率计算征税	土地增值税
6	纳税环节	征税对象在从生产到消费的流转过程中应当缴纳税款的环节		例如，流转税在生产和流通环节纳税，所得税在分配环节纳税

续表

要素		内容	举例
7	纳税时间	纳税时间是指税法规定的关于税款缴纳时间方面的限定。税法关于纳税期限的规定包括纳税义务发生时间、纳税期限、申报期和缴库期限	例如，某增值税一般纳税人，1月2日采取预收款方式销售货物，则满足： （1）增值税纳税义务发生时间为发出货物的当天 （2）以月为一个纳税期的，1月1日—31日是一个纳税期限 （3）申报期限是2月1日—15日。缴库期限是指最晚缴纳税款的日期，就是实际缴纳税款的期限
8	纳税地点	根据各个税种纳税对象的纳税环节和有利于对税款的源泉控制而规定的纳税人（包括代征、代扣、代缴义务人）的具体纳税地点	机构所在地纳税、经营行为发生地纳税、总机构汇总纳税
9	减税免税	对某些纳税人和征税对象采取减少征税或者免予征税的特殊规定。减免税的形式有税基式减免、税率式减免、税额式减免	起征点是征税对象达到一定数额开始征税的起点；免征额是在征税对象的全部数额中免予征税的数额
10	罚则	对纳税人违反税法的行为采取的处罚措施	罚款、罚金、滞纳金、刑事责任
11	附则	与税法紧密相关的内容	解释权、生效时间

例 1-1 比较全额累进税率和超额累进税率。

某纳税人应纳税所得额为3000元，税率如表1-2所示。

表 1-2　税率

级　数	应纳税所得额	税率（%）
1	不超过500元的部分	5
2	超过500元至2000元的部分	10
3	超过2000元至5000元的部分	15
4	超过5000元的部分	20

【解析】

（1）全额累进税率：全额累进税率计算的应纳税额$=3000\times15\%=450$（元）。

（2）超额累进税率：超额累进税率计算的应纳税额$=500\times5\%+(2000-500)\times10\%+(3000-2000)\times15\%=325$（元）。

速算扣除数=全额累进税额-超额累进税额

所以，速算扣除数$=450-325=125$（元）。

则超额累进税率下的应纳税额=应纳税所得额×适用税率-速算扣除数$=3000\times15\%-125=325$（元）。

知识拓展

任务二 纳税会计的对象、目标、基本前提

一、纳税会计的对象

纳税会计的对象是指纳税会计所要核算和监督的内容。它是纳税人因纳税而引起税款的形成、计算、申报、补退、罚款、减免等经济活动，以货币表现的税收资金运动，寓于企业的全部经营资金运动之中。但是纳税会计并不核算和监督企业单位的全部资金运动，而只核算和监督企业单位有关税款的形成、计算、申报、缴纳及其有关的财务活动。具体来讲，纳税会计的对象主要包括以下几方面。

1．经营收入

经营收入是指企业单位在生产经营活动中，销售商品、劳务、服务等所取得的各种收入。企业单位的经营收入是计算上缴税款的重要依据，它不仅是计算增值税等流转税的依据，还是计算所得税等收益税的依据。

2．生产、经营成本（费用）

成本（费用）是企业在生产经营过程中所耗费的全部资金支出，包括生产过程中的生产费用和流通过程中的流通费用。成本（费用）主要反映企业资金的垫支和耗费，是企业资金补偿的尺度。一定会计期间的成本（费用）总额与同期经营收入总额相比，可以反映企业生产经营的盈亏、劳动生产率的高低等，也是企业计算应纳税所得额的基础。

3．收益分配

收益分配是对企业在一定时期内实现的利润总额的分配。收益主要在国家、企业和个人之间进行分配，其“分配”给国家的部分，主要是以缴纳所得税等方式实现的。因此，对收益的计算正确与否以及分配是否符合有关法规，直接关系着国家税收和企业留利。

4．税款的缴纳或减免

由于各种税的计税依据和征收方法不同，不同行业、不同纳税人对同一种税的会计处理也有所不同，因此反映各种税款的缴纳方法也不一致。减免税是对某些纳税人和课税对象给予鼓励或照顾的一种特殊规定，主要解决一些特殊情况下的特殊需要，是我国税收政策的一项重要内容。企业对税款的缴纳和减免，应按国家规定和会计制度正确进行会计核算。

企业纳税、减税、免税等税务活动，都会引起企业的资金运动，因此都是企业纳税会计的核算内容。另外，支付各项税收的滞纳金和罚款也属于纳税会计的内容。

总之，所有会计要素都与纳税有关，但并不是各会计要素的每一经济事项都与纳税有关。纳税会计与财务会计在总体上是一致的，但在具体内容上，纳税会计的范围要小于财务会计。

二、纳税会计的目标

纳税会计作为会计的一个分支，既要以国家税法为准绳，促使企业认真履行纳税义务，

又要在不违反法律的前提下，追求企业纳税方面的最大经济效益。因此，其主要目标包括以下几方面。

1．依法纳税，履行纳税人义务

纳税会计要正确进行与税款形成、计算、申报、缴纳有关的会计处理和调整计算，及时、准确地填报有关纳税报表，及时、足额缴纳各种税款，认真执行税务机关的审查意见。

2．正确进行纳税会计处理，协调与财务会计的关系

纳税会计要以国家现行税法为准绳，又要按会计法规作会计处理，还要在财务报告中正确披露有关纳税会计信息。纳税会计与财务会计是相互补充、相互服务、相互依存的关系，两者作为企业会计的重要组成部分，只有相互配合、相互协调，才能完成各自的具体目标，并为企业共同的目标服务。

3．合理选择纳税方案，科学进行税务筹划

纳税会计同财务会计一样，也要为投资人、债权人、经营者服务，但纳税会计同时要服从、服务于企业价值最大化的总目标。因此，纳税会计应合理选择税负较轻的纳税方案，在企业经营的各个环节事先进行税负的测算并作出税负最轻的决策，事后进行税负分析等。这是纳税会计的主要目标，也是纳税人权利的具体体现。

三、纳税会计的基本前提

纳税会计以财务会计为基础，财务会计中的基本前提有些也适用于纳税会计，如会计分期、货币计量等。但由于纳税会计有自己的特点，其基本前提也应有其特殊性。

1．纳税主体

纳税主体与财务会计的会计主体有密切联系，但不一定等同。会计主体是财务会计为之服务的特定单位或组织，会计处理的数据和提供的财务信息，被严格限制在一个特定的、独立的或相对独立的经营单位之内，典型的会计主体是企业。纳税主体必须是能够独立承担纳税义务的纳税人。在某些垂直领导的行业，如铁路、银行，由铁路总公司、各总行集中纳税，其基层单位是会计主体，但不是纳税主体。又如，对稿酬征纳个人所得税时，其纳税人（即稿酬收入者）并非会计主体，而作为扣缴义务人的出版社或杂志社则成为这一纳税事项的会计主体。纳税主体作为代扣（或者代收、代付）代缴义务人时，纳税人与负税人是分开的。作为纳税会计的一项基本前提，应侧重从会计主体的角度理解和应用纳税主体。

2．持续经营

持续经营的前提意味着该企业个体将继续存在足够长的时间以实现其现在的承诺，如预期所得税在将来要继续缴纳。这是所得税税款递延、亏损前溯或后转以及暂时性差异能够存在并且能够使用纳税影响会计法进行所得税跨期摊配的基础所在。以折旧为例，它意味着在缺乏相反证据时，人们总是假定该企业将在足够长的时间内为转回暂时性的纳税利益而经营并获得收益。

3. 货币时间价值

随着时间推移，投入周转使用的资金价值将会发生增值，这种增值的能力或数额，就是货币的时间价值。这一基本前提已经成为税收立法、税收征管的基点，因此各个税种都明确规定了纳税义务的确认原则、纳税期限、缴库期等。它深刻地揭示了纳税人进行税务筹划的目标之一——纳税最迟，也说明了所得税会计中采用纳税影响会计法进行纳税调整的必要性。

4. 纳税会计期间

纳税会计期间亦称纳税年度，是指纳税人按照税法规定选定的纳税年度，我国的纳税会计期间是指自公历1月1日起至12月31日止。纳税会计期间不等同于纳税期限，如增值税、消费税的纳税期限是日或者月（季度）。如果纳税人在一个纳税年度的中间开业，或者由于改组、合并、破产关闭等原因，该纳税年度的实际经营期限不足12个月的，应当以其实际经营期限作为一个纳税年度。纳税人清算时，应当以清算期间作为一个纳税年度。各国纳税年度规定的具体起止时间有所不同，一般有日历年度、非日历年度、财政年度和营业年度。纳税人可在税法规定的范围内选择、确定，但必须符合税法规定的采用和改变纳税年度的办法，并且遵循税法中所作出的关于对不同企业组织形式、企业类型的各种限制性规定。

5. 年度会计核算

年度会计核算是纳税会计中最基本的前提，即税制是建立在年度会计核算的基础之上的，而不是建立在某一特定业务的基础之上。课税只针对某一特定纳税期间发生的全部事项的净结果，而不考虑当期事项在后续年度中的可能结果如何，后续事项将在其发生的年度内考虑。例如，在“所得税跨期摊配”中应用递延法时，由于强调原始递延税款差异对税额的影响而不强调转回差异对税额的影响，因此它与未来税率没有关联性。当暂时性差异以后转回时，按暂时性差异产生时递延的同一数额调整所得税费用，从而使纳税会计数据具有更多的可稽核性，以揭示税款分配的影响额。

任务三 税收征管

一、税务登记

税务登记是税务机关依据税法规定，对纳税人的生产、经营活动进行登记管理的一项法定制度，也是纳税人依法履行纳税义务的法定手续。税务登记是整个税收征收管理的起点。从税务登记开始，纳税人的身份及征纳双方的法律关系即得到确认。

（一）税务登记申请人

1. 从事生产、经营的纳税人

企业，企业在外地设立的分支机构和从事生产、经营的场所，个体工商户和从事生产、经营的事业单位，都应当办理税务登记。

2．非从事生产经营但依法负有纳税义务的单位和个人

（1）国家机关、个人和无固定生产经营场所的流动性农村小商贩，不办理税务登记。

（2）其他非从事生产经营但依法负有纳税义务的单位和个人，应当办理税务登记。

3．扣缴义务人

依法负有扣缴税款义务的扣缴义务人（国家机关除外），应当办理扣缴税款登记。

（二）"多证合一"登记制度改革

自2015年10月1日起，登记制度改革在全国推行，从"三证合一"推进为"五证合一"，又进一步推进为"多证合一、一照一码"。也就是说，在全面实施企业与农民专业合作社工商营业执照、组织机构代码证、税务登记证、社会保险登记证、统计登记证"五证合一、一照一码"登记制度改革和个体工商户工商营业执照、税务登记证"两证整合"的基础上，将涉及企业、个体工商户和农民专业合作社登记、备案等有关事项与各类证照进一步整合到营业执照上，实现"多证合一、一照一码"。使"一照一码"营业执照成为企业唯一的"身份证"，使统一社会信用代码成为企业唯一的身份代码，实现企业"一照一码"走天下。

知识拓展

二、账簿和凭证管理

账簿和凭证是纳税人进行生产经营活动与核算财务收支的重要资料，也是税务机关对纳税人进行征税、管理、核查的重要依据。

（1）从事生产、经营的纳税人应当自领取营业执照或者发生纳税义务之日起15日内，按照国家有关规定设置账簿。

（2）生产、经营规模小又确无建账能力的纳税人，可以聘请经批准从事会计代理记账业务的专业机构或者经税务机关认可的财会人员代为建账和办理账务。聘请上述机构或者人员有实际困难的，经县以上税务机关批准，可以按照税务机关的规定，建立收支凭证粘贴簿、进货销货登记簿或者使用税控装置。

（3）扣缴义务人应当自税收法律、行政法规规定的扣缴义务发生之日起10日内，按照所代扣、代收的税种，分别设置代扣代缴、代收代缴税款账簿。

三、发票管理

发票是指在购销商品、提供或者接受劳务以及从事其他经营活动中，开具、收取用于摘记经济业务活动的收付款凭证。发票是一种收付款凭证，但并非所有的收付款凭证都是发票。

（一）发票的类型

发票主要有增值税发票和其他发票。

（1）增值税专用发票，包括专用发票和机动车销售统一发票。

（2）增值税普通发票，包括增值税纸质普通发票（折叠式）、增值税电子普通发票和增

值税普通发票（卷票）。

【提示】增值税普通发票（卷票）由纳税人自愿选择使用，重点在生活性服务业纳税人中推广；纳税人可依法书面向税务机关要求使用印有本单位名称的增值税普通发票(卷票)。

（3）其他发票，包括农产品收购发票、农产品销售发票、门票、过路（过桥）费发票、定额发票、客运发票和二手车销售统一发票等。

（二）发票的开具和使用

1. 发票的开具

销售商品、劳务、服务以及从事其他经营活动的单位和个人，对外发生经营业务收取款项，收款方应当向付款方开具发票。但下列情况由付款方向收款方开具发票：① 收购单位和扣缴义务人支付个人款项时；② 国家税务总局认为其他需要由付款方向收款方开具发票的。

取得发票时，不得要求变更品名和金额。禁止虚开发票，虚开发票的行为主要包括以下几方面：① 为他人、为自己开具与实际经营业务情况不符的发票；② 让他人为自己开具与实际经营业务情况不符的发票；③ 介绍他人开具与实际经营业务情况不符的发票。

开具发票的单位和个人应当建立发票使用登记制度，设置发票登记簿，并定期向主管税务机关报告发票使用情况。已开具的发票存根联和发票登记簿，应当保存五年；保存期满，报经税务机关查验后销毁。

2. 发票的使用

任何单位和个人应当按照发票管理规定使用发票，不得有下列行为：① 转借、转让或者介绍他人转让发票、发票监制章和发票防伪专用品；② 知道或者应当知道是私自印制、伪造、变造、非法取得或者废止的发票而受让、开具、存放、携带、邮寄、运输；③ 拆本使用发票；④ 扩大发票使用范围；⑤ 以其他凭证代替发票使用。

四、纳税申报

1. 纳税申报的概念

纳税申报是指纳税人按照税法规定的期限和内容向税务机关提交有关纳税事项书面报告的法律行为，是纳税人履行纳税义务、承担法律责任的主要依据。纳税申报的对象为纳税人和扣缴义务人。纳税人在纳税期限内没有应纳税款的，也应按照规定办理纳税申报。享受减税、免税待遇的，在减税、免税期间应当按照规定办理纳税申报。

2. 纳税申报的方式

纳税申报的方式有直接申报、邮寄申报、数据电文申报、简易申报、其他方式。

（1）直接申报：又称为上门申报，即纳税人、扣缴义务人按照规定期限自行直接到主管税务机关（报税大厅）办理纳税申报手续，是传统的申报方式。

（2）邮寄申报：经税务机关批准的纳税人、扣缴义务人使用统一规定的纳税申报特快专递专用信封，通过邮政部门办理交寄手续，并向邮政部门索取收据作为申报凭据的方式。

（3）数据电文申报：经税务机关确定的电话语音、电子数据交换和网络传输等形式办理的纳税申报，要报经税务机关批准方能采用。

网上申报是数据电文申报方式的一种形式。

（4）简易申报：实行定期定额的纳税人以缴纳税款凭证代替申报或者简并征期。

（5）其他方式：如委托他人代理申报等。

五、税款征收

税款征收是税收征收管理工作的中心环节，是全部税收征管工作的目的和归宿。

（一）税款征收的方式

我国现阶段可供选择的税款征收方式主要有查账征收、查定征收、查验征收、定期定额征收、代扣代缴、代收代缴、委托代征。

1．查账征收

查账征收，由纳税人依据账簿记载先自行计算缴纳税款，事后经税务机关查账核实再多退少补。

查账征收主要适用于财务会计制度较健全且能认真履行纳税义务的纳税人。

虽然采取查账征收方式的前提是设置账簿，但是并非所有设置了账簿的单位都应采用查账征收方式，如设置了账簿但财务会计制度不健全的是不能采取查账征收方式的。

2．查定征收

查定征收，由税务机关根据纳税人的生产设备等在正常条件下的生产、销售情况，对其生产的应税产品查定产量和销售额据以征税。

3．查验征收

查验征收，由税务机关对纳税人的应税产品进行查验，贴上完税证、查验证或者盖查验戳，并据以征税。

4．定期定额征收

定期定额征收，由税务机关核定纳税人在一定经营时期内的应纳税经营额及收益额，并以此作为计税依据确定其应纳税额。

5．代扣代缴

代扣代缴，负有扣缴税款的法定义务人在向纳税人支付款项时，从所支付的款项中直接扣收税款的方式。

6．代收代缴

代收代缴，负有收缴税款的法定义务人在向纳税人收取款项时，按照税法的规定代收税款的方式。

7. 委托代征

委托代征，受托单位按照税务机关核发的代征证书的要求，以税务机关的名义向纳税人征收一些零散税款的征收方式。

（二）应纳税额的核定与调整

1. 核定应纳税额的情形

纳税人有下列情形之一的，税务机关有权核定其应纳税额。

（1）依照法律、行政法规的规定可以不设置账簿的。

（2）依照法律、行政法规的规定应当设置但未设置账簿的。

（3）擅自销毁账簿或者拒不提供纳税资料的。

（4）虽设置账簿，但账目混乱或者成本资料、收入凭证、费用凭证残缺不全，难以查账的。

（5）发生纳税义务，未按照规定的期限办理纳税申报，经税务机关责令限期申报，逾期仍不申报的。

（6）纳税人申报的计税依据明显偏低，又无正当理由的。

2. 方法

税务机关有权采用下列任何一种方法核定应纳税额，当其中一种方法不足以正确核定应纳税额时，可以同时采用两种或者两种以上的方法核定。

（1）参照当地同类行业或者类似行业中经营规模和收入水平相近的纳税人的税负水平核定。

（2）按照营业收入或者成本加合理的费用和利润的方法核定。

（3）按照耗用的原材料、燃料、动力等推算或者测算核定。

（4）按照其他合理方法核定。

知识拓展

例 1-2 某食品销售店不愿提供真实的销售额，只提供本月耗用的外购材料费为 30 000 元。税务人员可通过确定几个基本费用的方法倒推出该店的销售额。

【解析】

该店有经营人员 2 人，核定每人每月平均工资 4000 元，左邻右舍同等大小的店面月租金为 10 000 元，每月发生其他杂费 500 元，则本月费用合计=4000×2+10 000+500+30 000=48 500（元）。核定毛利率为 10%，可核定该店每月销售额=48 500÷（1−10%）=53 888.89（元）。

（三）税款征收的措施

1. 责令缴纳

（1）纳税人未按照规定期限缴纳税款的，扣缴义务人未按照规定期限解缴税款的，税务机关可责令限期缴纳，并从滞纳税款之日起，按日加收滞纳金。

滞纳金的加收标准：从滞纳税款之日起，按日加收滞纳税款 0.5‰的滞纳金。

加收滞纳金的起止时间：自税款法定缴纳期限届满次日起至纳税人、扣缴义务人实际缴纳或者解缴税款之日止。

例 1-3 甲公司 8 月应纳增值税为 30 万元，但由于资金紧张，甲公司直到 10 月 15 日方缴清上述税款。已知甲公司的增值税纳税期限为 1 个月，不考虑其他因素。

【解析】

（1）增值税纳税期限为 1 个月的，应于次月 1 日起 15 日内申报纳税并结清上月应纳税款；因此，甲公司应缴纳税款的最晚期限是 9 月 15 日。

（2）加收滞纳金的起止时间为 9 月 16 日（含）至 10 月 15 日（含），共计 15+15=30（天）。

（3）甲公司应缴纳的税款滞纳金=30×0.5‰×30=0.45（万元）。

（2）对未按照规定办理税务登记的从事生产、经营的纳税人以及临时从事生产经营的纳税人，由税务机关核定其应纳税额，责令其缴纳应纳税额。

（3）税务机关有根据认为从事生产、经营的纳税人有逃避纳税义务行为的，可以在规定的纳税期之前，责令限期缴纳应纳税款。

（4）纳税担保人未按照规定的期限缴纳所担保的税款，税务机关可以责令其限期缴纳应纳税款。

2. 责令提供纳税担保

（1）适用纳税担保的情形主要包括以下几种。

① 税务机关有根据认为从事生产、经营的纳税人有逃避纳税义务行为，在规定的纳税期之前经责令其限期缴纳应纳税款，在限期内发现纳税人有明显的转移、隐匿其应纳税的商品、货物，以及其他财产或者应纳税收入的迹象，责成纳税人提供纳税担保的。

② 欠缴税款、滞纳金的纳税人或者其法定代表人需要出境的。

③ 纳税人同税务机关在纳税上发生争议而未缴清税款，需要申请行政复议的。

④ 税收法律、行政法规规定可以提供纳税担保的其他情形。

（2）纳税担保的范围包括税款、滞纳金和实现税款、滞纳金的费用。

3. 阻止出境

欠缴税款的纳税人或者其法定代表人在出境前未按规定结清应纳税款、滞纳金或者提供纳税担保的，税务机关可以通知出境管理机关阻止其出境。

4. 采取税收保全措施

（1）适用税收保全措施的情形及措施。

税务机关责令具有税法规定情形的纳税人提供纳税担保而纳税人拒绝提供纳税担保或者无力提供纳税担保的，经县以上税务局（分局）局长批准，税务机关可以采取下列税收保全措施。

① 书面通知纳税人开户银行或者其他金融机构冻结纳税人的金额相当于应纳税款的存款。

② 扣押、查封纳税人的价值相当于应纳税款的商品、货物或者其他财产。

（2）不适用税收保全措施的财产。

个人及其所抚养家属维持生活必需的住房和用品（不包括机动车辆、金银饰品、古玩字画、豪华住宅或者一处以外的住房），不在税收保全措施的范围之内。

税务机关对单价为5000元以下的其他生活用品，不采取税收保全措施。

5．采取强制执行措施

（1）适用强制执行的情形及措施。

从事生产、经营的纳税人、扣缴义务人未按照规定的期限缴纳或者解缴税款，纳税担保人未按照规定的期限缴纳所担保的税款，由税务机关责令限期缴纳，逾期仍未缴纳的，经县以上税务局（分局）局长批准，税务机关可以采取下列强制执行措施。

① 书面通知其开户银行或者其他金融机构从其存款中扣缴税款。

② 扣押、查封、依法拍卖或者变卖其价值相当于应纳税款的商品、货物或者其他财产，以拍卖或者变卖所得抵缴税款。

（2）强制执行的范围如下。

① 税务机关采取强制执行措施时，对上述纳税人、扣缴义务人、纳税担保人未缴纳的滞纳金同时强制执行。

② 个人及其所抚养家属维持生活必需的住房和用品（不包括机动车辆、金银饰品、古玩字画、豪华住宅或者一处以外的住房），不在强制执行措施的范围之内。

③ 税务机关对单价为5000元以下的其他生活用品，不采取强制执行措施。

六、税务管理相对人法律责任

税收法律责任的形式主要有行政责任（尚未构成犯罪）和刑事责任（构成犯罪）。

1．未按照规定设置、保管账簿或者保管记账凭证和有关资料

纳税人未按照规定设置、保管账簿或者保管记账凭证和有关资料的，由税务机关责令限期改正，可以处2000元以下的罚款；情节严重的，处2000元以上10 000元以下的罚款。

2．未按照规定的期限办理纳税申报和报送纳税资料

纳税人未按照规定的期限办理纳税申报和报送纳税资料的，由税务机关责令限期改正，可以处2000元以下的罚款；情节严重的，处2000元以上10 000元以下的罚款。

3．非法印制、转借、倒卖、变造或者伪造完税凭证

非法印制、转借、倒卖、变造或者伪造完税凭证的，由税务机关责令改正，处2000元以上10 000元以下的罚款；情节严重的，处10 000元以上50 000元以下的罚款；构成犯罪的，依法追究刑事责任。

4．逃避追缴欠税

（1）纳税人欠缴应纳税款，采取转移或者隐匿财产的手段，妨碍税务机关追缴欠缴的税款的，由税务机关追缴欠缴的税款、滞纳金，并处罚款；构成犯罪的，依法追究刑事责任。

（2）扣缴义务人应扣未扣、应收未收税款的，由税务机关向纳税人追缴税款，对扣缴义务人处以应扣未扣、应收未收税款 50%以上 3 倍以下的罚款。

5．偷税

（1）偷税行为的界定：纳税人采取伪造、变造、隐匿、擅自销毁账簿和记账凭证，或者在账簿上多列支出或者不列、少列收入，或者经税务机关通知申报而拒不申报，或者进行虚假的纳税申报的手段，不缴或者少缴应纳税款的行为。

（2）偷税行为的法律责任。

① 对纳税人的偷税行为，由税务机关追缴其不缴或者少缴的税款、滞纳金，并处以罚款；构成犯罪的，依法追究刑事责任。

② 纳税人、扣缴义务人编造虚假计税依据的，由税务机关责令限期改正，并处罚款。

③ 为纳税人、扣缴义务人非法提供银行账户、发票、证明或者其他方便，导致未缴、少缴税款的，税务机关除没收其违法所得外，可处以罚款。

6．抗税

抗税，是指纳税人、扣缴义务人以暴力、威胁方法拒不缴纳税款的行为。

对抗税行为，构成犯罪的，除由税务机关追缴其拒缴的税款、滞纳金外，可依法追究刑事责任。情节轻微，未构成犯罪的，由税务机关追缴其拒缴的税款、滞纳金，并处以罚款。

7．骗税

骗税行为，是指纳税人以假报出口或者其他欺骗手段，骗取国家出口退税款的行为。

骗税的法律责任。

（1）纳税人有骗税行为，由税务机关追缴其骗取的退税款，并处骗取税款 1 倍以上 5 倍以下的罚款；构成犯罪的，依法追究刑事责任。

（2）为纳税人、扣缴义务人非法提供银行账户、发票、证明或者其他方便，骗取国家出口退税款的，税务机关除没收其违法所得外，可以处未缴、少缴或者骗取的税款 1 倍以下的罚款。

8．纳税人、扣缴义务人不配合税务检查

税务检查期间，纳税人、扣缴义务人发生不配合税务机关进行税务检查的下列行为，由税务机关责令改正，可以处 10 000 元以下的罚款；情节严重的，处 10 000 元以上 50 000 元以下的罚款。

（1）逃避、拒绝或者以其他方式阻挠税务机关检查的。

（2）提供虚假资料，不如实反映情况，或者拒绝提供有关资料的。

（3）拒绝或者阻止税务机关记录、录音、录像、照相和复制与案件有关的情况及资料的。

（4）转移、隐匿、销毁有关资料的。

（5）有不依法接受税务检查的其他情形的。

七、税务行政复议

1．税务行政复议的概念

税务行政复议是指当事人（纳税人、扣缴义务人、纳税担保人及其他税务当事人）不服税务机关及其工作人员作出的税务具体行政行为，依法向上一级税务机关（复议机关）提出申请，复议机关经审理对原税务机关具体行政行为依法作出维持、变更、撤销等决定的活动。

2．税务行政复议的适用对象

税务行政复议的适用对象包括纳税人、扣缴义务人、纳税担保人、其他税务当事人。

3．税务行政复议的受案范围

（1）征税行为，包括确认纳税主体、征税对象、征税范围、减税、免税、退税、抵扣税款、适用税率、计税依据、纳税环节、纳税期限、纳税地点和税款征收方式等具体行政行为，征收税款、加收滞纳金，以及扣缴义务人、受税务机关委托的单位和个人作出的代扣代缴、代收代缴、代征行为等。

（2）行政许可、行政审批行为。

（3）发票管理行为，包括发售、收缴、代开发票等。

（4）税收保全措施、强制执行措施。

（5）行政处罚行为：罚款；没收财物和违法所得；停止出口退税权。

（6）未依法履行下列职责的行为：颁发税务登记；开具、出具完税凭证和外出经营活动税收管理证明；行政赔偿；行政奖励；其他不依法履行职责的行为。

（7）资格认定行为。

（8）未依法确认纳税担保行为。

（9）政府信息公开工作中的具体行政行为。

（10）纳税信用等级评定行为。

（11）通知出入境管理机关阻止出境行为。

（12）其他具体行政行为。

申请人对上述“（1）征税行为”规定的具体行为不服的，应当先向行政复议机关申请行政复议；对行政复议决定不服的，可以向人民法院提起行政诉讼。（必经复议）

申请人对上述除“（1）征税行为”规定的行为以外的其他具体行政行为不服的，既可以申请行政复议，也可以直接向人民法院提起行政诉讼。（选择复议）

4．复议机关

（1）申请人对各级税务局的具体行政行为不服的，向其上一级税务局申请行政复议。

（2）对国家税务总局作出的具体行政行为不服的，向国家税务总局申请行政复议。

（3）对国家税务总局行政复议决定不服的，既可以向人民法院提起行政诉讼，也可以向国务院申请裁决，国务院的裁决为终局裁决。

【案例阅读题】

虚开发票，刚入职毕业生受牵连

根据公诉人指控，2011 年 7 月至 2012 年 5 月，林某利用其设立的温州某米业有限公司、温州某商贸有限公司等 5 家公司，为赚取 4%～6%的开票手续费，指使员工在没有货物销售的情况下，向全国 315 家公司虚开增值税专用发票 1226 份，价税合计为 5.2 亿余元，税额合计为 7600 多万元。

在法庭上，有两位“90 后”女孩多次哭泣。林某名下的 5 家公司实际上只有一套“人马”，仅十几个人，其中 3 名出纳。奇怪的是，3 名出纳都特别不专业，一个是初中毕业，另外两个则是刚毕业的计算机专业“90 后”大学生程某、余某。

程某的辩护律师在法庭上曾质问林某，为什么他要招刚毕业没有会计经验的大学生，是否有什么目的？林某表示没想那么多。

程某的辩护律师为自己的当事人作了罪轻辩护。她说程某来自农民家庭，2011 年刚从学校毕业，通过网络应聘，找到工作不容易，很珍惜。她只是根据老板指示进行转账、打款，以自己的劳动每个月领取 2000 多元工资，直到案发才知道自己在犯罪。如今她原本美好的人生已经变得暗淡，建议法官减轻处罚，适用缓刑。

“林某的公司具有很大的欺骗性，公司头上有那么多的光环，老板是华侨，注册资金达上千万元，把整个社会都欺骗了。作为一个刚进入社会的大学生，能进入这样的公司已经觉得自己很幸运了，怎么能想到是在犯罪呢？”余某的辩护律师说。

问：你从上述案例中得到了什么启示？

技能测试题

在线测评

项目二 增值税会计业务操作

能力目标

1. 能正确界定增值税的征税范围；
2. 能正确计算一般纳税人和小规模纳税人的应纳税额；
3. 能对涉及增值税的业务事项进行会计处理；
4. 能对涉及增值税的业务事项进行纳税申报。

知识目标

1. 掌握增值税的征税范围；
2. 熟悉增值税纳税人的划分；
3. 掌握增值税应纳税额的计算；
4. 掌握增值税会计处理；
5. 熟悉出口退（免）税的规定；
6. 掌握增值税纳税申报。

【案例导入】

合肥破获安徽经侦史上最大虚开增值税专用发票案

2017 年 2 月，合肥市公安局经侦支队经过缜密侦查，破获案值达 50 亿余元的公安部督办特大虚开增值税专用发票案，抓获犯罪嫌疑人余某、李某、陈某等 9 人，成功破获安徽省经侦成立以来案值最大的虚开增值税专用发票案。

经审查：犯罪嫌疑人余某、李某先后纠集犯罪嫌疑人于某、陈某等人，为牟取非法利益，先后在合肥市成立大蒲公司、德耀公司、海即兴公司、皆运公司、艾利克公司、晶仙雅华公司，在没有真实业务往来的情况下，采取低买高卖的形式，从沭阳某商贸有限公司等全国 50 余家公司购买虚开的增值税专用发票，向高邮某金属制品有限公司等全国 200 余户企业虚开增值税专用发票，涉案金额高达 50 亿余元，金额特别巨大，犯罪嫌疑人余某、李某等人非法牟利数千万元。

任务一 增值税纳税准备

一、增值税的概念与分类

增值税是以商品（含应税劳务、服务）在流转过程中产生的增值额作为计税依据而征收的一种流转税。

增值税可分为生产型增值税、收入型增值税和消费型增值税。增值税的类型分类是就购入固定资产的进项税额而言的，购入的固定资产的进项税额当期完全不能抵扣且以后也不能抵扣的属于生产型增值税；购入的固定资产的进项税额当期只能部分抵扣的（部分抵扣是指按当期所提折旧所对应的进项税额抵扣）属于收入型增值税；购入的固定资产的进项税额当期能完全抵扣的属于消费型增值税。

二、增值税的征税范围

在中国境内销售货物或者加工、修理修配劳务（以下简称劳务），销售服务、无形资产、不动产及进口货物，为增值税的征税范围。

（一）货物

1. 销售货物

销售货物，是指在中国境内有偿转让货物的所有权。货物是指有形动产，包括电力、热力、气体在内；有偿，是指从购买方取得货币、货物或者其他经济利益。

2. 视同销售货物

视同销售是会计上未必确认销售收入，但税法要求视同销售处理，并按正常销售征收增值税。视同销售货物意为其不同于一般销售，是一种特殊的销售行为，只是在税收的角度为了计税的需要将其“视同销售”，具体包括以下几种情形。

（1）代销业务。

① 将货物交付其他单位或者个人代销。

② 销售代销货物。

（2）货物移送。

设有两个以上机构并实行统一核算的纳税人，将货物从一个机构移送其他机构用于销售，但相关机构设在同一县（市）的除外。

【注意】用于销售是指受货机构发生以下情形之一的经营行为：① 向购货方开具发票；② 向购货方收取货款。

受货机构的货物移送行为有上述两项情形之一的，应当向所在地税务机关缴纳增值税；未发生上述两项情形的，则应由总机构统一缴纳增值税。

如果受货机构只就部分货物向购买方开具发票或者收取货款，则应当区别不同情况计算，并分别向总机构所在地或者分支机构所在地缴纳税款。

（3）将自产、委托加工的货物用于集体福利或者个人消费。

（4）将自产、委托加工或者购进的货物作为投资，提供给其他单位或者个体工商户。

（5）将自产、委托加工或者购进的货物分配给股东或者投资者。

（6） 将自产、委托加工或者购进的货物无偿赠送其他单位或者个人。

知识拓展

知识拓展

知识拓展

3. 进口货物

只要是报关进口的应税货物，均属于增值税的征税范围，除享受免税政策外，在进口环节缴纳增值税。

4. 特殊规定

（1）货物期货（包括商品期货和贵金属期货），在期货的实物交割环节（按照销售货物）征收增值税。

（2）银行销售金银的业务，应当（按照销售货物）征收增值税。

（3）典当业的死当物品销售业务和寄售商店代委托人销售寄售物品的业务，均应（按照销售货物）征收增值税。

（4）印刷企业接受出版单位委托，自行购买纸张，印刷有统一刊号（CN）以及采用国际标准书号编序的图书、报纸和杂志，按货物销售征收增值税。

（二）提供加工、修理修配劳务

1. 提供加工、修理修配劳务

提供加工、修理修配劳务是指有偿提供加工、修理修配劳务。

（1）加工，是指受托加工货物，即委托方提供原料及主要材料，受托方按照委托方的要求，制造货物并收取加工费的业务。

（2）修理修配，是指受托对损伤和丧失功能的货物进行修复，使其恢复原状和功能的业务。

2. 特殊规定

（1）单位或者个体工商户聘用的员工为本单位或者雇主提供加工、修理修配劳务，不缴纳增值税。

（2）缝纫业务，按照提供应税劳务征收增值税。

（3）电力公司向发电企业收取的过网费，按照提供应税劳务征收增值税。

（4）纳税人提供的矿产资源开采、挖掘、切割、破碎、分拣、洗选等劳务，按照应税劳务征收增值税。

知识拓展

例 2-1 根据增值税法律制度的规定，下列各项中，按照销售货物征收增值税的有（　　）。

A. 银行销售金银的业务　　B. 货物期货

C. 缝纫业务　　D. 电力公司向发电企业收取的过网费

【答案】AB

【解析】选项 CD：按照提供应税劳务征收增值税。

（三）销售服务

销售服务，是指提供交通运输服务、邮政服务、电信服务、建筑服务、金融服务、现代服务、生活服务。

1. 交通运输服务

交通运输服务，是指利用运输工具将货物或者旅客送达目的地，使其空间位置得到转移的业务活动，包括陆路运输服务、水路运输服务、航空运输服务和管道运输服务。

出租车公司向使用本公司自有出租车的出租车司机收取的管理费用，按照陆路运输服务缴纳增值税。水路运输的程租、期租业务属于水路运输服务。航空运输的湿租业务属于航空运输服务。航天运输服务属于航空运输服务，但中国境内的单位和个人销售航天运输服务适用增值税零税率。无运输工具承运业务，按照交通运输服务缴纳增值税。

自 2018 年 1 月 1 日起，纳税人已售票但客户逾期未消费取得的运输逾期票证收入，按照“交通运输服务”缴纳增值税。纳税人为客户办理退票而向客户收取的退票费、手续费等收入，按照“其他现代服务”缴纳增值税。

知识拓展

知识拓展

知识拓展

2. 邮政服务

邮政服务，是指中国邮政集团公司及其所属邮政企业提供邮件寄递、邮政汇兑和机要通信等邮政基本服务的业务活动。

（1）邮政普遍服务，是指函件、包裹等邮件寄递，以及邮票发行、报刊发行和邮政汇兑等业务活动。

（2）邮政特殊服务，是指义务兵平常信函、机要通信、盲人读物和革命烈士遗物的寄递等业务活动。

（3）其他邮政服务，是指邮册等邮品销售、邮政代理等业务活动。

3. 电信服务

电信服务，是指利用有线、无线的电磁系统或者光电系统等各种通信网络资源，提供语音通话服务，传送、发射、接收或者应用图像、短信等电子数据和信息的业务活动，包括基础电信服务和增值电信服务。

（1）基础电信服务，是指利用固网、移动网、卫星、互联网，提供语音通话服务的业务活动，以及出租或者出售带宽、波长等网络元素的业务活动。

（2）增值电信服务，是指利用固网、移动网、卫星、互联网、有线电视网络，提供短信和彩信服务、电子数据和信息的传输及应用服务、互联网接入服务等业务活动。

卫星电视信号落地转接服务，按照增值电信服务缴纳增值税。

4. 建筑服务

建筑服务，是指各类建筑物、构筑物及其附属设施的建造、修缮、装饰，线路、管道、设备、设施等的安装，以及其他工程作业的业务活动。

（1）工程服务，是指新建、改建各种建筑物和构筑物的工程作业。

（2）安装服务，是指生产设备、动力设备、起重设备、运输设备、传动设备、医疗实验设备，以及其他各种设备、设施的装配和安置工程作业。

固定电话、有线电视、宽带、水、电、燃气、暖气等经营者向用户收取的安装费、初装费、开户费、扩容费及其类似收费，按照安装服务缴纳增值税。

（3）修缮服务，是指对建筑物、构筑物（而非货物）进行修补、加固、养护、改善，使之恢复原来的使用价值或者延长其使用期限的工程作业。

（4）装饰服务，是指对建筑物、构筑物进行修饰装修，使之美观或者具有特定用途的工程作业。

（5）其他建筑服务，是指上列工程作业之外的各种工程作业服务，如钻井（打井）、拆除建筑物或者构筑物、平整土地、园林绿化、疏浚（不包括航道疏浚）、建筑物平移、搭脚手架、爆破、矿山穿孔、表面附着物（包括岩层、土层、沙层等）剥离和清理等工程作业。

【注意】物业服务企业为业主提供的装修服务，按照“建筑服务”缴纳增值税。纳税人将建筑施工设备出租给他人使用并配备操作人员的，按照“建筑服务”缴纳增值税。

5. 金融服务

金融服务，是指经营金融保险的业务活动，包括贷款服务、直接收费金融服务、保险服务、金融商品转让。

（1）贷款服务。

① 各种占用、拆借资金取得的收入，包括金融商品持有期间（含到期）利息（保本收益、报酬、资金占用费、补偿金等）收入、信用卡透支利息收入、买入返售金融商品利息收入、融资融券收取的利息收入，以及融资性售后回租、押汇、罚息、票据贴现、转贷等业务取得的利息及利息性质的收入，按照贷款服务缴纳增值税。

【注意】“保本收益、报酬、资金占用费、补偿金”是指合同中明确承诺到期本金可全部收回的投资收益。非保本金融产品收益不缴纳增值税。

② 以货币资金投资收取的固定利润或者保底利润，按照贷款服务缴纳增值税。

（2）直接收费金融服务，包括提供货币兑换、账户管理、电子银行、信用卡、信用证、财务担保、资产管理、信托管理、基金管理、金融交易场所（平台）管理、资金结算、资金清算、金融支付等服务。

（3）保险服务，包括人身保险服务和财产保险服务。

（4）金融商品转让，是指转让外汇、有价证券、非货物期货和其他金融商品（包括基金、信托、理财产品等各类资产管理产品和各种金融衍生品）所有权的业务活动。

6. 现代服务

现代服务，是指围绕制造业、文化产业、现代物流产业等提供技术性、知识性服务的业务活动，包括研发和技术服务、信息技术服务、文化创意服务、物流辅助服务、租赁服务、鉴证咨询服务、广播影视服务、商务辅助服务和其他现代服务。

（1）研发和技术服务，包括研发服务、合同能源管理服务、工程勘察勘探服务、专业技术服务。

① 研发服务，也称技术开发服务，是指就新技术、新产品、新工艺或者新材料及其系统进行研究与试验开发的业务活动。

② 合同能源管理服务，是指节能服务公司与用能单位以契约形式约定节能目标，节能服务公司提供必要的服务，用能单位以节能效果支付节能服务公司投入及其合理报酬的业务活动。

③ 工程勘察勘探服务，是指在采矿、工程施工前后，对地形、地质构造、地下资源蕴藏情况进行实地调查的业务活动。

④ 专业技术服务，是指气象服务、地震服务、海洋服务、测绘服务、城市规划、环境与生态监测服务等专项技术服务。

（2）信息技术服务，指利用计算机、通信网络等技术对信息进行生产、收集、处理、加工、存储、运输、检索和利用，并提供信息服务的业务活动，包括软件服务、电路设计及测试服务、信息系统服务、业务流程管理服务和信息系统增值服务。

① 软件服务，是指提供软件开发服务、软件维护服务、软件测试服务的业务活动。

② 电路设计及测试服务，是指提供集成电路和电子电路产品设计、测试及相关技术支持服务的业务活动。

③ 信息系统服务，是指提供信息系统集成、网络管理、网站内容维护、桌面管理与维护、信息系统应用、基础信息技术管理平台整合、信息技术基础设施管理、数据中心、托管中心、信息安全服务、在线杀毒、虚拟主机等业务活动，包括网站对非自有的网络游戏提供的网络运营服务。

④ 业务流程管理服务，是指依托信息技术提供的人力资源管理、财务经济管理、审计管理、税务管理、物流信息管理、经营信息管理和呼叫中心等服务的活动。

⑤ 信息系统增值服务，是指利用信息系统资源为用户附加提供的信息技术服务，包括数据处理、分析和整合，以及数据库管理、数据备份、数据存储、电子商务平台等。

（3）文化创意服务，包括设计服务、知识产权服务、广告服务和会议展览服务。

① 设计服务，是指把计划、规划或者设想通过文字、语言、图画、声音、视觉等形式传递出来的业务活动，包括工业设计、内部管理设计、业务运作设计、供应链设计、造型设计、服装设计、环境设计、平面设计、包装设计、动漫设计、网游设计、展示设计、网站设计、机械设计、工程设计、广告设计、创意策划、文印晒图等。

② 知识产权服务，是指处理知识产权事务的业务活动，包括对专利、商标、著作权、软件、集成电路布图设计的登记、鉴定、评估、认证、检索服务。

③ 广告服务，是指利用图书、报纸、杂志、广播、电视、电影、幻灯、路牌、招贴、橱窗、霓虹灯、灯箱、互联网等各种形式为客户的商品、经营服务项目、文体节目或者通告、声明等委托事项进行宣传和提供相关服务的业务活动，包括广告代理和广告的发布、播映、宣传、展示等。

④ 会议展览服务，是指为商品流通、促销、展示、经贸洽谈、民间交流、企业沟通、国际往来等举办或者组织安排的各类展览和会议的业务活动。

（4）物流辅助服务，包括航空服务、港口码头服务、货运客运场站服务、打捞救助服务、装卸搬运服务、仓储服务和收派服务。

① 航空服务，包括航空地面服务和通用航空服务。

航空地面服务，是指航空公司、飞机场、民航管理局、航站等向在境内航行或者在境内机场停留的境内外飞机或者其他飞行器提供的导航等劳务性地面服务的业务活动，包括旅客安全检查服务、停机坪管理服务、机场候机厅管理服务、飞机清洗消毒服务、空中飞行管理服务、飞机起降服务、飞行通信服务、地面信号服务、飞机安全服务、飞机跑道管理服务、空中交通管理服务等。

通用航空服务，是指为专业工作提供飞行服务的业务活动，包括航空摄影、航空培训、航空测量、航空勘探、航空护林、航空吊挂播撒、航空降雨、航空气象探测、航空海洋监测、航空科学实验等。

② 港口码头服务，是指港务船舶调度服务、船舶通信服务、航道管理服务、航道疏浚服务、灯塔管理服务、航标管理服务、船舶引航服务、理货服务、系解缆服务、停泊和移泊服务、海上船舶溢油清除服务、水上交通管理服务、船只专业清洗消毒检测服务和防止船只漏油服务等为船只提供服务的业务活动。

港口设施经营人收取的港口设施保安费按照港口码头服务缴纳增值税。

③ 货运客运场站服务，是指货运客运场站提供货物配载服务、运输组织服务、中转换乘服务、车辆调度服务、票务服务、货物打包整理、铁路线路使用服务、加挂铁路客车服务、铁路行包专列发送服务、铁路到达和中转服务、铁路车辆编解服务、车辆挂运服务、铁路接触网服务、铁路机车牵引服务等业务活动。

④ 打捞救助服务，是指提供船舶人员救助、船舶财产救助、水上救助和沉船沉物打捞服务的业务活动。

⑤ 装卸搬运服务，是指使用装卸搬运工具或者人力、畜力将货物在运输工具之间、装卸现场之间或者运输工具与装卸现场之间进行装卸和搬运的业务活动。

⑥ 仓储服务，是指利用仓库、货场或者其他场所代客储放、保管货物的业务活动。

⑦ 收派服务，是指接受寄件人委托，在承诺的时限内完成函件和包裹的收件、分拣、派送服务的业务活动。

（5）租赁服务，包括融资租赁服务和经营租赁服务。

【注意】有形动产和不动产的经营租赁、融资租赁，都按“现代服务——租赁服务”征收增值税。但融资性售后回租按照金融服务征收增值税。

将建筑物、构筑物等不动产或者飞机、车辆等有形动产的广告位出租给其他单位或者个人用于发布广告，按照经营租赁服务缴纳增值税。

车辆停放服务、道路通行服务（包括过路费、过桥费、过闸费等）等按照不动产经营租赁服务缴纳增值税。

（6）鉴证咨询服务，包括认证服务、鉴证服务和咨询服务。

① 认证服务，是指具有专业资质的单位利用检测、检验、计量等技术，证明产品、服务、管理体系符合相关技术规范、相关技术规范的强制性要求或者标准的业务活动。

② 鉴证服务，是指具有专业资质的单位受托对相关事项进行鉴证，发表具有证明力的意见的业务活动。鉴证服务包括会计鉴证、税务鉴证、法律鉴证、职业技能鉴定、工程造价鉴证、工程监理、资产评估、环境评估、房地产土地评估、建筑图纸审核、医疗事故鉴定等。

③ 咨询服务，是指提供信息、建议、策划、顾问等服务的活动，包括金融、软件、技术、财务、税收、法律、内部管理、业务运作、流程管理、健康等方面的咨询。

翻译服务和市场调查服务按照咨询服务缴纳增值税。

（7）广播影视服务，包括广播影视节目（作品）的制作服务、发行服务和播映（含放映）服务。

① 广播影视节目（作品）制作服务，是指进行专题（特别节目）、专栏、综艺、体育、动画片、广播剧、电视剧、电影等广播影视节目和作品制作的服务。

② 广播影视节目（作品）发行服务，是指以分账、买断、委托等方式，向影院、电台、电视台、网站等单位和个人发行广播影视节目（作品）以及转让体育赛事等活动的报道与播映权的业务活动。

③ 广播影视节目（作品）播映服务，是指在影院、剧院、录像厅及其他场所播映广播影视节目（作品），以及通过电台、电视台、卫星通信、互联网、有线电视等无线或者有线装置播映广播影视节目（作品）的业务活动。

（8）商务辅助服务，包括企业管理服务、经纪代理服务、人力资源服务、安全保护服务。

① 企业管理服务，是指提供总部管理、投资与资产管理、市场管理、物业管理、日常综合管理等服务的业务活动。

② 经纪代理服务，是指各类经纪、中介、代理服务，包括金融代理、知识产权代理、货物运输代理、代理报关、法律代理、房地产中介、职业中介、婚姻中介、代理记账、拍卖等。

③ 人力资源服务，是指提供公共就业、劳务派遣、人才委托招聘、劳动力外包等服务的业务活动。

④ 安全保护服务，是指提供保护人身安全和财产安全以及维护社会治安等的业务活动，包括场所住宅保安、特种保安、安全系统监控及其他安保服务。

（9）其他现代服务。

纳税人对安装运行后的电梯提供的维护保养服务，按照“其他现代服务”缴纳增值税。

7．生活服务

生活服务，是指为满足城乡居民日常生活需求提供的各类服务活动，包括文化体育服务、教育医疗服务、旅游娱乐服务、餐饮住宿服务、居民日常服务和其他生活服务。

（1）文化体育服务，包括文化服务和体育服务。

① 文化服务，是指为满足社会公众文化生活需求提供的各种服务。文化服务包括文艺创作、文艺表演、文化比赛，图书馆的图书和资料借阅，档案馆的档案管理，文物及非物质文化遗产保护，组织举办宗教活动、科技活动、文化活动，以及提供游览场所。

② 体育服务，是指组织举办体育比赛、体育表演、体育活动，以及提供体育训练、体育指导、体育管理的业务活动。

纳税人在游览场所经营索道、摆渡车、电瓶车、游船等取得的收入，按照“文化体育服务”缴纳增值税。

（2）教育医疗服务，包括教育服务和医疗服务。

① 教育服务，是指提供学历教育服务、非学历教育服务、教育辅助服务的业务活动。

② 医疗服务，是指提供医学检查、诊断、治疗、康复、预防、保健、接生、计划生育、防疫服务等方面的服务，以及与这些服务有关的提供药品、医用材料器具、救护车、病房

住宿和伙食的业务。

（3）旅游娱乐服务，包括旅游服务和娱乐服务。

① 旅游服务，是指根据旅游者的要求，组织安排交通、游览、住宿、餐饮、购物、文娱、商务等服务的业务活动。

② 娱乐服务，是指为娱乐活动同时提供场所和服务的业务，具体包括歌厅、舞厅、夜总会、酒吧、台球厅、高尔夫球俱乐部、保龄球馆、游艺（包括射击、狩猎、跑马、游戏机、蹦极、卡丁车、热气球、动力伞、射箭、飞镖）场所。

（4）餐饮住宿服务。

① 餐饮服务，是指通过同时提供饮食和饮食场所的方式为消费者提供饮食消费服务的业务活动。

提供餐饮服务的纳税人销售的外卖食品，按照“餐饮服务”缴纳增值税。

② 住宿服务，是指提供住宿场所及配套服务等的活动，包括宾馆、旅馆、旅社、度假村和其他经营性住宿场所提供的住宿服务。

纳税人以长（短）租形式出租酒店式公寓并提供配套服务的，按照“住宿服务”缴纳增值税。

（5）居民日常服务，是指主要为满足居民个人及其家庭日常生活需求提供的服务，包括市容市政管理、家政、婚庆、养老、殡葬、照料和护理、救助救济、美容美发、按摩、桑拿、氧吧、足疗、沐浴、洗染、摄影、扩印等服务。

（6）其他生活服务。纳税人提供植物养护服务，按照“其他生活服务”缴纳增值税。

（四）销售无形资产

销售无形资产，是指有偿转让无形资产所有权或者使用权的业务活动。无形资产，是指不具实物形态，但能带来经济利益的资产，包括技术、商标、著作权、商誉、自然资源使用权和其他权益性无形资产。

知识拓展

（五）销售不动产

销售不动产，是指有偿转让不动产所有权的业务活动。不动产是指建筑物、构筑物，不包括土地使用权。单独转让土地使用权按“销售无形资产”缴纳增值税。转让建筑物有限产权或者永久使用权的，转让在建的建筑物或者构筑物所有权的，以及在转让建筑物或者构筑物时“一并转让”其所占土地的使用权的，按照“销售不动产”缴纳增值税。

（六）视同销售服务、无形资产或者不动产

下列情形视同销售服务、无形资产或者不动产。

（1）单位或者个体工商户向其他单位或者个人无偿提供服务，但用于公益事业或者以社会公众为对象的除外。

（2）单位或者个人向其他单位或者个人无偿转让无形资产或者不动产，但用于公益事业或者以社会公众为对象的除外。

（3）财政部和国家税务总局规定的其他情形。

例 2-2 A 公司将房屋出租给 B 饭店，不收取租金，但 A 公司工作人员可以在 B 饭店免费就餐。

【解析】本例看似无偿，实则有偿。A 公司的房屋出租行为应当视同销售不动产租赁服务，征收增值税；B 饭店提供的免费就餐服务应当视同销售餐饮服务，征收增值税。

三、不征收增值税的特殊情况

1. 非营业活动

销售服务、无形资产或者不动产，是指有偿提供服务、有偿转让无形资产或者不动产，但属于下列非经营活动的情形除外。

（1）行政单位收取的同时满足以下条件的政府性基金或者行政事业性收费。

① 由国务院或者财政部批准设立的政府性基金，由国务院或者省级人民政府及其财政、价格主管部门批准设立的行政事业性收费。

② 收取时开具省级以上（含省级）财政部门监（印）制的财政票据。

③ 所收款项全额上缴财政。

（2）单位或者个体工商户聘用的员工为本单位或者雇主提供取得工资的服务。

（3）单位或者个体工商户为聘用的员工提供服务。

（4）财政部和国家税务总局规定的其他情形。

【提示】单位为聘用的员工提供服务，属于非营业活动，不征收增值税；但单位将自产的货物作为集体福利发放，应视同销售货物，征收增值税。

2. 下列情形不属于在境内销售服务或者无形资产

（1）境外单位或者个人向境内单位或者个人销售完全在境外发生的服务。

（2）境外单位或者个人向境内单位或者个人销售完全在境外使用的无形资产。

（3）境外单位或者个人向境内单位或者个人出租完全在境外使用的有形动产。

（4）财政部和国家税务总局规定的其他情形。

【提示】① 方向特定：提供方必须为境外单位或者个人；接受方必须为境内单位或者个人。② 必须“完全在境外发生或者使用”。

3. 不征收增值税的其他情形

（1）根据国家指令无偿提供的铁路运输服务、航空运输服务，属于《营业税改征增值税试点实施办法》规定的用于公益事业的服务，不征收增值税。

（2）存款利息，不征收增值税。

（3）被保险人获得的保险赔付，不征收增值税。

（4）房地产主管部门或者其指定机构、公积金管理中心、开发企业及物业管理单位代收的住宅专项维修资金，不征收增值税。

（5）在资产重组过程中，通过合并、分立、出售、置换等方式，将全部或者部分实物资产以及与其相关联的债权、负债和劳动力一并转让给其他单位和个人，不属于增值税征收范围，不征收增值税。

（6）转让企业全部产权涉及的应税货物的转让，不属于增值税的征税范围，不征收增值税。

（7）对增值税纳税人收取的会员费收入，不征收增值税。

（8）基本建设单位和从事建筑安装业务的企业附设的工厂、车间生产的水泥预制构件、其他构件或者建筑材料，用于本单位或者本企业的建筑工程的，应在移送使用时征收增值税。但对其在建筑现场制造的预制构件，凡直接用于本单位或者本企业建筑工程的，不征收增值税。

（9）供应或者开采未经加工的天然水（如水库供应农业灌溉用水、工厂自采地下水用于生产），不征收增值税。

（10）对国家管理部门行使其管理职能，发放的执照、牌照和有关证书等取得的工本费收入，不征收增值税。

四、混合销售和兼营

1. 混合销售

一项销售行为如果既涉及货物也涉及服务，则为混合销售。从事货物的生产、批发或者零售的单位和个体工商户（包括以从事货物的生产、批发或者零售为主，并兼营销售服务的单位和个体工商户在内）的混合销售行为，按照销售货物缴纳增值税；其他单位和个体工商户的混合销售行为，按照销售服务缴纳增值税。

【提示】① 界定：针对一项销售行为。② 税务处理：从主业交税。

例 2-3 甲公司为增值税一般纳税人，主要从事货物销售，2019 年 11 月销售货物同时提供运输服务，取得不含增值税货物销售款 100 000 元、运费 1000 元。

【解析】甲公司本月上述业务应计算的销项税额=（100 000+1000）×13%=13 130（元）

【注意】根据国家税务总局 2017 年第 11 号公告，纳税人销售活动板房、机器设备、钢结构件等自产货物的同时提供建筑、安装服务，不属于混合销售，应分别核算货物和建筑服务的销售额，分别适用不同的税率或者征收率。

2. 兼营

纳税人的经营范围既包括销售货物和加工修理修配劳务，也包括销售服务、无形资产和不动产的，构成兼营。纳税人兼营销售货物、加工修理修配劳务、服务、无形资产或者不动产，适用不同税率或者征收率的，应当分别核算适用不同税率或者征收率的销售额；未分别核算的分以下几种情形进行处理。

（1）兼有不同税率的销售货物、加工修理修配劳务、服务、无形资产或者不动产，从高适用税率。

（2）兼有不同征收率的销售货物、加工修理修配劳务、服务、无形资产或者不动产，从高适用征收率。

（3）兼有不同税率和征收率的销售货物、加工修理修配劳务、服务、无形资产或者不动产，从高适用税率。

【提示】① 界定：针对主体。② 税务处理：分别核算分别交，未分别核算从高交。

例 2-4 甲商场为增值税一般纳税人，分设商品销售部、餐饮部和货运部，货运部依法取得货物运输经营资质。2019 年 11 月，甲商场商品销售部取得不含增值税销售额 100 万元（税率 13%），餐饮部取得不含增值税餐饮收入 60 万元（税率 6%），货运部取得不含增值税货物运输收入 40 万元（税率 9%）。

【解析】甲商场本月上述业务应计算的销项税额=100×13%+60×6%+40×9%=20.2（万元）

知识拓展

五、增值税的纳税人和扣缴义务人

（一）增值税的纳税人

在中国境内销售货物、劳务、服务、无形资产、不动产，以及进口货物的单位和个人，为增值税的纳税人。

【解释】税法上的“个人”是指个体工商户、其他个人（自然人）。

1. 分类

根据纳税人经营规模及会计核算健全程度的不同，增值税的纳税人可以分为一般纳税人和小规模纳税人。

2. 征税办法及发票使用

（1）小规模纳税人采用“简易办法”计算增值税应纳税额，一般不能自行开具增值税专用发票，但可以到税务机关申请代开增值税专用发票。

【注意】住宿业、鉴证咨询业、建筑业等行业小规模纳税人，以及工业，信息传输、软件、信息技术服务业，租赁和商贸服务业，科学研究和技术服务业，居民服务、修理和其他服务业增值税小规模纳税人试点自行开具专用发票的（销售其取得的不动产除外），税务机关不再为其代开。

（2）一般纳税人通常采用“一般计税方法”计算增值税应纳税额，可以依法使用增值税专用发票；但一般纳税人也存在按简易办法计算缴纳增值税的情形。

3. 区分标准

（1）一般标准，主要关注经营规模（销售额）。增值税纳税人年应税销售额超过 500 万元的，应当向主管税务机关办理一般纳税人登记。

知识拓展

（2）特殊标准。

① 会计核算水平。小规模纳税人会计核算健全并且能够提供准确税务资料的，可以向主管税务机关办理一般纳税人登记。

② 只能作为小规模纳税人。年应税销售额超过小规模纳税人标准的其他个人（即除个体工商户以外的其他自然人）按小规模纳税人纳税。

（3）登记管理。

① 纳税人应当向其机构所在地主管税务机关办理一般纳税人登记手续。

纳税人在年应税销售额超过规定标准的月份（或者季度）的所属申报期结束后15日内按照规定办理相关手续；未按规定时限办理的，主管税务机关应当在规定时限结束后5日内制作《税务事项通知书》，告知纳税人应当在5日内向主管税务机关办理相关手续；逾期仍不办理的，次月起按销售额依照增值税税率计算应纳税额，不得抵扣进项税额，直至纳税人办理相关手续为止。

② 除国家税务总局另有规定外，纳税人一经登记为一般纳税人后，不得转为小规模纳税人。

（二）增值税的扣缴义务人

中国境外的单位或者个人在境内提供应税服务，在境内未设经营机构的，以其代理人为增值税扣缴义务人；在境内没有代理人的，以接受方为增值税扣缴义务人。

境外单位或者个人在境内提供应税服务，在境内未设有经营机构的，扣缴义务人按照下列公式计算应扣缴税额：

应扣缴税额=接受方支付的价款÷（1+税率）×税率

例2-5 A企业为一般纳税人，2019年1月从某外国企业购入一项服务，价税合计为10 600元。试计算应扣缴税额。

【解析】应扣缴税额=10 600÷（1+6%）×6%=600（元）

六、增值税税率

（一）13%税率

（1）销售或者进口货物，除税法规定适用9%税率或者零税率外，税率为13%。

（2）提供加工、修理修配劳务，税率为13%。

（3）提供有形动产租赁服务，税率为13%。

（二）9%税率

1. 货物

销售或者进口下列货物，适用9%的税率。

（1）粮食等农产品（各种植物、动物的“初级”产品）、食用植物油、食用盐。

（2）自来水、暖气、冷气、热水、煤气、石油液化气、天然气、二甲醚、沼气、居民用煤炭制品。

（3）图书、报纸、杂志。

（4）饲料、化肥、农药、农机、农膜。

（5）音像制品、电子出版物。

【注意】自2018年1月1日起至2020年12月31日，免征图书批发、零售环节增值税。

2. 销售服务、不动产、土地使用权适用 9%的税率

（1）提供交通运输、邮政、基础电信、建筑、不动产租赁服务。

（2）销售不动产。

（3）转让土地使用权。

（三）6%税率

（1）销售增值电信服务、金融服务、现代服务（租赁服务除外）、生活服务。

（2）销售无形资产（转让土地使用权除外）。

（四）零税率

知识拓展

（1）纳税人出口货物，适用增值税零税率，但国务院另有规定的除外。

（2）中国境内的单位和个人销售的下列服务和无形资产，适用增值税零税率。

① 国际运输服务：在境内载运旅客或者货物出境；在境外载运旅客或者货物入境；在境外载运旅客或者货物。

② 航天运输服务。

③ 向境外单位提供完全在境外消费的下列服务：研发服务；合同能源管理服务；设计服务；广播影视节目（作品）的制作和发行服务；软件服务；电路设计及测试服务；信息系统服务；业务流程管理服务；离岸服务外包业务；转让技术。

④ 财政部和国家税务总局规定的其他服务。

【注意】纳税人发生应税行为同时适用免税和零税率的，纳税人可以选择适用免税或者零税率。纳税人发生适用零税率的应税行为，应当按期向主管税务机关申报办理退（免）税，具体办法由财政部和国家税务总局制定。

七、增值税税收优惠

（一）《中华人民共和国增值税暂行条例》及其他相关文件规定的免税项目

（1）农业生产者销售的自产农产品。

（2）避孕药品和用具。

（3）古旧图书。

（4）直接用于科学研究、科学试验和教学的进口仪器、设备。

（5）外国政府、国际组织无偿援助的进口物资和设备。

（6）由残疾人组织直接进口供残疾人专用的物品。

（7）残疾人个人提供的加工、修理修配劳务免征增值税。

（8）其他个人销售的自己使用过的物品。

（9）承担粮食收储任务的国有粮食购销企业销售粮食免征增值税。

（10）饲料产品（除豆粕外）免征增值税，但宠物饲料不属于免征增值税的饲料。

（11）对从事蔬菜批发、零售的纳税人销售的蔬菜免征增值税。

（12）自2019年1月1日至2020年供暖期结束，对供热企业向居民个人供热而取得的采暖费收入免征增值税。

（二）“营改增”税收优惠

1. 免征增值税

（1）托儿所、幼儿园提供的保育和教育服务。

（2）养老机构提供的养老服务。

（3）残疾人福利机构提供的育养服务。

（4）婚姻介绍服务。

（5）殡葬服务。

（6）残疾人员本人为社会提供的服务。

（7）医疗机构提供的医疗服务。

（8）从事学历教育的学校（不包括职业培训机构）提供的教育服务。

（9）学生勤工俭学提供的服务。

（10）农业机耕、排灌、病虫害防治、植物保护、农牧保险及相关技术培训业务，家禽、牲畜、水生动物的配种和疾病防治。

（11）纪念馆、博物馆、文化馆、文物保护单位管理机构、美术馆、展览馆、书画院、图书馆在自己的场所提供文化体育服务取得的第一道门票收入。

（12）寺院、宫观、清真寺和教堂举办文化、宗教活动的门票收入。

（13）行政单位之外的其他单位收取的符合规定的政府性基金和行政事业性收费。

（14）个人转让著作权。

（15）个人销售自建自用住房。

（16）2020年12月31日前，公共租赁住房经营管理单位出租公共租赁住房租金收入。

（17）中国台湾航运公司、航空公司从事海峡两岸海上直航、空中直航业务在大陆取得的运输收入。

（18）纳税人提供的直接或者间接国际货物运输代理服务。

（19）符合规定条件的贷款、债券利息收入，如中国人民银行对金融机构的贷款利息收入。

（20）被撤销金融机构以货物、不动产、无形资产、有价证券、票据等财产清偿债务。

（21）保险公司开办的1年期以上人身保险产品取得的保费收入。

（22）符合规定条件的金融商品转让收入，如个人投资者、境外投资者金融商品转让收入。

（23）金融同业往来利息收入。

（24）符合条件的担保机构从事中小企业信用担保或者再担保业务取得的收入（不含信用评级、咨询、培训等收入）3年内免征增值税。

（25）国家商品储备管理单位及其直属企业承担商品储备任务，从中央或者地方财政取得的利息补贴收入和价差补贴收入。

（26）纳税人提供技术转让、技术开发和与之相关的技术咨询、技术服务。

（27）符合条件的合同能源管理服务。

（28）2020 年 12 月 31 日前，科普单位的门票收入，以及县级及以上党政部门和科协开展科普活动的门票收入。

知识拓展

（29）政府举办的从事学历教育的高等、中等和初等学校（不含下属单位），举办进修班、培训班取得的全部归该学校所有的收入。

（30）政府举办的职业学校设立的主要为在校学生提供实习场所，并由学校出资自办、由学校负责经营管理、经营收入归学校所有的企业，从事《销售服务、无形资产、不动产注释》中“现代服务”（不含融资租赁服务、广告服务和其他现代服务）、“生活服务”（不含文化体育服务、其他生活服务和桑拿、氧吧）业务活动取得的收入。

（31）家政服务企业由员工制家政服务员提供家政服务取得的收入。

（32）福利彩票、体育彩票的发行收入。

（33）军队空余房产租赁收入。

（34）为了配合国家住房制度改革，企业、行政事业单位按房改成本价、标准价出售住房取得的收入。

（35）将土地使用权转让给农业生产者用于农业生产。

（36）涉及家庭财产分割的个人无偿转让不动产、土地使用权。

（37）土地所有者出让土地使用权和土地使用者将土地使用权归还给土地所有者。

（38）县级以上地方人民政府或者自然资源行政主管部门出让、转让或者收回自然资源使用权（不含土地使用权）。

（39）随军家属就业。

（40）军队转业干部就业。

（41）中国境内的单位和个人销售的下列服务免征增值税，但财政部和国家税务总局规定适用增值税零税率的除外。

① 工程项目在境外的建筑服务。

② 工程项目在境外的工程监理服务。

③ 工程、矿产资源在境外的工程勘察勘探服务。

④ 会议展览地点在境外的会议展览服务。

⑤ 存储地点在境外的仓储服务。

⑥ 标的物在境外使用的有形动产租赁服务。

⑦ 在境外提供的广播影视节目（作品）的播映服务。

⑧ 在境外提供的文化体育服务、教育医疗服务、旅游服务。

（42）中国境内的单位和个人为出口货物提供的邮政服务、收派服务、保险服务。

（43）中国境内的单位和个人向境外单位提供的完全在境外消费的下列服务与无形资产免征增值税，但财政部和国家税务总局规定适用增值税零税率的除外。

① 电信服务。

② 知识产权服务。

③ 物流辅助服务（仓储服务、收派服务除外）。

④ 鉴证咨询服务。

⑤ 专业技术服务。

⑥ 商务辅助服务。

⑦ 广告投放地在境外的广告服务。

⑧ 无形资产。

（44）中国境内的单位和个人以无运输工具承运方式提供的国际运输服务。

（45）中国境内的单位和个人为境外单位之间的货币资金融通及其他金融业务提供的直接收费金融服务，且该服务与境内的货物、无形资产和不动产无关的。

2．即征即退

（1）一般纳税人提供管道运输服务，对其增值税实际税负超过 3%的部分实行增值税即征即退政策。

（2）经中国人民银行、原中国银行业监督管理委员会或者商务部批准从事融资租赁业务的试点纳税人中的一般纳税人，提供有形动产融资租赁服务和有形动产融资性售后回租服务，对其增值税实际税负超过 3%的部分实行增值税即征即退政策。

（3）对安置残疾人的单位和个体工商户，实行由税务机关按纳税人安置残疾人的人数，限额即征即退增值税。安置的每位残疾人每月可退还的增值税具体限额，由县级以上税务机关根据纳税人所在区县（含县级市、旗）适用的经省（含自治区、直辖市、计划单列市）人民政府批准的月最低工资标准的 4 倍确定。

【相关链接】增值税一般纳税人销售其自行开发生产的软件产品、或将进口软件产品进行本地化改造后对外销售，按 13%税率征收增值税后，对其增值税实际税负超过 3%的部分实行即征即退政策。

3．扣减增值税规定

（1）退役士兵创业就业。

① 对自主就业退役士兵从事个体经营的，自办理个体工商户登记当月起，在 3 年内按每户每年 12 000 元为限额依次扣减其当年实际应缴纳的增值税、城市维护建设税、教育费附加、地方教育附加和个人所得税。限额标准最高可上浮 20%，各省、自治区、直辖市人民政府可根据本地区实际情况在此幅度内确定具体限额标准。

② 对企业新招用自主就业退役士兵，与其签订 1 年以上期限劳动合同并依法缴纳社会保险费的，自签订劳动合同并缴纳社会保险当月起，在 3 年内按实际招用人数予以定额依次扣减增值税、城市维护建设税、教育费附加、地方教育附加和企业所得税优惠。定额标准为每人每年 6000 元，最高可上浮 50%。

（2）重点群体创业就业。

重点群体是指登记失业半年以上的人员，零就业家庭、享受城市居民最低生活保障家庭劳动年龄内的登记失业人员，高校毕业生，以及农村建档立卡贫困人口。

① 对重点群体人员从事个体经营的，在 3 年内按每户每年 12 000 元为限额依次扣减其当年实际应缴纳的增值税、城市维护建设税、教育费附加、地方教育附加和个人所得税。

② 对企业招用重点群体人员的，与其签订 1 年以上期限劳动合同并依法缴纳社会保险费的，在 3 年内按实际招用人数予以定额依次扣减增值税、城市维护建设税、教育费附加、

地方教育附加和企业所得税优惠。定额标准为每人每年6000元，最高可上浮30%。

4．金融企业逾期贷款利息收入

金融企业发放贷款后，自结息日起90天内发生的应收未收利息按现行规定缴纳增值税，自结息日起90天后发生的应收未收利息暂不缴纳增值税，待实际收到利息时按规定缴纳增值税。

（三）税收优惠有关的管理规定

（1）纳税人兼营免税、减税项目的，应当分别核算免税、减税项目的销售额；未分别核算销售额的，不得免税、减税。

（2）纳税人销售货物、劳务、服务、无形资产或者不动产适用免税规定的，可以放弃免税，依照有关规定缴纳增值税；纳税人放弃免税后，36个月内不得再申请免税。

（四）增值税起征点的规定

增值税起征点的规定实际也涉及征税范围的大小问题，即未达到起征点的不列入增值税的征税范围，故在此节列明。增值税起征点的适用范围限于个人，不包括认定为一般纳税人的个体工商户。增值税起征点的幅度规定如下。

（1）按期纳税的，为月销售额5000～20 000元。

（2）按次纳税的，为每次（日）销售额300～500元。

起征点的调整由财政部和国家税务总局规定。省、自治区、直辖市财政厅（局）和国家税务部门应当在规定的幅度内，根据实际情况确定本地区适用的起征点，并报财政部和国家税务总局备案。纳税人销售额未达到国务院财政、税务主管部门规定的增值税起征点的，免征增值税；达到起征点的，依照规定全额计算缴纳增值税。

（3）增值税小规模纳税人销售货物，提供加工、修理修配劳务月销售额不超过3万元（按季度纳税9万元），销售服务、无形资产月销售额不超过3万元（按季度纳税9万元）的，自2016年5月1日起至2017年12月31日，可分别享受小微企业暂免征收增值税优惠政策。

为了支持小微企业发展，自2019年起，提高增值税小规模纳税人起征点，月销售额由3万元调整到10万元。

例2-6 按季度纳税的小规模纳税人甲公司，2017年4月取得劳务收入5万元，取得销售货物的销售额3万元；5月、6月合计取得服务销售额3万元。则第二季度可享受小微企业暂免征收增值税优惠政策。

任务二　增值税销项税额的确定

销项税额是指纳税人销售货物、劳务、服务、无形资产、不动产（以下简称应税销售行为），按照销售额和规定的税率计算并向购买方收取的增值税税额。销项税额的计算公式为

销项税额=销售额×适用税率

由销项税额的定义和公式可知，它是由购买方在购买货物、劳务、服务、无形资产、不动产支付价款时，一并向销售方支付的税额。对属于一般纳税人的销售方来说，在没有抵扣其进项税额前，销售方收取的销项税额还不是其应纳增值税税额。销项税额的计算取决于销售额和适用税率两个因素。在适用税率既定的前提下，销项税额的大小主要取决于销售额的大小。

一、一般销售方式下的销售额

销售额，是指纳税人发生应税销售行为向购买方收取的全部价款和价外费用，但不包括收取的增值税税额。

1. 含税销售额的换算

在实际工作中，常常会出现一般纳税人将销售额和销项税额合并定价收取的方法，这样就会形成含税销售额。我国增值税是价外税，计税依据中要求不含增值税本身的数额。一般纳税人取得的含税销售额在计算销项税额时，必须将其换算为不含税的销售额，换算公式为

不含税销售额=含税销售额÷（1+税率）

知识拓展

2. 价外费用的识别

（1）价外费用，包括价外向购买方收取的手续费、补贴、基金、集资费、返还利润、奖励费、违约金、滞纳金、延期付款利息、赔偿金、代收款项、代垫款项、包装费、包装物租金、储备费、优质费、运输装卸费，以及其他各种性质的价外收费。

（2）除另有规定外，价外费用无论其会计制度如何核算，均应并入销售额计算增值税。

例 2-7 甲公司为增值税一般纳税人，8 月提供货物运输服务，取得含增值税价款 1 090 000 元，同时收取保价费 2180 元。已知交通运输服务的增值税税率为 9%。

【解析】 增值税销项税额=（1 090 000+2180）÷（1+9%）×9%=90 180（元）

（3）下列项目不包括在销售额内。

① 受托加工应征消费税的消费品所代收代缴的消费税。

② 同时符合以下条件代为收取的政府性基金或者行政事业性收费：由国务院或者财政部批准设立的政府性基金，由国务院或者省级人民政府及其财政、价格主管部门批准设立的行政事业性收费；收取时开具省级以上财政部门印制的财政票据；所收款项全额上缴财政部门。

③ 应税销售行为的同时代办保险等而向购买方收取的保险费，以及向购买方收取的代购买方缴纳的车辆购置税、车辆牌照费。

④ 同时符合两个条件的代垫运输费用：承运部门的运输费用发票开具给购买方的；销售方将该项发票转交给购买方的。

3. 外币销售额的折算

销售额以人民币计算。纳税人以人民币以外的货币结算销售额的，应当折合成人民币计算。折算汇率可以选择销售额发生的当天或者当月 1 日的人民币汇率中间价。

二、核定销售额

1. 需要核定销售额的情形

（1）视同销售行为，无销售额的。
（2）纳税人发生应税销售行为的价格明显偏低或者偏高且不具有合理商业目的的。

2. 核定方法

主管税务机关核定销售额时，按以下顺序进行。
（1）按纳税人最近时期同类应税销售行为的平均销售价格确定。
（2）按其他纳税人最近时期同类应税销售行为的平均销售价格确定。
（3）按组成计税价格确定。

3. 组成计税价格

组成计税价格=成本×（1+成本利润率）

式中，“成本”分为两种情况：属于销售自产货物的为实际生产成本；属于销售外购货物的为实际采购成本。成本利润率为 10%。但属于应从价定率征收消费税的货物，其组成计税价格公式中的成本利润率为《消费税若干具体问题的规定》中规定的成本利润率（详见项目三中消费税组成计税价格的计算）。

例 2-8 甲企业为增值税一般纳税人，主要从事小汽车的制造和销售业务，6 月将 20 辆小汽车对外投资，小汽车生产成本为 10 万元/辆，甲企业同类小汽车不含增值税最高销售价格为 16 万元/辆，平均销售价格为 15 万元/辆，最低销售价格为 14 万元/辆。已知小汽车增值税税率为 13%。

【解析】增值税销项税额=15×20×13%=39（万元）

例 2-9 甲商店为增值税一般纳税人，将一批自制糕点作为职工福利，成本为 7020 元，已知增值税税率为 13%，成本利润率为 10%。

【解析】增值税销项税额=7020×（1+10%）×13%=1003.86（元）

三、按差额确定销售额的特殊规定

（1）金融商品转让。

① 将卖出价扣除买入价后的余额作为销售额。

转让金融商品出现的正负差，按盈亏相抵后的余额作为销售额。若相抵后出现负差，可结转下一纳税期与下期转让金融商品销售额相抵，但年末仍出现负差的，不得转入下一个会计年度。

② 金融商品的买入价，可以选择按照加权平均法或者移动加权平均法进行核算，选择

后36个月内不得变更。

③ 金融商品转让，不得开具增值税专用发票。

例 2-10 某金融企业为增值税一般纳税人，经营范围是贷款业务、直接收费金融服务、保险服务和金融商品转让等。2019 年 7 月—9 月发生如下经营业务。

（1）取得贷款利息收入（含税）6360 万元，支付存款利息支出 3000 万元。

（2）取得金融服务手续费（含税）1272 万元。

（3）7 月 2 日购买债券支付价款 2650 万元，9 月 28 日转让所购买的债券取得收入（含税）4240 万元。

【解析】

（1）存款利息不得从销售额中扣除，销项税额=6360÷（1+6%）×6%=360（万元）。

（2）销项税额=1272÷（1+6%）×6%=72（万元）。

（3）债券转让应纳税额=（4240−2650）÷（1+6%）×6%=90（万元）。

（2）经纪代理服务。

① 以取得的全部价款和价外费用，扣除向委托方收取并代为支付的政府性基金或者行政事业性收费后的余额为销售额。

② 向委托方收取的政府性基金或者行政事业性收费，不得开具增值税专用发票。

例 2-11 A 知识产权代理机构主要从事专利代理、商标代理服务，2019 年 6 月为客户代理专利权收入 49.22 万元（含税），支付给国家知识产权局的专利规费为 10 万元。

【解析】 6 月的销项税额=（49.22−10）÷（1+6%）×6%=2.22（万元）

（3）融资租赁和融资性售后回租业务。

① 经中国人民银行、原中国银行业监督管理委员会或者商务部批准从事融资租赁业务的试点纳税人，提供融资租赁服务，以取得的全部价款和价外费用，扣除支付的借款利息（包括外汇借款和人民币借款利息）、发行债券利息和车辆购置税后的余额为销售额。

② 经中国人民银行、原中国银行业监督管理委员会或者商务部批准从事融资租赁业务的试点纳税人，提供融资性售后回租服务，以取得的全部价款和价外费用（不含本金），扣除对外支付的借款利息（包括外汇借款和人民币借款利息）、发行债券利息后的余额作为销售额。

例 2-12 A 公司将生产线作价 1000 万元出售给融资租赁 B 公司，同时按 10 年租回，合同约定每年 1 月 1 日 A 公司支付给 B 公司租金 140 万元。为此租赁，B 公司需要每年承担借款利息 20 万元，租期结束后，生产线所有权归于 A 公司。

【解析】 每年 1 月 B 公司增值税销项税额=（140−20）÷（1+6%）×6%=6.79（万元）

（4）航空运输企业的销售额，不包括代收的机场建设费和代售其他航空运输企业客票而代收转付的价款。

（5）一般纳税人提供客运场站服务，以其取得的全部价款和价外费用，扣除支付给承运方运费后的余额为销售额。

例 2-13 温州城市客运站 6 月接受 A 公司委托，将一批货物从北京运到南京，双方商定运费 10 万元。客运站将此业务委托给 B 运输公司，向 B 运输公司支付 6 万元的运费。

【解析】温州城市客运站的销售额是4万元。

需要注意的是，即使承运方开具了6万元的增值税专用发票（客运场站向承运方支付的6万元），温州城市客运站取得承运方开具的发票也不能抵扣进项税额，因为这6万元温州城市客运站是没有计税的。

（6）纳税人提供旅游服务。

① 可以选择以取得的全部价款和价外费用，扣除向旅游服务购买方收取并支付给其他单位或者个人的住宿费、餐饮费、交通费、签证费、门票费和支付给其他接团旅游企业的旅游费用后的余额为销售额。

② 选择上述办法计算销售额的纳税人，向旅游服务购买方收取并支付的上述费用，不得开具增值税专用发票，但可以开具普通发票。

（7）房地产开发企业中的一般纳税人销售其开发的房地产项目（选择简易计税方法的房地产老项目除外），以取得的全部价款和价外费用，扣除受让土地时向政府部门支付的土地价款后的余额为销售额。

【提示】向政府部门支付的土地价款，包括土地受让人向政府部门支付的征地和拆迁补偿费用、土地前期开发费用和土地出让收益等。

例 2-14 某甲房地产开发公司为增值税一般纳税人，2019年7月销售自行开发的房地产项目，收到销售房款39 000万元，已开具增值税专用发票，销售建筑面积为49 000平方米；该项目可供销售建筑面积为70 000平方米，该项目支付土地出让金40 000万元，已取得土地出让金符合规定的有效凭证。

【解析】

销售额=（全部价款和价外费用−当期允许扣除的土地价款）÷（1+9%）

销项税额=（39 000−40 000×49 000÷70 000）÷（1+9%）×9%=908.26（万元）

【注意】房地产企业销售其开发的房地产项目和非房地产企业销售不动产增值税处理是不同的。非房地产企业一般纳税人销售其2016年5月1日后取得的不动产，适用一般计税方法，以取得的全部价款和价外费用为销售额计算应纳税额。

例 2-15 2019年1月，某五金厂（增值税一般纳税人）转让一处2017年8月抵债时取得的不动产，转让价为280万元（含增值税）。

【解析】销项税额=280÷（1+9%）×9%=23.12（万元）

（8）试点纳税人按照上述第2～7款的规定从全部价款和价外费用中扣除的价款，应当取得符合法律、行政法规和国家税务总局规定的有效凭证。否则，不得扣除。

上述凭证主要包括以下几方面。

① 支付给境内单位或者个人的款项，以发票为合法有效凭证。

② 支付给境外单位或者个人的款项，以该单位或者个人的签收单据为合法有效凭证，税务机关对签收单据有疑义的，可以要求其提供境外公证机构的确认证明。

③ 缴纳的税款，以完税凭证为合法有效凭证。

④ 扣除的政府性基金、行政事业性收费或者向政府支付的土地价款，以省级以上（含省级）财政部门监（印）制的财政票据为合法有效凭证。

⑤ 国家税务总局规定的其他凭证。

纳税人取得的上述凭证属于增值税扣税凭证的，其进项税额不得从销项税额中抵扣。

四、特殊销售方式下的销售额

在销售活动中，为了达到促销的目的，有多种销售方式。在不同销售方式下，销售者取得的销售额会有所不同。对不同销售方式如何确定其计征增值税的销售额，既是纳税人关心的问题，也是税法必须分别予以明确规定的事情。税法对以下几种销售方式分别作出规定。

1. 采取折扣方式销售

折扣销售是指销货方在应税销售行为发生时，因购货方购货数量较大等原因而给予购货方的价格优惠（例如，购买 5 件，销售价格折扣 10%；购买 10 件，折扣 20%；等等）。根据税法规定，纳税人销售货物并向购买方开具增值税专用发票后，由于购货方在一定时期内累计购买货物达到一定数量，或者由于市场价格下降等原因，销货方给予购货方相应的价格优惠或者补偿等折扣、折让行为，销货方可按现行《增值税专用发票使用规定》的有关规定开具红字增值税专用发票。这里需要注意以下几点。

（1）折扣销售不同于销售折扣。销售折扣是指销货方在应税销售行为发生后，为了鼓励购货方及早偿还货款而协议许诺给予购货方的一种折扣优待（例如，10 天内付款，货款折扣 2%；20 天内付款，折扣 1%；30 天内全价付款）。销售折扣发生在销货之后，是一种融资性质的理财费用，因此销售折扣不得从销售额中减除。企业在确定销售额时应将折扣销售与销售折扣严格区分开。另外，销售折扣又不同于销售折让。销售折让是指应税销售行为发生后，由于其品种、质量等原因购买方未予退货，但销货方需给予购买方的一种价格折让。销售折让与销售折扣相比较，虽然都是在应税销售行为发生后发生的，但销售折让是应税销售行为的品种和质量引起销售额的减少，因此对销售折让可以折让后的货款为销售额。

（2）折扣销售仅限于应税销售行为价格的折扣，如果销货者将自产、委托加工和购买的应税销售行为用于实物折扣，则该实物款额不能从应税销售行为销售额中减除，且该实物应按增值税条例“视同销售货物”中的“赠送他人”计算征收增值税。

纳税人采取折扣方式销售货物，如果销售额和折扣额在同一张发票上分别注明的，可按折扣后的销售额征收增值税。纳税人采取折扣方式销售货物，销售额和折扣额在同一张发票上分别注明，是指销售额和折扣额在同一张发票上“金额”栏分别注明的，可按折扣后的销售额征收增值税。未在同一张发票“金额”栏注明折扣额，而仅存发票的“备注”栏注明折扣额的，折扣额不得从销售额中减除。

例 2-16 甲商场为增值税一般纳税人，其销售的钢笔标明零售价为 20 元/支，乙学校作为教师节礼物购进 100 支。由于大批量购进，甲商场同意给予乙学校 8 折优惠（商业折扣）。已知增值税税率为 13%。

【解析】

如果销售额与折扣额在同一张发票上的“金额”栏分别注明，则增值税销项税额=20×100×80%÷（1+13%）×13%=184.07（元）。

如果甲商场将折扣额另开发票，则增值税销项税额=20×100÷（1+13%）×13%=230.09（元）。

2．采取以旧换新方式销售

以旧换新是指纳税人在销售自己的货物时，有偿收回旧货物的行为。根据税法规定，采取以旧换新方式销售货物的，应按新货物的同期销售价格确定销售额，不得扣减旧货物的收购价格。之所以这样规定，既是因为销售货物与收购货物是两个不同的业务活动，销售额与收购额不能相互抵减，也是为了严格增值税的计算征收，防止出现销售额不实、减少纳税的现象。考虑到金银首饰以旧换新业务的特殊情况，对金银首饰以旧换新业务，可以按销售方实际收取的不含增值税的全部价款征收增值税。

例 2-17 某商场为增值税一般纳税人，采取“以旧换新”方式销售电冰箱；本月该商场销售新冰箱 100 台，每台零售价为 3000 元，旧冰箱每台收购价为 200 元。

【解析】 增值税销项税额=3000×100÷（1+13%）×13%=34 513.27（元）

例 2-18 某金店为增值税一般纳税人，本月采取“以旧换新”方式向消费者销售金项链 100 条，新项链每条零售价为 3000 元，旧项链每条作价 1000 元，每条项链实际取得差价款 2000 元。

【解析】 增值税销项税额=2000×100÷（1+13%）×13%=23 008.85（元）

3．采取还本销售方式销售

还本销售是指纳税人在销售货物后，到一定期限由销售方一次或者分次退还给购货方全部或者部分价款。这种方式实际上是一种筹资，是以货物换取资金的使用价值，到期还本不付息的方法。税法规定，采取还本销售方式销售货物，其销售额就是货物的销售价格，不得从销售额中减除还本支出。

例 2-19 某钢琴厂为增值税一般纳税人，本月采取“还本销售”方式销售钢琴，开出普通发票 20 张，共收取货款 25 万元，约定 3 年后退还购货方 2 万元。

【解析】 本月增值税计税销售额=25÷（1+13%）=22.12（万元）

4．采取以物易物方式销售

以物易物是一种较为特殊的购销活动，是指购销双方不是以货币结算，而是以同等价款的货物相互结算，实现货物购销的一种方式。在实务中，有的纳税人以为以物易物不是购销行为，销货方收到购货方抵顶货款的货物，认为自己不是购货；购货方发出抵顶货款的货物，认为自己不是销货。这两种认识都是错误的。正确的方法应当是，以物易物双方都应作购销处理，以各自发出的货物核算销售额并计算销项税额，以各自收到的货物按规定核算购货额并计算进项税额。需要注意的是，在以物易物活动中，应分别开具合法的票据，如收到的货物不能取得相应的增值税专用发票或其他合法票据的，不能抵扣进项税额。

例 2-20 某电机厂用 15 台自产电机与原材料供应商换取等值生产用原材料，双方均开具增值税专用发票，销售额（不含增值税）为 23 100 元，原材料已入库，计算此业务应纳增值税。

【解析】

销项税额=23 100×13%=3003（元）

进项税额=23 100×13%=3003（元）

应纳增值税=3003-3003=0（元）

5. 包装物押金

（1）非酒类产品、啤酒、黄酒：纳税人为销售货物而出租、出借包装物收取的押金，单独记账核算，且时间在1年以内，又未过期（合同约定的期限）的，不并入销售额。

【提示】包装物押金属于含增值税收入，作销售处理时，应当先换算为不含税价格，再并入销售额征税。

例 2-21 甲企业为增值税一般纳税人，6月销售黄酒取得不含增值税销售额100万元，收取包装物押金17万元，没收逾期包装物押金2.32万元。已知甲企业收取包装物押金单独记账，并规定包装物应当于提货之日起3个月内返还，逾期未归还者没收押金，黄酒适用增值税税率为13%。

【解析】甲企业6月的销项税额=［100+2.32÷（1+13%）］×13%=13.27（万元）

（2）啤酒、黄酒以外的其他酒类产品：对销售啤酒、黄酒以外的其他酒类产品而收取的包装物押金，无论是否返还以及会计上如何核算，均应在收取当期并入销售额中征税。

例 2-22 甲白酒厂为增值税一般纳税人，于3月销售白酒取得不含税销售额10万元，收取包装物押金1万元，并约定包装物应当在3个月内返还，没收逾期未归还包装物押金0.5万元。

【解析】甲白酒厂3月的销项税额=［10+1÷（1+13%）］×13%=1.42（万元）

6. 直销

（1）直销企业先将货物销售给直销员，直销员再将货物销售给消费者的，直销企业的销售额为其向直销员收取的全部价款和价外费用。

（2）直销企业通过直销员向消费者销售货物，直接向消费者收取货款，直销企业的销售额为其向消费者收取的全部价款和价外费用。

例 2-23 有直销资格的直销企业A为增值税一般纳税人。该企业主要生产和销售甲产品，甲产品批发价为12元，零售价为16元。李某是该企业的直销员，李某能按批发价取得甲产品，后再以零售价直接卖给消费者，以上价格均为不含税价。本月以下列方式销售货物。

方式一：李某从该企业处取得货物，直接向购货方收取货款，销售数量为2000件。

方式二：李某从该企业处取得货物，由该企业收取货款并开具发票，销售数量为500件。

【解析】

方式一：该企业的销售额=12×2000=24 000（元）。

方式二：该企业的销售额=16×500=8000（元）。

7. 贷款服务

贷款服务：以提供贷款服务取得的全部利息及利息性质的收入为销售额。

8．直接收费金融服务

直接收费金融服务：以提供直接收费金融服务收取的手续费、佣金、酬金、管理费、服务费、经手费、开户费、过户费、结算费、转托管费等各类费用为销售额。

任务三　增值税进项税额的确定

纳税人购进货物、劳务、服务、无形资产、不动产支付或者负担的增值税额，为进项税额。进项税额是与销项税额相对应的另一个概念。在开具增值税专用发票的情况下，它们之间的对应关系是，销售方收取的销项税额就是购买方支付的进项税额。增值税的核心就是用纳税人收取的销项税额抵扣其支付的进项税额，其余额为纳税人实际应缴纳的增值税税额。因此，进项税额作为可抵扣的部分，对纳税人实际纳税具有举足轻重的作用。

一、准予从销项税额中抵扣的进项税额

根据《中华人民共和国增值税暂行条例》的规定，准予从销项税额中抵扣的进项税额，限于下列增值税扣税凭证上注明的增值税税额和按规定的扣除率计算的进项税额。

（一）增值税扣税凭证种类

（1）从销售方或者提供方取得的增值税专用发票（含税控机动车销售统一发票）。

（2）从海关取得的海关进口增值税专用缴款书。

纳税人进口货物，凡已缴纳了进口环节增值税的，不论其是否已经支付货款，其取得的海关进口增值税专用缴款书均可作为增值税进项税额抵扣凭证。

（3）农产品收购发票、销售发票。

（4）通行费发票。

（5）旅客运输服务发票。

（6）自境外单位或者个人购进劳务、服务、无形资产或者境内的不动产，从税务机关或者扣缴义务人取得的代扣代缴税款的完税凭证。

（二）凭票按票面注明税额抵扣

（1）取得的增值税专用发票上注明的增值税税额。

（2）从海关取得的海关进口增值税专用缴款书上注明的增值税税额。

（3）解缴税款的完税凭证上注明的增值税税额。

（三）购入农产品进项税额抵扣

1．凭票计算扣除

（1）购入农产品取得的扣税凭证主要包括以下几方面。

① 增值税普通发票（仅指农业生产者销售自产农产品适用免税政策而开具的普通发票）。

② 农产品收购发票。

③ 增值税专用发票。

④ 海关进口增值税专用缴款书。

（2）抵扣力度。

① 营业税改征增值税试点期间，纳税人购进用于生产销售或委托受托加工 13%税率的货物：

增值税专用发票或进口海关缴款书上注明的金额×10%

农产品普通发票或收购发票上注明的买价×10%

② 用于除第一项以外的其他货物服务：

增值税专用发票或进口海关缴款书上注明的金额×9%

农产品普通发票或收购发票上注明的买价×9%

③ 以上两项混用核算不清的：

3%增值税专用发票上注明的金额×3%

进口海关缴款书或 9%增值税专用发票上注明的金额×9%

农产品普通发票或收购发票上注明的买价×9%

【提示】进口海关缴款书上注明的金额是指海关缴款书上的完税价格。

例 2-24 某企业为增值税一般纳税人，2019 年 10 月销售布料 30 万元（不含税金额），开具了增值税专用发票，销售棉短绒 20 万元（不含税），开具了普通发票；本月购进棉花 A 一批用于生产布料，取得增值税专用发票，金额为 10 万元，税额为 1 万元；向农业合作社购进棉花 B 一批用于生产棉短绒，买价为 5 万元，取得免税普通发票；向小规模纳税人甲购进棉花 C 一批，取得增值税专用发票，金额为 20 万元，税额为 0.6 万元，由于仓库管理不到位，无法确定其用途；向小规模纳税人乙购进棉花 D 一批用于生产布料，取得增值税专用发票，金额为 30 万元，税额为 0.9 万元。

【解析】

销项税额=30×13%+20×9%=5.7（万元）

进项税额=10×10%+5×9%+20×3%+30×10%=5.05（万元）

知识拓展

【知识拓展】

购买烟叶进项税额抵扣问题

购买烟叶准予抵扣的进项税额=（实际支付的价款总额+烟叶税应纳税额）×扣除率

式中，烟叶税应纳税额=实际支付的价款总额×税率（20%）。

例 2-25 某卷烟厂 9 月收购烟叶生产卷烟，收购凭证上注明价款 50 万元，价外补贴 5 万元。该卷烟厂 9 月收购烟叶可抵扣的进项税额为多少？

【解析】

烟叶税应纳税额=（50+5）×20%=11（万元）

收购烟叶可抵扣的进项税额=（55+11）×10%=6.6（万元）

2．核定扣除

自 2012 年 7 月 1 日起，以购进农产品为原料生产销售液体乳及乳制品、酒及酒精、植物油的增值税一般纳税人，纳入农产品增值税进项税额核定扣除试点范围，其购进农产品无论是否用于生产上述产品，增值税进项税额均按照《农产品增值税进项税额核定扣除试点实施办法》的规定抵扣。

知识拓展

（1）纳税人以购进农产品为原料生产货物，按投入产出法、成本法、参照法核定扣除农产品增值税进项税额的，以销售货物的适用税率为扣除率。

① 投入产出法是指参照国家标准、行业标准（包括行业公认标准和行业平均耗用值）确定销售单位数量货物耗用外购农产品的数量（以下简称农产品单耗数量）。当期允许抵扣农产品增值税进项税额依据农产品单耗数量、当期销售货物数量、农产品平均购买单价（含税）和农产品增值税进项税额扣除率（以下简称扣除率）计算，其计算公式为

当期允许抵扣农产品增值税进项税额=当期农产品耗用数量×农产品平均购买单价×扣除率÷（1+扣除率）

式中，扣除率为销售货物的适用税率；当期农产品耗用数量=当期销售货物数量（不含采购除农产品以外的半成品生产的货物数量）×农产品单耗数量。

例 2-26 2019 年 7 月某一般纳税人销售酒精 10 000 千克，按照税务机关公布的单耗玉米比 1∶2.2，则核定耗用玉米数量为 22 000 千克。如果每千克玉米买价为 2.4 元，计算当期允许抵扣农产品增值税进项税额。

【解析】当期允许抵扣农产品增值税进项税额=当期农产品耗用数量×农产品平均购买单价×扣除率÷（1+扣除率）=22 000×2.4×10%÷（1+10%）=4800（元）

平均购买单价是指购买农产品期末平均买价，不包括买价之外单独支付的运费和入库前的整理费用。期末平均买价的计算公式为

期末平均买价=（期初库存农产品数量×期初平均买价+当期购进农产品数量×当期买价）÷（期初库存农产品数量+当期购进农产品数量）

例 2-27 某企业期初库存玉米 200 000 千克，平均每千克 2.38 元，本月购进 300 000 千克，平均每千克 2.40 元。

【解析】期末平均买价=（200 000×2.38+300 000×2.4）÷（200 000+300 000）=2.392（元/千克）

② 成本法是指依据试点纳税人年度会计核算资料，计算确定耗用农产品的外购金额占生产成本的比例（以下简称农产品耗用率）。当期允许抵扣农产品增值税进项税额依据当期主营业务成本、农产品耗用率及扣除率计算，其计算公式为

当期允许抵扣农产品增值税进项税额=当期主营业务成本×农产品耗用率×扣除率÷（1+扣除率）

式中，农产品耗用率=上年投入生产的农产品外购金额÷上年生产成本，农产品耗用率由纳税人向主管税务机关申请核定。

例 2-28 2019 年 7 月某一般纳税人销售植物油产品，本月主营业务成本为 200 万元，其中经税务机关核定的农产品耗用率为 65%，植物油适用的增值税税率为 9%。

【解析】当期允许抵扣农产品增值税进项税额=当期主营业务成本×农产品耗用率×扣除率÷（1+扣除率）=2 000 000×65%×9%÷（1+9%）　=107 339.45（元）

③ 参照法是新办的纳税人或者纳税人新增产品的，纳税人可参照所属行业或者生产结构相近的其他纳税人确定农产品单耗数量或者农产品耗用率。次年，纳税人向主管税务机关申请核定当期的农产品单耗数量或者农产品耗用率，并据此计算确定当年允许抵扣的农产品增值税进项税额，同时对上一年增值税进项税额进行调整。

按上述规定，核定的进项税额超过实际抵扣增值税进项税额的，其差额部分可以结转下期继续抵扣；核定的进项税额低于实际抵扣增值税进项税额的，其差额部分应按现行增值税的有关规定将进项税额作转出处理。

例 2-29 某新办试点一般纳税人为生产粮食白酒企业，按规定参照行业农产品单耗数量计算实际抵扣农产品进项税额 200 万元。次年按规定程序核定后，允许抵扣的进项税额为 220 万元，则少抵扣的 20 万元可结转下期抵扣；如确定允许抵扣的进项税额为 190 万元，则多抵扣的 10 万元作进项税额转出处理。

（2）纳税人购进农产品直接销售的，扣除率为 9%。

例 2-30 某纺纱公司实行农产品核定扣除，公司的主要业务是以外购皮棉生产普梳棉纱。2019 年 9 月直接销售外购皮棉 95 吨（损耗率为 5%），外购皮棉平均购买价格（期末平均买价）为 13 413.33 元/吨。

【解析】

皮棉属于农产品，税率为 9%。

当期允许抵扣农产品增值税进项税额=当期销售农产品数量/（1−损耗率）×农产品平均购买单价×9%/（1+9%）

损耗率=损耗数量/购进数量

当期允许抵扣农产品增值税进项税额=95÷（1−5%）×13 413.33×9%÷（1+9%）=110 752.27（元）

（3）纳税人购进农产品用于生产经营且不构成货物实体的（包括包装物、辅助材料、燃料、低值易耗品等），生产销售或委托受托加工 13%税率货物的，按 10%的扣除率计算进项税额；生产销售其他货物的，按 9%的扣除率计算进项税额。

例 2-31 2019 年 10 月某机械厂购入原木生产本厂产的机械设备（适用税率为 13%）的包装箱，当期耗用原木 10 立方米，平均购买价为 7800 元/立方米，计算原木进项税额。

【解析】

A 购入原木生产本厂产的机械设备的包装箱，机械设备适用税率 13%。

当期允许抵扣农产品增值税进项税额=当期耗用农产品数量×农产品平均购买单价×10%/（1+10%）

农产品单耗数量、农产品耗用率和损耗率统称为农产品增值税进项税额扣除标准。

当期允许抵扣原木增值税进项税额=10×7800×10%÷（1+10%）=7090.91（元）

如果用于包装的机械设备适用税率为 9%，则当期允许抵扣原木增值税进项税额=10×7800×9%÷（1+9%）=6440.37（元）。

（四）取得通行费发票进项税额抵扣

（1）纳税人支付的道路通行费，按照收费公路通行费增值税电子普通发票上注明的增值税额抵扣进项税额。

（2）纳税人支付的桥、闸通行费，暂凭取得的通行费发票上注明的收费金额按照下列公式计算可抵扣的进项税额：

桥、闸通行费可抵扣进项税额=桥、闸通行费发票上注明的金额÷（1+5%）×5%

（五）购进旅客运输服务进项税额抵扣

纳税人购进国内旅客运输服务，其进项税额允许从销项税额中抵扣。纳税人未取得增值税专用发票的，暂按照以下规定确定进项税额。

（1）取得增值税电子普通发票的，为发票上注明的税额。

例 2-32 A企业职工张某出差，取得滴滴出行科技有限公司开具的增值税电子普通发票，注明金额500元，税额15元。则A企业可以直接按照票面税额15元作为进项税额进行抵扣。

（2）取得注明旅客身份信息的航空运输电子客票行程单的，可按照下列公式计算进项税额：

航空旅客运输进项税额=（票价+燃油附加费）÷（1+9%）×9%

例 2-33 A企业职工李某出差，取得东方航空公司开具的航空运输电子客票行程单，注明票价1000元，燃油附加费60元，机场建设费50元。则A企业凭此航空运输电子客票行程单，可以抵扣的税额=（1000+50）÷（1+9%）×9%=86.70（元）。

（3）取得注明旅客身份信息的铁路车票的，可按照下列公式计算进项税额：

铁路旅客运输进项税额=票面金额÷（1+9%）×9%

（4）取得注明旅客身份信息的公路、水路等其他客票的，可按照下列公式计算进项税额：

公路、水路等其他旅客运输进项税额=票面金额÷（1+3%）×3%

例 2-34 A企业职工李某去上海出差，取得温州—上海的高铁票，票面金额为211元。则A企业凭这张铁路车票可以抵扣的税额=200÷（1+3%）×3%=5.83（元）。

（六）进项税额加计抵减

2019年4月1日至2021年12月31日，允许生产、生活性服务业纳税人按照当期可抵扣进项税额加计10%，抵减应纳税额。

（1）增值税加计抵减政策中所称的生产、生活性服务业纳税人，是指提供邮政服务、电信服务、现代服务、生活服务取得的销售额占全部销售额的比重超过50%的纳税人。

（2）增值税加计抵减额的计算。

当期计提加计抵减额=当期可抵扣进项税额×10%

当期可抵减加计抵减额=上期末加计抵减额余额+当期计提加计抵减-当期调减加计抵减额

（3）计提加计抵减额基数。

① 只有当期可抵扣进项税额才能计提加计抵减额。

② 按照现行规定不得从销项税额中抵扣的进项税额，不可以计提加计抵减额

③ 已计提加计抵减额的进项税额，如果发生了进项税额转出，则纳税人应在进项税额转出当期，相应调减加计抵减额。

④ 增值税一般纳税人有简易计税方法的应纳税额，不可以从加计抵减额中抵减。加计抵减额只可以抵减一般计税方法下的应纳税额。

例 2-35 某服务业一般纳税人，适用加计抵减政策。2019 年 6 月，一般计税项目销项税额为 120 万元，进项税额为 100 万元，上期留抵税额为 10 万元，上期结转的加计抵减额余额为 5 万元；简易计税项目销售额为 100 万元（不含税价），征收率为 3%。此外无其他涉税事项。该纳税人当期应如何计算缴纳增值税？

【解析】

一般计税项目抵减前的应纳税额=120−100−10=10（万元）

当期可抵减加计抵减额=100×10%+5=15（万元）

抵减后的应纳税额=10−10=0（万元）

加计抵减额余额=15−10=5（万元）

简易计税项目应纳税额=100×3%=3（万元）

应纳税额合计=一般计税项目应纳税额+简易计税项目应纳税额=0+3=3（万元）

二、不得从销项税额中抵扣的进项税额

（1）用于不产生销项税额的项目：用于简易计税方法计税项目、免征增值税项目、集体福利或者个人消费的购进货物、劳务、服务、无形资产和不动产，不得抵扣进项税额。其中，涉及的固定资产、无形资产、不动产，仅指专用于上述项目的固定资产、无形资产（不包括其他权益性无形资产）、不动产。

① 纳税人外购、租入的固定资产、无形资产、不动产，既用于增值税应税项目，也用于免征增值税项目、集体福利或者个人消费的，其进项税额可以依法抵扣。

② 如果取得的固定资产、无形资产（不包括其他权益性无形资产）、不动产“专用于”简易计税方法计税项目、免征增值税项目、集体福利或者个人消费，其进项税额不得抵扣。

③ 购进其他权益性无形资产，不需要考虑用于何种项目，进项税额均可抵扣。

例 2-36 某建筑企业为增值税一般纳税人，2019 年 6 月购买材料，取得增值税专用发票注明金额 100 000 元，进项税额 13 000 元，该批材料用于适用简易计税方法的老建筑项目。

【解析】 该笔进项税额不得抵扣，应直接计入成本。

（2）以下几项非正常损失不得抵扣进项税额。

① 非正常损失的购进货物，以及相关的劳务和交通运输服务，不得抵扣进项税额。

② 非正常损失的在产品、产成品所耗用的购进货物（不包括固定资产）、劳务和交通运输服务，不得抵扣进项税额。

③ 非正常损失的不动产，以及该不动产所耗用的购进货物、设计服务和建筑服务，不得抵扣进项税额。

④ 非正常损失的不动产在建工程（包括新建、改建、扩建、修缮、装饰不动产）所耗用的购进货物、设计服务和建筑服务，不得抵扣进项税额。

非正常损失，是指因管理不善造成被盗、丢失、霉烂变质的损失，以及因违反法律法规造成货物或者不动产被依法没收、毁损、拆除的情形。如果是因不可抗力毁损或者发生合理损耗，那么对应的进项税额可以抵扣。

上述固定资产是指使用期限超过12个月的机器、机械、运输工具，以及其他与生产经营有关的设备、工具、器具等有形动产。不动产是指不能移动或者移动后会引起性质、形状改变的财产，包括建筑物、构筑物和其他土地附着物。

例 2-37 某企业为增值税一般纳税人，2019年6月因管理不善，一批材料霉烂变质，该批材料购买时，取得增值税专用发票注明金额100 000元，进项税额13 000元，该笔进项税额已抵扣。假设无相关责任人赔偿，则该批材料的进项税额应如何处理？

【解析】 非正常损失的购进货物，其取得的进项税额不得抵扣，故该笔进项税额应作进项税额转出处理。

知识拓展

（3）购进的贷款服务、餐饮服务、居民日常服务和娱乐服务，不得抵扣进项税额。

例 2-38 某企业为增值税一般纳税人，2019年6月职工报销差旅费，其中报销酒吧消费费用10 600元，取得增值税专用发票注明金额10 000元，进项税额600元。该笔娱乐服务对应的进项税额应如何处理？

【解析】 纳税人购进的娱乐服务，对应的进项税额不得抵扣，故该笔进项税额应直接计入相关损益类科目，不得抵扣。

（4）纳税人接受贷款服务向贷款方支付的与该笔贷款直接相关的投融资顾问费、手续费、咨询费等费用，其进项税额不得从销项税额中抵扣。

三、扣减进项税额

（1）已抵扣的进项税额改变用途。

① 已抵扣进项税额的购进货物（不含固定资产）、劳务、服务，发生税法规定的不得从销项税额中抵扣情形（简易计税方法计税项目、免征增值税项目除外）的，应当将该进项税额从当期进项税额中扣减；无法确定该进项税额的，按照当期实际成本计算应扣减的进项税额。

【提示 1】 已抵扣进项税额用于简易计税方法计税项目、免征增值税项目的处理，按比例转出，而不是按当期实际成本计算扣减。

【提示 2】“按当期实际成本计算应扣减的进项税额”是指其扣减进项税额的计算依据不是按该货物、劳务、服务的原进价，而是按发生上述情况的当期该货物、劳务、服务的“实际成本”按征税时该货物、劳务、服务适用的税率计算应扣减的进项税额。

实际成本=进价+运费+保险费+其他有关费用

例 2-39 甲企业为增值税一般纳税人，2019年发生了以下几项经济业务。

（1）9月外购一批涂料拟用于销售，取得增值税专用发票注明价款100万元，增值税税额为13万元，当月通过税务机关认证并抵扣了进项税额。10月甲企业将该批涂料中的

50%用于职工食堂装修。

（2）10月因管理不善，丢失一批以往购进的小麦（当时开具了农产品收购发票，并已按9%抵扣进项税），账面成本为91万元。

（3）10月末盘库时发现，因管理不善，上月已按9%抵扣进项税额的外购国内原木被盗，该批原木账面成本为183万元［含支付给运输企业（增值税一般纳税人）的运费5万元］。

【解析】

（1）10月，涂料应当转出的进项税额=13×50%=6.5（万元）。

（2）10月，小麦应当转出的进项税额=91÷（1-9%）×9%=9（万元）。

（3）10月，原木应当转出的进项税额=（183-5）÷（1-9%）×9%+5×9%=18.05（万元）。

② 已抵扣进项税额的固定资产、无形资产或者不动产，发生税法规定的不得从销项税额中抵扣情形的，应于该不动产改变用途的当期，按照下列公式计算不得抵扣的进项税额：

不得抵扣的进项税额=固定资产、无形资产或者不动产净值×适用税率

或者：

不得抵扣的进项税额=已抵扣进项税额×不动产净值率

式中，净值率 =（净值÷原值）×100%；固定资产、无形资产或者不动产净值，是指纳税人根据财务会计制度计提折旧或者摊销后的余额。

例 2-40 甲公司为增值税一般纳税人，2020年11月将其作为固定资产核算的一批电脑作为职工福利发放。该批电脑2019年购入时取得增值税专用发票并经过认证抵扣，增值税专用发票上注明的价款为10万元，增值税税额为1.3万元。已知该批电脑已经提取符合规定的折旧额4万元，电脑的增值税税率为13%。

【解析】甲公司将购进用于生产经营的电脑改变用途作为职工福利，其不得抵扣的进项税额（应转出的进项税额）=（10-4）×13%=0.78（万元）。

【注意】不动产在建工程发生非正常损失的，其所耗用的购进货物、设计服务和建筑服务已抵扣的进项税额应于当期全部转出。

例 2-41 某企业一处在建的不动产因违反政府规划被强拆，购进材料、接受建筑服务已抵扣进项税29.7万元。

【解析】已抵进项税29.7万元，需要全部作为进项税额转出。

（2）适用一般计税方法的纳税人，兼营简易计税方法计税项目、免征增值税项目而无法划分不得抵扣的进项税额，按照下列公式计算不得抵扣的进项税额：

不得抵扣的进项税额=当期无法划分的全部进项税额×（当期简易计税方法计税项目销售额+免征增值税项目销售额）÷当期全部销售额

例 2-42 甲企业为增值税一般纳税人，2019年12月购进一批生产免税产品和应税产品的原材料，取得增值税专用发票，注明价款为100万元，增值税税额为13万元。当月免税产品的销售额为100万元，应税产品的不含税销售额为200万元。已知增值税税率为13%。

【解析】

甲企业当期不得抵扣的进项税额=13×100÷（100+200）=4.33（万元）

可以抵扣的进项税额=13−4.33=8.67（万元）

（3）纳税人适用一般计税方法计税的，因销售折让、中止或者退回而退还给购买方的增值税额，应当从当期的销项税额中扣减；因销售折让、中止或者退回而收回的增值税额，应当从当期的进项税额中扣减。

例 2-43 甲公司于 2019 年 4 月 20 日将一套设备出售给 B 公司，该设备不含税价为 200 万元，增值税专用发票注明增值税 26 万元。该设备当日发出，发票当日开具，双方商定，该设备有 1 个月的试用期，如不满意可以在 1 个月内退货，已知 2019 年 5 月 5 日因该设备不符合使用要求，B 公司将设备退回甲公司，甲公司收回设备，并按要求开具了红字增值税专用发票。

【解析】就此项业务，5 月，甲公司要在销项税额中扣减 26 万元；B 公司要从进项税额中扣减 26 万元。

四、转增进项税额

按照税法规定不得抵扣且未抵扣进项税额的固定资产、无形资产、不动产，发生用途改变，用于允许抵扣进项税额的应税项目，可在用途改变的次月按照下列公式，依据合法有效的增值税扣税凭证，计算可以抵扣的进项税额：

可以抵扣的进项税额=固定资产、无形资产、不动产净值÷（1+适用税率）×适用税率

或者：

可以抵扣的进项税额=增值税扣税凭证注明或者计算的进项税额×净值率

例 2-44 甲公司是增值税一般纳税人，2019 年 10 月将职工健身房中的一批电脑改用于生产车间，该批电脑购进时取得增值税专用发票注明价款为 10 万元、增值税为 1.3 万元。截至 2019 年 10 月，甲公司为该批电脑计提的符合规定的折旧额为 4.52 万元，电脑的增值税税率为 13%。

【解析】甲公司将用于不得抵扣用途（职工福利）的外购电脑改为可以抵扣用途（生产车间），在改变用途的次月（11 月）就上述业务可以抵扣的进项税额=（10+1.3−4.52）÷（1+13%）×13%=0.78（万元）。

知识拓展

五、进口货物应纳税额的计算

纳税人进口货物，按照组成计税价格和《中华人民共和国增值税暂行条例》规定的税率计算应纳税额。在计算增值税销项税额时直接用销售额作为计税依据或者计税价格即可，但在进口产品计算增值税时不能直接得到类似销售额这样一个计税依据，而需要通过计算而得，即要计算组成计税价格。组成计税价格是指在没有实际销售价格时，按照税法规定计算作为计税依据的价格。进口货物计算增值税组成计税价格和应纳税额计算公式为

组成计税价格=关税完税价格+关税+消费税=（关税完税价格+关税）÷（1−消费税税率）

应纳税额=组成计税价格×税率

纳税人在计算进口货物的增值税时应该注意以下几方面问题。

（1）进口货物增值税的组成计税价格中包括已纳关税税额，如果进口货物属于消费税应税消费品，则其组成计税价格中还要包括进口环节已纳消费税税额。

（2）在计算进口环节的应纳增值税时不得抵扣任何税额，即在计算进口环节的应纳增值税时，不得抵扣发生在我国境外的各种税金。

（3）纳税人进口货物取得的合法海关完税凭证，是计算增值税进项税额的唯一依据，其价格差额部分以及从境外供应商取得的退还或者返还的资金，不作进项税额转出处理。

例 2-45 某商场 10 月进口一批货物。该批货物在国外的买价为 40 万元，且该批货物运抵我国海关前发生的包装费、运输费、保险费等共计 20 万元。货物报关后，商场按规定缴纳了进口环节的增值税，并取得了海关开具的完税凭证。假定该批进口货物在国内全部销售，取得不含税销售额 80 万元。

货物进口关税税率为 10%，增值税税率为 13%，请按下列顺序回答问题。

（1）计算关税的组成计税价格。

（2）计算进口环节应纳的进口关税。

（3）计算进口环节应纳增值税的组成计税价格。

（4）计算进口环节应缴纳增值税的税额。

（5）计算国内销售环节的销项税额。

（6）计算国内销售环节应缴纳的增值税。

【解析】

（1）关税的组成计税价格=40+20=60（万元）。

（2）应缴纳进口关税=60×10%=6（万元）。

（3）进口环节应纳增值税的组成计税价格=60+6=66（万元）。

（4）进口环节应缴纳增值税的税额=66×13%=8.58（万元）。

（5）国内销售环节的销项税额=80×13%=10.4（万元）。

（6）国内销售环节应缴纳的增值税=10.4−8.58=1.82（万元）。

任务四　增值税应纳税额的计算

一、一般计税方法应纳增值税的计算

一般计税方法的应纳税额，是指当期销项税额抵扣当期进项税额后的余额。一般纳税人在计算出销项税额和进项税额后就可以得出实际应纳税额。

（一）计算应纳税额的时间限定

为了保证计算应纳税额的合理性、准确性，纳税人必须严格把握当期进项税额从当期销项税额中抵扣这个要点。“当期”是一个重要的时间限定，具体是指税务机关依照税法规定对纳税人确定的纳税期限；只有在纳税期限内实际发生的销项税额、进项税额，才是法定的当期销项税额或者当期进项税额。

1. 计算销项税额的时间限定

（1）纳税人销售货物、劳务的纳税义务发生时间。

纳税人销售货物、劳务，其纳税义务发生时间为收讫销售款项或者取得索取销售款项的凭据的当天；先开具发票的，为开具发票的当天。按销售结算方式的不同，可分为以下几种情况。

① 采取直接收款方式销售货物的，不论货物是否发出，均为收到销售款或者取得索取销售款凭据的当天。

② 采取托收承付和委托银行收款方式销售货物的，为发出货物并办妥托收手续的当天。

③ 采取赊销和分期收款方式销售货物的，为书面合同约定的收款日期当天，无书面合同的或者书面合同没有约定收款日期的，为货物发出的当天。

④ 采取预收货款方式销售货物的，为货物发出的当天，但生产销售生产工期超过 12 个月的大型机械设备、船舶、飞机等货物，为收到预收款或者书面合同约定的收款日期的当天。

⑤ 委托其他纳税人代销货物的，为收到代销单位的代销清单或者收到全部或者部分货款的当天；未收到代销清单及货款的，为发出代销货物满 180 天的当天。

⑥ 销售劳务，为提供劳务同时收讫销售款或者取得索取销售款的凭据的当天。

⑦ 纳税人发生视同销售货物行为（委托他人代销货物、销售代销货物除外）的，为货物移送的当天。

⑧ 纳税人进口货物，其纳税义务发生时间为报关进口的当天。

（2）销售服务、无形资产、不动产的纳税义务发生时间。

① 销售服务、无形资产、不动产的增值税纳税义务发生时间通常为纳税人发生应税行为并收讫销售款项或者取得索取销售款项凭据的当天；先开具发票的，为开具发票的当天。

② 纳税人提供租赁服务采取预收款方式的，其纳税义务发生时间为收到预收款的当天。

③ 纳税人从事金融商品转让的，为金融商品所有权转移的当天。

④ 纳税人发生视同销售服务、无形资产或者不动产情形的，其纳税义务发生时间为服务、无形资产转让完成的当天或者不动产权属变更的当天。

（3）增值税扣缴义务发生时间为纳税人增值税纳税义务发生的当天。

2. 防伪税控专用发票进项税额抵扣的时间限定

增值税一般纳税人取得的增值税专用发票和机动车销售统一发票，应自开具之日起 360 日内认证或者登录增值税发票选择确认平台进行确认，并在规定的纳税申报期内，向主管税务机关申报抵扣进项税额。

3. 海关完税凭证进项税额抵扣的时间限定

增值税一般纳税人取得的海关进口增值税专用缴款书，应自开具之日起 360 日内向主管国税机关报送《海关完税凭证抵扣清单》，申请稽核比对。税务机关将纳税人提交的信息与海关传输的信息进行稽核，比对相符后其增值税税额方能作为进项税额在销项税额中抵扣，逾期未提交的进项税额不予抵扣。

（二）计算应纳税额时进项税额不足抵扣的处理

由于增值税实行购进扣税法，有时企业当期购进的货物很多，在计算应纳税额时会出现当期销项税额小于当期进项税额不足抵扣的情况。根据税法规定，当期进项税额不足抵扣的部分可以结转下期继续抵扣，被称为留抵税额。

例 2-46 某商贸公司 1 月购进一批商品，买价为 50 万元，取得增值税专用发票，销售商品取得收入 40 万元（不含税价）；2 月购进一批商品，买价为 60 万元，取得增值税专用发票，销售商品取得收入 100 万元（不含税价）。请计算该公司 1 月和 2 月应缴纳的增值税。

【解析】

1 月应纳税额=40×16%−50×16%=−1.6（万元）

2 月应纳税额=100×16%−60×16%−1.6=4.8（万元）

【注意】自 2019 年 4 月 1 日起，对纳税信用等级为 A 级或者 B 级，连续 6 个月增量留抵税额均大于零，且第 6 个月增量留抵税额不低于 50 万元的企业，试行增值税期末留抵税额退税制度。

（三）向供货方取得返还收入的税务处理

自 2004 年 7 月 1 日起，对商业企业向供货方收取的与商品销售量、销售额挂钩（如以一定比例、金额、数量计算）的各种返还收入，均应按照平销返利行为的有关规定冲减当期增值税进项税额。应冲减进项税额的计算公式为

当期应冲减进项税额=当期取得的返还资金÷（1+所购货物适用增值税税率）×所购货物适用增值税税率

例 2-47 某商场（增值税一般纳税人）与其供货企业达成协议，按销售量挂钩进行平销返利。5 月向供货方购进商品取得税控增值税专用发票，注明价款为 120 万元、进项税额为 15.6 万元，并通过主管税务机关认证，当月按平价全部销售，月末供货方向该商场支付返利 4.8 万元。

【解析】

当期应冲减进项税额=4.8÷（1+13%）×13%=0.55（万元）

当期可抵扣进项税额=15.6−0.55=15.05（万元）

（四）购买增值税税控系统专用设备和技术维护费用抵减增值税

增值税纳税人初次购买增值税税控系统专用设备（包括分开票机）支付的费用，可凭购买增值税税控系统专用设备取得的增值税专用发票，在增值税应纳税额中全额抵减（抵减额为价税合计额），不足抵减的可结转下期继续抵减。增值税纳税人非初次购买增值税税控系统专用设备支付的费用，由其自行负担，不得在增值税应纳税额中抵减。

增值税纳税人缴纳的技术维护费，可凭技术维护服务单位开具的技术维护费发票，在

增值税应纳税额中全额抵减，不足抵减的可结转下期继续抵减。

增值税一般纳税人支付的两项费用在增值税应纳税额中全额抵减的，其增值税专用发票不作为增值税抵扣凭证，其进项税额不得从销项税额中抵扣。

例 2-48 2019 年 10 月，A 公司销项税额为 10 000 元，已认证可抵扣进项税额为 8000 元；缴纳防伪税控设备技术维护费，价税合计额为 820 元，取得增值税专用发票。

【解析】10 月应交增值税=10 000-8000-820=1180（元）

（五）一般计税方法应纳增值税计算实例

例 2-49 某生产企业为增值税一般纳税人，适用增值税税率 13%，2019 年 5 月发生的生产经营业务如下。

（1）销售甲产品给某大商场，开具增值税专用发票，取得不含税销售额 80 万元；另外，开具普通发票，取得销售甲产品的送货运输费收入 5.65 万元。

（2）销售乙产品，开具普通发票，取得含税销售额 28.25 万元。

（3）将试制的一批应税新产品用于本企业职工福利，成本价为 20 万元，成本利润率为 10%，该新产品无同类产品市场销售价格。

（4）购进货物取得增值税专用发票，注明支付的货款 60 万元、进项税额 7.8 万元；支付运费，取得增值税专用发票注明的金额为 2 万元，增值税为 0.18 万元。

（5）支付广告服务费，取得增值税专用发票注明金额 5 万元，增值税为 0.3 万元。

（6）向农业生产者购进一批免税农产品，支付收购价 30 万元，本月下旬将购进的农产品的 20%用于本企业职工福利。

（7）因仓库管理不善，上月购进的一批工具被盗，该批工具的采购成本为 8 万元（购进工具的进项税额已抵扣）。

以上相关票据均符合税法的规定。请按下列顺序计算该企业 5 月应缴纳的增值税。

（1）计算销售甲产品的销项税额。

（2）计算销售乙产品的销项税额。

（3）计算自用新产品的销项税额。

（4）计算外购货物、接受服务应抵扣的进项税额。

（5）计算外购免税农产品应抵扣的进项税额。

（6）计算非正常损失进项税额转出金额。

（7）计算该企业 5 月合计应缴纳的增值税。

【解析】

（1）销售甲产品的销项税额=80×13%+5.65÷（1+13%）×13%=11.05（万元）。

（2）销售乙产品的销项税额=28.25÷（1+13%）×13%=3.25（万元）。

（3）自用新产品的销项税额=20×（1+10%）×13%=2.86（万元）。

（4）外购货物、接受服务应抵扣的进项税额=7.8+0.18+0.3=8.28（万元）。

（5）外购免税农产品应抵扣的进项税额=（30×9%）×（1−20%）=2.16（万元）。

（6）工具被盗，发生非正常损失，进项税额转出=8×13%=1.04（万元）。

（7）该企业 5 月应缴纳的增值税=11.05+3.25+2.86−（8.28+2.16−1.04）=7.76（万元）。

二、简易征税方法应纳增值税税额的计算

（一）一般纳税人采用简易办法计税的情形

（1）可选择按照3%征收率计算缴纳增值税。

① 货物：县级及县级以下小型水力发电单位生产的电力；建筑用和生产建筑材料所用的砂、土、石料；以自己采掘的砂、土、石料或者其他矿物连续生产的砖、瓦、石灰（不含黏土实心砖、瓦）；用微生物、微生物代谢产物、动物毒素、人或者动物的血液或者组织制成的生物制品；自来水；商品混凝土（仅限于以水泥为原料生产的水泥混凝土）。

② 服务。

- 公共交通运输服务。
- 经认定的动漫企业为开发动漫产品提供的动漫脚本编撰、形象设计、背景设计、动画设计、分镜、动画制作、摄制、描线、上色、画面合成、配音、配乐、音效合成、剪辑、字幕制作、压缩转码（面向网络动漫、手机动漫格式适配）服务，以及在境内转让动漫版权（包括动漫品牌、形象或者内容的授权及再授权）。
- 电影放映服务、仓储服务、装卸搬运服务、收派服务和文化体育服务。
- 以纳入营改增试点之日前取得的有形动产为标的物提供的经营租赁服务。
- 在纳入营改增试点之日前签订的尚未执行完毕的有形动产租赁合同。

例 2-50 A企业为增值税一般纳税人，2019年1月出租一辆2011年购入的小轿车，租期5年，合同约定每年不含税租金为36 000元。

【解析】按简易计税方法，增值税=36 000×3%=1080（元）。

- 非企业性单位中的一般纳税人提供的研发和技术服务、信息技术服务、鉴证咨询服务，以及销售技术、著作权等无形资产，可以选择简易计税方法按照3%的征收率计算缴纳增值税。
- 提供物业管理服务的纳税人，向服务接受方收取的自来水水费，以扣除其对外支付的自来水水费后的余额为销售额，按照简易计税方法按照3%的征收率计算缴纳增值税。
- 一般纳税人以清包工方式提供的建筑服务，可以选择适用简易计税方法计税。

以清包工方式提供建筑服务，是指施工方不采购建筑工程所需的材料或者只采购辅助材料，并收取人工费、管理费或者其他费用的建筑服务。

- 一般纳税人为甲供工程提供的建筑服务，可以选择适用简易计税方法计税。

甲供工程，是指全部或者部分设备、材料、动力由工程发包方自行采购的建筑工程。

例 2-51 甲建筑公司为增值税一般纳税人，2019年5月1日以清包工方式承接A工程项目，5月30日发包方按工程进度支付工程价款（不含税）200万元，该项目当月发生工程成本为100万元，其中购买材料、动力、机械等取得增值税专用发票上注明的金额为50万元。

【解析】对A工程项目，甲建筑公司选用简易计税方法计算应纳增值税=200×3%=6（万元）。

- 一般纳税人为建筑工程老项目提供的建筑服务，可以选择适用简易计税方法计税，以取得的全部价款和价外费用扣除支付的分包款后的余额为销售额。

建筑工程老项目是指，《建筑工程施工许可证》注明的合同开工日期在2016年4月30日前的建筑工程项目；未取得《建筑工程施工许可证》的，建筑工程承包合同注明的开工日期在2016年4月30日前的建筑工程项目。

例2-52 2019年6月，丙公司完成一项建设服务工程（老项目），取得工程款（不含税）100万元，支付分包工程20万元，购进材料取得专用发票，进项税额为6万元。

【解析】 该项目采用简易计税方法，需交增值税=（100−20）×3%=2.4（万元）。

（2）可选择按5%的征收率计算缴纳增值税。

① 劳务派遣服务。一般纳税人提供劳务派遣服务，可以取得的全部价款和价外费用为销售额，按照一般计税方法计算缴纳增值税；也可以选择差额纳税，以取得的全部价款和价外费用，扣除代用工单位支付给劳务派遣员工的工资、福利和为其办理社会保险及住房公积金后的余额为销售额，按照简易计税方法依5%的征收率计算缴纳增值税。

选择差额纳税的纳税人，向用工单位收取用于支付给劳务派遣员工的工资、福利和为其办理社会保险及住房公积金的费用，不得开具增值税专用发票，可以开具普通发票，差额部分可以开具专用发票。

例2-53 2019年5月某劳务派遣公司签约两个客户，其中A客户每月收取费用50 000元，支付给派遣员工的费用为46 000元；B客户每月收取费用40 000元，支付给派遣员工的费用为38 000元。假设该劳务派遣公司对A客户采用一般计税方式，对B客户采用简易计税方法（以上数据都不含增值税）。

【解析】 针对A客户要计算应交增值税（销项税额）=50 000×6%=3000（元）；针对B客户的应交增值税（简易计税）=（40 000−38 000）×5%=100（元）。

【注意】 劳务派遣公司以每一个客户作为一个项目，不同的项目可以选择不同的计税方式，但是每一个项目一旦选定计税方式，不得随意变更。

② 一般纳税人提供人力资源外包服务，可以选择适用简易计税方法，以收取的价款，扣除向委托方收取并代为发放的工资和代理缴纳的社会保险、住房公积金等作为销售额按照5%的征收率计算缴纳增值税。

例2-54 甲公司（增值税一般纳税人）提供的人力资源外包服务适用差额征税，6月取得不含税销售额10万元，向用工单位收取用于支付给外包员工工资、社会保险及住房公积金的费用为8万元。

【解析】 按照简易计税方法，6月应交增值税=（100 000−80 000）×5%=1000（元）。

③ 纳税人转让2016年4月30日前取得的土地使用权，可以选择适用简易计税方法，以取得的全部价款和价外费用减去取得该土地使用权的原价后的余额为销售额，按照5%的征收率计算缴纳增值税。

④ 公路收费服务。一般纳税人收取试点前开工的一级公路、二级公路、桥、闸通行费，可以选择适用简易计税方法，按照5%的征收率计算缴纳增值税。

试点前开工，是指相关施工许可证注明的合同开工日期在2016年4月30日前。

⑤ 不动产租赁。一般纳税人出租其 2016 年 4 月 30 日前取得的不动产，可以选择适用简易计税方法，按照 5%的征收率计算应纳税额。

⑥ 一般纳税人销售其 2016 年 4 月 30 日前取得（不含自建）的不动产，可以选择适用简易计税方法，以取得的全部价款和价外费用减去该项不动产购置原价或者取得不动产时的作价后的余额为销售额，按照 5%的征收率计算应纳税额。纳税人应按照上述计税方法在不动产所在地预缴税款后，向机构所在地主管税务机关进行纳税申报。

⑦ 一般纳税人销售其 2016 年 4 月 30 日前自建的不动产，可以选择适用简易计税方法，以取得的全部价款和价外费用为销售额，按照 5%的征收率计算应纳税额。纳税人应按照上述计税方法在不动产所在地预缴税款后，向机构所在地主管税务机关进行纳税申报。

例 2-55 A 工业公司是增值税一般纳税人，2013 年 6 月购入价值为 600 万元的厂房，2019 年 3 月将其出售，取得不含税价款 1200 万元，发生中介、咨询等费用 10 万元。

【解析】 该公司选择简易计税方法，应纳增值税=（1200−600）×5%=30（万元）。

思考： 如果该厂房是自建的，2019 年 3 月出售时应纳增值税是多少？

⑧ 房地产开发企业中的一般纳税人，销售自行开发的房地产老项目，可以选择适用简易计税方法按照 5%的征收率计税。房地产老项目，是指《建筑工程施工许可证》注明的合同开工日期在 2016 年 4 月 30 日前的房地产项目。

例 2-56 A 房地产开发公司为增值税一般纳税人，在机构所在地开发房地产项目。该项目《建筑工程施工许可证》登记的开工日期在 2016 年 4 月 30 日前，选择简易计税方法。2019 年 9 月，该项目开盘销售取得不含税收入 10 000 万元。

【解析】 收到房款时，应交增值税=10 000×5%=500（万元）。

（3）应当按照 3%征收率计算缴纳增值税。一般纳税人销售货物属于下列情形之一的，暂按简易计税方法依照 3%征收率计算缴纳增值税：① 寄售商店代销寄售物品（包括居民个人寄售的物品在内）。② 典当业销售死当物品。

（4）一般纳税人针对上述业务，选择简易办法计算缴纳增值税后，36 个月内不得变更。

（5）一般纳税人销售自己使用过的物品或者旧货。

一般纳税人销售自己使用过的物品或者旧货增值税规定如表 2-1 所示。

表 2-1　一般纳税人销售自己使用过的物品或者旧货增值税规定

销售对象的具体情况			计税公式
自己使用过的物品	固定资产	按规定不得抵扣且未抵扣过进项税额	应缴纳的增值税=含税售价÷（1+3%）×2%
		按规定可以抵扣进项税额	销项税额=含税售价÷（1+适用税率）×适用税率
	固定资产以外的其他物品		
旧货			应缴纳的增值税=含税售价÷（1+3%）×2%

例 2-57 甲企业为增值税一般纳税人，2019 年 11 月发生如下业务。

（1）对外转让一台其使用过的作为固定资产核算的 A 生产设备，该设备为甲企业于 2006 年 11 月购进（未抵扣过进项税额），含税转让价格为 41 200 元。

知识拓展

（2）对外转让一台其使用过的作为固定资产核算的 B 生产设备，该设备为甲企业于 2011 年 11 月购进，含税转让价格为 46 400 元。

（3）将自己使用过的一箱打印纸（自己使用过的其他物品）出售，含税售价为 80 元。

【解析】

（1）出售 A 设备应缴纳的增值税=41 200÷（1+3%）×2%=800（元）。

（2）出售 B 设备应确认的销项税额=45 200÷（1+13%）×13%=5200（元）。

（3）出售打印纸应缴纳增值税=80÷（1+13%）×13%=9.20（元）。

（6）一般纳税人销售电梯的同时提供安装服务，其安装服务可以按照甲供工程选择适用简易计税方法计税。纳税人对安装运行后的电梯提供的维护保养服务，按照“其他现代服务”缴纳增值税。

例 2-58 A 公司主要生产销售电梯，2019 年 8 月，该公司销售电梯的收入为 1000 万元，另收取安装费 100 万元，维修保养费用 200 万元（假设以上数据都为不含税价）。

【解析】该公司的销项税额=1000×13%+100×3%+200×6%=145（万元）

（二）小规模纳税人应纳增值税的计算

1. 一般业务

自 2009 年 1 月 1 日起，小规模纳税人增值税征收率通常为 3%。

小规模纳税人应按照销售额和征收率计算应纳税额，且不得抵扣进项税额。

应纳税额=不含税销售额×征收率=含税销售额÷（1+征收率）×征收率

例 2-59 甲公司为增值税小规模纳税人，11 月销售一批货物，取得含增值税销售额 20.6 万元；提供咨询服务，取得含增值税销售额 4.12 万元。

【解析】甲公司当月销售货物应缴纳的增值税=20.6÷（1+3%）×3%=0.6（万元），销售服务应缴纳的增值税=4.12÷（1+3%）×3%=0.12（万元），共计 0.72 万元。

小规模纳税人因销售货物退回或者折让退还给购买方的销售额，应从发生销售货物退回或者折让当期的销售额中扣减。

2. 小规模纳税人销售自己使用过的物品或者旧货

小规模纳税人销售自己使用过的物品或者旧货增值税规定如表 2-2 所示。

表 2-2　小规模纳税人销售自己使用过的物品或者旧货增值税规定

情　形		税务处理
其他个人		免征增值税
其他小规模纳税人	销售自己使用过的固定资产	应缴纳的增值税=含税售价÷（1+3%）×2%
	销售旧货	应缴纳的增值税=含税售价÷（1+3%）×2%
	销售自己使用过的固定资产以外的其他物品	应缴纳的增值税=含税售价÷（1+3%）×3%

例 2-60 甲公司专营二手物品购销业务，是增值税小规模纳税人，11 月销售其收购的一批旧冰箱，取得含税收入 41 200 元；销售一批下脚料，取得含税收入 5150 元。

【解析】甲公司就该“销售旧货”业务应缴纳的增值税=41 200÷（1+3%）×2%=800（元），销售一批下脚料应缴纳的增值税=5150÷（1+3%）×3%=150（元）。

3. 5%征收率

（1）小规模纳税人销售其取得（不含自建）的不动产（不含个体工商户销售购买的住房和其他个人销售不动产），应以取得的全部价款和价外费用减去该项不动产购置原价或者取得不动产时的作价后的余额为销售额，按照5%的征收率计算应纳税额。

（2）小规模纳税人销售其自建的不动产，应以取得的全部价款和价外费用为销售额，按照5%的征收率计算应纳税额。

（3）其他个人销售其取得（不含自建）的不动产（不含其购买的住房），应以取得的全部价款和价外费用减去该项不动产购置原价或者取得不动产时作价后的余额为销售额，按照5%的征收率计算应纳税额。

（4）小规模纳税人出租其取得的不动产（不含个人出租住房），应按照5%的征收率计算应纳税额。

（5）个人出租住房，应按照5%的征收率减按1.5%计算应纳税额。

小规模纳税人、个人不动产处置的征收规定如表2-3所示。

表2-3 小规模纳税人、个人不动产处置的征收规定

纳税人	取得方式	处置方式		征收率	是否差额
小规模纳税人（含个体工商户销售购买的非住房）	外购	销售		5%	是
	自建				否
	取得（外购或者自建）	出租			否
其他个人	外购（非住房）	销售		5%	是
	取得（外购或者自建）	出租	非住房		否
			住房	5%的征收率减按1.5%	
	自建	销售		个人销售自建自用住房免税	
个体工商户销售购买的住房	按个人购买住房对外销售处理				

例2-61 甲企业为增值税小规模纳税人，其在B市有一座2016年4月30日前取得的厂房，市场价为1000万元，成本为600万元。2019年5月2日转让该厂房，如何计算增值税？

【解析】

（1）该厂房如果是外购的，则增值税=（1000−600）÷（1+5%）×5%=19.05（万元）。

（2）该厂房如果是自建的，则增值税=1000÷（1+5%）×5%=47.62（万元）。

例2-62 2019年6月，张先生销售一座厂房，取得销售收入1200万元。该厂房系张先生于2015年9月购买取得，取得的购房发票上注明的房屋价款为900万元。

【解析】张先生销售厂房应缴纳的增值税=（1200−900）÷（1+5%）×5%=14.29（万元）

（6）个人将购买的住房对外销售，相关的增值税规定如表2-4所示。

表 2-4　个人销售住房增值税税务处理

地区	购 置 时 间	住 房 性 质	税 务 处 理
北京、上海、广州、深圳	个人将购买不足两年的住房对外销售的	不必区分住房性质	按 5%征收率全额缴纳增值税
	个人将购买两年以上（含两年）的住房对外销售的	非普通住房	以销售收入减去购买住房价款后的差额，按照 5%征收率缴纳增值税
		普通住房	免征增值税
其他城市	个人将购买不足两年的住房对外销售的	不必区分住房性质	按 5%征收率全额缴纳增值税
	个人将购买两年以上（含两年）的住房对外销售的	不必区分住房性质	免征增值税

注：个人包括个体工商户和其他个人。

例 2-63 张先生于 2019 年 6 月销售一套北京地区的普通住房，取得销售收入 1200 万元。该住房系张先生于 2017 年 9 月购买取得，取得的购房发票上注明的房屋价款为 900 万元。

【解析】 张先生销售住房应缴纳的增值税=1200÷（1+5%）×5%=57.14（万元）

【思考】 该住房购买时间为 2017 年 5 月，应如何计算增值税？该住房若位于温州，增值税又如何计算？

【知识链接】 个人销售自建自用住房免交增值税。

（7）小规模纳税人提供劳务派遣服务，选择差额纳税，以取得的全部价款和价外费用，扣除代用工单位支付给劳务派遣员工的工资、福利和为其办理社会保险及住房公积金后的余额为销售额，按照简易计税方法依 5%的征收率计算缴纳增值税。

4．因服务中止或者折让退还的销售额

纳税人提供的适用简易计税方法计税的应税服务，因服务中止或者折让而退还给接受方的销售额，应当从当期销售额中扣减，扣减当期销售额后仍有余额造成多缴的税款，可以从以后的应纳税额中扣减。

例 2-64 甲设计公司为增值税小规模纳税人，2019 年 6 月提供设计服务取得含增值税价款 206 000 元；因服务中止，退还给客户含增值税价款 10 300 元。

【解析】 甲设计公司当月应缴纳增值税=（206 000−10 300）÷（1+3%）×3%=5700（元）

5．小规模纳税人购置税控收款机的进项税额抵扣

增值税小规模纳税人购置税控收款机，经主管税务机关审核批准后，可凭购进税控收款机取得的增值税专用发票，按照发票上注明的增值税额，抵免当期应纳增值税；或者按照购进税控收款机取得的普通发票上注明的价款，依下列公式计算可抵免的税额：

$$可抵免的税额=价款÷（1+13\%）×13\%$$

当期应纳税额不足抵免的，未抵免的部分可在下期继续抵免。

知识拓展

任务五　增值税会计核算

一、会计科目及专栏设置

1. 增值税一般纳税人科目专栏

增值税一般纳税人科目设置如表2-5所示。

表2-5　增值税一般纳税人科目设置

一级科目	二级科目	三级科目
应交税费	应交增值税	“进项税额”“销项税额抵减”“已交税金”“转出未交增值税”“减免税款”“出口抵减内销产品应纳税额”“销项税额”“出口退税”“进项税额转出”“转出多交增值税”
	未交增值税	
	预交增值税	
	待抵扣进项税额	
	待认证进项税额	
	待转销项税额	
	增值税留抵税额	
	简易计税	
	转让金融商品应交增值税	
	代扣代交增值税	
	增值税检查调整	

（1）“进项税额”专栏，记录一般纳税人购进货物、加工修理修配劳务、服务、无形资产或者不动产而支付或者负担的、准予从当期销项税额中抵扣的增值税额。

（2）“销项税额抵减”专栏，记录一般纳税人按照现行增值税制度规定因扣减销售额而减少的销项税额。

（3）“已交税金”专栏，记录一般纳税人当月已缴纳的应交增值税额。

（4）“转出未交增值税”和“转出多交增值税”专栏，分别记录一般纳税人月度终了转出当月应交未交或者多交的增值税额。

（5）“减免税款”专栏，记录一般纳税人按现行增值税制度规定准予减免的增值税额。

（6）“出口抵减内销产品应纳税额”专栏，记录实行“免、抵、退”办法的一般纳税人按规定计算的出口货物的进项税额抵减内销产品的应纳税额。

（7）“销项税额”专栏，记录一般纳税人销售货物、加工修理修配劳务、服务、无形资产或者不动产应收取的增值税额。

（8）“出口退税”专栏，记录一般纳税人出口货物、加工修理修配劳务、服务、无形资产按规定退回的增值税额。

（9）“进项税额转出”专栏，记录一般纳税人购进货物、加工修理修配劳务、服务、无形资产或者不动产等发生非正常损失以及其他原因而不应从销项税额中抵扣、按规定转出的进项税额。

2.“未交增值税”明细科目

该科目核算一般纳税人月度终了从“应交增值税”或者“预交增值税”明细科目转入当月应交未交、多交或者预缴的增值税额，以及当月缴纳以前期间未交的增值税额。

3.“预交增值税”明细科目

该科目核算一般纳税人转让不动产、提供不动产经营租赁服务、提供建筑服务、采用预收款方式销售自行开发的房地产项目等，以及其他按现行增值税制度规定应预缴的增值税额。

4.“待抵扣进项税额”明细科目

该科目核算一般纳税人已取得增值税扣税凭证并经税务机关认证，按照现行增值税制度规定准予以后期间从销项税额中抵扣的进项税额，主要是指实行纳税辅导期管理的一般纳税人取得的尚未交叉稽核比对的增值税扣税凭证上注明或者计算的进项税额。

5.“待认证进项税额”明细科目

该科目核算一般纳税人由于未经税务机关认证而不得从当期销项税额中抵扣的进项税额。该科目主要包括以下几点：一般纳税人已取得增值税扣税凭证、按照现行增值税制度规定准予从销项税额中抵扣，但尚未经税务机关认证的进项税额；一般纳税人已申请稽核但尚未取得稽核相符结果的海关缴款书进项税额。

6.“待转销项税额”明细科目

该科目核算一般纳税人销售货物、加工修理修配劳务、服务、无形资产或者不动产，已确认相关收入（或者利得）但尚未发生增值税纳税义务而需要于以后期间确认为销项税额的增值税额。

7.“增值税留抵税额”明细科目

该科目核算兼有销售服务、无形资产或者不动产的原增值税一般纳税人，截止到纳入营改增试点之日前的增值税期末留抵税额，按照现行增值税制度规定不得从销售服务、无形资产或者不动产的销项税额中抵扣的增值税留抵税额。

8.“简易计税”明细科目

该科目核算一般纳税人采用简易计税方法发生的增值税计提、扣减、预缴、缴纳等业务。

9.“转让金融商品应交增值税”明细科目

该科目核算增值税纳税人转让金融商品发生的增值税额。

10.“代扣代交增值税”明细科目

该科目核算纳税人购进在境内未设经营机构的境外单位或者个人在境内的应税行为代扣代缴的增值税。

小规模纳税人只需在“应交税费”科目下设置“应交增值税”明细科目，不需要设置上述专栏，以及除“转让金融商品应交增值税”“代扣代交增值税”外的明细科目。

二、账务处理

1. 取得资产或者接受劳务等业务的账务处理

（1）采购等业务进项税额允许抵扣的账务处理。一般纳税人购进货物、加工修理修配劳务、服务、无形资产或者不动产，按应计入相关成本费用或者资产的金额，借记“在途物资”或者“原材料”“库存商品”“生产成本”“无形资产”“固定资产”“管理费用”等科目，按当月已认证的可抵扣增值税额，借记“应交税费——应交增值税（进项税额）”科目，按当月未认证的可抵扣增值税额，借记“应交税费——待认证进项税额”科目，按应付或者实际支付的金额，贷记“应付账款”“应付票据”“银行存款”等科目。发生退货的，如原增值税专用发票已进行认证，应根据税务机关开具的红字增值税专用发票编制相反的会计分录；如原增值税专用发票未进行认证，应将发票退回并编制相反的会计分录。

例 2-65 A 企业（增值税一般纳税人）于 2019 年 4 月外购一批钢材，已收到增值税专用发票一张，注明不含税价款 200 000 元、增值税 26 000 元，款项已经支付，钢材已经验收入库。A 企业的账务处理如下。

借：原材料　　200 000
　　应交税费——应交增值税（进项税额）　　26 000
　　贷：银行存款　　226 000

假设此例中，企业 4 月发票未认证，在 5 月才认证。

4 月的会计处理如下。

借：原材料　　200 000
　　应交税费——待认证进项税额　　26 000
　　贷：银行存款　　226 000

5 月的会计处理如下。

借：应交税费——应交增值税（进项税额）　　26 000
　　贷：应交税费——待认证进项税额　　26 000

例 2-66 A 企业（增值税一般纳税人）为食品加工厂，2019 年 7 月从某家庭农场购入小麦 100 吨用于生产饼干，每吨 2500 元，开具的主管税务机关核准使用的收购凭证上收购款总计 250 000 元，则 A 企业的账务处理如下。

借：原材料　　225 000
　　应交税费——应交增值税（进项税额）　　25 000（250 000×10%）
　　贷：银行存款　　250 000

（2）采购等业务进项税额不得抵扣的账务处理。一般纳税人购进货物、加工修理修配劳务、服务、无形资产或者不动产，用于简易计税方法计税项目、免征增值税项目、集体福利或者个人消费等，其进项税额按照现行增值税制度规定不得从销项税额中抵扣的，取得增值税专用发票时，应借记相关成本费用或者资产科目，借记“应交税费——待认证进项税额”科目，贷记“银行存款”“应付账款”等科目，经税务机关认证后，应借记相关成本费用或者资产科目，贷记“应交税费——应交增值税（进项税额转出）”科目。

例 2-67 A 企业（增值税一般纳税人）于 2019 年 4 月外购蛋糕，用于职工生日聚会，取得的增值税专用发票上注明价款为 5000 元，增值税为 650 元，款项已从银行划转，则 A 企业的账务会计处理如下。

借：管理费用　　5000
　　应交税费——待认证进项税额　　650
　　贷：银行存款　　5650

【注意】为了防止出现滞留票，这些发票也应认证，并在申报时作进项税额转出处理。

借：应交税费——应交增值税（进项税额）　　650
　　贷：应交税费——待认证进项税额　　650
借：管理费用　　650
　　贷：应交税费——应交增值税（进项税额转出）　650

（3）生产、生活性服务业纳税人取得资产或者接受劳务时，应当按照《增值税会计处理规定》的相关规定对增值税相关业务进行会计处理；实际缴纳增值税时，按应纳税额借记“应交税费——未交增值税”等科目，按实际纳税金额贷记“银行存款”科目，按加计抵减的金额贷记“其他收益”科目。

例 2-68 甲公司（生活性服务业）2019 年 4 月的销项税额为 12 万元，进项税额为 10 万元，当期计提加计抵减金额为 1 万元。

借：应交税费——应交增值税（转出未交增值税）　2
　　贷：应交税费——未交增值税　　2
借：应交税费——未交增值税　　2
　　贷：银行存款　　1
　　　　其他收益　　1

（4）货物等已验收入库但尚未取得增值税扣税凭证的账务处理。一般纳税人购进的货物等已到达并验收入库，但尚未收到增值税扣税凭证并且未付款的，应在月末按货物清单或者相关合同协议上的价格暂估入账，不需要将增值税的进项税额暂估入账。下月初，用红字冲销原暂估入账金额，待取得相关增值税扣税凭证并经认证后，按应计入相关成本费用或者资产的金额，借记“原材料”“库存商品”“固定资产”“无形资产”等科目，按可抵扣的增值税额，借记“应交税费——应交增值税（进项税额）”科目，按应付金额，贷记“应付账款”等科目。

例 2-69 A 企业于 2019 年 9 月 1 日购入一批原材料，协议规定价格为 113 万元，材料已于当月验收入库，但尚未取得发票，也未付款。

（1）月末应按货物清单或者相关合同协议上的价格暂估入账，不需要将增值税的进项税额暂估入账。

借：原材料——暂估入账　　113
　　贷：应付账款　　113

（2）下月初，用红字冲销原暂估入账金额。

借：原材料——暂估入账　　113（红字）

　　贷：应付账款　　113（红字）

（3）待取得相关增值税扣税凭证并经认证后的账务处理如下。

借：原材料　　100

　　应交税费——应交增值税（进项税额）　　13

　　贷：应付账款　　113

（5）小规模纳税人采购等业务的账务处理。小规模纳税人购买物资、服务、无形资产或者不动产，取得增值税专用发票上注明的增值税应计入相关成本费用或者资产，不通过“应交税费——应交增值税”科目核算。

例 2-70 A 企业为小规模纳税人，2019 年 8 月购入一项服务，销售方为一般纳税人，开具增值税专用发票，价税合计 10 600 元。

借：管理费用　　10 600

　　贷：银行存款　　10 600

（6）购买方作为扣缴义务人的账务处理。按照现行增值税制度规定，境外单位或者个人在境内发生应税行为，在境内未设经营机构的，以购买方为增值税扣缴义务人。境内一般纳税人购进服务、无形资产或者不动产，按应计入相关成本费用或者资产的金额，借记“生产成本”“无形资产”“固定资产”“管理费用”等科目，按可抵扣的增值税额，借记“应交税费——进项税额”科目（小规模纳税人应借记相关成本费用或者资产科目），按应付或者实际支付的金额，贷记“应付账款”等科目，按应代扣代缴的增值税额，贷记“应交税费——代扣代交增值税”科目。实际缴纳代扣代缴增值税时，按代扣代缴的增值税税额，借记“应交税费——代扣代交增值税”科目，贷记“银行存款”科目。

例 2-71 A 企业为一般纳税人，2019 年 8 月，由于生产需要，从某外国企业购入一项服务，价税合计 10 600 元，该外国企业未在我国设立机构。

借：生产成本　　10 000

　　应交税费——应交增值税（进项税额）　　600

　　贷：应付账款　　10 000

　　　　应交税费——代扣代交增值税　　600

2．销售等业务的账务处理

（1）销售业务的账务处理。企业销售货物、加工修理修配劳务、服务、无形资产或者不动产，应当按应收或者已收的金额，借记“应收账款”“应收票据”“银行存款”等科目，按取得的收入金额，贷记“主营业务收入”“其他业务收入”“固定资产清理”“工程结算”等科目，按现行增值税制度规定计算的销项税额（或者采用简易计税方法计算的应纳增值税税额），贷记“应交税费——应交增值税（销项税额）”或者“应交税费——简易计税”科目（小规模纳税人应贷记“应交税费——应交增值税”科目）。发生销售退回的，应根据按规定开具的红字增值税专用发票编制相反的会计分录。

例 2-72 A 企业（增值税一般纳税人）本月对外销售一批产品，应收取款项 1 014 400

元。其中，价款 880 000 元，增值税 114 400 元，代垫运输费 20 000 元（运费发票开具给购买方，且 A 企业已转交给购买方），则 A 企业的账务处理如下。

借：应收账款　　　　　　　　　　　　1 014 400
　贷：主营业务收入　　　　　　　　　　　880 000
　　应交税费——应交增值税（销项税额）　114 400
　　银行存款　　　　　　　　　　　　　　20 000

按照国家统一的会计制度确认收入或者利得的时点早于按照增值税制度确认增值税纳税义务发生时点的，应将相关销项税额计入“应交税费——待转销项税额”科目，待实际发生纳税义务时再转入“应交税费——应交增值税（销项税额）”或者“应交税费——简易计税”科目。

按照增值税制度确认增值税纳税义务发生时点早于按照国家统一的会计制度确认收入或者利得的时点的，应将应纳增值税额，借记“应收账款”科目，贷记“应交税费——应交增值税（销项税额）”或者“应交税费——简易计税”科目，按照国家统一的会计制度确认收入或者利得时，应按扣除增值税销项税额后的金额确认收入。

例 2-73 某建筑公司承建小区景观项目，2016 年 3 月开工，按照简易计税方法计税。11 月 30 日工程项目完工后与业主一次性办理工程价款结算，税前工程价款为 1000 万元，增值税为 30 万元。业主同时支付了 90%的工程价款，其余部分作为质保金于第二年 11 月 30 日支付。按照增值税政策规定，该笔质保金应该于发生应税行为并收讫销售款项的当天产生纳税义务。根据上述业务，该公司应该作如下账务处理。

（1）办理工程价款结算，收到部分工程款时的账务处理如下。

借：银行存款　　　　　　　　　　927
　　应收账款　　　　　　　　　　103
　贷：工程结算　　　　　　　　　　1000
　　应交税费——简易计税　　　　　　27
　　应交税费——待转销项税额　　　　3

（2）第二年收到质保金时，结转待转销项税额的账务处理如下。

借：应交税费——待转销项税额　　　3
　贷：应交税费——简易计税　　　　　3

（2）视同销售的账务处理。企业发生税法上视同销售的行为，应当按照企业会计准则制度相关规定进行相应的会计处理，并按照现行增值税制度规定计算的销项税额（或者采用简易计税方法计算的应纳增值税额），借记“应付职工薪酬”“利润分配”等科目，贷记“应交税费——应交增值税（销项税额）”或者“应交税费——简易计税”科目（小规模纳税人应计入“应交税费——应交增值税”科目）。

例 2-74 A 企业（增值税一般纳税人）以自己生产的产品分配利润，产品成本为 500 000 元，不含税销售价格为 800 000 元，该产品的增值税税率为 13%，则该企业的账务处理如下。

借：应付股利　　　　　　　　　　　904 000
　贷：主营业务收入　　　　　　　　　　800 000
　　应交税费——应交增值税（销项税额）　104 000

3. 差额征税的账务处理

（1）企业发生相关成本费用允许扣减销售额的账务处理。按现行增值税制度规定企业发生相关成本费用允许扣减销售额的，发生成本费用时，按应付或者实际支付的金额，借记“主营业务成本”“存货”“工程施工”等科目，贷记“应付账款”“应付票据”“银行存款”等科目。待取得合规增值税扣税凭证且纳税义务发生时，按照允许抵扣的税额，借记“应交税费——应交增值税（销项税额抵减）”或者“应交税费——简易计税”科目（小规模纳税人应借记“应交税费——应交增值税”科目），贷记“主营业务成本”“存货”“工程施工”等科目。

例 2-75 某甲房地产开发公司（增值税一般纳税人）销售自行开发的房地产项目，销售建筑面积为 49 000 平方米，收取销售房款 38 150 万元，已开具增值税专用发票；对应的土地出让金为 32 700 万元（已支付），取得符合规定的有效凭证。

借：银行存款　　38 150

　贷：主营业务收入　　35 000

　　应交税费——应交增值税（销项税额）　　3150

借：应交税费——应交增值税（销项税额抵减）　　2700

　贷：主营业务成本　　2700

（2）金融商品转让按规定以盈亏相抵后的余额作为销售额的账务处理。金融商品实际转让月末，如产生转让收益，则按应纳税额借记“投资收益”等科目，贷记“应交税费——转让金融商品应交增值税”科目；如产生转让损失，则按可结转下月抵扣税额，借记“应交税费——转让金融商品应交增值税”科目，贷记“投资收益”等科目。缴纳增值税时，应借记“应交税费——转让金融商品应交增值税”科目，贷记“银行存款”科目。年末，本科目如有借方余额，则借记“投资收益”等科目，贷记“应交税费——转让金融商品应交增值税”科目。

例 2-76 A 企业为增值税一般纳税人，2019 年 3 月转让金融商品，取得买卖正差价 159 万元。

借：投资收益　　9（159÷1.06×6%）

　贷：应交税费——转让金融商品应交增值税　　9

假设 2019 年 5 月产生转让损失 53 万元，则按可结转下月抵扣税额。

借：应交税费——转让金融商品应交增值税　　3

　贷：投资收益　　3

如果截止到 2019 年年末，企业没有转让金融商品业务，则“应交税费——转让金融商品应交增值税”出现借方余额，2019 年年末账务处理如下。

借：投资收益　　3

　贷：应交税费——转让金融商品应交增值税　　3

4. 进项税额抵扣情况发生改变的账务处理

因发生非正常损失或者改变用途等，原已计入进项税额或者待认证进项税额，但按现行增值税制度规定不得从销项税额中抵扣的，借记“待处理财产损溢”“应付职工薪酬”“固定资产”“无形资产”等科目，贷记“应交税费——应交增值税（进项税额转出）”或者“应交税费——待认证进项税额”科目；原不得抵扣且未抵扣进项税额的固定资产、无形资产等，因改变用途等用于允许抵扣进项税额的应税项目的，应按允许抵扣的进项税额，借记“应交税费——应交增值税（进项税额）”科目，贷记“固定资产”“无形资产”等科目。固定资产、无形资产等经上述调整后，应按调整后的账面价值在剩余尚可使用寿命期内计提折旧或者摊销。

例 2-77 A企业（增值税一般纳税人）外购一批原材料，数量为20吨，取得增值税专用发票，注明价款为100 000元，税金为13 000元，款项已付，运输过程中因管理不善被盗2吨，则A企业的账务处理如下。

借：原材料　　90 000

　　应交税费——应交增值税（进项税额）　　11 700（13 000×18÷20）

　　待处理财产损益——待处理流动资产损益　11 300

　　贷：银行存款　　113 000

例 2-78 2019年9月1日，企业将两年前购入的办公楼改为职工宿舍，该办公楼购入时已抵扣进项税额800万元，现该办公楼净值率为95%。

借：固定资产　　760（800×95%）

　　贷：应交税费——应交增值税（进项税额转出）　480

例 2-79 接【例 2-78】，假设企业将两年前购入的职工宿舍改为办公楼，其他条件不变。

借：应交税费——应交增值税（进项税额）　　760

　　贷：固定资产　　760

5. 月末转出多交增值税和未交增值税的账务处理

月度终了，企业应将当月应交未交或者多交的增值税自“应交增值税”明细科目转入“未交增值税”明细科目。对当月应交未交的增值税，借记“应交税费——应交增值税（转出未交增值税）”科目，贷记“应交税费——未交增值税”科目；对当月多交的增值税，借记“应交税费——未交增值税”科目，贷记“应交税费——应交增值税（转出多交增值税）”科目。

例 2-80 A企业本月外购货物，发生允许抵扣的进项税额合计100 000元，本月初“应交税费——应交增值税”明细账借方余额为20 000元，本月对外销售货物，取得销项税额合计为210 000元。则A企业本月应纳增值税=210 000-（100 000+20 000）=90 000（元）。

月末，企业的账务处理如下。

借：应交税费——应交增值税（转出未交增值税）90 000

　　贷：应交税费——未交增值税　　90 000

6. 缴纳增值税的账务处理

（1）缴纳当月应交增值税的账务处理。企业缴纳当月应交的增值税，借记“应交税费——应交增值税（已交税金）”科目（小规模纳税人应借记“应交税费——应交增值税”科目），贷记“银行存款”科目。

（2）缴纳以前期间未交增值税的账务处理。企业缴纳以前期间未交的增值税，借记“应交税费——未交增值税”科目，贷记“银行存款”科目。

（3）预缴增值税的账务处理。企业预缴增值税时，借记“应交税费——预交增值税”科目，贷记“银行存款”科目。月末，企业应将“预交增值税”明细科目余额转入“未交增值税”明细科目，借记“应交税费——未交增值税”科目，贷记“应交税费——预交增值税”科目。房地产开发企业等在预缴增值税后，应直至纳税义务发生时方可从“应交税费——预交增值税”科目结转至“应交税费——未交增值税”科目。

（4）减免增值税的账务处理。对当期直接减免的增值税，借记“应交税费——应交增值税（减免税款）”科目，贷记损益类相关科目。

例 2-81 接【例 2-80】，次月初，企业依法申报缴纳上月应缴未缴的增值税 90 000 元。

借：应交税费——未交增值税　　90 000
　贷：银行存款　　90 000

【提示】企业当月缴纳当月的增值税，仍然通过“应交税费——应交增值税（已交税金）”科目核算；当月缴纳以前各月未缴纳的增值税，通过“应交税费——未交增值税”科目核算，不通过“应交税费——应交增值税（已交税金）”科目核算。

例 2-82 A 房地产公司某小区于 2019 年 10 月 3 日达到预售条件并取得预售许可证，陆续收到客户支付的预售款 32 700 万元，暂不考虑其他税种。

10 月预缴增值税时的账务处理如下。

借：应交税费——预交增值税　　900
　贷：银行存款　　900（32 700÷1.09×3%）

10 月末结转预缴税金的账务处理如下。

借：应交税费——未交增值税　　900
　贷：应交税费——预交增值税　　900

7. 增值税期末留抵税额的账务处理

纳入营改增试点当月月初，原增值税一般纳税人应按不得从销售服务、无形资产或者不动产的销项税额中抵扣的增值税留抵税额，借记“应交税费——增值税留抵税额”科目，贷记“应交税费——应交增值税（进项税额转出）”科目。待以后期间允许抵扣时，按允许抵扣的金额，借记“应交税费——应交增值税（进项税额）”科目，贷记“应交税费——增值税留抵税额”科目。

8. 增值税税控系统专用设备和技术维护费用抵减增值税额的账务处理

按现行增值税制度规定，企业初次购买增值税税控系统专用设备支付的费用以及缴纳的技术维护费允许在增值税应纳税额中全额抵减的，按规定抵减的增值税应纳税额，借记“应交税费——应交增值税（减免税款）”科目（小规模纳税人应借记“应交税费——应交增值税”科目），贷记“管理费用”等科目。

例 2-83 A 公司购买防伪税控设备，价税合计额为 820 元，取得增值税专用发票。

购买时的账务处理如下。

借：管理费用——办公费　　　　　　　　　820

　　贷：银行存款　　　　　　　　　　　　　820

抵税时的账务处理如下。

借：应交税费——应交增值税（减免税款）　　820

　　贷：管理费用——办公费　　　　　　　　820

9. 关于小微企业免征增值税的会计处理规定

小微企业在取得销售收入时，应当按照税法的规定计算应交增值税，并确认为应交税费，在达到增值税制度规定的免征增值税条件时，将有关应交增值税转入当期损益。

例 2-84 A 餐饮企业（小规模纳税人）于 2019 年 4 月取得提供餐饮服务收入含税销售额为 20 600 元。

借：银行存款　　　　　　　　　　　　20 600

　　贷：主营业务收入　　　　　　　　　　20 000

　　　　应交税费——应交增值税　　　　　　600

借：应交税费——应交增值税　　　　　　600

　　贷：营业外收入　　　　　　　　　　　　600

三、财务报表相关项目列示

“应交税费”科目下的“应交增值税”“未交增值税”“待抵扣进项税额”“待认证进项税额”“增值税留抵税额”等明细科目期末借方余额应根据情况，在资产负债表中的“其他流动资产”或者“其他非流动资产”项目列示。“应交税费——待转销项税额”等科目期末贷方余额应根据情况，在资产负债表中的“其他流动负债”或者“其他非流动负债”项目列示。“应交税费”科目下的“未交增值税”“简易计税”“转让金融商品应交增值税”“代扣代交增值税”等科目期末贷方余额应在资产负债表中的“应交税费”项目列示。

任务六　出口货物、劳务和跨境应税行为增值税的退（免）税

对出口货物、劳务和跨境应税行为已承担或者应承担的增值税与消费税等间接税实行退还或者免征，是国际社会通行的惯例，目的在于鼓励各国出口货物、服务公平竞争。《中华人民共和国增值税暂行条例》第二条第四款规定：“纳税人出口货物，税率为零；但是，国务院另有规定的除外。”零税率不同于免税，免税往往是指某一环节免税；而零税率是指整体税负为零，意味着出口环节免税且退还以前纳税环节的已纳税款，这就是所谓的“出口退税”。

一、出口货物、劳务和跨境应税行为增值税退（免）税政策

（一）适用增值税退（免）税政策的范围

1. 出口企业出口货物

【提示】不同出口主体的出口行为有不同的税收待遇。

（1）出口企业的类型如表 2-6 所示。

表 2-6　出口企业的类型

登记条件			企业类型		出口的货物	退（免）税政策
工商登记	税务登记	对外贸易经营				
有	有	有	各类单位或者个体户	出口企业	自营或者委托出口货物	免税并退税
有	有	无	生产企业		委托出口货物	
有	有	无	非生产单位	非出口企业	委托出口货物	免税

（2）企业出口给外商的新造集装箱，交付到境内指定堆场，并取得出口货物报关单（出口退税专用），同时符合其他出口退（免）税规定的，准予按照现行规定办理出口退（免）税。

2. 出口企业或者其他单位视同出口货物

除财政部和国家税务总局另有规定外，视同出口货物适用出口货物的各项规定。视同出口货物具体包括以下几点。

（1）出口企业对外援助、对外承包、境外投资的出口货物。

（2）出口企业经海关报关进入国家批准的出口加工区、保税物流园区、保税港区、综合保税区、珠澳跨境工业区（珠海园区）、中哈霍尔果斯国际边境合作中心（中方配套区域）、保税物流中心（B 型）（以下简称特殊区域）并销售给特殊区域内单位或者境外单位、个人的货物。

（3）免税品经营企业销售的货物（国家规定不允许经营和限制出口的货物、卷烟和超出免税品经营企业《企业法人营业执照》规定经营范围的货物除外）。

（4）出口企业或者其他单位销售给用于国际金融组织或者外国政府贷款国际招标建设项目的中标机电产品。上述中标机电产品，包括外国企业中标再分包给出口企业或者其他单位的机电产品。

（5）出口企业或者其他单位销售给国际运输企业用于国际运输工具上的货物。上述规定暂仅适用于外轮供应公司、远洋运输供应公司销售给外轮、远洋国轮的货物，以及国内航空供应公司生产销售给国内和国外航空公司国际航班的航空食品。

（6）出口企业或者其他单位销售给特殊区域内生产企业生产耗用且不向海关报关而输入特殊区域的水（包括蒸汽）、电力、燃气。

3. 出口企业对外提供加工修理修配劳务

对外提供加工修理修配劳务，是指对进境复出口货物或者从事国际运输的运输工具进行的加工修理修配。

4．适用增值税零税率应税服务

中国境内的增值税一般纳税人提供适用增值税零税率的应税服务和无形资产，实行增值税免（退）税办法。

（二）增值税退（免）税办法

目前，我国的出口货物税收政策分为以下三种形式。

1．出口免税并退税

出口免税是指对货物在出口销售环节不征增值税、消费税，这是把货物出口环节与出口前的销售环节都同样视为一个征税环节；出口退税是指对货物在出口前实际承担的税收负担，按规定的退税率计算后予以退还。

2．出口免税不退税

出口免税与上述含义相同。出口不退税是指适用这个政策的出口货物因在前一道生产、销售环节或者进口环节是免税的，所以出口时该货物的价格中本身就不含税，也无须退税。

3．出口不免税也不退税

出口不免税是指对国家限制或者禁止出口的某些货物的出口环节视同内销环节，照常征税；出口不退税是指对这些货物出口不退还出口前其所负担的税款。适用这个政策的主要是税法列举限制或者禁止出口的货物，如天然牛黄、麝香、白银等。

适用增值税退（免）税政策的出口货物、劳务及应税行为，按照规定实行增值税免抵退税或者免退税办法（见表2-7）。

表2-7　增值税免抵退税或者免退税办法规定

<table>
<tr><th rowspan="2">退（免）税办法</th><th colspan="2">适用企业和情况</th><th rowspan="2">基本政策规定</th></tr>
<tr><th>企业</th><th>具 体 情 况</th></tr>
<tr><td rowspan="3">免抵退税</td><td>生产企业</td><td>（1）出口自产货物和视同自产货物及对外提供加工修理修配劳务
（2）列名的生产企业出口非自产货物
（3）适用一般计税方法的生产企业提供适用零税率的应税服务和无形资产</td><td rowspan="3">免征增值税，相应的进项税额抵减应缴纳的增值税（不包括适用增值税即征即退、先征后退政策的应缴纳增值税），未抵减完的部分予以退还</td></tr>
<tr><td>外贸企业</td><td>适用一般计税方法的外贸企业直接将服务或者自行研发的无形资产出口</td></tr>
<tr><td>特殊行业企业</td><td>（1）境内单位和个人提供的国际运输服务
（2）境内单位和个人向境外单位提供的完全在境外消费的规定服务
（3）航天运输服务参照国际运输服务，适用零税率</td></tr>
<tr><td>免退税</td><td>外贸企业或者其他单位</td><td>（1）不具有生产能力的出口企业（以下简称外贸企业）或者其他单位出口货物、劳务
（2）适用一般计税方法的外贸企业外购服务或者无形资产出口</td><td>免征增值税，相应的进项税额予以退还</td></tr>
</table>

【提示】

(1) 境内的单位和个人提供适用增值税零税率的应税服务或者无形资产，如果属于适用简易计税方法的，实行免征增值税办法。如果属于适用增值税一般计税方法的，生产企业实行“免、抵、退”税办法。

(2) 外贸企业将外购的适用增值税零税率应税服务和无形资产出口的，实行“免、退”税办法；外贸企业直接将适用增值税零税率的应税服务或者自行研发的无形资产出口的，视同生产企业连同其出口货物统一实行“免、抵、退”税办法。

如果主管税务机关认定出口价格偏高的，有权按照核定的出口价格计算退（免）税，核定的出口价格低于外贸企业购进价格的，低于部分对应的进项税额不予退税，转入成本。

(3) 特殊纳税人的非自产货物出口可以视同出口自产货物享受“免抵退”税。

（三）增值税出口退税率

增值税出口货物退税在具体计算时分不同情况采用规定的退税率、适用税率、征收率。

适用不同退税率的货物劳务，应分开报关、核算并申报退（免）税，未分开报关、核算或者划分不清的，从低适用退税率。

(1) 增值税出口退税率的一般规定——规定的退税率或者适用税率。

除财政部和国家税务总局根据国务院决定而明确的增值税出口退税率外，出口货物的退税率为其适用税率。

服务和无形资产的退税率为《营业税改征增值税试点实施办法》中规定的增值税适用税率。

上述出口货物取得增值税专用发票的，退税率按照增值税专用发票上的税率和出口货物退税率孰低的原则确定。

(2) 增值税出口退税率的特殊规定主要包括以下两方面。

① 外贸企业购进按简易办法征税的出口货物、从小规模纳税人购进的出口货物，其退税率分别为简易办法实际执行的征收率、小规模纳税人征收率。

② 出口企业委托加工修理修配货物，其加工修理修配费用的退税率，为出口货物的退税率。

(3) 适用不同退税率的货物、劳务及跨境应税行为，应分开报关、核算并申报退（免）税，未分开报关、核算或者划分不清的，从低适用退税率。

（四）增值税退（免）税的计税依据

1. 票据依据

出口货物、劳务的增值税退（免）税的计税依据，按出口货物、劳务的出口发票（外销发票）、其他普通发票或者购进出口货物、劳务的增值税专用发票、海关进口增值税专用缴款书确定。

跨境应税行为的计税依据按照《适用增值税零税率应税服务退（免）税管理办法》执行。

2. 金额依据

出口企业退（免）税计税依据如表2-8所示。

表2-8　出口企业退（免）税计税依据

出口行为	出口企业	退（免）税计税依据
出口货物、劳务（进料加工复出口货物除外）	生产企业	出口货物、劳务的实际离岸价——实际离岸价应以出口发票上的离岸价为准，但如果出口发票不能反映实际离岸价，主管税务机关有权予以核定
进料加工复出口货物	生产企业	按出口货物的离岸价扣除出口货物所耗用的海关保税进口料件的金额后确定
国内购进无进项税额且不计提进项税额的免税原材料加工后出口的货物	生产企业	按出口货物的离岸价扣除出口货物所含的国内购进免税原材料的金额后确定
出口货物（委托加工修理修配货物除外）	外贸企业	为购进出口货物的增值税专用发票注明的金额或者海关进口增值税专用缴款书注明的完税价格
出口委托加工修理修配货物	外贸企业	为加工修理修配费用增值税专用发票注明的金额。外贸企业应将加工修理修配使用的原材料（进料加工海关保税进口料件除外）作价销售给受托加工修理修配的生产企业，受托加工修理修配的生产企业应将原材料成本并入加工修理修配费用并开具发票
出口进项税额未计算抵扣的已使用过的设备	出口企业	退（免）税计税依据=增值税专用发票上的金额或者海关进口增值税专用缴款书注明的完税价格×已使用过的设备固定资产净值÷已使用过的设备原值 已使用过的设备固定资产净值=已使用过的设备原值-已使用过的设备已提累计折旧
销售的货物	免税品经营企业	为购进货物的增值税专用发票注明的金额或者海关进口增值税专用缴款书注明的完税价格
中标机电产品	生产企业	为销售机电产品的普通发票注明的金额
	外贸企业	为购进货物的增值税专用发票注明的金额或者海关进口增值税专用缴款书注明的完税价格
输入特殊区域的水、电、气	出口企业或者其他单位	作为购买方的特殊区域内生产企业购进水（包括水蒸气）、电力、燃气的增值税专用发票注明的金额

【归纳】增值税退（免）税的计税依据主要包括以下几点。

（1）对于生产企业出口货物而言，一般是扣减所含保税和免税金额之后的离岸价。

（2）对于外贸企业出口货物而言，一般是购进货物增值税专用发票注明的金额或者海关进口增值税专用缴款书注明的完税价格。

（3）对于提供应税服务企业而言：① 其他实行免抵退税办法的零税率应税行为，免抵退税计税依据为提供零税率应税行为取得的收入；② 实行免退税办法的退（免）税计税依据为购进应税服务的增值税专用发票或者解缴税款的税收缴款凭证上注明的金额。

二、增值税“免、抵、退税”和“免、退税”的计算

（一）生产企业出口货物、劳务、服务增值税“免、抵、退税”的计算方法

1.“免、抵、退”计算公式

（1）当期应纳税额的计算公式为

当期应纳税额=当期销项税额-（当期进项税额-当期不得免征和抵扣税额）

当期不得免征和抵扣税额=当期出口货物离岸价×外汇人民币折合率×（出口货物适用税率-出口货物退税率）-当期不得免征和抵扣税额抵减额

当期不得免征和抵扣税额抵减额=当期免税购进原材料价格×（出口货物适用税率-出口货物退税率）

（2）当期“免、抵、退”税额的计算公式为

当期“免、抵、退”税额=当期出口货物离岸价×外汇人民币折合率×出口货物退税率-当期“免、抵、退”税额抵减额

当期“免、抵、退”税额抵减额=当期免税购进原材料价格×出口货物退税率

（3）当期应退税额和免抵税额的计算如下。

当期应退税额为“当期期末留抵税额”与“当期免抵退税额”中的较小者。

当期免抵税额为计算的差额。

2.“免、抵、退”计算举例

例 2-85 某自营出口的生产企业为增值税一般纳税人，出口货物的征税率为13%，退税率为10%。2019年6月的有关经营业务如下：购进一批原材料，取得的增值税专用发票注明的价款为200万元，准予抵扣的进项税额26万元通过认证。上月末留抵税额为3万元，本月内销货物不含税销售额为100万元，收款113万元存入银行，本月出口货物的销售额折合人民币200万元。试计算该企业当期的“免、抵、退”税额。

【解析】

（1）当期“免、抵、退”税不得免征和抵扣税额=200×（13%-10%）=6（万元）。

（2）当期应纳税额=100×13%-（26-6）-3=13-20-3=-10（万元）。

（3）出口货物“免、抵、退”税额=200×10%=20（万元）。

（4）当期应退税额=10（万元）。

（5）当期免抵税额=当期免抵退税额-当期应退税额=20-10=10（万元）。

3. 出口货物耗用了免税购进的原材料

（1）如果出口货物使用了免税（或者保税）购进的原材料，应扣除出口货物所含的购进免税（或者保税）原材料的金额。

（2）当期进料加工保税进口料件的价格，为进料加工出口货物耗用的保税进口料件金额。

进料加工出口货物耗用的保税进口料件金额=进料加工出口货物人民币离岸价×进料加工计划分配率

例 2-86 某自营出口生产企业为增值税一般纳税人，出口货物的征税率为 13%，退税率为 10%。2019 年 10 月有关经营业务如下：购入一批原材料，取得的增值税专用发票注明的价款为 200 万元，外购货物准予抵扣进项税额 26 万元通过认证。当月进料加工免税进口料件的组成计税价格为 100 万元。上期末留抵税额为 6 万元。本月内销货物不含税销售额为 100 万元，收款 113 万元存入银行。本月出口货物销售额折合人民币 200 万元。试计算该企业当期的“免、抵、退”税额。

【解析】

（1）“免、抵、退”税不得免征和抵扣税额=200×（13%−10%）−100×（13%−10%）=100×（13%−10%）=3（万元）。

（2）当期应纳税额=100×13%−（26−3）−6=13−23−6=−16（万元）。

（3）出口货物“免、抵、退”税额=200×10%−100×10%=100×10%=10（万元）。

（4）当期应退税额=10（万元）。

（5）当期免抵税额=0（万元）。

（6）8 月期末留抵结转下期继续抵扣税额=16−10=6（万元）。

（二）跨境零税率应税行为增值税退（免）税适用“免、抵、退”税计算

例 2-87 某国际运输公司已登记为增值税一般纳税人，该企业实行“免、抵、退”税管理办法。该企业 2019 年 8 月实际发生如下业务。

（1）该企业当月承接了 3 个国际运输业务，取得确认的收入 60 万元。

（2）企业增值税纳税申报时，期末留抵税额为 15 万元。

试计算该企业当月的退税额。

【解析】

（1）当期零税率应税服务“免、抵、退”税额=当期零税率应税服务“免、抵、退”税计税依据×零税率应税服务增值税退税率=60×9%=5.4（万元）。

当期期末留抵税额 15 万元＞当期“免、抵、退”税额 5.4 万元。

（2）当期应退税额=当期“免、抵、退”税额=5.4（万元）。

退税申报后，结转下期留抵的税额为 9.6 万元。

（三）外贸企业出口货物、劳务适用“免、退”税计算

1. 外贸企业出口委托加工修理修配货物以外的货物

增值税应退税额=增值税退（免）税计税依据×出口货物退税率

退税率低于适用税率的，相应计算出的差额部分的税款计入出口货物劳务成本。

2. 外贸企业出口委托加工修理修配货物

出口委托加工修理修配货物的增值税应退税额=委托加工修理修配的增值税退（免）税计税依据×出口货物退税率

例 2-88 某进出口公司于 2019 年 6 月购进牛仔布委托加工成服装出口，取得牛仔布增值税发票，注明计税金额为 10 000 元；取得服装加工费计税金额为 2000 元，受托方将原料成本并入加工修理修配费用并开具了增值税专用发票。假设退税税率为 13%，试计算该企业应退税额。

【解析】应退税额=10 000×13%+2000×13%=1560（元）

（四）融资租赁出口货物退税的计算

增值税应退税额=购进融资租赁货物的增值税专用发票注明的金额或者海关（进口增值税）专用缴款书注明的完税价格×融资租赁货物适用的增值税退税率

三、出口货物和劳务及应税服务增值税免税政策

（1）适用出口免税的货物主要包括以下几点。

① 增值税小规模纳税人出口货物。

② 避孕药品和用具，古旧图书。

③ 软件产品。

④ 含黄金、铂金成分的货物，钻石及其饰品。

⑤ 国家计划内出口的卷烟。

⑥ 非出口企业委托出口的货物。

⑦ 非列名生产企业出口的非视同自产货物。

⑧ 农业生产者自产农产品。

⑨ 规定的出口免税的货物，如油、花生、果仁、黑大豆等。

⑩ 外贸企业取得普通发票、农产品收购发票、政府非税收入票据的货物。

⑪ 来料加工复出口货物。

⑫ 特殊区域内的企业出口的特殊区域内的货物。

⑬ 以人民币现金作为结算方式的边境地区出口企业从所在省（自治区）的边境口岸出口到接壤国家的一般贸易和边境小额贸易出口货物。

⑭ 以旅游购物贸易方式报关出口的货物。

（2）出口企业或者其他单位视同出口的下列货物和劳务。

① 国家批准设立的免税店销售的免税货物［包括进口免税货物和已实现退（免）税的货物］。

② 特殊区域内的企业为境外的单位或者个人提供加工修理修配劳务。

③ 同一特殊区域、不同特殊区域内的企业之间销售特殊区域内的货物。

（3）中国境内的单位和个人提供的下列应税服务免征增值税，但零税率的除外。

① 下列 8 项服务：工程项目在境外的建筑服务；工程项目在境外的工程监理服务；工程、矿产资源在境外的工程勘察勘探服务；会议展览地点在境外的会议展览服务；存储地点在境外的仓储服务；标的物在境外使用的有形动产租赁服务；在境外提供的广播影视节目（作品）的播映服务；在境外提供的文化体育服务、教育医疗服务、旅游服务。

② 为出口货物提供的邮政服务、收派服务、保险服务（包括出口货物保险和出口信用保险）。

③ 向境外单位提供的完全在境外消费的下列服务和无形资产：电信服务；知识产权服务；物流辅助服务（仓储服务、收派服务除外）；鉴证咨询服务；专业技术服务；商务辅助服务；广告投放地在境外的广告服务；无形资产。

【解析】完全在境外消费，主要包括以下两点：第一，服务的实际接受方在境外，且与境内的货物和不动产无关。第二，无形资产完全在境外使用，且与境内的货物和不动产无关。

④ 为境外单位之间的货币资金融通及其他金融业务提供的直接收费金融服务，且该服务与境内的货物、无形资产和不动产无关。

⑤ 按照国家有关规定应取得相关资质的国际运输服务项目，纳税人未取得相关资质的，适用增值税免税政策。

⑥ 境内单位和个人以无运输工具承运方式提供的国际运输服务，无运输工具承运业务的经营者适用增值税免税政策。

⑦ 境内的单位和个人提供适用增值税零税率的服务或者无形资产，如果属于适用简易计税方法的，实行免征增值税办法。

（4）市场经营户自营或者委托市场采购贸易经营者以市场采购贸易方式出口的货物免征增值税。

“市场采购贸易方式出口的货物”，是指经国家批准的专业市场集聚区内的市场经营户自营或者委托从事市场采购贸易经营的单位，按照海关总署规定的市场采购贸易监管办法办理通关手续，市场经营户向主管国税机关自行申报或者市场采购贸易经营者代为办理，实行出口货物免税管理。

四、出口货物、劳务和应税行为退（免）税会计处理

1. 实行“免、抵、退”政策的账务处理

（1）应纳税额为正数，即免抵后仍应缴纳增值税，免抵税额=免抵退税额，即没有可退税额（因为没有留抵税额）。此时的账务处理如下。

借：应交税费——应交增值税（转出未交增值税）

　　贷：应交税费——未交增值税

借：应交税费——应交增值税（出口抵减内销产品应纳税额）

　　贷：应交税费——应交增值税（出口退税）

（2）应纳税额为负数，即期末有留抵税额，对未抵顶完的进项税额，不编制会计分录；当留抵税额大于“免、抵、退”税额时，可全部退税，免抵税额为0。此时的账务处理如下。

借：其他应收款——应收出口退税

　　贷：应交税费——应交增值税（出口退税）

（3）应纳税额为负数，即期末有留抵税额，对未抵顶完的进项税额，不编制会计分录；当留抵税额小于“免、抵、退”税额时，可退税额为留抵税额，免抵税额=免抵退税额-留抵税额。此时的账务处理如下。

借：其他应收款——应收出口退税

　　应交税费——应交增值税（出口抵减内销产品应纳税额）

贷：应交税费——应交增值税（出口退税）

通过以上三种情况的分析与处理可以看出，如果不计算出“免抵税额”，会计处理将无法平衡。

例 2-89 复兴公司是具有进出口经营权的生产企业，对自产货物经营出口销售及国内销售。该企业于 2019 年 8 月购进所需原材料等货物，增值税专用发票金额为 500 万元，所有发票已经按规定期限在 8 月进行了认证，允许抵扣的进项税额为 65 万元。内销产品取得销售额 300 万元（不含税），出口货物离岸价折合人民币 2400 万元。假设 2019 年 7 月留抵税额为 5 万元，增值税税率为 13%，出口产品退税率为 11%，则相关的账务处理如下。

第一种情况，应纳税额为正数。

（1）外购原辅材料、备件、能源等，会计分录如下。

借：原材料等科目	500	
应交税费——应交增值税（进项税额）	65	
贷：银行存款		565

（2）产品外销时，免征本销售环节的销项税会计分录如下。

借：应收账款	2400	
贷：主营业务收入		2400

（3）产品内销时的会计分录如下。

借：银行存款	339	
贷：主营业务收入		300
应交税费——应交增值税（销项税额）		39

（4）月末，计算当月出口货物不予抵扣和退税的税额。不得免征和抵扣税额=当期出口货物离岸价×人民币外汇牌价×（征税率-退税率）=2400×（13%-11%）=48（万元）。

借：主营业务成本	48	
贷：应交税费——应交增值税（进项税额转出）		48

（5）计算应纳税额。本月应纳税额=销项税额-进项税额=当期内销货物的销项税额-（当期进项税额+上期留抵税款-当期不予抵扣或者退税的金额）=39-（65+5-48）=17（万元）。

借：应交税费——应交增值税（转出未交增值税）	17	
贷：应交税费——未交增值税		17
借：应交税费——应交增值税（出口抵减内销产品应纳税额）	264	
贷：应交税费——应交增值税（出口退税）		264

（6）实际缴纳时的会计分录如下。

借：应交税费——未交增值税	17	
贷：银行存款		17

第二种情况，期末留抵税额大于免抵退税额。依【例 2-89】，如果本期外购货物的进项税额为 140 万元，其他不变，则（1）～（4）的会计分录与第一种情况相同，其余账务处理如下。

（5）计算应纳税额或者当期期末留抵税额。本月应纳税额=销项税额-进项税额=当期内销货物的销项税额-（当期进项税额+上期留抵税款-当期不予抵扣或者退税的金额）=300×13%-［140+5-2400×（13%-11%）］=-58（万元）。由于应纳税额小于零，说明当期“期末留抵税额”为58万元，无须编制会计分录。

（6）计算应退税额和应免抵税额。免抵退税额=出口货物离岸价×外汇人民币牌价×出口货物退税率=2400×11%=264（万元）。

当期期末留抵税额为58万元，小于当期免抵退税额264万元。

当期应退税额=当期期末留抵税额=58（万元）

当期免抵税额=当期免抵退税额-当期应退税额=264-58=206（万元）

借：其他应收款——应收出口退税　58
　　应交税费——应交增值税（出口抵减内销产品应纳税额）　206
　　贷：应交税费——应交增值税（出口退税）　264

（7）收到退税款时编制如下会计分录。

借：银行存款　58
　　贷：其他应收款——应收出口退税　58

第三种情况，期末留底税额小于免抵退税额。依【例2-89】，如果本期外购货物的进项税额为494万元，其他不变，则（1）～（4）的会计分录与第一种情况相同，其余账务处理如下。

（5）计算应纳税额或者当期期末留抵税额。本月应纳税额=销项税额-进项税额=当期内销货物的销项税额-（当期进项税额+上期留抵税款-当期不予抵扣或者退税的金额）=300×13%-［494+5-2400×（13%-11%）］=-412（万元），不需要编制会计分录。

（6）计算应退税额和应免抵税额。免抵退税额=出口货物离岸价×外汇人民币牌价×出口货物退税率=2400×11%=264（万元）。当期期末留抵税额为412万元，大于当期免抵退税额264万元。

当期应退税额=当期免抵退税额=264（万元）

当期免抵税额=当期免抵退税额-当期应退税额=264-264=0（万元）。

借：其他应收款——应收出口退税　264
　　贷：应交税费——应交增值税（出口退税）　264

（7）收到退税款时，编制如下会计分录。

借：银行存款　264
　　贷：其他应收款——应收出口退税　264

2．实行“免、退”税政策的账务处理

《财政部　国家税务总局关于出口货物劳务增值税和消费税政策的通知》（财税〔2012〕39号）规定：“外贸企业应单独设账核算出口货物的购进金额和进项税额，若购进货物时不能确定是用于出口的，先记入出口库存账，用于其他用途时应从出口库存账转出。”这里应包括出口劳务及零税率应税服务。

（1）出口货物的进项税额未单独列支而在成本中核算的，在申请出口退税时，借记“应交税费——应交增值税（出口退税）”，贷记“库存商品——出口商品”，以此明晰退税额由此科目结转而来。同时，借记“其他应收款——应收出口退税”，贷记“应交税费——应交增值税（出口退税）”科目。当收到出口退税款时，借记“银行存款”，贷记“其他应收款——应收出口退税”。需要注意的是，免退税额不能填入《增值税纳税申报表附列资料（表

二)》第 23 栏“其他应作进项税额转出的情形”或者《增值税纳税申报表（一般纳税人适用)》第 15 栏“免、抵、退应退税额”。

（2）出口货物的进项税额单独以只计账不抵扣进行核算的，在申请出口退税时，借记“应交税费——应交增值税(出口退税)”,贷记“应交税费——应交增值税(进项税额转出)”。计提出口退税时，借记“其他应收款——应收出口退税”，贷记“应交税费——应交增值税(出口退税)”。当收到出口退税款时，借记“银行存款”，贷记“其他应收款——应收出口退税”。

例 2-90 某外贸公司 A 为增值税一般纳税人，主要经营服装内外销业务，属于非出口收汇重点监管企业，正式申报免退税时不需提供出口收汇凭证，但必须在免退税申报期截止日之前收汇。已知服装的征税率为 13%，退税率为 12%。2019 年 2 月，从 D 企业购入的服装买价为 360 000 元，进项税额为 46 800 元，以离岸价报关出口，出口额换算人民币为 365 940 元，并在月底确认外销收入。

（1）确认收入时编制如下会计分录。

借：应收账款——应收外汇账款（客户）　　365 940

　　贷：主营业务收入——出口收入（服装）　　365 940

同时结转当月出口服装外销成本，并编制如下会计分录。

借：主营业务成本——出口商品　　360 000

　　贷：库存商品——出口商品（服装）　　360 000

（2）结转出口货物征退税率之差额成本。

结转成本税额=增值税退（免）税计税依据×（出口货物征税率-出口货物退税率）=360 000×（13%-12%）=3600（元），分为以下两种情况进行处理。

① 出口货物的进项税额未单独列支而在成本中核算。

借：主营业务成本——出口商品（服装）　　3600

　　贷：库存商品——出口商品　　3600

② 出口货物的进项税额单独以只计账不抵扣进行核算。

借：主营业务成本——出口商品（服装）　　3600

　　贷：应交税费——应交增值税（进项税额转出）　　3600

（3）计算应退增值税。

借：其他应收款——应收出口退税　　43 200

　　贷：应交税费——应交增值税（出口退税）　　43 200

五、出口货物、劳务和应税行为退（免）税管理

（1）出口退（免）税申报。签订出口合同的交通运输工具和机器设备，在退税凭证尚未收集齐全的情况下，可凭出口合同和销售明细账等，向主管税务机关申报“免、抵、退”税。

凭出口合同和销售明细账等，向主管税务机关申报“免、抵、退”税的生产企业申请时应同时满足以下条件。

① 已取得增值税一般纳税人资格。

② 已经持续经营 2 年及 2 年以上。

③ 生产的交通运输工具和机器设备生产周期在1年及1年以上。

④ 上一年度净资产大于同期出口货物增值税、消费税退税额之和的3倍。

⑤ 持续经营以来没有逃税、骗税等恶意违规行为。

（2）出口退（免）税凭证、资料应当保存10年。

（3）出口企业或者其他单位骗取国家出口退税款的，由主管税务机关追缴其骗取的退税款，并处骗取税款1倍以上5倍以下的罚款；构成犯罪的，依法追究刑事责任。

对骗取国家出口退税款，经省级以上税务机关批准可以停止其退（免）税资格半年以上。

任务七 增值税征管与纳税申报

一、增值税的征收管理规定

（一）纳税地点

（1）一般规定主要包括以下几点。

① 固定业户应当向其机构所在地或者居住地主管税务机关申报纳税。

② 非固定业户应当向应税行为发生地主管税务机关申报纳税；未申报纳税的，由其机构所在地或者居住地主管税务机关补征税款。

③ 其他个人提供建筑服务，销售或者租赁不动产，转让自然资源使用权，应向建筑服务发生地、不动产所在地、自然资源所在地主管税务机关申报纳税。

④ 进口货物，应当向报关地海关申报纳税。

（2）销售不动产。单位和个体经营者（不含房地产企业）转让其非自建的不动产，以取得的全部价款和价外费用扣除不动产购置原价或者取得不动产时的作价后的余额按照5%向不动产所在地主管税务机关预缴税款，向机构所在地主管税务机关申报纳税；转让其自建的不动产以取得的全部价款和价外费用按照 5%向不动产所在地主管税务机关预缴税款，向机构所在地主管税务机关申报纳税。

例 2-91 A市某增值税一般纳税人在2019年1月以转让价280万元（含增值税）转让其位于B市的一处不动产，该不动产是在2016年3月抵债取得的，抵债时作价200万元，该纳税人选择简易计税方法计税。

【解析】

该纳税人应向B市不动产所在地的税务局预缴增值税：

应预缴税款=（全部价款和价外费用−不动产购置原价或者取得不动产时的作价）÷（1+5%）×5%=（280−200）÷（1+5%）×5%=3.81（万元）

该纳税人应向A市税务局申报：

应纳税款=（280−200）÷（1+5%）×5%=3.81（万元）

（3）房地产开发企业中的一般纳税人销售房地产老项目，适用一般计税方法计税的，应以取得的全部价款和价外费用，按照3%的预征率在不动产所在地预缴税款后，向机构所在地主管税务机关进行纳税申报。

【注意】对房地产企业老项目适用一般计税的预征问题，政策是明确的。但是目前国家税务总局文件未对适用一般计税方法的新项目，以及适用简易计税方法的老项目的跨县(市、区）开发房产预缴税款问题作出规定，本着同类问题同样处理的原则，也应当按照3%的预征率在不动产所在地预缴税款后，向机构所在地主管税务机关进行纳税申报。

（4）纳税人出租不动产（不含其他个人出租住房），所在地与机构所在地不在同一县（市、区）的，适用一般计税方法计税，纳税人应按照3%的预征率向不动产所在地主管税务机关预缴税款，向机构所在地主管税务机关申报纳税。适用简易计税方法，按照5%的征收率向不动产所在地主管国税机关预缴税款，向机构所在地主管税务机关申报纳税。其他个人出租住房，按照5%的征收率减按1.5%计算应纳税额，向不动产所在地主管税务机关申报纳税。

（5）纳税人跨地级市行政区提供建筑服务，适用一般计税方法计税的，应以取得的全部价款和价外费用扣除支付的分包款后的余额，按照2%的预征率在建筑服务发生地预缴税款；如果适用简易计税方法计税的项目，则按照3%的预征率在建筑服务发生地预缴增值税。最后，向机构所在地主管税务机关进行纳税申报。

（二）纳税期限

（1）增值税的纳税期限分别为1日、3日、5日、10日、15日、1个月或者1个季度。

（2）纳税人以1个月或者1个季度为1个纳税期的，自期满之日起15日内申报纳税。

（3）以1日、3日、5日、10日或者15日为1个纳税期的，自期满之日起5日内预缴税款，于次月1日起15日内申报纳税并结清上月应纳税款。

二、增值税专用发票

（1）增值税专用发票的基本联次及用途如下。

① 发票联，作为购买方核算采购成本和增值税进项税额的记账凭证。

② 抵扣联，作为购买方报送主管税务机关认证和留存备查的扣税凭证。

③ 记账联，作为销售方核算销售收入和增值税销项税额的记账凭证。

（2）增值税一般纳税人有下列情形之一的，不得领购开具专用发票。

① 会计核算不健全，不能向税务机关准确提供增值税销项税额、进项税额、应纳税额数据及其他有关增值税税务资料的。

② 有《中华人民共和国税收征收管理法》规定的税收违法行为，拒不接受税务机关处理的。

③ 有下列行为之一，经税务机关责令限期改正但仍未改正的：虚开增值税专用发票；私自印制专用发票；向税务机关以外的单位和个人购买专用发票；借用他人专用发票；未按规定开具专用发票；未按规定保管专用发票和专用设备；未按规定申请办理防伪税控系统变更发行；未按规定接受税务机关检查。

（3）不得开具增值税专用发票的情形主要包括以下几种。

① 商业企业一般纳税人零售的烟、酒、食品、服装、鞋帽（不含劳保用品）、化妆品等消费品。

② 销售货物、劳务、服务、无形资产和不动产适用免税规定的（法律、法规及国家税

务总局另有规定的除外)。

③ 向消费者个人销售货物、劳务、服务、无形资产和不动产的。

④ 提供经纪代理服务向委托方收取的政府性基金或者行政事业性收费，不得开具增值税专用发票。

⑤ 提供旅游服务，选择差额扣除的住宿费、餐饮费、交通费、签证费、门票费和支付给其他接团旅游企业的旅游费部分不得开具增值税专用发票，但可以开具普通发票。

⑥ 金融商品转让，不得开具增值税专用发票。

⑦ 有形动产融资性售后回租服务的老合同，选择以扣除本金部分后的余额为销售额时，向承租方收取的有形动产价款本金，不得开具增值税专用发票，但可以开具普通发票。

⑧ 选择差额纳税的纳税人，向用工单位收取用于支付劳务派遣员工的工资、福利和为其办理社会保险及住房公积金的费用，不得开具增值税专用发票，但可以开具普通发票。

⑨ 小规模纳税人销售货物、劳务、服务、无形资产和不动产的(需要开具专用发票的，可向主管税务机关申请代开)。

⑩ 以下情形的简易办法计税的：属于增值税一般纳税人的单采血浆站销售非临床用人体血液，可以按照简易办法依照3%的征收率计算应纳税额，但不得对外开具增值税专用发票；纳税人销售旧货，应开具普通发票，不得自行开具或者由税务机关代开增值税专用发票；销售自己使用过的固定资产，减按2%征税的。

(4) 增值税专用发票实行最高开票限额管理。最高开票限额由一般纳税人申请，税务机关依法审批。

三、增值税纳税申报表填列

例 2-92 综合题。

旭日制造公司为增值税一般纳税人，纳税人识别号为330302001143390088，2019年7月发生下列经济业务。

(1) 购进一批原材料，取得的增值税专用发票上注明的价款为700 000元，增值税额为91 000元；支付运费，取得运输公司开具的增值税专用发票上注明的价款为20 000元，增值税额为1800元。专用发票当月通过认证并申报抵扣。企业因资金不足，上述各款项全部尚未支付，材料验收入库。

(2) 接受某公司无偿捐赠的一批原材料，增值税专用发票上注明的货款为30 000元，增值税额为3900元，专用发票当月通过认证并申报抵扣。材料已验收入库，并以银行存款支付相关手续费300元。

(3) 基本生产车间委托某机修厂修理设备，以银行存款支出修理费3000元，增值税额为390元。公司已收到机修厂开具的增值税专用发票，当月通过认证并申报抵扣。

(4) 购入一台不需要安装的新设备，取得的增值税专用发票上注明的价款为20 000元，税额为2600元，当月通过认证并申报抵扣，款项已用银行存款支付。

(5) 销售产品取得销售额500 000元，按规定收取增值税额为80 000元，开具增值税专用发票5张，款项已收到并存入银行。

(6) 随同产品出售一批单独计价的包装物，开具普通发票一张，金额为1017元，款项已收到。

（7）公司的食堂基建部门因从事某项目的建设领用自制产品50件，每件售价150元，每件的实际成本为100元，适用的增值税税率为13%，未开具发票。

（8）将一批外购的原材料对外投资，原材料账面实际成本为65 000元，适用增值税税率为13%，开具增值税专用发票一张。

（9）以自产的一批产品作为福利发放给本公司职工，该批产品实际成本为60 000元，无同类产品售价，适用增值税税率为13%，未开具发票。

（10）将自产的一批产品送给某灾区，作为抗洪救灾用品。该批产品按售价计算金额为80 000元，其实际成本为60 000元，增值税适用税率为13%，未开具发票。

要求：根据上述资料进行相应的会计处理，计算当期应交增值税税额，并填制增值税纳税申报表。

接【例2-92】资料，增值税纳税申报表填列如下。

增值税纳税申报表

（一般纳税人适用）

根据国家税收法律法规及增值税相关规定制定本表。纳税人不论有无销售额，均应按税务机关核定的纳税期限填写本表，并向当地税务机关申报。

税款所属时间：自 2019年 7月 1 日至2019年 7月 31 日

填表日期：2019 年 10 月 10 日　　　　金额单位：元至角分

纳税人识别号	3	3	0	3	0	2	0	0	1	1	4	3	3	9	0	0	8	8	所属行业：

纳税人名称	（公章）	法定代表人姓名		注册地址		生产经营地址	
开户银行及账号		登记注册类型				电话号码	

项目		栏次	一般项目		即征即退项目	
			本月数	本年累计	本月数	本年累计
销售额	（一）按适用税率计税销售额	1	725 900			
	其中：应税货物销售额	2	725 900			
	应税劳务销售额	3				
	纳税检查调整的销售额	4				
	（二）按简易办法计税销售额	5				
	其中：纳税检查调整的销售额	6				
	（三）免、抵、退办法出口销售额	7			—	—
	（四）免税销售额	8			—	—
	其中：免税货物销售额	9			—	—
	免税劳务销售额	10			—	—
税款计算	销项税额	11	116 144			
	进项税额	12	122 480			
	上期留抵税额	13				—
	进项税额转出	14				

续表

税款计算	免、抵、退应退税额	15			—	—
	按适用税率计算的纳税检查应补缴税额	16			—	—
	应抵扣税额合计	17=12+13-14-15+16	122 480	—		—
	实际抵扣税额	18（如 17<11，则为 17，否则为 11）	116 144			
	应纳税额	19=11-18	0			
	期末留抵税额	20=17-18	6336			—
	简易计税方法计算的应纳税额	21				
	按简易计税方法计算的纳税检查应补缴税额	22			—	—
	应纳税额减征额	23				
	应纳税额合计	24=19+21-23	0			
税款缴纳	期初未缴税额（多缴为负数）	25				
	实收出口开具专用缴款书退税额	26			—	—
	本期已缴税额	27=28+29+30+31				
	① 分次预缴税额	28		—		—
	② 出口开具专用缴款书预缴税额	29		—	—	—
	③ 本期缴纳上期应纳税额	30				
	④ 本期缴纳欠缴税额	31				
	期末未缴税额（多缴为负数）	32=24+25+26-27	104 440			
	其中：欠缴税额（≥0）	33=25+26-27		—		—
	本期应补（退）税额	34=24-28-29	104 440	—		—
	即征即退实际退税额	35	—	—		
	期初未缴查补税额	36			—	—
	本期入库查补税额	37			—	—
	期末未缴查补税额	38=16+22+36-37			—	—
授权声明	如果你已委托代理人申报，请填写下列资料： 为代理一切税务事宜，现授权 （地址） 为本纳税人的代理申报人，任何与本申报表有关的往来文件，都可寄予此人 授权人签字：		申报人声明	本纳税申报表是根据国家税收法律法规及相关规定填报的，我确定它是真实的、可靠的、完整的 声明人签字：		

主管税务机关： 接收人： 接收日期：

技能测试题

在线测评

项目三　消费税会计业务操作

能力目标

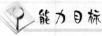

1．能正确界定消费税的征税范围；
2．能正确确认不同应税消费品的消费税税率；
3．能正确计算消费税的应纳税额；
4．能正确处理消费税有关业务的会计核算；
5．能正确填制消费税纳税申报表。

知识目标

1．掌握消费税的征税范围；
2．理解消费税的计税依据；
3．掌握消费税应纳税额的计算；
4．掌握消费税的会计核算；
5．掌握消费税的纳税申报。

【案例导入】

上海查办骗取亿元成品油消费税大案

2013 年，奉贤区税务局稽查局在开展成品油批发零售专项检查选案中，发现上海 S 燃料有限公司（以下简称 S 公司）一系列分析指标异常，该局决定成立专案组对 S 公司立案稽查。

S 公司成立于 2005 年 9 月，是增值税一般纳税人。征管数据显示，该公司主营燃料研究、开发、生产和销售，主营业务收入自 2009 年以来连年增长，2011 年更是高达 2.2 亿元，2012 年却突然中止经营。稽查人员调取企业档案资料，发现 S 公司 2009—2011 年共向主管税务机关申请开具了 25 张《石脑油使用管理证明单》，使石脑油生产企业免征消费税 1.1 亿元。而相关税收政策规定：2009 年 1 月 1 日至 2011 年 9 月 30 日，对生产石脑油、燃料油的企业对外销售的用于生产乙烯、芳烃类化工产品的石脑油、燃料油，免征消费税。自 2011 年 10 月 1 日起，恢复征收消费税。

S 公司是不是因石脑油免征消费税政策取消而停止了经营？稽查人员收集了大量证据，迫使 S 公司实际经营者王某承认制造生产丙烯的假象，使石脑油生产企业获取消费税免税，以及 S 公司低价购入后再通过相互虚开发票转移利润的违法事实。涉案消费税骗税金额达 1.1 亿元。

任务一　消费税纳税准备

一、消费税的概念与特点

（一）消费税的概念

消费税是对在中华人民共和国境内从事生产、委托加工和进口应税消费品的单位与个人，就其应税消费品的销售额或者销售数量征收的一种流转税。

所谓的“在中华人民共和国境内”，是指生产、委托加工和进口属于应当缴纳消费税的消费品的起运地或者所在地在境内。

（二）消费税的特点

（1）课税对象具有选择性。征税范围包括特殊消费品、奢侈品、高能耗消费品和不可再生资源消费品等。

（2）实行单环节征收。消费税只在生产环节和进口环节（金银首饰、卷烟、超豪华小汽车除外）征收，其他环节不征收。

（3）实行差别税率。消费税按不同产品设计不同的税率或者税额，大部分应税消费品实行比例税率，个别应税消费品实行定额税率。

（4）实行价内征收。消费税是价内税，具有税负转嫁性，所征收的税款最终都转嫁给消费者。

二、消费税纳税人

（一）生产应税消费品

（1）纳税人生产的应税消费品，于“销售时”纳税。

（2）纳税人自产自用的应税消费品，用于“连续生产应税消费品”的，不纳税；用于其他方面的，于移送使用时纳税。

（3）工业企业以外的单位和个人将外购的消费税非应税产品以消费税应税产品对外销售，或者将外购的消费税低税率应税产品以高税率应税产品对外销售，视为应税消费品的生产行为，按规定征收消费税。

知识拓展

（二）委托加工应税消费品

委托加工的应税消费品，是指由委托方提供原料和主要材料，受托方只收取加工费和代垫部分辅助材料加工的应税消费品。委托加工的应税消费品，除受托方为个人外，由“受托方”在向委托方交货时代收代缴消费税。

（三）进口应税消费品

单位和个人进口应税消费品，于报关进口时缴纳消费税。

（四）零售

1. 金银首饰、铂金首饰、钻石及钻石饰品

（1）金银首饰、铂金首饰、钻石及钻石饰品在零售环节缴纳消费税，生产环节不再缴纳。

（2）金银首饰仅限于金、银，以及金基、银基合金首饰和金基、银基合金的镶嵌首饰，不包括镀金首饰和包金首饰。

2. 超豪华小汽车

超豪华小汽车消费税征收范围为每辆零售价格为 130 万元（不含增值税）及以上的乘用车和中轻型商用客车。

自 2016 年 12 月 1 日起，将超豪华小汽车销售给消费者的单位和个人，在生产（进口）环节按现行税率征收消费税的基础上，在零售环节加征消费税。

（五）批发销售卷烟

烟草批发企业将卷烟销售给“零售单位”的，要再征一道消费税，税率为 11%，并按 0.005 元/支加征从量税。

烟草批发企业将卷烟销售给其他烟草批发企业的，不缴纳消费税。纳税人兼营卷烟批发和零售业务的应当分别核算，未分别核算的按照全部销售额、销售数量计征批发环节消费税。

三、消费税税目

消费税税目主要包括烟、酒、高档化妆品、贵重首饰及珠宝玉石、鞭炮和焰火、成品油、摩托车、小汽车、高尔夫球及球具、高档手表、游艇、木制一次性筷子、实木地板、电池、涂料 15 个税目，有的税目还可以进一步划分为若干个子目。

1. 烟

凡是以烟叶为原料加工生产的产品，不论使用何种辅料，均属于本税目的征收范围。本税目下设卷烟、雪茄烟、烟丝 3 个子目。

（1）卷烟，包括甲类卷烟和乙类卷烟。

甲类卷烟是指每标准条（200 支）调拨价格不低于 70 元（不含增值税）的卷烟。

乙类卷烟是指每标准条（200 支）调拨价格在 70 元（不含增值税）以下的卷烟。

【提示】甲类卷烟和乙类卷烟的从价税税率不同。

（2）雪茄烟。雪茄烟的征收范围包括各种规格、型号的雪茄烟。

（3）烟丝。烟丝的征收范围包括以烟叶为原料加工生产的不经卷制的散装烟，如斗烟、莫合烟、烟末、水烟、黄红烟丝等。

2. 酒

酒包括白酒、黄酒、啤酒和其他酒。

（1）白酒，是指以高粱、玉米、大米、糯米、大麦、小麦、小米、青稞、白薯（红薯、地瓜）、木薯、马铃薯（土豆）、芋头、山药等为原料，经过糖化、发酵后，采用蒸馏方法酿制的酒，包括粮食白酒和薯类白酒。

（2）黄酒，是指以糯米、粳米、籼米、大米、黄米、玉米、小麦、薯类等为原料，经加温、糖化、发酵、压榨酿制的酒，包括各种原料酿制的黄酒和酒度超过 12 度（含 12 度）的土甜酒。

对以黄酒为酒基生产的配制酒，按其他酒的税率征收消费税。

（3）啤酒，是指以大麦或者其他粮食为原料，加入啤酒花，经糖化、发酵、过滤酿制的含有二氧化碳的酒。啤酒按照杀菌方法的不同，可分为甲类啤酒和乙类啤酒。

对饮食业、商业、娱乐业举办的啤酒屋（啤酒坊）利用啤酒生产设备生产的啤酒，应当征收消费税。

（4）其他酒，是指除粮食白酒、薯类白酒、黄酒、啤酒外的各种酒，包括糠麸白酒、其他原料白酒、土甜酒、复制酒、果木酒、汽酒、药酒、葡萄酒等。调味料酒不征收消费税。

3. 高档化妆品

（1）本税目征收范围包括高档美容、修饰类化妆品，以及高档护肤类化妆品和成套化妆品。

（2）高档美容、修饰类化妆品和高档护肤类化妆品是指生产（进口）环节销售（完税）价格（不含增值税）在 10 元/毫升（克）或者 15 元/片（张）及以上的美容、修饰类化妆品和护肤类化妆品。

【提示】舞台、戏剧、影视演员化妆用的上妆油、卸妆油、油彩，不属于本税目的征收范围。

4. 贵重首饰及珠宝玉石

（1）包括金银首饰、铂金首饰、钻石及钻石饰品（如黄金项链、钻戒），以及其他贵重首饰和珠宝玉石（如珍珠、碧玺、琥珀、珊瑚等）。

（2）宝石坯是经采掘、打磨、初级加工的珠宝玉石半成品，因此对宝石坯应按规定征收消费税。

5. 鞭炮和焰火

本税目征收范围包括各种鞭炮、焰火，具体包括喷花类、旋转类、旋转升空类、火箭类、吐珠类、线香类、小礼花类、烟雾类、造型玩具类、炮竹类、摩擦炮类、组合烟花类、礼花弹类等。

体育上用的发令纸、鞭炮药引线，不征收消费税。

6. 成品油

成品油包括汽油、柴油、石脑油、溶剂油、航空煤油、润滑油、燃料油。

（1）以汽油、汽油组分调和生产的甲醇汽油、乙醇汽油征收消费税；以柴油、柴油组分调和生产的生物柴油征收消费税。

（2）催化料、焦化料属于燃料油的征收范围，征收消费税。

7．摩托车

本税目征税范围包括气缸容量为250毫升和250毫升（不含）以上的摩托车。

对最大设计车速不超过50千米/小时，发动机汽缸总工作容量不超过50毫升的三轮摩托车不征收消费税。

8．小汽车

小汽车包括各类乘用车和中轻型商用客车。

本税目征收范围如下：含驾驶员座位在内最多不超过9个座位（含），并且在设计和技术特性上用于载运乘客和货物的各类乘用车；含驾驶员座位在内的座位数在10～23座（含23座），且在设计和技术特性上用于载运乘客与货物的各类中轻型商用客车。

用排气量小于1.5升（含）的乘用车底盘（车架）改装、改制的车辆属于乘用车征收范围。用排气量大于1.5升的乘用车底盘（车架）或者用中轻型商用客车底盘（车架）改装、改制的车辆属于中轻型商用客车征收范围。

含驾驶员人数（额定载客）为区间值的（如8～10人；17～26人）小汽车，按其区间值下限人数确定征收范围。

【提示】本税目不包括大型商用客车、大货车、大卡车。电动汽车、沙滩车、雪地车、卡丁车、高尔夫车不征收消费税。对购进乘用车和中轻型商用客车整车改装生产的汽车征收消费税。

9．高尔夫球及球具

高尔夫球及球具包括高尔夫球、高尔夫球杆和高尔夫球包（袋），以及高尔夫球杆的杆头、杆身和握把。

10．高档手表

高档手表是指销售价格（不含增值税）每只在10 000元（含）以上的各类手表。

11．游艇

游艇是指长度大于8米小于90米，船体由玻璃钢、钢、铝合金、塑料等多种材料制作，可以在水上移动的水上浮载体。按照动力划分，游艇分为无动力艇、帆艇和机动艇。

12．木制一次性筷子

木制一次性筷子包括各种规格的木制一次性筷子和未经打磨、倒角的木制一次性筷子。

13．实木地板

（1）按生产工艺不同，实木地板分为独板（块）实木地板、实木指接地板和实木复合地板。

（2）按表面处理状态不同，实木地板分为未涂饰地板（白坯板、素板）和漆饰地板。

14．电池

电池包括原电池、蓄电池、燃料电池、太阳能电池和其他电池。

自 2016 年 1 月 1 日起，对铅蓄电池征收消费税，其他电池暂未征税。

15．涂料

涂料是指涂于物体表面能形成具有保护、装饰或者特殊性能的固态涂膜的一类液体或者固体材料之总称。

对施工状态下挥发性有机物含量低于 420 克/升（含）的涂料免征消费税。

四、消费税税率

消费税税率采用比例税率和定额税率两种形式。多数采用比例税率，采用定额税率的有黄酒、啤酒、成品油，采用复合计征的有卷烟、白酒。消费税税目、税率（税额）表如表 3-1 所示。

【注意】纳税人兼营不同税率的应税消费品，应当分别核算不同税率应税消费品的销售额、销售数量。“未分别核算”销售额、销售数量，或者将不同税率的应税消费品“组成成套消费品销售”的，从高适用税率。

表 3-1　消费税税目、税率（税额）表

税　目	税　率
一、烟	
1．卷烟	
（1）甲类卷烟（生产环节）	56%加 0.003 元/支（或者 150 元/箱）
（2）乙类卷烟（生产环节）	36%加 0.003 元/支（或者 150 元/箱）
（3）商业批发环节	11%加 0.005 元/支（1 标准箱=50 000 支）
2．雪茄烟	36%
3．烟丝	30%
二、酒	
1．白酒	20%加 0.5 元/500 克（或者 500 毫升）
2．黄酒	240 元/吨
3．啤酒	
（1）甲类啤酒。出厂价（含包装物及押金）在 3000 元（含 3000 元，不含增值税）以上	250 元/吨
（2）乙类啤酒。出厂价在 3000 元以下	220 元/吨
4．其他酒	10%
三、高档化妆品	15%
四、贵重首饰及珠宝玉石	
1．金银首饰、铂金首饰和钻石及钻石饰品	5%
2．其他贵重首饰和珠宝玉石	10%
五、鞭炮和焰火	15%

续表

税　目	税　率
六、成品油	
1．汽油	1.52元/升
2．柴油	1.20元/升
3．航空煤油	1.20元/升
4．石脑油	1.52元/升
5．溶剂油	1.52元/升
6．润滑油	1.52元/升
7．燃料油	1.20元/升
七、摩托车	
气缸容量为250毫升的	3%
气缸容量为250毫升（不含）以上的	10%
八、小汽车	
1．乘用车	
（1）汽缸容量（排气量）在1.0升（含1.0升）以下的	1%
（2）汽缸容量在1.0升以上至1.5升（含1.5升）的	3%
（3）汽缸容量在1.5升以上至2.0升（含2.0升）的	5%
（4）汽缸容量在2.0升以上至2.5升（含2.5升）的	9%
（5）汽缸容量在2.5升以上至3.0升（含3.0升）的	12%
（6）汽缸容量在3.0升以上至4.0升（含4.0升）的	25%
（7）汽缸容量在4.0升以上的	40%
2．中轻型商用客车	5%
3．超豪华小汽车（零售环节）	10%
九、高尔夫球及球具	10%
十、高档手表	20%
十一、游艇	10%
十二、木制一次性筷子	5%
十三、实木地板	5%
十四、电池	4%
十五、涂料	4%

任务二　消费税应纳税额的确定

一、生产销售应税消费品应纳税额的计算

生产销售应税消费品消费税税额的计算有三种方法，即从价定率计征、从量定额计征、从价定率和从量定额复合计征。

（一）从价定率计征

1．计税公式

应纳税额=销售额×比例税率

2．销售额确定的基本规则

销售额为纳税人销售应税消费品向购买方收取的全部价款和价外费用，不包括应向购买方收取的增值税税款。价外费用，是指价外向购买方收取的手续费、补贴、基金、集资费、返还利润、奖励费、违约金、滞纳金、延期付款利息、赔偿金、代收款项、代垫款项、包装费、包装物租金、储备费、优质费、运输装卸费，以及其他各种性质的价外收费。

知识拓展

例 3-1 甲酒厂为增值税一般纳税人，2019 年 5 月销售果木酒，取得不含增值税销售额 10 万元，同时收取包装费 0.58 万元、优质费 2.32 万元。已知果木酒消费税税率为 10%，增值税税率为 13%。

【解析】 甲酒厂当月销售果木酒应缴纳消费税税额=［10+（0.58+2.32）÷（1+13%）］×10%=1.26（万元）

3．销售额的特殊规定

（1）包装物押金的计税销售额。

应税消费品连同包装物销售的，无论包装物是否单独计价，也不论在会计上如何核算，均应并入应纳税消费品的销售额中征收消费税和增值税。

如果包装物不作价随同产品销售，而是收取押金，则此项押金不应并入应税消费品的销售额中征税；但对因逾期未收回包装物不再退还的或者已收取的时间超过 12 个月的押金，应并入应税消费品的销售额，按照应税消费品的适用税率缴纳消费税和增值税。

对酒类生产企业销售酒类产品（啤酒、黄酒除外）而收取的包装物押金，无论押金是否返还及会计上如何核算，均应在收取时并入酒类产品销售额，征收消费税和增值税。

例 3-2 2019 年 3 月，甲酒厂销售自产红酒，取得含增值税价款 46.4 万元，另收取包装物押金 2.32 万元、手续费 1.16 万元。已知红酒增值税税率为 13%，消费税税率为 10%。

【解析】 甲酒厂该笔业务应缴纳消费税税额=（46.4+2.32+1.16）÷（1+13%）×10%=4.41（万元）

知识拓展

（2）纳税人销售的应税消费品，如果是以外汇计算销售额的，应当按外汇牌价折合成人民币计算应纳消费税税额。

（3）纳税人通过自设非独立核算门市部销售的自产应税消费品，应当按照门市部对外销售额或者销售数量征收消费税。

例 3-3 某高尔夫球具厂为增值税一般纳税人，下设一非独立核算的门市部，3 月该厂将生产的一批成本价为 70 万元的高尔夫球具移送门市部，门市部将其中的 80%对外销售，取得含增值税销售额为 129.92 万元。已知高尔夫球具的消费税税率为 10%，成本利润率为 10%。

【解析】 应纳消费税=129.92÷（1+13%）×10%=11.50（万元）

（4）纳税人用于换取生产资料和消费资料，以及投资入股和抵偿债务等方面（“换、投、抵”）的应税消费品，应当以纳税人同类应税消费品的最高销售价格作为计税依据计算消费税。

例 3-4 甲企业为增值税一般纳税人，主要从事小汽车的制造和销售业务，2019 年 4 月将自产的 20 辆小汽车对外投资，小汽车生产成本为 10 万元/辆，甲企业同类小汽车不含增值税最高销售价格为 16 万元/辆，平均销售价格为 15 万元/辆，最低销售价格为 14 万元/辆。已知小汽车增值税税率为 13%，消费税税率为 5%。求甲企业应缴纳的增值税和消费税。

【解析】

将自产的应税消费品对外投资的增值税：视同销售，按纳税人最近时期同类货物的平均销售价格确定销售额。

增值税销项税额=20×15×13%=39（万元）

将自产的应税消费品对外投资的消费税：视同销售，按纳税人同类应税消费品的最高销售价格确定销售额。

应纳消费税=20×16×5%=16（万元）

【提示】 使用最高销售价格作为计税依据计算消费税的仅限于“换、投、抵”业务，如果纳税人将应税消费品用于连续生产应税消费品以外的其他方面的，需要核定销售额（按同类消费品的平均销售价格、组成计税价格）计算纳税。

（5）白酒生产企业向商业销售单位收取的“品牌使用费”是随着应税白酒的销售而向购货方收取的，属于应税白酒销售价款的组成部分，因此不论企业采取何种方式或者以何种名义收取价款，均应并入白酒的销售额中缴纳消费税。

（6）自 2009 年 8 月 1 日起，白酒生产企业销售给销售单位的白酒，生产企业消费税计税价格低于销售单位对外销售价格 70%以下的，税务机关应核定消费税最低计税价格；已核定最低计税价格的白酒，销售单位对外销售价格持续上涨或者下降时间达到 3 个月以上，累计上涨或者下降幅度在 20%（含）以上的白酒，税务机关应重新核定最低计税价格。

（二）从量定额计征

（1）适用从量定额计征的有啤酒、黄酒、成品油。

（2）计税公式为

应纳税额=销售数量×定额税率

（3）销售数量的确定主要包括以下几方面。

① 销售应税消费品的，为应税消费品的销售数量。

② 自产自用应税消费品的，为应税消费品的移送使用数量。

③ 委托加工应税消费品的，为纳税人收回的应税消费品数量。

④ 进口应税消费品的，为海关核定的应税消费品进口征税数量。

例 3-5 某啤酒厂本月生产啤酒 100 吨，将其中的 20 吨对外销售，已知该啤酒的消费税税额为 250 元/吨。

【解析】 该啤酒厂应纳消费税=250×20=5000（元）

（4）计量单位的换算标准如下。

啤酒 1 吨=988 升；黄酒 1 吨=962 升；汽油 1 吨=1388 升；柴油 1 吨=1176 升；石脑油 1 吨=1385 升；溶剂油 1 吨=1282 升；润滑油 1 吨=1126 升；燃料油 1 吨=1015 升；航空煤油 1 吨=1246 升。

（三）从价定率和从量定额复合计征

（1）适用复合计征的有卷烟、白酒。

【提示】 现行消费税的征税范围中，只有卷烟、白酒采用复合计征方法。

（2）计税公式为

应纳税额=销售数量×定额税率+销售额或者组成计税价格×比例税率

例 3-6 某白酒生产企业为增值税一般纳税人，2019 年 4 月销售粮食白酒 30 吨，取得不含增值税销售额 180 万元；销售薯类白酒 50 吨，取得不含增值税销售额 150 万元。已知白酒消费税比例税率为 20%，定额税率为 1 元/千克。计算该企业当月应纳消费税税额。

【解析】

根据消费税法律制度的规定，白酒实行从价定率和从量定额复合计征消费税，计算过程如下。

（1）从价定率应纳税额=180×20%+150×20%=66（万元）。

（2）从量定额应纳税额=（30+50）×1000×1÷10 000=8（万元）。

（3）应纳消费税税额合计=66+8=74（万元）。

二、自产自用应税消费品应纳税额的计算

（一）自产自用应税消费品的确定

所谓自产自用，是指纳税人生产应税消费品后，不是直接用于对外销售，而是自己用于连续生产应税消费品，或者用于其他方面。根据《中华人民共和国消费税暂行条例》规定，为了避免重复征税，纳税人自产自用的应税消费品，用于连续生产应税消费品的，不再重复缴纳消费税；用于其他方面的，于移送使用时缴纳消费税。

所谓“用于其他方面的”，是指纳税人将自产自用应税消费品用于生产非应税消费品、在建工程、管理部门、非生产机构、提供劳务、馈赠、赞助、集资、广告、样品、职工福利、奖励等方面。企业自产的应税消费品虽然没有用于销售或者连续生产应税消费品，但只要是用于税法规定的范围都要视同销售，并依法缴纳消费税（见表 3-2）。

表 3-2　自产自用的处理

<table>
<tr><th colspan="2">用　途</th><th>举　例</th><th>税务处理要点</th></tr>
<tr><td colspan="2" rowspan="2">将自产的应税消费品，用于连续生产应税消费品</td><td rowspan="2">将自产的烟丝移送生产卷烟</td><td>移送时不征收消费税</td></tr>
<tr><td>终端应税消费品出厂销售时按规定征收消费税</td></tr>
<tr><td rowspan="3">其他方面</td><td rowspan="2">将自产的应税消费品，用于连续生产非应税消费品</td><td rowspan="2">将自产的黄酒移送生产调味料酒</td><td>移送时征收消费税</td></tr>
<tr><td>终端产品出厂销售时不征收消费税</td></tr>
<tr><td>将自产的应税消费品，用于在建工程、管理部门、非生产机构、提供劳务、馈赠、赞助、集资、广告、样品、职工福利、奖励等方面</td><td>将自产的白酒发放职工福利；将自产的实木地板用于装修办公楼</td><td>移送时征收消费税</td></tr>
</table>

（二）自产自用应税消费品计税依据的确定

根据《中华人民共和国消费税暂行条例》规定，纳税人自产自用的应税消费品，凡用于其他方面应当缴纳消费税的，其销售额的核算顺序如下。

（1）按纳税人当月销售的同类消费品的销售价格计算纳税。

（2）如果当月同类消费品各期销售价格高低不同，应按销售数量加权平均计算。但销售的应税消费品有下列情况之一的，不得列入加权平均计算：① 销售价格明显偏低并无正当理由的；② 无销售价格的。

（3）如果当月无销售或者当月未完结，应按照同类消费品上月或者最近月份的销售价格计算纳税。

（4）如果没有同类消费品销售价格的，应按照“组成计税价格”计算纳税。

实行从价定率方法计征的，其计算公式为

组成计税价格=成本×（1+成本利润率）÷（1-消费税比例税率）

实行复合计税方法计算纳税的，其计算公式为

组成计税价格=（成本+利润+自产自用数量×消费税定额税率）÷（1-消费税比例税率）
=［成本×（1+成本利润率）+自产自用数量×消费税定额税率］÷（1-消费税比例税率）

式中，“成本”，是指应税消费品的产品生产成本；“利润”，是指根据应税消费品的全国平均成本利润率计算的利润。应税消费品全国平均利润率是由国家税务总局确定的，具体规定如下。

① 5%利润率：乙类卷烟、雪茄烟、烟丝、薯类白酒、其他酒、高档化妆品、鞭炮和焰火、中轻型商用客车、木制一次性筷子、实木地板。

② 6%利润率：贵重首饰及珠宝玉石、摩托车。

③ 8%利润率：乘用车。

④ 10%利润率：甲类卷烟、粮食白酒、高尔夫球及球具、游艇。

⑤ 20%利润率：高档手表。

知识拓展

（三）自产自用应税消费品应纳税额的确定

（1）实行从价定率方法计征的，其计算公式为

应纳消费税税额=自产自用同类应税消费品销售额或者组成计税价格×适用税率

例 3-7 某化妆品厂（增值税一般纳税人）将自产的高档化妆品移送生产普通护肤品，并于当月全部销售，取得不含增值税销售价款 100 000 元。已知该化妆品厂没有同类高档化妆品的销售价格，该批高档化妆品的成本为 60 000 元，成本利润率为 5%，消费税税率为 15%，求该批高档化妆品应交增值税销项税额和应交消费税税额。

【解析】

（1）销售普通护肤品的增值税销项税额=100 000×13%=13 000（元）。

（2）由于普通护肤品不属于应税消费品，高档化妆品才是应税消费品，该化妆品厂应于“移送环节”缴纳高档化妆品的消费税，应纳消费税=60 000×（1+5%）÷（1−15%）×15%=11 117.65（元）。

（2）实行从量定额方法计征的，其计算公式为

应纳消费税税额=应税消费品移送使用数量×单位税额

例 3-8 某啤酒厂为增值税一般纳税人，3 月将试制的 2 吨新口味啤酒用于职工福利，已知该酒厂没有同类啤酒的销售价格，该啤酒的成本为 4000 元/吨，成本利润率为 5%，啤酒的消费税税额为 250 元/吨。

【解析】

根据规定，将自产的货物用于职工福利的，应当视同销售。

（1）啤酒属于从量定额征收消费税的应税消费品，其消费税的计算与价格无直接关系，应按应税消费品的移送使用数量征税，应纳消费税=250×2=500（元）。

（2）由于没有同类应税消费品的价格，因此应按组成计税价格计算缴纳增值税，增值税销项税额=［2×4000×（1+5%）+500］×13%=1157（元）。

（3）实行复合计税方法计征的，其计算公式为

应纳消费税税额=自产自用同类应税消费品销售额或者组成计税价格×适用税率+应税消费品移送使用数量×单位税额

例 3-9 某企业为增值税一般纳税人，将 10 吨自产白酒馈赠客户，已知该批白酒对外销售，售价为 16 万元，生产成本为 10 万元，成本利润率为 10%。该批白酒适用的消费税比例税率为 20%，定额税率为 1.0 元/千克。

【解析】

根据规定，将自产应税消费品用于馈赠的，视同销售，应纳消费税=160 000×20%+1000×1.0×10=42 000（元）。

如果该企业没有同类消费品的销售价格，因其生产成本为 10 万元，则组成计税价格=［100 000×（1+10%）+10×1000×1.0］÷（1−20%）=150 000（元）。

所以，应纳消费税=150 000×20%+1000×1.0×10=40 000（元）。

三、批发和零售环节应税消费品应纳税额的计算

（一）批发环节应纳消费税税额的计算

批发环节的应税消费品特指卷烟。在我国境内从事卷烟批发业务的所有单位和个人，应就其批发销售的所有牌号、规格的卷烟，按 11%比例税率、每支 0.005 元的定额税率采用复合计税方法计征。

【提示】卷烟在批发环节加征一道消费税，根据目前的相关规定，不论是甲类卷烟，还是乙类卷烟，批发环节消费税税率为 11%的比例税率和 0.005 元/支的定额税率（250 元/标准箱、1 元/标准条）。

例 3-10 某市烟草集团公司属于增值税一般纳税人，持有烟草批发许可证，2019 年 6 月收回委托加工的卷烟 200 箱，集团公司将其中 20 箱销售给烟草批发商 N 企业，取得含税销售额 86.58 万元；80 箱销售给烟草零售商 Y 专卖店，取得不含税销售额 320 万元；100 箱作为投资与 F 企业合资成立一家烟草经销商 Z 公司。

要求：

（1）计算集团公司向 N 企业销售卷烟应缴纳的消费税税额。

（2）计算集团公司向 Y 专卖店销售卷烟应缴纳的消费税税额。

（3）计算集团公司向 Z 公司投资应缴纳的消费税税额。

【解析】

（1）因为 N 企业是烟草批发商，批发商之间不征消费税，所以向 N 企业销售卷烟应纳消费税为零。

（2）向 Y 专卖店销售卷烟应纳消费税=320×11%+80×50 000×0.005÷10 000=37.2（万元）。

（3）向 Z 公司投资应纳消费税=100×320÷80×11%+100×50 000×0.005÷10 000=46.5（万元）。

（二）零售环节应纳税消费税税额的计算

零售环节征收消费税的应税消费品有金银首饰、钻石及钻石饰品，以及超豪华小汽车。

1．金银首饰、钻石及钻石饰品

（1）纳税人采用以旧换新（含翻新改制）方式销售的金银首饰，应按实际收取的不含增值税的全部价款确定计税依据征收消费税。

（2）对既销售金银首饰，又销售非金银首饰的生产、经营单位，应将两类商品划分清楚，分别核算销售额。凡划分不清楚或者无法分别核算的，在生产环节销售的，一律从高适用税率征收消费税；在零售环节销售的，一律按金银首饰征收消费税。

（3）金银首饰与其他产品组成成套消费品销售的，应按销售额全额征收消费税。

（4）金银首饰连同包装物销售的，不论包装物是否单独计价，也不论会计上如何核算，均应并入金银首饰的销售额计征消费税。

（5）带料加工的金银首饰，应按受托方销售同类金银首饰的销售价格确定计税依据征收消费税；没有同类金银首饰销售价格的，按照组成计税价格计算纳税。

例 3-11 某首饰商城（增值税一般纳税人）5 月发生以下几项业务。

（1）零售金银首饰与镀金首饰组成的套装礼盒，取得收入 29 万元，其中金银首饰收入 20 万元，镀金首饰收入 9 万元。

（2）采取“以旧换新”方式向消费者销售金项链 2000 条，新项链每条零售价为 0.25 万元，旧项链每条作价 0.22 万元，每条项链取得差价款 0.03 万元。

（3）为个人定制加工金银首饰，商城提供原料成本 26 万元，取得个人支付的不含税加工费收入 4 万元（商城无同类首饰价格）。

（4）用 300 条银基项链抵偿债务，该批项链账面成本为 39 万元，零售价为 69.6 万元（注：金银首饰零售环节消费税税率为 5%）。

根据上述资料，回答下列问题。

（1）销售成套礼盒应缴纳的消费税税额。

（2）“以旧换新”销售金项链应缴纳的消费税税额。

（3）定制加工金银首饰应缴纳的消费税税额。

（4）用银基项链抵偿债务应缴纳的消费税税额。

【解析】

（1）销售成套礼盒取得的收入为含税收入，所以应缴纳的消费税=29÷（1+13%）×5%=1.28（万元）。

（2）“以旧换新”销售金项链视同买卖两种业务，应按价差交税，所以应缴纳的消费税=2000×0.03÷（1+13%）×5%=2.65（万元）。

（3）定制加工金银首饰没有同类销售价格的，按照组成计税价格，所以应缴纳的消费税=（26+4）÷（1−5%）×5% =31.58×5%=1.58（万元）。

（4）用银基项链抵偿债务视同销售，并且为含税收入，所以应缴纳的消费税=69.6÷（1+13%）×5%=3.08（万元）。

2．超豪华小汽车

（1）对超豪华小汽车，在生产（进口）环节按现行税率征收消费税的基础上，在零售环节加征消费税，税率为 10%。

超豪华小汽车零售环节消费税应纳税额计算公式为

应纳税额=零售环节销售额（不含增值税）×零售环节税率

例 3-12 某汽车销售公司将一台小汽车销售给个人，销售价格为 180 万元（不含增值税），该小汽车气缸容量为 1.8 升，计算应纳消费税。

【解析】

由于该小汽车属于超豪华小汽车，在零售环节需要征收 10%消费税税额。所以，应缴纳消费税=180×10%=18（万元）。

（2）国内汽车生产企业直接销售给消费者的超豪华小汽车，消费税税率按照生产环节税率和零售环节税率加总计算。消费税应纳税额计算公式为

应纳税额=销售额×（生产环节税率+零售环节税率）

例 3-13 甲市某汽车企业为增值税一般纳税人，2019 年 5 月在甲市向张三销售自产小汽车 2 辆，不含税售价为 180 万元/辆，该小汽车生产环节消费税税率为 5%，零售环节消

费税税率为 10%。

【解析】该汽车企业当月此项业务应缴纳的消费税= 2×180×（10%+5%）=54（万元）

四、委托加工应税消费品应纳税额的计算

（一）委托加工应税消费品的确定

委托加工应税消费品，是指由委托方提供原料和主要材料，受托方只收取加工费和代垫部分辅助材料加工的应税消费品。

对由受托方提供原材料生产的应税消费品，或者受托方先将原材料卖给委托方，然后接受加工的应税消费品，以及由受托方以委托方名义购进原材料生产的应税消费品，无论纳税人在财务上是否作销售处理，都不得作为委托加工应税消费品，而应当按照销售自制应税消费品缴纳消费税。由此可见，作为委托加工的应税消费品，必须具备两个条件：第一，由委托方提供原料和主要材料；第二，受托方只收取加工费和代垫部分辅助材料。

（二）委托加工应税消费品计税依据的确定

1. 按销售价格计算纳税

委托加工的应税消费品，按照受托方同类消费品的销售价格计算纳税，同类消费品的销售价格是指受托方（即代收代缴义务人）当月销售的同类消费品的销售价格，如果当月同类消费品各期销售价格高低不同，应按销售数量加权平均计算。但销售的应税消费品有下列情况之一的，不得列入加权平均计算：① 销售价格明显偏低又无正当理由的；② 无销售价格的。

如果当月无销售或者当月未完结，则按照同类消费品上月或者最近月份的销售价格计算纳税。

2. 按组成计税价格计算纳税

没有同类消费品销售价格的，按照组成计税价格计算纳税。组成计税价格的计算公式如下。

（1）实行从价定率方法计算纳税的组成计税价格计算公式为

组成计税价格=（材料成本+加工费）÷（1−消费税比例税率）

应纳消费税税额=组成计税价格×消费税比例税率

（2）实行复合计税方法计算纳税的组成计税价格计算公式为

组成计税价格=（材料成本+加工费+委托加工数量×定额税率）÷（1−消费税比例税率）

应纳消费税税额=组成计税价格×消费税比例税率+委托加工数量×定额税率

材料成本，是指委托方所提供加工材料的实际成本。加工费，是指受托方加工应税消费品向委托方所收取的全部费用，包括代垫辅助材料的实际成本，不包括向委托方代收代缴的消费税，也不包括向委托方收取的增值税税款。

知识拓展

（三）委托加工应税消费品应纳税额的确定

（1）实行从价定率方法计征的应税消费品应纳税额计算公式为

应纳消费税税额=委托加工同类应税消费品销售额或者组成计税价格×适用税率

例 3-14 某鞭炮企业 8 月受托为某单位加工一批鞭炮，委托单位提供的原材料金额为 30 万元，收取委托单位不含增值税的加工费 4 万元，鞭炮企业无此批产品的同类市场价格（鞭炮的消费税税率为 15%）。鞭炮企业应代收代缴的消费税为多少？

【解析】

鞭炮组成计税价格=（30+4）÷（1-15%）=40（万元）

鞭炮企业应代收代缴消费税=40×15%=6（万元）

（2）实行从量定额方法计征的应税消费品应纳税额计算公式为

应纳消费税税额=纳税人收回的应税消费品数量×单位税额

（3）实行复合计税方法计征的应税消费品应纳税额计算公式为

应纳消费税税额=委托加工同类应税消费品销售额或者组成计税价格
×适用税率+纳税人收回的应税消费品数量×单位税额

例 3-15 甲酒厂委托乙企业（增值税一般纳税人）加工 1 吨白酒，甲酒厂提供的材料成本为 150 000 元，乙企业收取不含税加工费 50 000 元，乙企业没有同类白酒的销售价格。已知白酒适用的消费税比例税率为 20%，定额税率为 1.0 元/千克。

【解析】

乙企业代收代缴的消费税=（150 000+50 000+1×1000×1.0）÷（1-20%）×20%+1×1000×1.0=51 250（元）

乙企业就其提供的加工劳务需承担增值税销项税额=50 000×13%=6500（元）

（四）委托加工应税消费品消费税的缴纳

（1）对外委托加工应税消费品的应纳消费税，除受托方为个人外，采取由受托方代收代缴税款的方法，由受托方在向委托方交货时代收代缴消费税税款。委托方将收回的应税消费品，以不高于受托方的计税价格出售的为直接出售，不再缴纳消费税；委托方以高于受托方的计税价格出售的不属于直接出售，需按照规定申报缴纳消费税，在计税时准予扣除受托方已代收代缴的消费税。

例 3-16 甲企业委托乙企业加工一批高尔夫球。甲企业发出原材料成本为 20 000 元，支付的加工费为 7000 元（不含增值税），消费税税率为 10%，甲企业收回加工后的高尔夫球直接用于销售，销售价格为 30 000 元。

【解析】

消费税组成计税价格=（20 000+7000）÷（1-10%）=30 000（元）

受托方代收代缴的消费税=30 000×10%=3000（元）

【思考】 如果直接销售的价格为 32 000 元，则消费税为多少？

（2）纳税人委托个体经营者加工的应税消费品，一律在收回加工应税消费品后由委托方向所在地主管税务机关缴纳消费税。

（3）受托方没有代收代缴税款的，委托方要补缴税款，受托方就可以不再补税。对委托方补征税款的计税依据如下：如果收回的应税消费品已直接销售，按销售额计税补征；如果收回的应税消费品尚未销售或者用于连续生产等，则按组成计税价格计税补征。

五、进口应税消费品应纳税额的计算

进口的实行从价定率征收消费税的应税消费品，在报关进口时按照组成计税价格计算缴纳消费税。

（1）实行从价定率方法计征消费税的计算公式为

组成计税价格=（关税完税价格+关税）÷（1-消费税比例税率）

应纳消费税税额=组成计税价格×消费税比例税率

式中，关税完税价格是指海关核定的关税计税价格。

例 3-17 某企业（增值税一般纳税人）进口 10 标准箱烟丝，每标准箱的关税完税价格为 5000 元。已知关税税率为 25%，该批烟丝的消费税比例税率为 30%。求该企业应缴纳的消费税和增值税。

【解析】

（1）应缴纳关税=5000×10×25%=12 500（元）。

（2）应缴消费税：

组成计税价格=（5000×10+12 500）÷（1-30%）=89 285.71（元）；

应缴纳消费税=89 285.71×30%=26 785.71（元）。

（3）应缴纳增值税=89 285.71×13%=11 607.14（元）。

（2）实行从量定额方法计征消费税的计算公式为

应纳消费税税额=应税消费品数量×单位税额

（3）实行复合计税方法计征消费税的计算公式为

组成计税价格=（关税完税价格+关税+进口数量×消费税定额税率）÷（1-消费税比例税率）

应纳消费税税额=组成计税价格×消费税比例税率+进口数量×消费税定额税率

例 3-18 乙公司为增值税一般纳税人，进口卷烟 200 标准箱，每标准箱的关税完税价格为 6 万元。已知关税税率为 25%，该批卷烟的消费税比例税率为 56%，定额税率为 150 元/标准箱。求乙公司应缴纳的消费税和增值税。

【解析】

应缴纳关税=6×200×25%=300（万元）

应缴纳消费税=（6×200+300+0.015×200）÷（1-56%）×56%+0.015×200=1915.91（万元）

应缴纳增值税=（6×200+300+0.015×200）÷（1-56%）×13%=444.07（万元）

知识拓展

六、已纳消费税的扣除

为避免重复征税，外购应税消费品和委托加工收回的应税消费品继续生产应税消费品销售的，可以将外购应税消费品和委托加工收回应税消费品已缴纳的消费税给予抵扣。

（1）准予抵扣的情形主要包括以下几种。

① 外购或者委托加工收回的已税烟丝生产的卷烟。

② 以外购或者委托加工收回的已税高档化妆品为原料生产的高档化妆品。

③ 以外购或者委托加工收回的已税珠宝玉石为原料生产的贵重首饰及珠宝玉石。

【注意】纳税人用外购或者委托加工收回的已税珠宝玉石为原料生产的改在零售环节征收消费税的金银首饰（镶嵌首饰），在计税时一律不得扣除外购或者委托加工收回的珠宝玉石已纳的消费税税款。

【提示】外购或者委托加工收回的玛瑙：如果用于生产镶嵌玛瑙的黄金吊坠，生产销售该吊坠不需要缴纳消费税，但零售时需要缴纳消费税，并且所耗用的玛瑙原料已缴纳的消费税税额不得扣除；如果用于生产玛瑙珠手串，生产销售该玛瑙珠手串时应计算缴纳消费税，且玛瑙原料已缴纳消费税可以扣除。

④ 以外购或者委托加工收回的已税鞭炮、焰火为原料生产的鞭炮、焰火。

⑤ 以外购或者委托加工收回的已税杆头、杆身和握把为原料生产的高尔夫球杆。

⑥ 以外购或者委托加工收回的已税木制一次性筷子为原料生产的木制一次性筷子。

⑦ 以外购或者委托加工收回的已税实木地板为原料生产的实木地板。

⑧ 以外购或者委托加工收回的已税石脑油、润滑油、燃料油为原料生产的成品油。

⑨ 以外购或者委托加工收回的已税汽油、柴油为原料生产的汽油、柴油。

【提示1】允许抵扣税额的税目不包括酒（葡萄酒除外）、摩托车、小汽车、高档手表、游艇、电池、涂料。自2015年5月1日起，从葡萄酒生产企业购进、进口葡萄酒连续生产应税葡萄酒的，准予从葡萄酒消费税应纳税额中扣除所耗用应税葡萄酒已缴纳消费税税款。

【提示2】允许扣税的只涉及同一税目中应税消费品的连续加工，不能跨税目抵扣。

（2）当期准予扣除外购或者委托加工收回的应税消费品的已纳消费税税款，应按当期生产领用数量计算。

当期准予扣除的外购、委托加工收回应税消费品已纳消费税税额=当期准予扣除的外购、委托加工收回应税消费品买价×外购、委托加工收回应税消费品适用税率

当期准予扣除的外购、委托加工收回应税消费品买价=期初库存的外购、委托加工收回应税消费品的买价+当期外购、委托加工收回应税消费品买价-期末库存的外购、委托加工收回应税消费品买价

例3-19 某公司为增值税一般纳税人，外购高档香水精生产高档香水，11月生产销售高档香水取得不含税销售额100万元。该公司11月初库存高档香水精价值10万元，11月购进高档香水精价值100万元，11月底库存高档香水精价值20万元。已知高档化妆品适用的消费税税率为15%。

【解析】该公司当月应缴纳消费税税额=100×15%-（10+100-20）×15%=1.5（万元）

任务三 消费税会计核算

一、账户设置

为了反映消费税的应缴、已缴及欠缴、多缴消费税的情况，按规定需要缴纳消费税的企业，应在“应交税费”科目下增设“应交消费税”明细科目进行会计核算。本明细科目采用三栏式账户记账，借方发生额反映企业实际缴纳的消费税和待扣的消费税；贷方发生额反映按规定应缴纳的消费税；期末余额在贷方反映尚未缴纳的消费税，期末若为借方余额则反映多缴或者待抵扣的消费税。

企业对消费税的核算，主要是通过“应交税费——应交消费税”账户进行的。

由于消费税属于价内税，即销售额中含有应负担的消费税税额，应将消费税作为费用、成本的内容加以核算，因此还应设置与之相对应的会计科目，如“税金及附加”“其他业务成本”“长期股权投资”“在建工程”“营业外支出”“应付职工薪酬”等。

二、会计核算实务

（一）一般销售的核算

因消费税是价内税，企业销售应税消费品的售价包含消费税（但不包含增值税），所以企业缴纳的消费税应记入“税金及附加”，从销售收入中得到补偿。

销售实现时编制如下会计分录。

借：税金及附加

　　贷：应交税费——应交消费税

实际缴纳消费税时编制如下会计分录。

借：应交税费——应交消费税

　　贷：银行存款

发生销货退回及退税时，编制相反的会计分录。企业出口应税消费品，如按规定不予免税或者退税的，应视同国内销售，按上述规定进行会计处理。其销售的会计处理与前述增值税的会计处理密切相关，也受销售方式、结算方式的影响，在进行增值税会计处理的基础上进行消费税的会计处理。

（二）视同销售的核算

1. 用于在建工程、职工福利或者直接转为固定资产

纳税人以自产的应税消费品用于在建工程、职工福利或者直接转为固定资产的，应于货物移送使用时，按同类消费品的平均销售价格计算应纳消费税，贷记“应交税费——应交消费税”科目；按移送使用的货物成本，贷记“库存商品”科目；按应纳的消费税和移送使用货物的成本之和，借记“在建工程”“应付职工薪酬”“固定资产”等科目。

例3-20 某汽车制造厂将自产的一辆小汽车用于在建工程，同类汽车销售价格为180 000

元，该汽车成本为 110 000 元，消费税税率为 5%。

借：在建工程　　119 000
　　贷：库存商品　　110 000
　　　　应交税费——应交消费税　　9000（180 000×5%）

例 3-21 华润啤酒有限公司年终以其所产的每升不含税售价为 5 元的 5 吨啤酒作为福利品发给公司员工，该种啤酒每吨制造成本为 3200 元。

啤酒每吨不含税售价=5×988=4940＞3000（元）(每吨出厂价格)，单位税额为 250 元。

应交增值税=5×988×5×13%=3211（元）。

应交消费税=5×250=1250（元）。

借：应付职工薪酬　　27 911
　　贷：主营业务收入　　24 700
　　　　应交税费——应交增值税（销项税额）　　3211

借：税金及附加　　1250
　　贷：应交税费——应交消费税　　1250

2. 用于捐赠、赞助、广告

纳税人以自产的应税消费品用于捐赠、赞助和广告的，应于货物移送使用时，按同类消费品的平均销售价格或者组成计税价格计算应纳消费税和应纳增值税，贷记“应交税费——应交消费税”“应交税费——应交增值税”科目；按移送使用的货物成本，贷记“库存商品”科目；按应纳的增值税、消费税和移送使用货物的成本之和，借记“营业外支出”“销售费用”等科目。

3. 换取生产资料、消费资料

纳税人以生产的应税消费品用于换取生产资料、消费资料属于非货币性资产交换，应当按非货币性资产交换的办法进行处理。按换出消费品的最高价确定计算应纳消费税，借记“税金及附加”，贷记“应交税费——应交消费税”等科目。

4. 用于投资入股

纳税人以生产的应税消费品换取长期股权投资的（长期债券投资的处理相同），按对外投资处理办法借记有关投资科目，按投资移送应税消费品的售价或者组成计税价格，贷记“主营业务收入”科目，按应交的增值税，贷记“应交税费——应交增值税（销项税额）”科目；按应税消费品的最高价计算的消费税税额，借记“税金及附加”科目，贷记“应交税费——应交消费税”科目；按移送使用的货物成本，借记“主营业务成本”科目，贷记“库存商品”科目。

5. 用于抵偿债务

纳税人以生产的应税消费品用于抵偿债务，按应付账款的账面余额，借记“应付账款”科目，按用于清偿债务的应税消费品的公允价值，贷记“主营业务收入”科目，按应交的增值税销项税额，贷记“应交税费——应交增值税（销项税额）”科目，按其差额，贷记“营业外收入”等科目或者借记“营业外支出”等科目；按应交的消费税税额，贷记“应交税费——应交消费税”科目，借记“税金及附加”科目；同时按用于抵债的应税消费品的账面余额，借记“主营业务成本”科目，贷记“库存商品”科目。

例 3-22 某白酒厂 5 月用 18 吨粮食白酒抵偿胜利农场大米款 90 000 元。该粮食白酒每吨售价为 4800～5400 元，平均销售价格为 5100 元/吨，成本为 4200 元/吨，计算应交消费税税额并作会计处理。

【解析】

以物抵债属于销售货物范畴。

应纳增值税的销项税额=5100×18×13%=11 934（元）

计算应纳消费税税额并编制会计分录。

应纳消费税税额=5400×18×20%+18×2000×0.5=37 440（元）

借：应付账款——胜利农场　　103 734

　　贷：主营业务收入　　91 800

　　　　应交税费——应交增值税（销项税额）　　11 934

借：税金及附加　　37 440

　　贷：应交税费——应交消费税　　37 440

（三）包装物押金的核算

1. 随同产品销售单独计价包装物

随同产品销售单独计价包装物，其收入计入“其他业务收入”，按规定应缴纳的消费税计入“税金及附加”，同时结转包装物成本。

例 3-23 某卷烟厂生产销售烟丝，取得不含税收入 20 000 元，随同烟丝销售单独计价包装物不含税收入 5000 元，款已收，该包装物的成本为 4000 元。烟丝消费税税率 30%。计算包装物应缴纳的增值税和消费税，并进行账务处理。

【解析】

（1）销售实现时的账务处理如下。

包装物应交增值税=5000×13%=650（元）

包装物应交消费税=5000×30%=1500（元）

借：银行存款　　5650

　　贷：其他业务收入　　5000

　　　　应交税费——应交增值税（销项税额）　　650

（2）期末计提应交消费税时编制如下会计分录。

借：税金及附加　　1500

　　贷：应交税费——应交消费税　　1500

2. 出租出借包装物逾期押金

纳税人出租、出借包装物收取的押金，不再退还的应并入应税消费品的销售额，从“其他应付款”科目转入“其他业务收入”科目，按照应缴纳的消费税，借记“税金及附加”

科目，贷记“应交税费——应交消费税”科目。

包装物逾期未收回时编制如下会计分录。

借：其他应付款

贷：其他业务收入

应交税费——应交增值税（销项税额）

借：税金及附加

贷：应交税费——应交消费税

例 3-24 某卷烟厂出借一批烟丝包装物，收取押金 22 600 元，逾期押金未退。如何进行账务处理？

【解析】

包装物押金应交增值税=22 600÷（1+13%）×13%=2600（元）

包装物押金应交消费税=22 600÷（1+13%）×30%=6000（元）

借：其他应付款 22 600

贷：其他业务收入 20 000

应交税费——应交增值税（销项税额） 2600

借：税金及附加 6000

贷：应交税费——应交消费税 6000

（四）委托加工应税消费品的核算

委托加工的应税消费品，由受托方所在地主管税务机关代收代缴消费税税额；委托个人加工的应税消费品，由委托方向其机构所在地或者居住地主管税务机关申报纳税。

1. 委托方的账务处理

（1）委托加工的应税消费品收回后直接出售的，在销售时不再征收消费税。委托方应将受托方代收代缴的消费税计入委托加工应税消费品的成本，借记“委托加工物资”等科目，贷记“银行存款”“应付账款”等科目。

（2）委托加工的应税消费品收回后用于连续生产应税消费品按规定准予抵扣的，委托方应按由受托方代收代缴的消费税税额，借记“应交税费——应交消费税”科目，贷记“银行存款”“应付账款”等科目。待加工成最终应税消费品销售时，按最终应税消费品应缴纳的消费税税额，借记“税金及附加”科目，贷记“应交税费——应交消费税”科目。

2. 受托方的账务处理

受托方按应收的消费税税额，借记“银行存款”“应收账款”等科目，贷记“应交税费——应交消费税”科目。

例 3-25 佳华日化公司委托外协单位加工高档化妆品半成品，按加工合同要求，拨付原材料 100 000 元，支付加工费 30 000 元，支付受托方垫付辅料费 10 000 元，收到受托方开具的增值税专用发票，注明增值税 5200 元，受托方无同类新产品。加工完毕收回后用于继续生产高档化妆品，加工税费以转账支票付讫。试计算应纳消费税，并进行账务处理。

【解析】

应纳消费税税额=（100 000+10 000+30 000）÷（1−15%）×15%=24 706（元）

借：委托加工物资　　　　　　　　　　　　40 000

　　应交税费——应交增值税（进项税额）　　5200

　　　　　　——应交消费税　　　　　　　24 706

　　贷：银行存款　　　　　　　　　　　　　69 906

（五）进口应税消费品的核算

纳税人进口应税消费品时，由海关代征的进口消费税应计入应税消费品的成本中，根据海关完税凭证上注明的消费税税额，借记“固定资产”“在途物资”“库存商品”“应交税费——应交增值税（进项税额）”等科目，贷记“银行存款”“应付账款”等科目。

例 3-26 2019 年 5 月，某外商投资企业经批准从国外进口一辆小汽车自用，关税完税价为 160 000 元，关税为 20 000 元，该小汽车的消费税税率为 5%，增值税税率为 13%。试计算进口该小汽车应缴纳的消费税和增值税，并进行账务处理。

【解析】

应纳消费税=（160 000+20 000）÷（1−5%）×5%=9473.68（元）

应纳增值税=（160 000+20 000）÷（1−5%）×13%=24 631.58（元）

借：固定资产　　　　　　　　　　　　　189 473.68

　　应交税费——应交增值税（进项税额）24 631.58

　　贷：银行存款　　　　　　　　　　　　214 105.26

任务四　消费税纳税申报

一、消费税的征收管理

（一）纳税义务发生时间

（1）纳税人销售应税消费品，纳税义务发生时间按不同的销售结算方式分别确定。

① 纳税人采取赊销和分期收款结算方式的，为书面合同约定的收款日期的当天；书面合同没有约定收款日期或者无书面合同的，为发出应税消费品的当天。

② 纳税人采取预收货款结算方式的，为发出应税消费品的当天。

③ 纳税人采取托收承付、委托银行收款结算方式的，为发出应税消费品并办妥托收手续的当天。

④ 纳税人采取其他结算方式的，为收讫销售款或者取得索取销售款凭据的当天。

（2）纳税人自产自用的应税消费品，为移送使用的当天。

（3）纳税人委托加工应税消费品的，为纳税人提货的当天。

（4）纳税人进口应税消费品的，为报关进口的当天。

（二）纳税期限

根据《中华人民共和国消费税暂行条例》的规定，消费税的纳税期限分别为 1 日、3 日、5 日、10 日、15 日、1 个月或者 1 个季度。纳税人的具体纳税期限由主管税务机关根据纳税人应纳税额的大小分别核定；不能按照固定期限纳税的，可以按次纳税。

纳税人以 1 个月为 1 个纳税期的，自期满之日起 15 日内申报纳税；以 1 日、3 日、5 日、10 日或者 15 日为 1 个纳税期的，自期满之日起 5 日内预缴税款，于次月 1 日起 15 日内申报纳税并结清上月应纳税款。

纳税人进口应税消费品，应当自海关填发《海关进口消费税专用缴款书》之日起 15 日内缴纳税款。

（三）纳税地点

（1）纳税人销售的应税消费品，以及自产自用的应税消费品，除国务院财政、税务主管部门另有规定外，应当向纳税人机构所在地或者居住地的主管税务机关申报纳税。

（2）委托加工的应税消费品，除受托方为个人外，由受托方向机构所在地或者居住地的主管税务机关解缴消费税税款；受托方为个人的，由委托方向其机构所在地主管税务机关申报纳税。

（3）进口的应税消费品，由进口人或者其代理人向报关地海关申报纳税。

（4）纳税人到外县（市）销售或者委托外县（市）代销自产应税消费品的，于应税消费品销售后，向机构所在地或者居住地主管税务机关申报纳税。

（5）总机构与分支机构不在同一县（市）：① 纳税人的总机构与分支机构不在同一县（市）的，原则上应当分别向各自机构所在地的主管税务机关申报纳税。② 纳税人的总机构与分支机构不在同一县（市），但在同一省（自治区、直辖市）范围内，经省（自治区、直辖市）财政厅（局）、国家税务总局审批同意，可以由总机构汇总向总机构所在地的主管税务机关申报缴纳消费税。

二、消费税的纳税申报

无论当前有无销售或者是否盈利，均应于次月 1 日—15 日内根据应税消费品分别填写《烟类应税消费品消费税纳税申报表》《酒类消费税纳税申报表》《成品油消费税纳税申报表》《小汽车消费税纳税申报表》《其他应税消费品消费税纳税申报表》。

除纳税申报表外，每类申报表都有附表，如《本期准予扣除计算表》《本期代收代缴税款计算表》《生产经营情况表》《准予扣除消费税凭证明细表》《本期减（免）税额明细表》等，在申报时一并填写。

三、消费税综合实训

例 3-27 ABC 公司主要生产经营酒类、卷烟和高档化妆品，2019 年 8 月发生如下经济业务。

（1）8 月 1 日销售高档化妆品 100 套，已知增值税专用发票上注明的价款为 30 000 元，税额为 3900 元，款已收到。

（2）8月4日将自己生产的20吨啤酒销售给家乐超市，货款已收到；另有10吨让客户及顾客免费品尝。该啤酒出厂价为2800元/吨，成本为2000元/吨。

（3）8月10日销售20吨粮食白酒，单价为7000元，价款为140 000元。

（4）8月20日用自产的10吨粮食白酒抵偿华盛超市货款70 000元，不足或者多余部分不再结算。该粮食白酒每吨本月售价为5500～6500元，平均售价为6000元。

（5）8月25日将一批自产的高档化妆品作为福利发给职工个人，这批高档化妆品的成本为10 000元。假设该类化妆品不存在同类消费品销售价格。

（6）7月10日将外购的烟叶100 000元发给嘉华加工公司，委托其加工成烟丝。嘉华加工公司代垫辅助材料4000元（款已付），本月应支付加工费36 000元（不含税）、增值税4680元。8月5日ABC公司以银行存款付清全部款项和代缴的消费税；6日收回已加工的烟丝并全部生产卷烟10箱；25日该批卷烟全部用于销售，总售价为300 000元，款已收到。

（7）8月26日向陈氏超市销售用上月外购烟丝生产的卷烟20个标准箱，每标准箱调拨价格为80元，共计400 000元（购入烟丝支付含增值税价款为90 400元），采取托收承付结算方式，货已发出并办妥托收手续。

（8）8月28日从国外购进成套化妆品，关税完税价格为80 000美元，关税税率为50%。假定当日美元对人民币的汇率为1∶6.20，货款全部以银行存款付清。

请计算该公司8月应纳消费税税额，编制会计分录，并就烟类进行纳税申报。

烟类应税消费品消费税纳税申报表如表3-3所示，本期准予扣除税额计算表如表3-4所示。

表3-3 烟类应税消费品消费税纳税申报表

税款所属期：2019年8月1日至2019年8月31日

纳税人名称（公章）： 纳税人识别号：

填表日期：2019年9月14日 单位：卷烟万支、雪茄烟支、烟丝千克；金额单位：元（列至角分）

项目 应税消费品名称	适用税率		销售数量	销售额	应纳税额
	定额税率	比例税率			
卷烟	30元/万支	56%	150	700 000	396 500
卷烟	30元/万支	30%			
雪茄烟	—	25%			
烟丝	—	30%			
合计	—	—	—	—	396 500

本期准予扣除税额：84 000	声明 此纳税申报表是根据国家税收法律的规定填报的，我确定它是真实的、可靠的、完整的
本期减（免）税额：	
期初未缴税额：	经办人（签章）： 财务负责人（签章）： 联系电话：

续表

本期缴纳前期应纳税额：	（如果你已委托代理人申报，请填写） 授权声明 为代理一切税务事宜，现授权______________ ____________（地址）____________________为本纳税人的代理申报人，任何与本申报表有关的往来文件，都可寄予此人 授权人签章：
本期预缴税额：	
本期应补（退）税额：312 500	
期末未缴税额：	

以下由税务机关填写

受理人（签章）：　　　　受理日期：　　年　　月　　日　　　受理税务机关（章）：

表 3-4　本期准予扣除税额计算表

税款所属期：2019 年 8 月 1 日至 2019 年 8 月 31 日

纳税人名称（公章）：　　　　纳税人识别号：

填表日期：2018 年 9 月 14 日　　　　金额单位：元（列至角分）

一、当期准予扣除的委托加工烟丝已纳税款计算	
1．期初库存委托加工烟丝已纳税款：	
2．当期收回委托加工烟丝已纳税款：	60 000
3．期末库存委托加工烟丝已纳税款：	
4．当期准予扣除的委托加工烟丝已纳税款：	60 000
二、当期准予扣除的外购烟丝已纳税款计算	
1．期初库存外购烟丝买价：	24 000
2．当期购进烟丝买价：	
3．期末库存外购烟丝买价：	
4．当期准予扣除的外购烟丝已纳税款：	24 000
三、本期准予扣除税款合计：	84 000

技能测试题

在线测评

项目四　城市维护建设税及教育费附加会计业务操作

能力目标

1. 能正确确定城市维护建设税、教育费附加的征税对象；
2. 能正确计算城市维护建设税、教育费附加的应纳税额；
3. 能正确处理城市维护建设税、教育费附加有关业务的会计核算。

知识目标

1. 掌握城市维护建设税和教育费附加的征税范围；
2. 掌握城市维护建设税和教育费附加应纳税额的计算；
3. 掌握城市维护建设税和教育费附加的会计核算。

【案例导入】

××××羊毛衫厂系乡办企业，厂址设在瑞昌市区。2019 年 10 月，经税务人员对该企业“应交税费——应交城市维护建设税”账户检查发现，该账户有贷方余额 1.2 万元，企业账面反映 2019 年 1 月—9 月已缴纳增值税 15 万元，已缴纳城市维护建设税 0.15 万元，当年计提的城市维护建设税已申报缴纳，上述余额系 2018 年结转的余额。进一步核对该企业 2018 年有关收入账户与凭证，核实企业 2018 年增值税税费为 20 万元，按 7%的税率计提城市建设税 1.4 万元，但该企业只按 1%的税率计算申报，实际缴纳城市维护建设税 0.2 万元。据企业有关人员反映，2018 年企业按规定提取 7%的城市维护建设税后，了解到其他乡办企业按 1%缴纳城市维护建设税，感到按 7%缴纳城市维护建设税吃亏，故先按 1%的税率申报纳税，其余部分挂在账上。

《中华人民共和国城市维护建设税暂行条例》规定，纳税人所在地在市区的，税率为 7%。该乡办企业应适用 7%的税率计算城市维护建设税。经计算，2018 年 1 月至 2019 年 9 月，该企业因错用税率少缴纳城市维护建设税 2.1 万元，其中 2018 年少缴纳 1.2 万元，2019 年 1 月—9 月少缴纳 0.9 万元，应予以补缴。

任务一　城市维护建设税应纳税额的确定

一、城市维护建设税纳税人和征税对象的确定

城市维护建设税是国家对缴纳增值税、消费税的单位和个人就其缴纳的“两税”税额

为计税依据而征收的一种税。城市维护建设税是一种具有附加税性质的税种，按“两税”税额附加征收，其本身没有特定的、独立的课税对象。城市维护建设税是我国为了加强城市的维护建设，以及扩大和稳定城市维护建设资金的来源，而对有经营收入的单位和个人征收的一个税种。

城市维护建设税的纳税人，是指实际缴纳增值税、消费税的单位和个人，包括各类企业、行政单位、事业单位、军事单位、社会团体与其他单位，以及个体工商户和其他个人。自2010年12月1日起，我国对外商投资企业、外国企业和外籍人员开始征收城市维护建设税。

二、城市维护建设税的计算

1．计税依据

（1）城市维护建设税的计税依据为纳税人实际缴纳的增值税、消费税税额，以及出口货物、劳务或者跨境销售服务、无形资产增值税免抵税额。

（2）纳税人因违反增值税、消费税的有关规定而加收的滞纳金和罚款，不作为城市维护建设税的计税依据；但纳税人在被查补增值税、消费税和被处以罚款时，应同时对其城市维护建设税进行补税、征收滞纳金和罚款。

2．税率

城市维护建设税实行地区差别比例税率，共2档。

（1）纳税人所在地为城市市区的，税率为7%。

（2）纳税人所在地为县城、建制镇的，税率为5%。

城市维护建设税的适用税率，应按纳税人所在地的规定税率执行。但下列两种情况可按缴纳增值税、消费税所在地的规定税率就地缴纳城市维护建设税：① 由受托方代扣代缴、代收代缴增值税、消费税的单位和个人，其代扣代缴、代收代缴的城市维护建设税按受托方所在地适用税率执行；② 流动经营等无固定纳税地点的单位和个人，在经营地缴纳增值税、消费税的，其城市维护建设税的缴纳按经营地适用税率执行。

3．优惠政策

城市维护建设税原则上不单独减免，但因其具有附加税性质，当主税发生减免时，城市维护建设税也相应减免，具体有以下四种情况。

（1）随增值税、消费税的减免而减免。

（2）随增值税、消费税的退库而退库。

（3）对进口货物或者境外单位和个人向中国境内销售劳务、服务、无形资产缴纳的增值税、消费税税额，不征收城市维护建设税。

（4）对出口货物、劳务和跨境销售服务、无形资产，以及因优惠政策退还增值税、消费税的，不退还已缴纳的城市维护建设税。

知识拓展

4．应纳税额的计算

应纳税额=（实际缴纳的增值税+实际缴纳的消费税
　　　　+出口货物、劳务或者跨境销售服务、无形资产增值税免抵税额）×适用税率对实行增值税期末留抵退税的纳税人，允许其从城市维护建设税、教育费附加和地方教育附加的计税（征）依据中扣除退还的增值税。

【提示】本期增值税期末有留抵退税税额，则下期计算附加税时，在计税依据中要扣除留抵退还的增值税。

例 4-1 位于市区的甲公司 3 月实际缴纳增值税 34 万元、消费税 22 万元、土地增值税 4 万元。

【解析】甲公司 3 月应缴纳的城市维护建设税=（34+22）×7%=3.92（万元）

三、城市维护建设税的征收管理

1. 纳税义务发生时间

（1）城市维护建设税纳税义务发生时间为缴纳增值税、消费税的当日。

（2）城市维护建设税扣缴义务发生时间为扣缴增值税、消费税的当日。

2. 纳税地点

（1）城市维护建设税纳税地点为实际缴纳增值税、消费税的地点。

（2）扣缴义务人应当向其机构所在地或者居住地的主管税务机关申报缴纳其扣缴的税款。

（3）代扣代缴、代收代缴增值税与消费税的单位和个人，同时是城市维护建设税的代扣代缴、代收代缴义务人，其纳税地点为代扣代收地。

（4）对流动经营等无固定纳税地点的单位和个人，应随同增值税、消费税在经营地纳税。

3. 纳税期限

（1）城市维护建设税按月或者按季度计征；不能按固定期限计征的，可以按次计征。

（2）实行按月或者按季度计征的，纳税人应当于月度或者季度终了之日起 15 日内申报并缴纳税款；实行按次计征的，纳税人应当于纳税义务发生之日起 15 日内申报并缴纳税款。

任务二　教育费附加应纳税额的确定

一、教育费附加纳税人和征税对象的确定

教育费附加是对缴纳增值税、消费税的单位和个人征收的一种专项附加费。开征教育费附加是为了发展地方性教育事业，扩大地方教育经费的资金来源。

凡缴纳增值税、消费税的单位和个人，均为教育费附加的纳费义务人。凡代征增值税、消费税的单位和个人，亦为代征教育费附加的义务人。农业、乡镇企业，由乡镇人民政府征收农村教育事业附加，不再征收教育费附加。国务院（国发〔2010〕35 号）和

财政部、国家税务总局（财税〔2010〕103 号）文件明确了外商投资企业、外国企业和外籍人员适用于现行有效的城市维护建设税与教育费附加政策规定，凡是缴纳增值税、消费税的外商投资企业、外国企业和外籍人员纳税人均需按规定缴纳城市维护建设税和教育费附加。

二、教育费附加的计算

1. 计税依据

纳税人实际缴纳的增值税、消费税税额之和。

2. 征收比率

（1）教育费附加 3%。

（2）地方教育费附加 2%。

3. 计算方法

应纳教育费附加=（实际缴纳的增值税+实际缴纳的消费税）×3%

应纳地方教育费附加=（实际缴纳的增值税+实际缴纳的消费税）×2%

4. 优惠政策

（1）海关对进口货物、服务等代征的增值税、消费税，不征收教育费附加。

（2）对出口货物、服务等退还增值税、消费税的，不退还已征的教育费附加；但对由于减免增值税、消费税而发生退税的，可同时退还已征收的教育费附加。

任务三　城市维护建设税、教育费附加会计核算

一、城市维护建设税会计核算

城市维护建设税的会计核算应设置“应交税费——应交城市维护建设税”科目。计提城市维护建设税时，应借记“税金及附加”科目，贷记本科目；实际缴纳城市维护建设税时，应借记本科目，贷记“银行存款”科目。本科目对应账户期末贷方余额反映企业应缴而未缴的城市维护建设税。

例 4-2 接【例 4-1】，进行会计处理。

（1）计提城市维护建设税时编制如下会计分录。

借：税金及附加　　39 200

　　贷：应交税费——应交城市维护建设税　　39 200

（2）实际缴纳城市维护建设税时编制如下会计分录。

借：应交税费——应交城市维护建设税　　39 200

　　贷：银行存款　　39 200

二、教育费附加会计核算

教育费附加通过“应交税费——应交教育费附加”科目核算。计提教育费附加时，应借记“税金及附加”科目，贷记本科目；缴纳教育费附加时，应借记本科目，贷记“银行存款”科目。本科目对应的明细账户期末贷方余额反映应缴而未缴的教育费附加。

技能测试题

在线测评

项目五 关税会计业务操作

能力目标

1. 能正确确定关税的完税价格；
2. 能正确计算关税、船舶吨税应纳税额；
3. 能正确处理关税有关业务的会计核算。

知识目标

1. 了解关税的概念和分类；
2. 掌握关税、船舶吨税的征税范围；
3. 掌握关税的完税价格的确定；
4. 掌握关税、船舶吨税应纳税额的计算；
5. 掌握关税的会计核算。

【案例导入】

山东烟台破获案值5.6亿元、偷逃关税4900万元走私案

2016年10月，龙口海关缉私分局接到群众举报，称上海一家贸易公司正在走私燃料油。该局侦查人员立即对该公司展开秘密调查，发现该公司进出口贸易频繁。2017年1月27日、2月6日，该公司以烟台某油港有限公司名义再次向海关申报，将三单合计63 425吨燃料油作为保税仓库货物存入烟台某油库。随后，该公司又委托当地报关行，准备将这批燃料油申报出库。龙口海关缉私分局办案人员立即将这批燃料油查获，并抓获谢某、曹某、姚某等涉案人员。3名犯罪嫌疑人供述，他们的走私套路是伪报品名，将真假油样调包，骗取商检结果，走私进口燃料油。

2017年3月13日，烟台市检察院收到龙口海关缉私分局提请逮捕的卷宗材料和证据。办案检察官审查全部案卷并提审了犯罪嫌疑人后认为，2016年12月至2017年2月，谢某在明知货物实际品质的情况下，安排业务员姚某以虚假品质报告向海关进行申报，并串通曹某等人调换油样骗取鉴定结果，走私进口燃料油共计12.6万吨，总案值约为5.6亿元，涉嫌偷逃税款约4900万元，已涉嫌走私普通货物罪。

任务一 关税纳税准备

知识拓展

一、关税征税对象和纳税人的确定

关税是海关依法对进出我国国境或者关境的货物、物品征收的一种税。

（一）关税的征收对象

（1）关税的课税对象是进出境的货物、物品。

（2）对从境外采购进口的原产于我国境内的货物，也应按规定（按最惠国税率）征收进口关税。

（二）关税的纳税人

（1）贸易性商品的纳税人是经营进出口货物的收货人和发货人，包括以下各类企业：① 外贸进出口公司；② 工贸或者农贸结合的进出口公司；③ 其他经批准经营进出口商品的企业。

（2）物品的纳税人，主要包括以下几方面：① 入境旅客随身携带的行李、物品的持有人；② 各种运输工具上服务人员入境时携带自用物品的持有人；③ 馈赠物品及其他方式入境个人物品的所有人；④ 个人邮递物品的收件人。

二、关税的分类

（一）按货物或者物品的不同流向分类

1．进口关税

进口关税是指进口商品进入一国关境或者从自由港、出口加工区、保税仓库进入国内市场时，由该国海关根据海关税则对本国进口商所征收的一种关税。进口关税是保护关税的主要手段。通常所说的关税壁垒，实际上就是对进口商品征收高额关税，以此提高其成本，从而削弱其竞争力，起限制进口的作用。

2．出口关税

出口关税是出口国家的海关在本国产品输往国外时，对出口商所征收的关税。目前，大多数国家对绝大部分出口商品都不征收出口关税。因为征收出口关税会提高出口商品的成本和国外售价，削弱其在国外市场的竞争力，不利于扩大出口。但目前世界上仍有少数国家（特别是经济相对落后的发展中国家）征收出口关税，主要是为了增加本国财政收入，保护本国资源环境，保证本国市场供应，维护本国经济利益。我国目前采取的是进口与出口并重的政策，但为了控制一些商品的出口流量，采用了对极少数商品征收出口关税的办法，被征收出口关税的商品主要是高耗能、高污染、资源性产品。

（二）按照计征关税的标准分类

1．从价税

从价税是指以进出口货物的完税价格作为计税标准而计算征收的关税，是一种常用的关税计税标准。目前，我国海关计征关税主要是从价税，从价税的税率表现为货物价格的百分值。

2. 从量税

从量税是指以进口货物的重量、数量、长度、容量和面积等计量单位为计税标准而计算征收的关税。其中，重量单位是最常用的从量税计量单位。

目前，我国对“啤酒、原油”等少数货物实行从量计征的办法。

3. 混合税

混合税是在税则的同一税目中有从量税和从价税两种税率。征税时混合使用两种税率计征。混合税又可分为复合税和选择税两种。

复合税是征税时同时使用从量、从价两种税率计征，以两种税额之和作为该种商品的关税税额。目前，我国对一些录音和播音电子设备实行复合税。

选择税是指对某种商品同时拥有从量和从价两种税率，征税时由海关选择其中一种征税，作为该种商品的应征关税额。通常选择税额较高的一种税率征税，在物价上涨时使用从价税，物价下跌时使用从量税。有时，为了鼓励某种商品的进口，或者给某出口国以优惠待遇，有时也会选择税额较低的一种税率征收关税。

4. 滑准税

滑准税，亦称滑动税，是在税则中预先按产品的价格高低分档制定若干不同的税率，然后根据进出口商品价格的变动而增减进出口税率的一种关税。可以使进口商品价格越高，其进口关税税率越低；进口商品的价格越低，其进口关税税率越高，从而保持滑准税商品的国内市场价格相对稳定，尽可能降低国际市场价格波动的影响。1997 年 10 月 1 日至 2002 年，我国曾对进口新闻纸实施滑准税。2005 年 5 月 1 日至今，我国对关税配额外进口的棉花实行滑准税，较好地解决了国内棉花供应不足的问题，同时稳定了国内棉花价格，保障了棉农利益。

（三）按关税的征收目的分类

（1）财政关税，又称收入关税，是以增加财政收入为主要目的而课征的一种关税。财政关税的税率一般比保护关税低，否则将阻碍国际贸易的发展，达不到增加财政收入的目的。

（2）保护关税，是以保护本国经济发展为主要目的而课征的一种关税。保护关税一般是进口关税，税率较高。保护关税是实现一个国家对外贸易政策的重要措施之一。

（四）按对不同国家货物或者货物不同税率情况分类

（1）加重关税，是指使用高于正常标准的税率而课征的一种关税。其目的是加强关税的保护作用，主要包括反倾销税、反补贴税和报复关税等形式。

（2）优惠关税，是指使用低于正常标准的税率而课征的一种关税。它是对特定的受惠国给予的关税优惠待遇，主要包括互惠关税、特惠关税、最惠国待遇、普惠制和世界贸易组织成员方之间的关税减让。

三、关税完税价格的确定

关税完税价格是海关计征关税所使用的计税价格，是海关以进出口货物的实际成交价格为基础，经调整确定完税的价格。实际成交价格是一般贸易项下进口或者出口货物的买方为购买该项货物向卖方实际支付或者应当支付的价格。但实际成交价格不能确定时，完税价格由海关依法估定。纳税人向海关申报的价格不一定等于完税价格，只有经海关审核并接受申报价格才能作为完税价格。

（一）一般进口货物的完税价格

1. 以成交价格为基础的完税价格的确定

《中华人民共和国海关法》规定：进口的货物以海关审定的“成交价格”为基础的“到岸价格”作为完税价格。

（1）到岸价格包括以下几点：① 货价；② 货物运抵我国关境内输入地点起卸前的包装费、运费、保险费和其他劳务费等费用；③ 为了在境内生产、制造、使用或者出版、发行而向境外支付的与该进口货物有关的专利、商标、著作权，以及专有技术、计算机软件和资料等费用。

（2）佣金、回扣、违约罚款的处理包括以下几点：① 在货物成交过程中，进口人在成交价格外另支付给卖方的佣金，应计入成交价格，而向境外采购代理人支付的买方佣金则不能列入，如已包括在成交价格中应予以扣除；② 卖方付给进口人的正常回扣，应从成交价格中扣除；③ 卖方违反合同规定延期交货的罚款，卖方在货价中冲减时，罚款不能从成交价格中扣除。

（3）应计入完税价格的其他项目：① 买方负担、支付的中介佣金、经纪费；② 买方负担的包装劳务和包装材料费、与货物视为一体的容器的费用；③ 买方付出的其他相关费用；④ 与进口货物有关的且构成进口条件的特许权使用费；⑤ 卖方直接或者间接从买方对该货物进口后转售、处置或者使用所得中获得的收益。

例 5-1 某进出口公司从美国进口的一批化工原料共 500 吨，货物以境外口岸离岸价格成交，折合人民币为 20 000 元/吨，买方承担包装费 500 元/吨，另向中介支付佣金 1000 元/吨，向自己的采购代理人支付购货佣金 5000 元，已知该批货物运抵中国境内输入地点起卸前的运输费、保险费和其他劳务费用为 2000 元/吨，进口后另发生运输费和装卸费 300 元/吨。

【解析】进口该批化工原料的关税完税价格=（20 000+500+1000+2000）×500÷10 000=1175（万元）

2. 进口货物海关估价的方法

如果进口货物的成交价格不符合法律规定的条件，或者成交价格不能确定的，海关经了解有关情况，并与纳税义务人进行价格磋商后，会依次以下列方法审查确定该货物的完税价格。

（1）相同货物成交价格估价方法，是指以与该货物同时或者大约同时向中国境内销售的相同货物的成交价格估定完税价格。

（2）类似货物成交价格估价方法，是指以与该货物同时或者大约同时向中国境内销售的类似货物的成交价格估定完税价格。

（3）倒扣价格估价方法，是指以与该货物进口的同时或者大约同时，将该进口货物、相同或者类似进口货物在第一级销售环节销售给无特殊关系买方最大销售总量的单位价格估定完税价格，但应当扣除同等级或者同种类货物在中国境内第一级销售环节销售时通常的利润和一般费用及通常支付的佣金，进口货物运抵境内输入地点起卸后的运输及其相关费用、保险费，以及进口关税和国内税收。

（4）计算价格估价方法，是指以按照下列各项总和计算的价格估定完税价格：生产该货物所使用的料件成本和加工费用，向中国境内销售同等级或者同种类货物通常的利润和一般费用，该货物运抵境内输入地点起卸前的运输及其相关费用、保险费。

（5）合理方法，是指当海关不能根据成交价格估价方法、相同货物成交价格估价方法、类似货物成交价格估价方法、倒扣价格估价方法和计算价格估价方法确定完税价格时，海关根据客观、公平、统一的原则，以客观量化的数据资料为基础审查确定进口货物完税价格的估价方法。

（二）加工贸易内销货物的完税价格

（1）内销的进料加工进口料件或者其制成品：为料件原进口时的价格。

（2）内销的来料加工进口料件或者其制成品：为接受申报内销时的相同或者类似货物进口成交价。

（3）加工企业内销加工过程中产生的边角料或者副产品：为海关确定的内销价格。

（4）保税区、出口加工区内的加工企业内销的制成品：为接受申报内销时的相同或者类似货物进口成交价。

（三）特殊进口货物的完税价格

（1）运往境外修理的机械器具、运输工具或者其他货物，出境时已向海关报明，并在海关规定期限内复运进境的，应当以海关审定的境外修理费和料件费为完税价格。

（2）运往境外加工的货物，出境时已向海关报明，并在海关规定期限内复运进境的，应当以海关审定的境外加工费和料件费，以及该货物复运进境的运输及其相关费用、保险费估定完税价格。

（3）对经海关批准的暂时进境的货物，应当按照一般进口货物估价办法的规定估定完税价格。

（4）租赁方式进口的货物中，以租金方式对外支付的租赁货物，在租赁期间以海关审定的租金作为完税价格；留购的租赁货物，以海关审定的留购价格作为完税价格；承租人申请一次性缴纳税款的，经海关同意，按照一般进口货物估价办法的规定估定完税价格。

（5）减税或者免税进口的货物需予补税时，应当以海关审定的该货物原进口时的价格，扣除折旧部分价值作为完税价格，其计算公式为

完税价格=海关审定的该货物原进口时的价格

×［1-申请补税时实际已使用的时间（月）÷（监管年限×12）］

【提示】实际已使用的时间按月计算，不足15天的不予计算；15天～1个月的按1个月计算。

例5-2 甲企业于2018年7月1日免税进口一台机器设备，到岸价格为300万元，海关

规定的监管年限为2年，甲企业于2019年3月31日将该设备出售。

【解析】甲企业应补交关税的完税价格=300×［1−9÷（2×12）］=187.5（万元）

（6）以货易货贸易、寄售、捐赠、赠送等不存在成交价格的进口货物，海关与纳税人进行价格磋商。

（四）出口货物的完税价格

出口货物的完税价格由海关以该货物的成交价格为基础审查确定，并应当包括货物运至中国境内输出地点装载前的运输及其相关费用、保险费。

1．以成交价格为基础的完税价格

出口货物的成交价格，是指该货物出口销售时，卖方为出口该货物应当向买方直接收取和间接收取的价款总额。

下列税收、费用不计入出口货物的完税价格：① 出口关税；② 在货物价款中单独列明的货物运至中国境内输出地点装载后的运输及其相关费用、保险费（即出口货物的运输保险费最多算至离境口岸）；③ 在货物价款中单独列明由卖方承担的佣金。

完税价格的计算公式为

完税价格=（离岸价格−单独列明的由卖方承担的佣金）÷（1+出口关税税率）

2．出口货物海关估定方法

出口货物的成交价格不能确定的，海关经了解有关情况，并与纳税义务人进行价格磋商后，依次以下列价格审查确定该货物的完税价格。

（1）同时或者大约同时向同一国家或者地区出口的相同货物的成交价格。

（2）同时或者大约同时向同一国家或者地区出口的类似货物的成交价格。

（3）根据境内生产相同或者类似货物的成本、利润和一般费用（包括直接费用和间接费用）、境内发生的运输及其相关费用、保险费计算所得的价格。

（4）按照合理方法估定的价格。

（五）进出口货物完税价格中的运费及相关费用、保险费的计算

（1）一般海、陆、空运方式进口的货物的运费和保险费：按实际支付的费用计算。如果进口货物的运费无法确定或者未实际发生，按该货物进口同期运输行业公布的运费率（额）计算运费；按照“货价加运费”两者总额的3‰计算保险费。

（2）以其他方式进口的货物：① 邮运进口货物，邮费作为运输及其相关费用、保险费；② 以境外边境口岸价格条件成交的铁路或者公路运输进口货物，按货价的1%计算运输及其相关费用、保险费；③ 作为进口货物的自驾进口的运输工具，不另行计入运费。

（3）出口货物：销售价格如果包括离境口岸至境外口岸之间的运输、保险费的，该运输、保险费应当扣除。

例5-3 某企业海运进口一批货物，海关审定货价折合人民币5000万元，运抵中国境内输入地点起卸前的运费折合人民币20万元，保险费无法查明。

【解析】该批货物的完税价格=（5000+20）×（1+3‰）=5035.06（万元）

四、关税税率

关税的税率分为进口税率和出口税率两种。

（一）进口税率的种类

进口货物适用何种关税税率是以进口货物的原产地为标准的，进口税率又分为最惠国税率、协定税率、特惠税率、普通税率、关税配额税率和暂定税率。

（1）最惠国税率，适用于：① 原产于与我国共同适用“最惠国条款”的世界贸易组织成员方或者地区的进口货物；② 原产于与我国签订含有相互给予“最惠国待遇”的双边贸易协定的国家或者地区的进口货物；③ 原产于我国的进口货物。

（2）协定税率，适用于：原产于与我国签订含有关税优惠条款的“区域性贸易协定”的国家或者地区的进口货物。

（3）特惠税率，适用于：原产于与我国签订含有“特殊关税优惠条款”的贸易协定的国家或者地区的进口货物。

（4）普通税率，适用于：原产于上述国家或者地区以外的国家或者地区的进口货物。

（5）关税配额税率，关税配额是进口国限制进口货物数量的措施，将征收关税和进口配额相结合以限制进口；对在配额内进口的货物可以适用较低的关税配额税率，对配额之外的则适用较高税率。

（6）暂定税率，在最惠国税率的基础上，对一些国内需要降低进口关税的货物，以及出于国际双边关系的考虑需要个别安排的进口货物，可以实行暂定税率。

知识拓展

（二）出口税率

出口税率没有普通税率和优惠税率之分。为了既鼓励国内企业出口创汇，又能够控制一些商品的盲目出口，我国对绝大部分出口货物不征收出口关税，只对少数产品征收出口关税。现行税则仅对鳗鱼苗、部分有色金属矿砂及其精矿、生锑、磷、苯、山羊板皮、部分铁合金、钢铁废碎料、铜和铝原料及其制品、镍锭、锌锭等 30 多种商品征收出口关税。其中，23 种商品实行 0～20%的暂定税率，16 种商品为零税率，6 种商品的关税税率在 10%及以下，真正征收出口关税的商品只有近 20 种，其税率都很低。

（三）税率的确定

（1）进出口货物，应当按照收发货人或者他们的代理人申报进口或者出口之日实施的税率征税。

（2）进口货物到达前，经海关核准先行申报的，应当按照装载此货物的运输工具申报进境之日实施的税率征税。

（3）进出口货物的补税和退税，适用该进出口货物原申报进口或者出口之日实施的税率，但另有规定的除外。

【提示 1】查获的“走私进口”货物需要补税时，应按“查获日期”实施的税率征税。

【提示2】暂时进口货物转为正式进口需予以补税时，应按其转为“正式进口之日”实施的税率征税。

五、优惠政策

1. 经海关审查无误后可以免税的情形（法定性减免税）

（1）一票货物关税税额、进口环节增值税或者消费税税额在50元以下的。

（2）无商业价值的广告品及货样。

（3）国际组织、外国政府无偿赠送的物资。

（4）进出境运输工具装载的途中必需的燃料、物料和饮食用品。

（5）因故退还的中国出口货物，可以免征进口关税，但已征收的出口关税不予退还。

（6）因故退还的境外进口货物，可以免征出口关税，但已征收的进口关税不予退还。

2. 酌情减免税的情形（政策性减免税）

（1）在境外运输途中或者在起卸时，遭受损坏或者损失的。

（2）起卸后海关放行前，因不可抗力遭受损坏或者损失的。

（3）海关查验时已经破漏、损坏或者腐烂，经证明不是保管不慎造成的。

3. 临时减免税政策

临时减免税政策，是指以上法定和特定减免税以外的其他减免税，即由国务院根据《中华人民共和国海关法》对某个单位、某类商品、某个项目或者某批进出口货物的特殊情况，给予特别照顾，一案一批，专文下达的减免税。

六、关税的征收管理

（一）关税的征收时间

关税是在货物实际进出境时，即在纳税人按进出口货物通关规定向海关申报后、海关放行前一次性缴纳。纳税人应当在海关填发税款缴款凭证次日起15日内缴清税款。

（二）税款的退还、补征和追征

1. 税款的退还

（1）税款的退还适用于以下几种情形：① 对由于海关误征，多缴纳税款的；② 海关核准免验的进口货物在完税后，发现有短卸情况，经海关审查认可的；③ 已征出口关税的货物，因故未装运出口申报退关，经海关查验属实的。

（2）纳税人可以从缴纳税款之日起的1年内申请退税，逾期不予受理。

2. 税款的补征和追征

（1）进出口货物完税后，如发现少征或者漏征税款（非因收发货人或者其代理人违规），海关有权在1年内予以补征。

（2）进出口货物完税后，如因收发货人或者其代理人违反规定而造成少征或者漏征税款的，海关在 3 年内可以追缴。

任务二 关税应纳税额的确定

一、进口货物应纳关税的计算

（一）从价关税应纳税额的计算

进口关税税额=应税进口货物数量×单位完税价格×进口关税税率

在计算关税时应注意：进口税款缴纳形式为人民币。进口货物以外币计价成交的，由海关按照签发税款缴纳证之日国家外汇管理部门公布的人民币外汇牌价的买卖中间价折合人民币计征。人民币外汇牌价表未列入的外币，按国家外汇管理部门确定的汇率折合人民币。

进口货物的成交价格，因有不同的成交条件而有不同的价格形式，常用的价格条款有 CIF 价格、FOB 价格、CFR 价格三种。

1. CIF 价格

以我国口岸到岸价格（Cost，Insurance and Freight，CIF）成交的，或者和我国毗邻的国家以两国共同边境地点交货价格成交的进口货物，其成交价格即为完税价格。应纳关税计算公式为

应纳进口关税税额=CIF×进口关税税率

例 5-4 某进出口公司从日本进口甲醇，进口申报价格为 CIF 天津 USD500 000。当日美元对人民币的汇率为 1∶7；按税则号列，甲醇应归入 2905.1100，税率为 12%。

【解析】

甲醇的完税价格=500 000×7=3 500 000（元）

甲醇应缴纳的进口关税=3 500 000×12%=420 000（元）

2. FOB 价格

以国外口岸离岸价（Free on Board，FOB）或者国外口岸到岸价格成交的，必须分别在上述价格基础上加上从发货口岸或者国外交货口岸运到我国口岸以前的运杂费和保险费作为完税价格。若以成本加运费价格成交的，则应另加保险费作为完税价格。应纳关税的计算公式为

应纳进口关税税额=（FOB+运杂费+保险费）×进口关税税率

例 5-5 宏远公司委托天兴进出口贸易公司代理进口一批材料。该批材料实际支付离岸价格为 480 000 美元，海外运输费、包装费、保险费共计 20 000 美元（支付日美元对人民币的汇率为 1∶6.2），进口报关当日中国人民银行公布的市场汇价为 1 美元=6.20 元，进口关税税率为 20%。

【解析】该公司进口该批货物应纳进口关税=(480 000+20 000)×6.20×20%=620 000(元)

3. CFR价格

以国外口岸离岸价格加运费（Cost and Freight，CFR）成交的，应另加保险费作为完税价格。应纳关税的计算公式为

应纳进口关税税额=（CFR+保险费）×进口关税税率=CFR×（1+保险费率）×进口关税税率

例 5-6 某企业从中国香港购买3台原产地为韩国的设备，该设备的总成交价格为离岸价180 000港元，保险费率为3‰，设备进口关税税率为10%，当日港元对人民币的汇率为1：0.83。

【解析】

该公司进口该批货物完税价格=180 000×0.83×（1+3‰）=149 848.2（元）

应纳进口关税=149 848.2×10%=14 984.82（元）

4. 特殊进口商品的关税计算

特殊进口货物种类繁多，需在确定完税价格的基础上计算应纳税额。应纳关税的计算公式为

应纳进口关税税额=特殊进口货物完税价格×进口关税税率

（二）从量关税应纳税额的计算

从量关税是以商品的数量、重量、容量、长度和面积等计量单位为标准征收关税的。它的特点是不因商品价格的涨落而改变税额，计算比较简单。从量关税税额的计算公式为

应纳进口关税税额=应税进口货物数量×关税单位税额

例 5-7 某进出口公司从美国进口某品牌啤酒600箱，每箱24瓶，每瓶550毫升，进口关税税率为3元/升。计算该公司进口该批啤酒应纳进口关税税额。

【解析】应纳进口关税税额=600×24×550÷1000×3=23 760（元）

（三）复合关税应纳税额的计算

复合关税是对进口商品既征从量关税也征从价关税的一种办法，一般以从量为主，再加征从价税。复合关税税额的计算公式为

应纳进口关税税额=应税进口货物数量×关税单位税额
+应税进口货物数量×单位完税价格×适用税率

【注意】我国目前实行的复合关税都是先计征从量税，再计征从价税，出口关税税额的计算也是如此。

例 5-8 某企业进口广播级录像机5台，每台价格为2800美元，共支付运费、保险费等150美元，假定人民币汇价为1美元=7元（关税税率：当每台价格不高于2000美元时，执行36%的单一从价税；当每台价格高于2000美元时，每台征收5480元的从量税，再加上3%的从价税）。试计算该企业应缴纳的关税。

【解析】应纳关税税额=5×5480+（5×2800+150）×7×3%=30 371.50（元）

二、出口货物应纳关税的计算

1．从价关税应纳税额的计算

从价关税税额=应税出口货物的数量×单位完税价格×适用税率

具体分以下几种情况。

（1）以我国口岸离岸价格（FOB）成交的出口关税计算公式为

应纳关税税额= FOB÷（1+关税税率）×关税税率

（2）以国外口岸到岸价格（CIF）成交的出口关税计算公式为

应纳关税税额=（CIF−保险费−运费）÷（1+关税税率）×关税税率

（3）以国外口岸价格加运费价格（CFR）成交的出口关税计算公式为

应纳关税税额=（CFR−运费）÷（1+关税税率）×关税税率

例 5-9 某进出口公司自营出口一批商品，我国口岸离岸价格折合人民币为 720 000 元，出口关税税率为 20%，根据海关开出的专用缴款书，以银行转账支票付讫税款。

【解析】 应纳出口关税=720 000÷（1+20%）×20%=120 000（元）

2．从量关税应纳税额的计算

从量出口关税税额=应税出口货物数量×单位货物税额

3．复合关税应纳税额的计算

复合出口关税税额=应税出口货物数量×单位货物税额
+应税出口货物数量×单位完税价格×适用税率

任务三　关税会计核算

一、会计科目的设置

有进出口货物的企业在核算关税时，应在“应交税费”科目下设“应交进口关税”“应交出口关税”两个明细科目分别对进出口关税进行账务处理。企业按规定计算应纳税额时，借记有关科目，贷记“应交税费——应交进（出）口关税”；实际缴纳时，借记“应交税费——应交进（出）口关税”，贷记“银行存款”。

在实际工作中，由于企业经营进出口业务的形式和内容不同，因此具体会计核算方式也有所区别。

二、会计核算实务处理

（一）工业企业关税的会计处理

1．进口关税的核算

工业企业通过外贸企业代理或者直接从国外进口原材料，应支付的进口关税，不通过

“应交税费”科目核算，而是将其与进口原材料的价款、国外运费和保险费与国内费用一并直接计入进口原材料成本，借记“材料采购”等科目；贷记“银行存款”“应付账款”科目等。

企业根据同外商签订的加工装配和补偿贸易合同而引进的国外设备，应支付的进口关税按规定以企业专用拨款等支付的，支付时，借记“在建工程——引进设备工程”科目，贷记“银行存款”等科目。

例 5-10 某工业企业为增值税一般纳税人，本月进口A材料需100 000美元，当日的外汇牌价为1美元=8.0元。该企业对外付汇进口A材料，应付进口关税为40 000元，材料已验收入库。代征增值税税率为13%。相应的会计处理如下。

（1）购入现汇时编制如下会计分录。

借：银行存款——美元户　　800 000

　　贷：银行存款——人民币户　　800 000

（2）对外付汇，支付进口关税、增值税，计算进口A材料的采购成本时编制如下会计分录。

A材料采购成本=800 000+40 000=840 000（元）

应支付增值税=840 000×13%=109 200（元）

借：原材料——A材料　　840 000

　　应交税费——应交增值税（进项税额）　　109 200

　　贷：银行存款——美元户　　800 000

　　　　　　　　——人民币户　　149 200

2. 出口关税的核算

工业企业出口产品应缴纳的出口关税，支付时可直接借记“税金及附加”科目，贷记“银行存款”“应付账款”等科目。

例 5-11 某铁合金厂向日本出口一批铬铁，国内港口离岸价格折合人民币为2 800 000元，铬铁出口关税税率为40%，关税以支票付讫。

出口关税税额=2 800 000÷（1+40%）×40%=800 000（元）

借：应收账款　　2 800 000

　　贷：主营业务收入　　2 800 000

借：税金及附加　　800 000

　　贷：银行存款　　800 000

（二）商业企业关税的会计处理

1. 自营进出口关税的核算

自营进出口是指由有进出口自营权的企业办理对外洽谈和签订进出口合同，执行合同并办理运输、开证、付汇全过程，并自负进出口盈亏。

商品流通企业自营进口业务所计缴的关税，在会计核算上是通过设置“应交税费——应交进口关税”和“在途物资”科目加以反映的。应缴纳的进口关税，借记“在途物资”，贷记“应交税费——应交进口关税”；实际缴纳时，借记“应交税费——应交进口关税”，贷记“银行存款”。也可不通过“应交税费——应交进口关税”科目，而直接借记“在途物资”科目，贷记“银行存款”“应付账款”等科目。

商品流通企业自营出口业务所计缴的关税，在会计核算上是通过设置“应交税费——应交出口关税”和“税金及附加”科目加以反映的。应缴纳的出口关税，借记“税金及附加”，贷记“应交税费——应交出口关税”；实际缴纳时，借记“应交税费——应交出口关税”，贷记“银行存款”。

例 5-12 某外贸企业为增值税一般纳税人，从国外自营进口一批商品，到岸价格折合人民币为 1 000 000 元，价款暂欠。进口关税税率为 20%，代征增值税税率为 13%，根据海关开出的专用缴款书，以银行转账支票付讫税款。试计算应交关税和在途物资成本。

【解析】

应交关税=1 000 000×20%=200 000（元）

在途物资成本=1 000 000+200 000=1 200 000（元）

代征增值税=1 200 000×13%=156 000（元）

进口报关缴纳关税和增值税时编制如下会计分录。

借：在途物资　　1 200 000

　　应交税费——应交增值税（进项税额）　　156 000

　　贷：银行存款　　356 000

　　　　应付账款　　1 000 000

例 5-13 某外贸公司自营出口一批商品，我国口岸离岸价格折合人民币为 720 000 元，价款未收。出口关税税率为 20%，根据海关开出的专用缴款书，以银行转账支票付讫税款。

【解析】

出口关税=720 000÷（1+20%）×20%=120 000（元）

借：税金及附加　　120 000

　　贷：应交税费——应交出口关税　　120 000

实际缴纳税费时编制如下会计分录。

借：应交税费——应交出口关税　　120 000

　　贷：银行存款　　120 000

2. 代理进出口业务关税的核算

代理进出口是指外贸企业接受国内委托方的委托，办理对外洽谈和签订进出口合同，执行合同并办理运输、开证、付汇全过程的进出口业务。受托企业不负担进出口盈亏，只按规定收取一定比例的手续费，因此，受托企业进出口商品计算应纳关税时，借记“应收账款”等有关科目，贷记“应交税费——应交进（出）口关税”等有关科目；代缴进出口关税时，借记“应交税费——应交进（出）口关税”科目，贷记“银行存款”科目；收到委托单位的税款时，借记“银行存款”科目，贷记“应收账款”科目。

例 5-14 某进出口公司代理某工厂出口一批商品。我国口岸离岸价折合人民币为 1 200 000 元，出口关税税率为 20%，手续费为 30 000 元。试计算其应纳关税税额，并编制相应的会计分录。

【解析】

应纳出口关税=1 200 000÷（1+20%）×20%=200 000（元）

借：应收账款——××单位　　200 000

　　贷：应交税费——应交出口关税　　200 000

借：应交税费——应交出口关税　　200 000

　　贷：银行存款　　200 000

任务四　船舶吨税会计核算

一、纳税人

自中国境外港口进入中国境内港口的船舶征收船舶吨税（以下简称吨税），以应税船舶负责人为纳税人。

二、税率

（1）船舶吨税采用定额税率，并实行"复式税率"，具体分为两类，即普通税率和优惠税率。

（2）适用优惠税率的情形：① 我国国籍的应税船舶；② 船籍国（地区）与我国签订含有相互给予船舶税费最惠国待遇条款的条约或者协定的应税船舶。

三、计税依据

（1）船舶吨税以"船舶净吨位"和吨税执照期限征收。

（2）拖船和非机动驳船分别按相同净吨位船舶税率的50%计征。

四、应纳税额的计算

应纳税额=应税船舶净吨位×适用税率

例 5-15 甲国某货轮停靠上海港装卸货物，该货轮净吨位为 9000 吨，货轮负责人已向我国海关领取了船舶吨税执照，在港口停留期限为 30 天。已知甲国与我国签订相互给予船舶税费最惠国待遇条款的条约，税率简表如表 5-1 所示。

表 5-1　税率简表

税目（按船舶净吨位划分）	税率（元/净吨）					
	普通税率（按执照期限划分）			优惠税率（按执照期限划分）		
	1 年	90 日	30 日	1 年	90 日	30 日
超过 2000 净吨，但不超过 10 000 净吨	24.0	8.0	4.0	17.4	5.8	2.9

【解析】对该货轮应征船舶吨税=9000×2.9=26 100（元）

五、免征吨税的船舶

（1）应纳税额在 50 元以下的船舶。

（2）自境外以购买、受赠、继承等方式取得船舶所有权的初次进口到港的空载船舶。

（3）船舶吨税执照期满后 24 小时内不上下客货的船舶。

（4）非机动船舶（不包括非机动驳船）。

（5）捕捞、养殖渔船。

（6）避难、防疫隔离、修理、终止运营或者拆解，并不上下客货的船舶。

（7）军队、武装警察部队专用或者征用的船舶。

（8）警用船舶。

（9）依照法律规定应当予以免税的外国驻华使领馆、国际组织驻华代表机构及其有关人员的船舶。

（10）国务院规定的其他船舶。

六、纳税义务时间

（1）船舶吨税纳税义务发生时间为应税船舶进入中国境内港口的当日；应税船舶在吨税执照期满后尚未离开港口的，应当申领新的吨税执照，自上一执照期满的次日起续缴吨税。

在吨税执照期限内，应税船舶发生下列情形之一的，海关按照实际发生的天数批注延长吨税执照期限：① 避难、防疫隔离、修理、改造，并不上下客货；② 军队、武装警察部队征用。

知识拓展

（2）应税船舶负责人应当自海关填发吨税缴款凭证之日起 15 日内向指定银行缴清税款。

技能测试题

在线测评

项目六　财产行为税会计业务操作

能力目标

1. 能根据相关规定计算财产行为税各税种的应纳税额；
2. 能根据相关业务进行财产行为税各税种的会计处理；
3. 能正确对财产行为税各税种进行纳税申报。

知识目标

1. 熟悉财产行为税各税种的纳税人、征税对象、税收优惠政策；
2. 掌握财产行为税各税种具体税额的计算和会计处理、纳税申报。

【案例导入】

某市税务局在执法中，发现如下事项。

（1）A 公司 2018 年 12 月 31 日“固定资产——房产”账面原值为 200 万元，2019 年 2 月 1 日，企业将房产原值为 100 万元的房屋租给其他单位使用，每年收取不含增值税租金收入 12 万元，当地政府规定，按房产原值扣除 30%后作为房产余值，该地区规定房产税按年计算，分月缴纳。

（2）B 母公司将其部分房屋划转给其全资子公司，该部分房屋账面净值为 500 万元，市场评估价为 1200 万元，由于是划转给自己的公司，因此并未收取任何费用，子公司接受房产后，进行过户时房管局要求按照评估价缴纳契税，子公司便打算缴纳该契税。

（3）对某 C 保险机构代扣代缴车船税进行突击检查时，发现位于该市的某保险公司在为 7 辆汽车办理机动车交通事故责任强制保险时，纳税人拒缴车船税，该公司为保证保险业绩，并未按照规定及时向税务机关进行上报，而是擅自为其办理了机动车交通事故责任强制保险。执法人员还发现，该公司为逃脱责任，还涉嫌为其中的 3 辆汽车伪造《拒缴车船税声明》。

（4）在车购税实施检查时，发现王某 2018 年从该省某汽车销售公司先后购买了 3 辆客车，未履行车辆购置税纳税义务，并同时提供了由该汽车销售公司开出的 6 份发票复印件。稽查局立即组织人员对案头资料进行分析，发现这 3 辆由该汽车销售公司售出的汽车，其机动车销售发票上所注购货方均为该省某市 D 客车运输公司。同时，该汽车销售公司还在同日另行开具了货物销售发票给 D 客车运输公司。

（5）F 公司 2018 年年底实收资本金额为 500 万元，资本公积为 100 万元，该公司 2018 年按规定缴纳了印花税。2019 年 3 月该公司减少资本公积 80 万元，2019 年 10 月该公司又增加资本公积 30 万元。

（6）G 公司转让 5 年前自建房产，取得转让不含增值税收入 1600 万元，按规定支付有关税费 15 万元（增值税除外），转让时此项建筑物已提折旧 140 万元，该房产重置成本价为 1200 万元，成新度为八成。

针对上述事项，请依次回答以下问题。

（1）A 公司自用、出租房产是否需要征房产税？如果需要，应如何缴纳房产税？

（2）B 母公司和其子公司之间的房屋划转是否需要缴纳契税？

（3）在车船税征纳过程中，C 保险机构在纳税人和税务机关之间处于什么角色？

（4）D 客车运输公司是否存在违法行为？

（5）F 公司 2019 年应该怎样缴纳印花税？

（6）G 公司需要缴纳的土地增值税是多少？

任务一　车船税会计核算

车船税，是指在中国境内的车辆、船舶的所有人或者管理人按照《中华人民共和国车船税法》应缴纳的一种税。

一、纳税义务人与征税范围

1. 纳税义务人

车船税的纳税义务人，是指在中国境内，车辆、船舶的所有人或者管理人，应当依照《中华人民共和国车船税法》的规定缴纳车船税。

从事机动车第三者责任强制保险业务的保险机构为机动车车船税的扣缴义务人。

2. 征税范围

车船税的征税范围是指在中国境内属于车船税法所附《车船税税目税额表》规定的车辆、船舶。车辆、船舶是指：① 依法应当在车船管理部门登记的机动车辆和船舶；② 依法不需要在车船管理部门登记、在单位内部场所行驶或者作业的机动车辆和船舶。

知识拓展

前款所称车船管理部门，是指公安、交通运输、农业、渔业、军队、武装警察部队等依法具有车船登记管理职能的部门；单位，是指依照中国法律、行政法规规定，在中国境内成立的行政机关、企业、事业单位、社会团体及其他组织。

二、税目与税率

车船税实行定额税率。车船税的适用税额，依照车船税法所附的《车船税税目税额表》（见表 6-1）执行。

表 6-1 车船税税目税额表

税目		计税单位	年基准税额	备注
乘用车	1.0 升（含）以下的	每辆	60 元至 360 元	核定载客人数 9 人（含）以下
	1.0 升以上至 1.6 升（含）的		300 元至 540 元	
	1.6 升以上至 2.0 升（含）的		360 元至 660 元	
	2.0 升以上至 2.5 升（含）的		660 元至 1200 元	
	2.5 升以上至 3.0 升（含）的		1200 元至 2400 元	
	3.0 升以上至 4.0 升（含）的		2400 元至 3600 元	
	4.0 升以上		3600 元至 5400 元	
商用车	客车	每辆	480 元至 1440 元	核定载客人数 9 人（包括电车）以上
	货车	整备质量每吨	16 元至 120 元	包括半挂牵引车、挂车、客货两用汽车、三轮汽车和低速载货汽车等
挂车		整备质量每吨	按照货车税额的 50%计算	
其他车辆	专用作业车	整备质量每吨	16 元至 120 元	不包括拖拉机
	轮式专用机械车		16 元至 120 元	
摩托车		每辆	36 元至 180 元	
船舶	机动船舶	净吨位每吨	3 元至 6 元	拖船、非机动驳船分别按照机动船舶税额的 50%计算
	游艇	艇身长度每米	600 元至 2000 元	

车辆的具体适用税额由省、自治区、直辖市人民政府依照车船税法所附《车船税税目税额表》规定的税额幅度和国务院的规定确定。

船舶的具体适用税额根据车船税法所附《车船税税目税额表》规定的税额幅度内确定。

车船税确定税额总的原则如下：非机动车船的税负轻于机动车船；人力车的税负轻于畜力车；小吨位船舶的税负轻于大船舶。由于车辆与船舶的行驶情况不同，因此车船税的税额也有所不同。

依法不需要办理登记、依法应当登记而未办理登记或者不能提供车船登记证书、行驶证的，以车船出厂合格证明或者进口凭证相应项目标注的技术参数、所载数据为准；不能提供车船出厂合格证明或者进口凭证的，由主管税务机关参照国家相关标准核定，没有国家相关标准的参照同类车船核定。

三、应纳税额的计算与代收代缴

纳税人按照纳税地点所在的省、自治区、直辖市人民政府确定的具体适用税额缴纳车船税。

（1）购置的新车船，购置当年的应纳税额自纳税义务发生的当月起按月计算，计算公式为

应纳税额=（年应纳税额÷12）×应纳税月份数

应纳税月份数=12−纳税义务发生时间（取月份）+1

例 6-1 某单位 2019 年 4 月 3 日购买一辆奥迪汽车。该省规定该排量乘用车每辆适用的车船税年税额为 960 元，则该单位这辆汽车 2019 年应纳税月份数=12−4+1=9（个月）；该

辆汽车当年应纳车船税=960÷12×9=720（元）。

（2）在一个纳税年度内，已完税的车船被盗抢、报废、灭失的，纳税人可以凭有关管理机关出具的证明和完税证明，向纳税所在地的主管税务机关申请退还自被盗抢、报废、灭失月份起至该纳税年度终了期间的税款。

（3）已办理退税的被盗抢车船，失而复得的，纳税人应当从公安机关出具相关证明的当月起计算缴纳车船税。

（4）在一个纳税年度内，纳税人在非车辆登记地由保险机构代收代缴机动车车船税，且能够提供合法有效完税证明的，纳税人不再向车辆登记地的税务机关缴纳车辆车船税。

（5）已缴纳车船税的车船在同一纳税年度内办理转让过户的，不另纳税，也不退税。

例 6-2 某运输公司拥有 15 辆载货汽车（货车整备质量全部为 10 吨）、20 辆大客车、10 辆小汽车。计算该公司应纳车船税（注：载货汽车每吨年税额为 80 元，大客车每辆年税额为 800 元，小汽车每辆年税额为 700 元）。

【解析】

载货汽车应纳税额=15×10×80=12 000（元）

乘人汽车应纳税额=20×800+10×700=23 000（元）

全年应纳车船税额=12 000+23 000=35 000（元）

四、税收优惠

（1）捕捞、养殖渔船，是指在渔业船舶登记管理部门登记为捕捞船或者养殖船的船舶。

（2）军队、武装警察部队专用的车船，是指按照规定在军队、武装警察部队车船管理部门登记，并领取军队、武警牌照的车船。

（3）警用车船，是指公安机关、国家安全机关、监狱、劳动教养管理机关和人民法院、人民检察院领取警用牌照的车辆与执行警务的专用船舶。

（4）依照法律规定应当予以免税的外国驻华使领馆、国际组织驻华代表机构及其有关人员的车船。

（5）对节约能源的车辆，减半征收车船税；对使用新能源的车辆，免征车船税。减半征收车船税的节约能源乘用车和商用车，免征车船税的使用新能源汽车均应符合规定的标准。

使用新能源的车辆包括纯电动汽车、燃料电池汽车和混合动力汽车。纯电动汽车、燃料电池汽车不属于车船税征收范围，其他混合动力汽车按照同类车辆适用税额减半征税。

（6）省、自治区、直辖市人民政府根据当地实际情况，可以对公共交通车船，农村居民拥有并主要在农村地区使用的摩托车、三轮汽车和低速载货汽车定期减征或者免征车船税。

（7）经批准临时入境的外国车船，以及中国香港特别行政区、澳门特别行政区、台湾地区的车船，不征收车船税。

五、车船税的会计处理

（1）计提车船税时编制如下会计分录。

借：税金及附加

　　贷：应交税费——应交车船税

（2）缴纳税金及附加时编制如下会计分录。

借：应交税费——应交车船税

　　贷：银行存款

例 6-3 接【例 6-2】，该运输公司车船税按年计算，分季度缴纳，企业按月计提，进行会计处理。

【解析】

企业按月计提应纳税额=35 000÷12=2916.67（元）

（1）计提车船税时编制如下会计分录。

借：税金及附加　　2916.67

　　贷：应交税费——应交车船税　　2916.67

（2）实际缴纳车船税时编制如下会计分录。

借：应交税费——应交车船税　　2916.67

　　贷：银行存款　　2916.67

六、车船税的纳税申报

（1）纳税义务发生时间：车船税纳税义务发生时间为取得车船所有权或者管理权的当月；取得车船所有权或者管理权的当月，应当以购买车船的发票或者其他证明文件所载日期的当月为准。

（2）纳税地点：① 扣缴义务人代收代缴车船税的，纳税地点为扣缴义务人所在地；② 纳税人自行申报缴纳车船税的，纳税地点为车船登记地的主管税务机关所在地；③ 依法不需要办理登记的车船，其车船税的纳税地点为车船的所有人或者管理人所在地。

（3）纳税申报：车船税按年申报，分月计算，一次性缴纳。

（4）代收代缴车船税：① 从事机动车第三者责任强制保险业务的保险机构为机动车车船税的扣缴义务人，应当在收取保险费时依法代收车船税，并出具代收税款凭证。② 纳税人没有按照规定期限缴纳车船税的，扣缴义务人在代收代缴税款时，可以一并代收代缴欠缴税款的滞纳金。③ 扣缴义务人已代收代缴车船税的，纳税人不再向车辆登记地的主管税务机关申报缴纳车船税。④ 没有扣缴义务人的，纳税人应当向主管税务机关自行申报缴纳车船税。

（5）已缴纳车船税的车船在同一纳税年度内办理转让过户的，不另纳税，也不退税。

（6）纳税人应按照规定及时办理纳税申报，并如实填写《车船税纳税申报表》（见表 6-2）。

表6-2 车船税纳税申报表

税款所属期限：自 年 月 日至 年 月 日　　填表日期： 年 月 日　　金额单位：元至角分

纳税人识别号													
纳税人名称							纳税人身份证照类型						
纳税人身份证照号码							居住（单位）地址						
联系人							联系方式						
序号	（车辆）号牌号码/（船舶）登记号码	车船识别代码（车架号/船舶识别号）	征收品目	计税单位	计税单位的数量	单位税额	年应缴税额	本年减免税额	减免性质代码	减免税证明号	当年应缴税额	本年已缴税额	本期年应补（退）税额
	1	2	3	4	5	6	7=5×6	8	9	10	11=7-8	12	13=11-12
合计	—	—	—	—	—	—			—	—			
申报车辆总数（辆）							申报船舶总数（艘）						
以下由申报人填写：													
纳税人声明	此纳税申报表是根据《中华人民共和国车船税法》和国家有关税收规定填报的，是真实的、可靠的、完整的												
纳税人签章			代理人签章					代理人身份证号					
以下由税务机关填写：													
受理人			受理日期					受理税务机关（签章）					

本表一式两份，一份纳税人留存，一份税务机关留存。

任务二　车辆购置税会计核算

车辆购置税，是以在中国境内购置规定车辆为课税对象、在特定的环节向车辆购置者征收的一种税。就性质而言，车辆购置税属于直接税的范畴。

一、纳税义务人与征税范围

（一）纳税义务人

车辆购置税的纳税人是指在中国境内购置应税车辆的单位和个人。其中，购置是指以购买、进口、自产、受赠、获奖或者其他方式取得并自用应税车辆的行为。

【提示】 *车辆购置税的应税行为是从各种渠道取得并使用应税车辆的行为，其行为标志是“使用”或者“自用”。*

所称单位，包括国有企业、集体企业、私营企业、股份制企业、外商投资企业、外国企业及其他企业、事业单位、社会团体、国家机关、部队及其他单位。

所称个人，包括个体工商户及其他个人，既包括中国公民也包括外国公民。

（二）征税范围

车辆购置税以列举的车辆作为征税对象，未列举的车辆不纳税。其征税范围包括汽车、摩托车、有轨电车、挂车、农用运输车，具体规定如下。

（1）汽车，包括各类汽车，不论大小，不论载客还是载货。

（2）摩托车，是指排气量超过 150 毫升。

（3）有轨电车，是指以电能为动力，在轨道上行驶的公共车辆。

（4）挂车。全挂车：无动力设备，独立承载，由牵引车辆牵引行驶的车辆；半挂车：无动力设备，与牵引车共同承载，由牵引车辆牵引行驶的车辆。

（5）农用运输车。三轮农用运输车：柴油发动机，功率不大于 7.4 千瓦，载重量不大于 500 千克，最高车速不大于 40 千米/小时的 3 个车轮的机动车；四轮农用运输车：柴油发动机，功率不大于 28 千瓦，载重量不大于 1500 千克，最高车速不大于 50 千米/小时的 4 个车轮的机动车。

知识拓展

二、税率与计税依据

（一）税率

车辆购置税实行统一比例税率，税率为 10%。

（二）计税依据

车辆购置税以应税车辆为课税对象，考虑到我国车辆市场供求的矛盾、价格差异变化、计量单位不规范及征收车辆购置附加费的做法，实行从价定率、价外征收的方法计算应纳税额，应税车辆的价格即计税价格就成为车辆购置税的计税依据。但是，由于应税车辆购置的来源不同，应税行为的发生不同，因此计税价格的组成也就不一样。车辆购置税的计税依据有以下几种情况。

1．购买自用应税车辆计税依据的确定

纳税人购买自用的应税车辆，计税价格为纳税人购买应税车辆而支付给销售者的全部价款和价外费用，不包含增值税税款。

购买的应税自用车辆包括购买自用的国产应税车辆和购买自用的进口应税车辆，如从国内汽车市场、汽车贸易公司购买自用的进口应税车辆。

价外费用是指销售方价外向购买方收取的基金、集资费、违约金（延期付款利息）和手续费、包装费、储存费、优质费、运输装卸费、保管费及其他各种性质的价外收费，但不包括销售方代办保险等而向购买方收取的保险费，以及向购买方收取的代购买方缴纳的车辆购置税、车辆牌照费。

2．进口自用应税车辆计税依据的确定

纳税人进口自用的应税车辆以组成计税价格为计税依据，组成计税价格的计算公式为

组成计税价格=关税完税价格+关税+消费税

进口自用的应税车辆是指纳税人直接从境外进口或者委托代理进口自用的应税车辆，即非贸易方式进口自用的应税车辆。进口自用的应税车辆的计税依据，应根据纳税人提供的、经海关审查确认的有关完税证明资料确定。

3．其他自用应税车辆计税依据的确定

纳税人自产自用应税车辆的计税价格，按照纳税人生产的同类应税车辆的销售价格确定，不包括增值税税款；纳税人以受赠、获奖或者其他方式取得自用应税车辆的计税价格，按照购置应税车辆时相关凭证载明的价格确定，不包括增值税税款。

纳税人申报的应税车辆计税价格明显偏低，又无正当理由的，由税务机关依照《中华人民共和国税收征收管理法》的规定核定其应纳税额。

纳税人以外汇结算应税车辆价款的，按照申报纳税之日的人民币汇率中间价折合成人民币计算缴纳税款。

三、应纳税额的计算

车辆购置税实行从价定率的方法计算应纳税额，计算公式为

应纳税额=计税依据×税率

由于应税车辆的来源、应税行为的发生及计税依据组成不同，因此车辆购置税应纳税额的计算方法也有区别。

（一）购买自用应税车辆应纳税额的计算

在应纳税额的计算中，应注意以下费用的计税规定。

（1）购买者随购买车辆支付的工具件和零部件价款应作为购车价款的一部分，并入计税依据中征收车辆购置税。

（2）支付的车辆装饰费应作为价外费用并入计税依据中计税。

（3）代收款项应区别征税。凡使用代收单位（受托方）票据收取的款项，应视作代收单位价外收费，购买者支付的价费款，应并入计税依据中一并征税；凡使用委托方票据收取，受托方只履行代收义务和收取代收手续费的款项，应按其他税收政策规定征税。

（4）销售单位开给购买者的各种发票金额中包含增值税税款，因此，计算车辆购置税时，应换算为不含增值税的计税价格。

（5）购买者支付的控购费，是政府部门的行政性收费，不属于销售者的价外费用范围，不应并入计税价格计税。

（6）销售单位开展优质销售活动所开票收取的有关费用，应属于经营性收入，企业在代理过程中按规定支付给有关部门的费用，企业已作经营性支出列支核算，其收取的各项费用并在一张发票上难以划分的，应作为价外收入计算征税。

例 6-4 2019 年 12 月，宋某从某汽车有限公司购买一辆小汽车供自己使用，支付了含增值税税款在内的款项 232 000 元，另支付代收临时牌照费 550 元、代收保险费 1000 元，支付购买工具件、零配件价款 3000 元和车辆装饰费 1300 元。所支付的款项均由该汽车有限公司开具“机动车销售统一发票”和有关票据。请计算宋某应纳车辆购置税。

【解析】

计税依据=（232 000+550+1000+3000+1300）÷（1+13%）=210 486.73（元）

应纳车辆购置税=210 486.73×10% =21 048.67（元）

（二）进口自用应税车辆应纳税额的计算

纳税人进口自用的应税车辆应纳税额的计算公式为

应纳税额=（关税完税价格+关税+消费税）×税率

例 6-5 2019 年 12 月，某外贸进出口公司从国外进口 10 辆宝马公司生产的某型号小汽车。该公司报关进口这批小汽车时，经报关地海关对有关报关资料的审查，确定关税完税价格为每辆 20 万元，海关按关税政策规定每辆征收关税 5 万元，并按消费税、增值税有关规定分别代征每辆小汽车进口消费税 3 万元和增值税 3.64 万元。由于联系业务需要，该公司将 1 辆小汽车留在本单位使用。根据以上资料计算应纳车辆购置税。

【解析】

计税依据=20+5+3=28（万元）

应纳车辆购置税=28×10% =2.8（万元）

（三）其他自用应税车辆应纳税额的计算

纳税人自产自用应税车辆的计税价格，按照纳税人生产的同类应税车辆的销售价格确定。纳税人以受赠、获奖或者其他方式取得自用应税车辆的计税价格，按照购置应税车辆时相关凭证载明的价格确定。纳税人申报的应税车辆计税价格明显偏低，又无正当理由的，由税务机关依照《中华人民共和国税收征收管理法》的规定核定其应纳税额。

例 6-6 某客车制造厂将自产的一辆某型号的客车用于本厂后勤服务，该厂在办理车辆上牌落籍前，申报计税价格为 65 000 元，经审核，税务机关认为该价格明显偏低，对该车同类型车辆核定的最低计税价格为 80 000 元。

【解析】该车应纳车辆购置税=80 000×10% =8000（元）

（四）特殊情形下自用应税车辆应纳税额的计算

1．减税、免税条件消失车辆应纳税额的计算

对减税、免税条件消失的车辆，纳税人应按现行规定，在办理车辆过户手续前或者办理变更车辆登记注册手续前向税务机关缴纳车辆购置税。

应纳税额=同类型新车最低计税价格×［1-（已使用年限+规定使用年限）］×100%×税率

2．未按规定纳税车辆应补税额的计算

纳税人未按规定纳税的，应按现行政策规定的计税价格，区分情况分别确定征税。不能提供购车发票和有关购车证明资料的，检查地税务机关应按同类型应税车辆的最低计税价格征税；如果纳税人回落籍地后提供的购车发票金额与支付的价外费用之和高于核定的最低计税价格的，落籍地主管税务机关还应对其差额计算补税。

四、车辆购置税减免税规定

我国车辆购置税实行法定减免，减免税范围的具体规定如下。

（1）外国驻华使馆、领事馆和国际组织驻华机构及其外交人员自用车辆免税。

（2）中国人民解放军和中国人民武装警察部队列入军队武器装备订货计划的车辆免税。

（3）设有固定装置的非运输车辆免税。

（4）城市公交企业购置的公共汽电车辆。

根据国民经济和社会发展的需要，国务院可以规定减征或者其他免征车辆购置税的情形，报全国人民代表大会常务委员会备案。

免税、减税车辆因转让、改变用途等原因不再属于免税、减税范围的，纳税人应当在办理车辆转移登记或者变更登记前缴纳车辆购置税。计税价格以免税、减税车辆初次办理纳税申报时确定的计税价格为基准，每满一年扣减 10%。

五、车辆购置税的会计处理

在中国境内购置规定车辆的单位和个人都应缴纳车辆购置税。《企业会计准则第 4 号——固定资产》第八条规定，外购固定资产的成本，包括购买价款、相关税费、使固定资产达到预定可使用状态前所发生的可归属于该项资产的运输费、装卸费、安装费和专业人员服务费等。因此，购买车辆缴纳的车辆购置税，应当计入固定资产成本。

例 6-7 某单位于 2019 年 12 月 5 日购买 1 辆汽车（用于管理部门），含增值税价款为 113 000 元，车辆购置税为 10 000 元，进行会计处理。

【解析】

（1）购入时与车辆购置税有关的会计分录如下。

借：固定资产　　　　　　　　　　　　10 000

　　贷：应交税费——应交车辆购置税　　　　10 000

（2）实际缴纳车辆购置税时编制如下会计分录。

借：应交税费——应交车辆购置税　　10 000

　　贷：银行存款　　10 000

六、车辆购置税的纳税申报

1. 一次课征

（1）车辆购置税实行一次征收制度，税款应当一次缴清。

（2）购置已征车辆购置税的车辆，不再征收车辆购置税。

例 6-8 甲企业购进 2 辆小汽车（非新能源或节约能源车辆）自用，其中一辆是未上牌照的新车，不含增值税成交价为 60 000 元，经核定，同类型车辆的计税价格为 120 000 元/辆；另一辆是已使用 5 年的旧车（取得原已征车辆购置税完税凭证），不含税成交价为 50 000 元，同类型新车最低计税价格为 180 000 元/辆。已知车辆购置税税率为 10%。

【解析】

（1）甲企业购买并自用的新车，申报的计税价格低于同类型应税车辆的最低计税价格，又无正当理由，应按国家税务总局规定的最低计税价格征收车辆购置税。

应纳车辆购置税=120 000×10%=12 000（元）

（2）甲企业购置的二手车，能够证明该车已经依法缴纳车辆购置税，不再重复征收车辆购置税。

2. 纳税期限

车辆购置税的纳税义务发生时间为纳税人购置应税车辆的当日。

（1）纳税人购买自用应税车辆的，应当自购买之日起 60 日内申报纳税。

（2）进口自用应税车辆的，应当自进口之日起 60 日内申报纳税。

（3）自产、受赠、获奖或者以其他方式取得并自用应税车辆的，应当自取得之日起 60 日内申报纳税。

3. 已纳车辆购置税的退还

（1）已缴纳车辆购置税的车辆，发生下列情形之一的，准予纳税人申请退税：① 车辆退回生产企业或者经销商的；② 符合免税条件的设有固定装置的非运输车辆但已征税的；③ 其他依据法律法规规定应予退税的。

（2）纳税人将已征车辆购置税的车辆退回车辆生产企业或者销售企业的，可以向主管税务机关申请退还车辆购置税。退税额以已缴税款为基准，自缴纳税款之日至申请退税之日，每满一年扣减 10%。

4. 纳税环节

（1）纳税人应当在向公安机关车辆管理机构办理车辆登记注册前，缴纳车辆购置税。

（2）免税、减税车辆因转让、改变用途等原因不再属于免税、减税范围的，应当在办理车辆过户手续前或者办理变更车辆登记注册手续前缴纳车辆购置税。

5. 纳税地点

（1）纳税人购置需要办理车辆登记注册手续的应税车辆，应当向车辆登记注册地的主管税务机关申报纳税。

（2）购置不需要办理车辆登记注册手续的应税车辆，应当向纳税人所在地的主管税务机关申报纳税。

6. 纳税申报

纳税人应按照规定及时办理纳税申报，并如实填写《车辆购置税纳税申报表》（见表 6-3）。

表 6-3　车辆购置税纳税申报表

填表日期：　　年　　月　　日　　　　行业代码：　　　　　　注册类型代码：

纳税人名称：　　　　　　　　　　　　金额单位：元

<table>
<tr><td colspan="2">纳税人证件名称</td><td colspan="3"></td><td colspan="2">证件号码</td><td colspan="2"></td></tr>
<tr><td colspan="2">联系电话</td><td></td><td>邮政编码</td><td></td><td colspan="2">地址</td><td colspan="2"></td></tr>
<tr><td colspan="9">车辆基本情况</td></tr>
<tr><td colspan="2">车辆类别</td><td colspan="7">1．汽车□；2．摩托车□；3．电车□；4．挂车□；5．农用运输车□</td></tr>
<tr><td colspan="2">生产企业名称</td><td colspan="3"></td><td colspan="2">厂牌型号</td><td colspan="2"></td></tr>
<tr><td colspan="2">车辆识别代号
（车架号码）</td><td colspan="3"></td><td colspan="2">发动机号码</td><td colspan="2"></td></tr>
<tr><td colspan="9">车辆购置信息</td></tr>
<tr><td>机动车销售统一发票
（或有效凭证）号码</td><td colspan="2"></td><td colspan="2">机动车销售统一发票
（或有效凭证）价格</td><td colspan="2"></td><td>价外费用</td><td></td></tr>
<tr><td>关税完税价格</td><td colspan="2"></td><td colspan="2">关税</td><td colspan="2"></td><td>消费税</td><td></td></tr>
<tr><td>购置日期</td><td colspan="4"></td><td colspan="2">免（减）税条件</td><td colspan="2"></td></tr>
<tr><td>申报计税价格</td><td>计税价格</td><td>税率</td><td colspan="2">应纳税额</td><td colspan="2">免（减）税额</td><td colspan="2">实纳税额</td></tr>
<tr><td></td><td></td><td>10%</td><td colspan="2"></td><td colspan="2"></td><td colspan="2"></td></tr>
<tr><td colspan="4">申报人声明</td><td colspan="5">授权声明</td></tr>
<tr><td colspan="4">此纳税申报表是根据《中华人民共和国车辆购置税暂行条例》《车辆购置税征收管理办法》的规定填报的，是真实的、可靠的、完整的

声明人（签名或盖章）：</td><td colspan="5">如果您已委托代理人办理申报，请填写以下资料：
为代理车辆购置税涉税事宜，现授权（　　）为本纳税人的代理申报人，任何与本申报表有关的往来文件，都可交予此人

授权人（签名或盖章）：</td></tr>
<tr><td rowspan="5">纳税人签名或盖章</td><td colspan="6">如委托代理人的，代理人应填写以下各栏</td><td colspan="2" rowspan="5">代理人
（签名或盖章）</td></tr>
<tr><td>代理人名称</td><td colspan="5"></td></tr>
<tr><td>经办人</td><td colspan="5"></td></tr>
<tr><td>经办人
证件名称</td><td colspan="5"></td></tr>
<tr><td>经办人
证件号码</td><td colspan="5"></td></tr>
</table>

续表

接收人： 接收日期：	主管税务机关（章）：
备注：	

任务三　印花税会计核算

印花税是以经济活动和经济交往中，书立、领受应税凭证的行为为征税对象征收的一种税。

一、纳税义务人

订立、领受在中国境内具有法律效力的应税凭证，或者在中国境内进行证券交易的单位和个人，为印花税的纳税人。

所称单位和个人，是指国内各类企业、事业、机关、团体、部队，以及中外合资企业、合作企业、外资企业、外国公司与其他经济组织及其在华机构等单位和个人。

上述单位和个人，按照书立、使用、领受应税凭证的不同，可以分别确定为立合同人、立据人、立账簿人、领受人、使用人和各类电子应税凭证的签订人。

1. 立合同人

立合同人是指合同的当事人。所谓当事人，是指对凭证有直接权利与义务关系的单位和个人，但不包括合同的担保人、证人、鉴定人。各类合同的纳税人是立合同人。各类合同，包括买卖、承揽、建设工程、租赁、运输、仓储、保管、借款、财产保险、技术合同或者具有合同性质的凭证。

所称合同，是指根据《中华人民共和国合同法》和其他有关合同法规订立的合同。所称具有合同性质的凭证，是指具有合同效力的协议、契约、合约、单据、确认书及其他各种名称的凭证。

当事人的代理人有代理纳税的义务，他与纳税人负有同等的税收法律义务和责任。

2. 立据人

产权转移书据的纳税人是立据人，是指土地、房屋权属等转移过程中买卖双方的当事人。

3. 立账簿人

营业账簿的纳税人是立账簿人。所谓立账簿人，是指设立并使用营业账簿的单位和个人。例如，企业单位因生产、经营需要，设立了营业账簿，该企业即为纳税人。

4. 领受人

权利、许可证照的纳税人是领受人。领受人，是指领取或者接受并持有该项凭证的单位和个人。例如，某人因其发明创造，经申请依法取得国家专利机关颁发的专利证书，该人即为纳税人。

5. 使用人

在国外书立、领受，但在国内使用的应税凭证，其纳税人是使用人。

6. 各类电子应税凭证的签订人

各类电子应税凭证的签订人即以电子形式签订的各类应税凭证的当事人。

值得注意的是，对应税凭证，凡由两方或者两方以上当事人共同书立的，其当事人各方都是印花税的纳税人，应各就其所持凭证的计税金额履行纳税义务。

二、税目与税率

（一）税目

印花税的税目，是指印花税法明确规定的应当纳税的项目，具体划定了印花税的征税范围。一般来说，列入税目的就要征税，未列入税目的就不征税。印花税共有 15 个税目。

1. 买卖合同

买卖合同包括供应、预购、采购、购销结合及协作、调剂、补偿、易货等合同。此外，还包括出版单位与发行单位之间订立的图书、报纸、期刊和音像制品的应税凭证，如订购单、订数单等；也包括发电厂与电网之间、电网与电网之间（国家电网公司系统、南方电网公司系统内部各级电网互供电量除外）签订的购售电合同。但是，电网与用户之间签订的供用电合同不属于印花税列举征税的凭证，不征收印花税。

2. 承揽合同

承揽合同包括加工、定做、修缮、修理、印刷广告、测绘、测试等合同。

3. 建设工程合同

建设工程合同包括勘察、设计、建筑、安装工程的总包合同、分包合同和转包合同。

4. 租赁合同

租赁合同包括租赁房屋、船舶、飞机、机动车辆、机械、器具、设备等合同，还包括企业、个人出租门店或者柜台等签订的合同。

5. 运输合同

运输合同包括民用航空、铁路运输、海上运输、公路运输和联运合同，以及作为合同使用的单据。

6．保管合同

保管合同是指一方将物交付他方保管的合同，计税时，包括合同以及作为合同使用的仓单、栈单等。

7．仓储合同

保管人储存存货人交付的仓储物，存货人支付仓储费的合同。

8．借款合同

借款合同包括银行及其他金融组织与借款人（不包括银行同业拆借）所签订的借款合同。

9．融资租赁合同

出租人根据承租人对出卖人、租赁物的选择，向出卖人购买租赁物，提供给承租人使用，承租人支付租金的合同。

10．财产保险合同

财产保险合同包括财产、责任、保证、信用保险合同，以及作为合同使用的单据。

11．技术合同

技术合同包括技术开发、转让、咨询、服务等合同，以及作为合同使用的单据。技术转让合同，包括专利申请权转让和非专利技术转让，但不包括专利权转让、专利实施许可所书立的合同，后者适用于“产权转移书据”合同。

技术咨询合同，是当事人就有关项目的分析、论证、预测和调查订立的技术合同。但一般的法律、会计、审计等方面的咨询不属于技术咨询，其所立合同不贴印花。

技术服务合同，是当事人一方委托另一方就解决有关特定技术问题，如为改进产品结构、改良工艺流程、提高产品质量、降低产品成本、保护资源环境、实现安全操作、提高经济效益等提出实施方案，实施所订立的技术合同，包括技术服务合同、技术培训合同和技术中介合同，但不包括以常规手段或者生产经营为目的进行一般加工、修理、广告、印刷、测绘、标准化测试，以及勘察、设计等所书立的合同。

12．产权转移书据

产权转移书据包括土地使用权出让和转让书据。房屋等建筑物和构筑物所有权、股权（不包括上市和挂牌公司股票）、商标专用权、著作权、专利权、专有技术使用权转让书据。

13．营业账簿

营业账簿税目中记载资金的账簿的计税依据为“实收资本”与“资本公积”两项的合计金额。

知识拓展

14．权利、许可证照

权利、许可证照，包括房屋产权证、工商营业执照、商标注册证、专利证、土地使用证。

15．证券交易

证券交易是指在依法设立的证券交易所上市交易或者在国务院批准的其他证券交易场所转让公司股票和以股票为基础发行的存托凭证。

（二）税率

印花税的税率设计遵循税负从轻、共同负担的原则，所以税率比较低。凭证的当事人，即对凭证有直接权利与义务关系的单位和个人均应就其所持凭证依法纳税。

印花税的税率有两种形式，即比例税率和定额税率。

1．比例税率

在印花税的15个税目中，各类合同以及具有合同性质的凭证（含以电子形式签订的各类应税凭证）、产权转移书据、营业账簿中记载资金的账簿，适用比例税率。

印花税的比例税率分为5个档次，分别是0.05‰、0.25‰、0.3‰、0.5‰、1‰。

（1）适用0.05‰税率：借款合同、融资租赁合同。

（2）适用0.25‰税率：营业账簿中记载资金的账簿。

（3）适用0.3‰税率：买卖合同、承揽合同、建设工程合同、运输合同、技术合同。

（4）适用0.5‰税率：产权转移书据。

（5）适用1‰税率：租赁合同、保管合同、仓储合同、财产保险合同、证券交易。

2．定额税率

在印花税的15个税目中，“权利、许可证照”适用定额税率，均为按件贴花，税额为5元。这样规定，主要是考虑到上述应税凭证无法计算金额，采用定额税率，既便于纳税人缴纳，也便于税务机关征管。印花税税目税率见表6-4。

表6-4　印花税税目税率表

税目	范　围	税　率	纳税人	说明
1．买卖合同	包括供应、预购、采购、购销、结合及协作、调剂、补偿、易货等合同	按支付价款的0.3‰贴花	立合同人	动产买卖
2．承揽合同	包括加工、定做、修缮、修理、印刷广告、测绘、测试等合同	按支付报酬的0.3‰贴花	立合同人	
3．建设工程合同	包括勘察、设计、建筑、安装工程合同	按支付价款的0.3‰贴花	立合同人	
4．租赁合同	包括租赁房屋、船舶、飞机、机动车辆、机械、器具、设备等合同	按租金的1‰贴花	立合同人	
5．运输合同	包括民用航空运输、铁路运输、海上运输、内河运输、公路运输和联运合同	按运输费用的0.3‰贴花	立合同人	不包括管道运输合同

续表

税目	范围	税率	纳税人	说明
6. 保管合同	包括保管合同，以及作为合同使用的仓单、栈单等	按保管费的1‰贴花	立合同人	
7. 仓储合同	保管人储存存货人交付的仓储物，存货人支付仓储费的合同	按仓储费的1‰贴花	立合同人	
8. 借款合同	银行及其他金融组织和借款人（不包括银行同业拆借）所签订的借款合同	按借款金额的0.05‰贴花	立合同人	
9. 融资租赁合同	出租人根据承租人对出卖人、租赁物的选择，向出卖人购买租赁物，提供给承租人使用，承租人支付租金的合同	按租金的0.05‰贴花	立合同人	
10. 财产保险合同	包括财产、责任、保证、信用等保险合同	按保险费的1‰贴花	立合同人	不包括再保险合同
11. 技术合同	包括技术开发、转让、咨询、服务等合同	按支付价款、报酬或者使用费的0.3‰贴花	立合同人	
12. 产权转移书据	包括土地使用权出让和转让书据；房屋等建筑物和构筑物所有权、股权（不包括上市和挂牌公司股票）、商标专用权、著作权、专利权、专有技术使用权转让书据	按支付价款的0.5‰贴花	立据人	
13. 营业账簿	记载资金的账簿	按实收资本和资本公积合计金额的0.25‰贴花	立账簿人	
14. 权利、许可证照	包括政府部门发的不动产产权证书、营业执照、商标注册证、专利证书	按件贴花5元	领受人	
15. 证券交易	证券交易场所转让公司股票和以股票为基础发行的存托凭证	按成交金额的1‰贴花	出让方	

三、应纳税额的计算

（一）一般规定

纳税人的应纳税额，根据应税凭证的性质，分别按比例税率或者定额税率计算，其计算公式为

应纳税额=应税凭证计税金额（或者应税凭证件数）×适用税率

印花税的计税依据为各种应税凭证上所记载的计税金额，具体规定主要包括以下几点。

（1）买卖合同的计税依据为合同记载的支付价款，但商品买卖中交易双方以货易货，则均应按其买、卖合计金额贴花。

例6-9 甲汽车轮胎厂与乙汽车制造厂签订了一份货物交换合同，甲以价值65万元的轮胎交换乙的两辆汽车，同时甲再支付给乙3万元差价。

【解析】对此项交易，甲应缴纳的印花税税额=（65×2+3）×0.3‰×10 000=399（元）。

（2）承揽合同的计税依据是双方确定的支付报酬。

例 6-10 某学校委托一服装加工企业定做一批校服，合同载明原材料金额 80 万元由服装加工企业提供，学校另支付加工费 40 万元。

【解析】 服装加工企业的该项业务应缴纳印花税=（800 000+400 000）×0.3‰=360（元）

（3）建设工程合同的计税依据为合同记载的支付价款。

【注意】 施工单位将自己承包的建设项目分包或者转包给其他施工单位的，所签订的分包或者转包合同还要计税贴花。

例 6-11 某建筑公司与甲企业签订一份建筑安装承包合同，合同金额为 6000 万元。施工期间，该建筑公司又将其中价值 800 万元的安装工程分包给乙企业，并签订分包合同。

【解析】 该建筑公司此项业务应缴纳印花税=（6000+800）×0.3‰=2.04（万元）

（4）租赁合同的计税依据为租赁金额。

（5）运输合同的计税依据为取得的运输费金额（即运费收入），不包括所运货物的金额、装卸费和保险费等。

知识拓展

（6）保管合同的计税依据为收取的保管费用。

（7）仓储合同的计税依据为收取的仓储费用。

（8）借款合同的计税依据为借款金额。

（9）融资租赁合同的计税依据为合同约定的租金。

（10）财产保险合同的计税依据为支付（收取）的保险费，不包括所保财产的金额。

例 6-12 甲公司与丙公司签订了一份财产保险合同，保险金额 1000 万元，支付保险费 1 万元。

【解析】 甲公司此项业务应缴纳印花税=10 000×1‰=10（元）

（11）技术合同的计税依据为合同所载的价款、报酬或使用费。

（12）产权转移书据的计税依据，为产权转移书据列明的价款，产权转移书据未列明价款或者报酬的，按照下列方法确定计税依据：

① 按照订立产权转移书据时市场价格确定；依法应当执行政府定价的，按照其规定确定。

② 不能按照上述规定的方法确定的，按照实际结算的价款或者报酬确定。

（13）营业账簿税目中记载资金的账簿的计税依据为“实收资本”与“资本公积”两项的合计金额，以后年度资金总额比已贴花资金总额增加的，增加部分应按规定贴花。

（14）权利、许可证照的计税依据为应税凭证件数。

（15）证券交易的计税依据为成交金额或者按照法律规定计算确定的计税依据。只对证券交易的出让方征收，不对证券交易的受让方征收。

例 6-13 某企业 2019 年 2 月开业，当年发生以下有关业务事项：领受房屋产权证、工商营业执照、土地使用证各 1 件；与其他企业订立转移专用技术使用权书据 1 份，所载金额为 100 万元；订立产品买卖合同 1 份，所载金额为 200 万元；订立借款合同 1 份，所载金额为 400 万元；企业记载资金的账簿，“实收资本”“资本公积”为 800 万元；其他营业账簿 10 本。试计算该企业当年应缴纳的印花税税额。

【解析】

企业领受权利、许可证照应纳税额=3×5 =15（元）

企业订立产权转移书据应纳税额=1 000 000×0.5‰=500（元）

企业订立买卖合同应纳税额=2 000 000×0.3‰=600（元）

企业订立借款合同应纳税额=4 000 000×0.05‰=200（元）

企业记载资金账簿应纳税额=8 000 000×0.25‰=2000（元）

当年企业应纳印花税税额=15+500+600+200+2000=3315（元）

（二）特殊规定

（1）上述凭证以金额、收入、费用作为计税依据的，应当全额计税，不得作任何扣除。合同、产权转移书据约定不含增值税金额或者价税分离列示的，按照不含增值税的金额为计税依据。价款与增值税税款未分开列明的，按照合计金额确定。

（2）同一凭证，载有两个或者两个以上经济事项而适用不同税目税率，如分别记载金额，应分别计算应纳税额，相加后按合计税额贴花；如未分别记载金额，则按税率高的计税贴花。

例 6-14 某电厂与某水运公司签订一份运输保管合同，合同载明的费用为 500 000 元（运费和保管费未分别记载）。试计算合同双方各应缴纳的印花税税额。

【解析】该项合同双方各应缴纳的印花税=500 000×1‰=500（元）

（3）外币折算人民币金额的汇率采用凭证书立日国家外汇管理局公布的汇率。

（4）应纳税额不足 1 角的免纳印花税；1 角以上的分位四舍五入。

（5）签订时无法确定计税金额的合同先定额贴花 5 元，待结算实际金额时补贴印花税票。

（6）订立的合同不论是否兑现或者是否按期兑现，均应依合同金额贴花。

四、税收优惠

对印花税的减免税优惠主要包括以下几点。

（1）应税凭证的副本或者抄本，免征印花税。

（2）农民、农民专业合作社、农村集体经济组织、村民委员会购买农业生产资料或者销售自产农产品订立的买卖合同和农业保险合同，免征印花税。

（3）无息或者贴息借款合同、国际金融组织向我国提供优惠贷款订立的借款合同，金融机构与小型微型企业订立的借款合同，免征印花税。

（4）财产所有权人将财产赠与政府、学校、社会福利机构订立的产权转移书据，免征印花税。

（5）军队、武警部队订立、领受的应税凭证，免征印花税。

（6）转让、租赁住房订立的应税凭证，免征个人（不包括个体工商户）应当缴纳的印花税。

（7）国务院规定免征或者减征印花税的其他情形。

第七项免征或者减征印花税的规定，由国务院报全国人民代表大会常务委员会备案。

五、印花税的会计处理

（1）计提印花税时编制如下会计分录。

借：税金及附加

　　贷：应交税费——应交印花税

（2）缴纳税金及附加编制如下会计分录。

借：应交税费——应交印花税

　　贷：银行存款

例 6-15 接【例 6-13】，进行会计处理。

【解析】

（1）计提印花税时编制如下会计分录。

借：税金及附加　　3315

　　贷：应交税费——应交印花税　　3315

（2）实际缴纳印花税时编制如下会计分录。

借：应交税费——应交印花税　　3315

　　贷：银行存款　　3315

六、印花税的纳税申报

（1）纳税义务发生时间：书立或者领受时。

（2）纳税地点：一般实行就地纳税。

（3）纳税期限：书立、领受时即行贴花完税，不得延至凭证生效日期贴花。

（4）缴纳方法：自行贴花、汇贴汇缴、委托代征。

① 自行贴花：第一，纳税人在书立、领受应税凭证时，自行计算应纳印花税税额，向当地纳税机关或者印花税票代售点购买印花税票，在应税凭证上一次自行贴足印花并自行注销。第二，已贴用的印花税票不得重用；已贴花的凭证，修改后所载金额有增加的，其增加部分应当补贴印花。

② 汇贴汇缴：第一，汇贴。一份凭证应纳税额超过 500 元的，纳税人应向当地税务机关申请填写缴款书或者完税证，将其中一联粘贴在凭证上或者税务机关在凭证上加注完税标记代替贴花。第二，汇缴。同一类应纳税凭证，需频繁贴花的，纳税人应向当地税务机关申请按期汇总缴纳印花税，但最长期限不得超过 1 个月。

③ 委托代征：对通过国家有关部门发放、鉴证、公证或者仲裁的应税凭证，税务部门可以依法委托这些部门代征印花税，发给代征单位代征委托书，明确双方的权利和义务。

（5）纳税人应按照规定及时办理纳税申报，并如实填写《印花税纳税申报（报告）表》（见表 6-5）。

表 6-5　印花税纳税申报（报告）表

税款所属期限：自　年　月　日至　年　月　日　填表日期：　年　月　日　金额单位：元至角分

纳税人识别号

纳税人信息	名称		□单位	□个人
	登记注册类型		所属行业	
	身份证件类型		身份证件号码	
	联系方式			

应税凭证	计税金额或件数	核定征收		适用税率	本期应纳税额	本期已缴税额	本期减免税额		本期应补（退）税额
		核定依据	核定比例				减免性质代码	减免额	
	1	2	3	4	5=1×4+2×3×4	6	7	8	9=5-6-8
买卖合同				0.3‰					
承揽合同				0.3‰					
建设工程合同				0.3‰					
融资租赁合同				0.05‰					
租赁合同				1‰					
运输合同				0.3‰					
保管合同				1‰					
仓储合同				1‰					
借款合同				0.05‰					
财产保险合同				1‰					
技术合同				0.3‰					
产权转移书据				0.5‰					
营业账簿		—		0.25‰					
证券交易		—		1‰					
权利、许可证照		—		5元					
合计	—	—		—					

以下由纳税人填写：					
纳税人声明	此纳税申报表是根据《中华人民共和国印花税暂行条例》和国家有关税收规定填报的，是真实的、可靠的、完整的				
纳税人签章		代理人签章		代理人身份证号	
以下由税务机关填写：					
受理人		受理日期	年　月　日	受理税务机关签章	

任务四　房产税会计核算

房产税，是依据房产价值或者房产租金收入向房产所有人或者经营人征收的一种税。征收房产税有利于地方政府筹集财政收入，也有利于加强房产管理。

一、纳税义务人与征税范围

1．纳税义务人

房产税的纳税人，是指在我国城市、县城、建制镇与工矿区内拥有房屋产权的单位和个人，具体包括以下几种情况。

（1）产权属于国家所有的，其经营管理的单位为纳税人；产权属于集体和个人的，集体单位和个人为纳税人。

（2）产权出典的，承典人为纳税人。

知识拓展

【提示】房产出租的，房产产权所有人（出租人）为纳税人。

（3）产权所有人、承典人均不在房产所在地的，房产代管人或者使用人为纳税人。

（4）产权未确定及租典纠纷未解决的，房产代管人或者使用人为纳税人。

（5）纳税单位和个人无租使用房产管理部门、免税单位及纳税单位房产的，由使用人代为缴纳房产税。

（6）对居民住宅区内业主共有的经营性房产，由实际经营（包括自营和出租）的代管人或者使用人缴纳房产税。

2．征税范围

（1）房产税的征税范围为城市、县城、建制镇和工矿区（不包括农村）的房屋。

（2）房屋是指有屋面和围护结构（有墙或者两边有柱），能够遮风避雨，可供人们在其中生产、工作、学习、娱乐、居住或者储藏物资的场所。独立于房屋之外的建筑物，如围墙、烟囱、水塔、变电塔、油池和油柜、酒窖和菜窖、酒精池、糖蜜池、室外游泳池、玻璃暖房、砖瓦石灰窑及各种油气罐等，不属于房产。

（3）房地产开发企业建造的商品房，在出售前不征收房产税，但对出售前房地产开发企业已使用或者出租、出借的商品房应按规定征收房产税。

二、税率、计税依据和应纳税额的计算

（一）税率

我国现行房产税采用的是比例税率。由于房产税的计税依据分为从价计征和从租计征两种形式，因此房产税的税率也有两种形式：一种是按房产原值一次减除 10%～30%后的余值计征的，税率为 1.2%；另一种是按房产出租的租金收入计征的，税率为 12%。对个人出租住房，不区分用途，按 4%的税率征收房产税。

知识拓展

（二）计税依据

房产税的计税依据是房产的计税价值或者房产的租金收入。按照房产计税价值征税的，称为从价计征；按照房产租金收入计征的，称为从租计征。

1．从价计征

从价计征的，以房产原值一次减除 10%～30%后的余值为计税依据，具体扣除比例由省、自治区、直辖市人民政府确定。房产原值是指纳税人按照会计制度规定，在会计核算账簿“固定资产”科目中记载的房屋原价。

（1）房产原值应包括与房屋不可分割的各种附属设备或者一般不单独计算价值的配套设施（如暖气、卫生、通风、照明、煤气等设备，各种管线，以及电梯、升降机、过道、晒台等）。

（2）凡以房屋为载体，不可随意移动的附属设备和配套设施，如给排水、采暖、消防、中央空调、电气及智能化楼宇设备等，无论在会计核算中是否单独记账与核算，都应计入房产原值，计征房产税。

知识拓展

2．从租计征

房产出租的，以房产租金收入为房产税的计税依据。计征房产税的租金收入不含增值税。

所谓房产的租金收入，是房屋产权所有人出租房产使用权所得的报酬，包括货币收入和实物收入。

如果是以劳务或者其他形式为报酬抵付房租收入的，应根据当地同类房产的租金水平，确定一个标准租金额从租计征。

对出租房产，租赁双方签订的租赁合同约定有免收租金期限的，免收租金期间由产权所有人按照房产原值缴纳房产税。

出租的地下建筑，按照出租地上房屋建筑的有关规定计算征收房产税。

例 6-16 甲企业与乙商户签订房屋租赁合同，将一幢原值为 2500 万元的写字楼租给乙商户使用。合同规定因乙商户租期为 2 年，可在租赁开始时有 1 个月的免收租金期限。按照合同约定，该写字楼月租金为 20 万元（不含增值税），写字楼于 2018 年 12 月 30 日交付承租方，并规定甲企业自 2019 年 2 月 1 日起向乙商户收取租金。

【解析】甲企业 2019 年对该写字楼应纳的房产税应在 1 月从价计税，2 月—12 月从租计税。

3．投资联营的房产

（1）对以房产投资联营、投资者参与投资利润分配、共担风险的，按房产余值作为计税依据计缴房产税。

（2）对以房产投资收取固定收入、不承担经营风险的，实际上是以联营名义取得房屋租金，应当以出租方取得的租金收入为计税依据计缴房产税。

4．融资租赁房屋

融资租赁房屋的房产税，由承租人自融资租赁合同约定开始日的次月起依照房产余值缴纳房产税。合同未约定开始日的，由承租人自合同签订的次月起依照房产余值缴纳房产税。

（三）应纳税额的计算

1. 从价计征应纳税额的计算

从价计征是按房产的原值减除一定比例后的余值计征，其计算公式为

应纳税额=应税房产原值×（1-扣除比例）×1.2%

如前所述，房产原值是“固定资产”科目中记载的房屋原价，减除一定比例是省、自治区、直辖市人民政府规定的10%～30%的减除比例，计征的适用税率为1.2%。

2. 从租计征应纳税额的计算

从租计征是按房产的租金收入计征，其计算公式为

应纳税额=租金收入（不含增值税）×12%（或者4%）

例 6-17 2018 年 2 月某公司购进一处房产，2019 年 4 月 30 日用于投资联营（收取固定收入，不承担联营风险），投资期为 3 年，当年取得固定收入 160 万元（不含增值税）。该房产原值为 3000 万元，当地政府规定的减除幅度为 30%。

【解析】该公司 2019 年应纳房产税=3000×(1-30%)×1.2%×4/12+160×12%=8.4+19.2=27.6（万元）

三、税收优惠

（1）非营利性机构自用房产免征房产税，主要包括以下几种情形。

① 国家机关、人民团体、军队自用的房产免征房产税。

② 由国家财政部门拨付事业经费（全额或者差额）的单位（学校、医疗卫生单位、托儿所、幼儿园、敬老院，以及文化、体育、艺术类单位）所有的、本身业务范围内使用的房产免征房产税。

③ 宗教寺庙、公园、名胜古迹自用的房产免征房产税。

④ 对非营利性医疗机构、疾病控制机构和妇幼保健机构等卫生机构自用的房产，免征房产税。

⑤ 老年服务机构自用的房产免征房产税。

（2）个人所有非营业用的房产免征房产税；对个人拥有的营业用房或者出租的房产，不属于免税房产，应照章征税。

（3）毁损不堪居住的房屋和危险房屋，经有关部门鉴定，在停止使用后，可免征房产税。

（4）纳税人因房屋大修导致连续停用半年以上的，在房屋大修期间免征房产税。

（5）在基建工地为基建工地服务的各种工棚、材料棚、休息棚、办公室、食堂、茶炉房、汽车房等临时性房屋：① 施工期间一律免征房产税；② 工程结束后，施工企业将这种临时性房屋交还或者估价转让给基建单位的，应从基建单位接收的次月起，照章纳税。

（6）对公共租赁住房免征房产税。

（7）体育场馆的房产税优惠政策主要包括以下几种情形。

① 国家机关、军队、人民团体、财政补助事业单位、居民委员会、村民委员会拥有的体育场馆，用于体育活动的房产，免征房产税。

② 经费自理事业单位、体育社会团体、体育基金会、体育类民办非企业单位拥有并运营管理的体育场馆，符合相关条件的，其用于体育活动的房产，免征房产税。

③ 企业拥有并运营管理的大型体育场馆，其用于体育活动的房产，减半征收房产税。

④ 享受上述税收优惠体育场馆的运动场地用于体育活动的天数不得低于全年自然天数的 70%。

四、房产税的会计处理

（1）计提房产税时编制如下会计分录。

借：税金及附加

　　贷：应交税费——应交房产税

（2）缴纳税金及附加时编制如下会计分录。

借：应交税费——应交房产税

　　贷：银行存款

例 6-18 接【例 6-17】，进行会计处理。

（1）计提房产税时编制如下会计分录。

借：税金及附加　　27.6

　　贷：应交税费——应交房产税　　27.6

（2）实际缴纳房产税时编制如下会计分录。

借：应交税费——应交房产税　　27.6

　　贷：银行存款　　27.6

五、房产税的纳税申报

纳税人应按照房产税暂行条例的要求，将现有房屋的坐落地点、结构、面积、原值、出租收入等情况，如实向房屋所在地税务机关办理纳税申报，如实填写《房产税纳税申报表》（见表 6-6）。

1. 纳税义务发生时间

（1）纳税人将原有房产用于生产经营，从生产经营之月起，缴纳房产税。

（2）纳税人自行新建房屋用于生产经营，从建成之次月起，缴纳房产税。

（3）纳税人委托施工企业建设的房屋，从办理验收手续之次月起，缴纳房产税。

（4）纳税人购置新建商品房，自房屋交付使用之次月起，缴纳房产税。

（5）纳税人购置存量房，自办理房屋权属转移、变更登记手续，房地产权属登记机关签发房屋权属证书之次月起，缴纳房产税。

（6）纳税人出租、出借房产，自交付出租、出借房产之次月起，缴纳房产税。

（7）房地产开发企业自用、出租、出借本企业建造的商品房，自房屋使用或者交付之次月起，缴纳房产税。

（8）纳税人因房产的实物或者权利状态发生变化而依法终止房产税纳税义务的，其应纳税款的计算截止到房产的实物或者权利状态发生变化的当月末。

表 6-6 房产税纳税申报表

税款所属期：自 年 月 日至 年 月 日　　填表日期： 年 月 日　　金额单位：元至角分；面积单位：平方米

纳税人识别号 □□□□□□□□□□□□□□□□□□□□

<table>
<tr><td rowspan="3">纳税人信息</td><td>名称</td><td colspan="5"></td><td>纳税人分类</td><td colspan="4">单位□ 个人□</td></tr>
<tr><td>登记注册类型</td><td colspan="5">*</td><td>所属行业</td><td colspan="4">*</td></tr>
<tr><td>身份证照类型</td><td colspan="5">身份证□ 护照□ 军官证□ 其他□</td><td>联系人</td><td colspan="2"></td><td>联系方式</td><td></td></tr>
<tr><td colspan="12">一、从价计征房产税</td></tr>
<tr><td></td><td>房产编号</td><td>房产原值</td><td>其中：出租房产原值</td><td>计税比例</td><td>税率</td><td>所属期起</td><td>所属期止</td><td>本期应纳税额</td><td>本期减免税额</td><td>本期已缴税额</td><td>本期应补（退）税额</td></tr>
<tr><td>1</td><td>*</td><td></td><td></td><td></td><td></td><td></td><td></td><td></td><td></td><td></td><td></td></tr>
<tr><td>2</td><td>*</td><td></td><td></td><td></td><td></td><td></td><td></td><td></td><td></td><td></td><td></td></tr>
<tr><td>3</td><td>*</td><td></td><td></td><td></td><td></td><td></td><td></td><td></td><td></td><td></td><td></td></tr>
<tr><td>合计</td><td>*</td><td>*</td><td>*</td><td>*</td><td>*</td><td>*</td><td>*</td><td></td><td></td><td></td><td></td></tr>
<tr><td colspan="12">二、从租计征房产税</td></tr>
<tr><td></td><td colspan="2">本期申报租金收入</td><td colspan="2">税率</td><td colspan="2">本期应纳税额</td><td colspan="2">本期减免税额</td><td colspan="2">本期已缴税额</td><td>本期应补（退）税额</td></tr>
<tr><td>1</td><td colspan="2"></td><td colspan="2"></td><td colspan="2"></td><td colspan="2"></td><td colspan="2"></td><td></td></tr>
<tr><td>2</td><td colspan="2"></td><td colspan="2"></td><td colspan="2"></td><td colspan="2"></td><td colspan="2"></td><td></td></tr>
<tr><td>合计</td><td colspan="2"></td><td colspan="2">*</td><td colspan="2"></td><td colspan="2"></td><td colspan="2"></td><td></td></tr>
<tr><td colspan="12">以下由纳税人填写：</td></tr>
<tr><td>纳税人声明</td><td colspan="11">此纳税申报表是根据《中华人民共和国房产税暂行条例》和国家有关税收规定填报的，是真实的、可靠的、完整的</td></tr>
<tr><td>纳税人签章</td><td colspan="3"></td><td colspan="2">代理人签章</td><td colspan="2"></td><td colspan="2">代理人身份证号</td><td colspan="2"></td></tr>
<tr><td colspan="12">以下由税务机关填写：</td></tr>
<tr><td>受理人</td><td colspan="3"></td><td colspan="2">受理日期</td><td colspan="2">年 月 日</td><td colspan="2">受理税务机关签章</td><td colspan="2"></td></tr>
</table>

本表一式两份，一份纳税人留存，一份税务机关留存。

2. 纳税地点

房产税在房产所在地缴纳；房产不在同一地方的纳税人，应按房产的坐落地点分别向房产所在地的税务机关申报纳税。

3. 纳税期限

房产税实行“按年计算、分期缴纳”的征收方法，具体纳税期限由省、自治区、直辖市人民政府确定。

任务五　土地增值税会计核算

土地增值税是对有偿转让国有土地使用权及地上建筑物和其他附着物产权，取得增值收入的单位和个人征收的一种税。征收土地增值税增强了政府对房地产开发和交易市场的调控，有利于抑制炒买炒卖土地获取暴利的行为，也增加了国家的财政收入。

一、纳税义务人与征税范围

（一）纳税义务人

土地增值税的纳税义务人为转让国有土地使用权、地上的建筑及其附着物（以下简称转让房地产）并取得收入的单位和个人。单位包括各类企业、事业单位、国家机关和社会团体及其他组织；个人包括个体经营者。

概括起来，《中华人民共和国土地增值税暂行条例》对纳税人的规定主要有以下四个特点。

（1）不论法人与自然人。也就是说，不论是企业、事业单位、国家机关、社会团体及其他组织，还是个人，只要有偿转让房地产，都是土地增值税的纳税人。

（2）不论经济性质。也就是说，不论是全民所有制企业、集体企业、私营企业、个体经营者，还是联营企业、合资企业、合作企业、外商独资企业等，只要有偿转让房地产，都是土地增值税的纳税人。

（3）不论内资与外资企业、中国公民与外籍个人。根据相关规定，土地增值税适用于涉外企业和个人。因此，不论是内资企业还是外商投资企业、外国驻华机构，也不论是中国公民，还是外国公民，只要有偿转让房地产，都是土地增值税的纳税人。

（4）不论部门。也就是说，不论是工业、农业、商业、学校、医院、机关等，只要有偿转让房地产，都是土地增值税的纳税人。

（二）征税范围

1. 征税范围的一般规定

（1）土地增值税只对转让国有土地使用权的行为征税，对出让国有土地使用权的行为不征税。

（2）土地增值税既对转让土地使用权的行为征税，也对转让地上建筑物及其他附着物产权的行为征税。

（3）土地增值税只对有偿转让的房地产征税，对以继承、赠与等方式无偿转让的房地产，不予征税，但并非所有名为“赠与”的行为均不征税。不征收土地增值税的房地产赠与行为只包括以下情形。

① 房产所有人、土地使用权所有人将房屋产权、土地使用权赠与直系亲属或者承担直接赡养义务人的行为。

② 房产所有人、土地使用权所有人通过中国境内非营利的社会团体、国家机关将房屋产权、土地使用权赠与教育、民政和其他社会福利、公益事业的行为。

2．征税范围的特殊规定

（1）房地产的交换：① 房地产交换属于土地增值税的征税范围；② 对居民个人之间互换自有居住用房地产的，经当地税务机关核实，可以免征土地增值税。

（2）合作建房：对一方出地，另一方出资金，双方合作建房，建成后按比例分房自用的，暂免征收土地增值税；建成后转让的，应征收土地增值税。

（3）房地产的出租：房地产的出租不属于土地增值税的征税范围。

（4）房地产的抵押、抵债：对房地产的抵押，在抵押期间不征收土地增值税；如果抵押期满以房地产抵债，发生房地产权属转移的，应列入土地增值税的征税范围。

（5）房地产代建行为：房地产代建行为不属于土地增值税的征税范围。

（6）房地产进行重新评估而产生的评估增值：房地产进行重新评估而产生的评估增值不属于土地增值税的征税范围。

（7）房地产开发企业：① 房地产开发企业将开发的部分房地产转为企业自用或者用于出租等商业用途时，如果产权未发生转移，则不征收土地增值税；② 房地产开发企业将开发产品用于职工福利、奖励、对外投资、分配给股东或者投资人、抵偿债务、换取其他单位和个人的非货币性资产等，发生所有权转移时应“视同销售”房地产，征收土地增值税。

（8）自 2008 年 11 月 1 日起，对居民个人转让住房一律免征土地增值税。

（9）企业改制重组：① 企业发生整体改建的（不改变原企业的投资主体，并承继原企业权利、义务），对改建前的企业将国有土地、房屋权属转移、变更到改建后的企业，暂不征土地增值税；② 按照法律规定或者合同约定，两个或者两个以上企业合并为一个企业，且原企业投资主体存续的，对原企业将国有土地、房屋权属转移、变更到合并后的企业，暂不征土地增值税；③ 按照法律规定或者合同约定，企业分设为两个或者两个以上与原企业投资主体相同的企业，对原企业将国有土地、房屋权属转移、变更到分立后的企业，暂不征土地增值税；④ 单位、个人在改制重组时以国有土地、房屋进行投资，对其将国有土地、房屋权属转移、变更到被投资的企业，暂不征土地增值税；⑤ 上述政策不适用于房地产开发企业。

知识拓展

二、税率

土地增值税实行四级超率累进税率。

（1）增值额未超过扣除项目金额50%的部分，税率为30%。

（2）增值额超过扣除项目金额50%、未超过扣除项目金额100%的部分，税率为40%。

（3）增值额超过扣除项目金额100%、未超过扣除项目金额200%的部分，税率为50%。

（4）增值额超过扣除项目金额200%的部分，税率为60%。

上述所列四级超率累进税率，每级“增值额未超过扣除项目金额”的比例，均包括本比例数。土地增值税四级超率累进税率见表6-7。

表6-7　土地增值税四级超率累进税率

级数	增值额与扣除项目金额的比率	税率（%）	速算扣除系数（%）
1	不超过50%的部分	30	0
2	超过50%至100%的部分	40	5
3	超过100%至200%的部分	50	15
4	超过200%的部分	60	35

例6-19 2019年11月甲房地产公司销售自行开发的商业房地产项目，取得不含增值税收入20 000万元，准予从房地产转让收入额减除的扣除项目金额为12 000万元。请问应该选择哪档税率？

【解析】增值额=20 000−12 000=8000（万元），增值率=8000÷12 000=66.67%，应选择的土地增值税税率为40%，速算扣除系数为5%。

三、应税收入

根据《中华人民共和国土地增值税暂行条例》《中华人民共和国增值税暂行条例实施细则》的规定，纳税人转让房地产取得的应税收入，应包括转让房地产的全部价款及有关的经济收益。从收入的形式来看，包括货币收入、实物收入和其他收入。取得的收入为不含增值税收入。

1. 货币收入

货币收入是指纳税人转让房地产而取得的现金、银行存款、支票、银行本票、汇票等各种信用票据和国库券、金融债券、企业债券、股票等有价证券。这些类型的收入其实质都是转让方因转让土地使用权、房屋产权而向取得方收取的价款。货币收入一般比较容易确定。

2. 实物收入

实物收入是指纳税人转让房地产而取得的各种实物形态的收入，如钢材、水泥等建材，以及房屋、土地等不动产。实物收入的价值不太容易确定，一般要对这些实物形态的财产进行估价。

3．其他收入

其他收入是指纳税人转让房地产而取得的无形资产收入或者具有财产价值的权利，如专利权、商标权、著作权、专有技术使用权、土地使用权、商誉权等。这种类型的收入比较少见，其价值需要进行专门的评估。

四、扣除项目金额的确定

（一）新建房项目

1．取得土地使用权所支付的金额

（1）纳税人为取得土地使用权所支付的地价款。

（2）纳税人在取得土地使用权时按国家统一规定缴纳的有关费用和税金。

2．房地产开发成本

房地产开发成本，包括土地征用及拆迁补偿费、前期工程费、建筑安装工程费、基础设施费、公共配套设施费和开发间接费用等。

3．房地产开发费用

（1）能分摊且能证明：① 财务费用中的利息支出，凡能够按转让房地产项目计算分摊并提供金融机构证明的，允许据实扣除，但最高不能超过按商业银行同类同期贷款利率计算的金额。② 其他房地产开发费用，按取得土地使用权所支付的金额和房地产开发成本的金额之和的5%以内计算扣除。

允许扣除的房地产开发费用=允许扣除的利息+（取得土地使用权所支付的金额+房地产开发成本）×规定比率（5%以内）

（2）不能分摊或者不能证明：财务费用中的利息支出，凡不能按转让房地产项目计算分摊或者不能提供金融机构证明的，房地产开发费用（不区分利息费用和其他费用）按规定计算的金额之和的10%以内计算扣除。

允许扣除的房地产开发费用=（取得土地使用权所支付的金额+房地产开发成本）×规定比率（10%以内）

例 6-20 甲公司开发一项房地产项目，取得土地使用权支付的金额为1000万元，发生开发成本6000万元，发生开发费用2000万元，其中利息支出900万元无法提供金融机构贷款利息证明。已知当地房地产开发费用的计算扣除比例为10%。

【解析】甲公司计算缴纳土地增值税时，可以扣除的房地产开发费用=（1000+6000）×10%=700（万元）。

4．与转让房地产有关的税金：城市维护建设税及教育费附加

此处可以扣除的主要是计入“税金及附加”科目的，包括转让房地产时缴纳的城市维护建设税及教育费附加、地方教育附加、印花税。而缴纳的增值税属于价外税，不作为税金单独扣除。

5．加计扣除

对从事房地产开发的纳税人加计 20%扣除。此条优惠只适用于从事房地产开发的纳税人，除此之外的其他纳税人不适用。此规定是为了抑制炒买炒卖房地产的投机行为，从而保护正常开发投资者的积极性。

加计扣除金额=（取得土地使用权所支付的金额+房地产开发成本）×20%

（二）旧房及建筑物转让

1．方法一：按评估价格扣除

（1）旧房及建筑物的评估价格（重置成本价×成新度折扣率）。

（2）取得土地使用权所支付的地价款和按国家统一规定缴纳的有关费用。

（3）转让环节缴纳的税金。

2．方法二：按购房发票金额计算扣除

纳税人转让旧房及建筑物，凡不能取得评估价格，但能提供购房发票的，经当地税务部门确认，可以扣除下列几项。

（1）按发票所载金额并从购买年度起至转让年度止，每年加计 5%计算的金额。

（2）转让环节缴纳的税金，包括城市维护建设税及教育费附加、地方教育附加、印花税、购房时缴纳的契税。

例 6-21 位于县城的某商贸公司（增值税一般纳税人）于 2019 年 12 月销售一栋旧办公楼，取得含增值税收入 1000 万元，缴纳印花税 0.5 万元。因无法取得评估价格，公司提供了购房发票，该办公楼购于 2016 年 1 月，购价为 600 万元，缴纳契税 18 万元（能提供契税完税凭证）。已知该公司选择简易计税方法计算增值税。

【解析】该公司销售办公楼计算土地增值税时，可扣除项目金额的合计数=600×（1+5%×4）+18+0.5+（1000−600）÷（1+5%）×5%×（5%+3%+2%）=740.40（万元）。

五、应纳税额的计算

土地增值税应纳税额计算步骤如下。

第一步，确定扣除项目金额。

第二步，计算增值额。

增值额=房地产转让收入−扣除项目金额

第三步，计算增值率。

增值率=增值额÷扣除项目金额×100%

第四步，确定适用税率及速算扣除系数。

第五步，计算应纳税额。

应纳税额=增值额×适用税率−扣除项目金额×速算扣除系数

例 6-22 某房地产开发企业建造一幢商品房，建房总支出为 3000 万元，有关费用如下：① 支付地价款 200 万元；② 土地征用及拆迁补偿费 120 万元；③ 前期工程费 180 万元；

④ 基础设施费 200 万元；⑤ 建筑安装工程费 1500 万元；⑥ 公共配套设施费 200 万元。期间费用 600 万元，其中利息支出 500 万元（利息能按房地产项目分摊，并有金融机构贷款证明）。该房地产开发企业将商品房卖出，取得不含增值税收入 6000 万元，并按规定缴纳了增值税、城市维护建设税、印花税和教育费附加，请计算应缴纳多少土地增值税（增值税采用简易计税方法，当地规定房地产开发费用扣除比例为 5%）。

【解析】

（1）收入总额为 6000 万元。

（2）计算扣除项目金额。

支付地价款=200（万元）

房地产开发成本=120+180+200+1500+200=2200（万元）

应纳增值税=6000×5%=300（万元）

应纳城市维护建设税和教育费附加=300×（7%+3%）=30（万元）

扣除项目金额=200+2200+500+（200+2200）×5%+30+（200+2200）×20%=3530（万元）

（3）增值额=6000−3530=2470（万元）。

（4）增值额占扣除项目金额比率=2470÷3530×100%=69.97%，适用的土地增值税税率为 40%，扣除率为 5%。

（5）应纳土地增值税=2470×40%−3530×5%=811.5（万元）。

六、房地产开发企业土地增值税清算

自 2007 年 2 月 1 日起，各省税务机关可按以下规定对房地产开发企业土地增值税进行清算。各省税务机关可依据以下规定并结合当地实际情况制定具体清算管理办法。

1. 土地增值税的清算单位

土地增值税以国家有关部门审批的房地产开发项目为单位进行清算，对分期开发的项目，以分期项目为单位清算。

开发项目中同时包含普通住宅和非普通住宅的，应分别计算增值额。

2. 土地增值税的清算条件

（1）符合下列情形之一的，纳税人应当进行土地增值税清算：① 房地产开发项目全部竣工、完成销售的；② 整体转让未竣工决算房地产开发项目的；③ 直接转让土地使用权的。

（2）符合下列情形之一的，主管税务机关可要求纳税人进行土地增值税清算：① 已竣工验收的房地产开发项目，已转让的房地产建筑面积占整个项目可售建筑面积的比例在 85%以上，或者该比例虽未超过 85%，但剩余的可售建筑面积已经出租或者自用的；② 取得销售（预售）许可证满 3 年仍未销售完毕的；③ 纳税人申请注销税务登记但未办理土地增值税清算手续的。

知识拓展

七、税收优惠

1．建造普通标准住宅的税收优惠

纳税人建造普通标准住宅出售，增值额未超过扣除项目金额20%的，免征土地增值税。这里所说的“普通标准住宅”，是指按所在地一般民用住宅标准建造的居住用住宅。高级公寓、别墅、度假村等不属于普通标准住宅。自2005年6月1日起，普通标准住宅应同时满足：住宅小区建筑容积率在1.0以上；单套建筑面积在120平方米以下；实际成交价格低于同级别土地上住房平均交易价格1.2倍以下。各省、自治区、直辖市要根据实际情况，制定本地区享受优惠政策普通住房的具体标准。允许单套建筑面积和价格标准适当浮动，但向上浮动的比例不得超过上述标准的20%。纳税人建造普通标准住宅出售，增值额未超过扣除项目金额20%的，免征土地增值税；增值额超过扣除项目金额20%的，应就其全部增值额按规定计税。

对纳税人既建造普通标准住宅，也建造其他房地产开发的，应分别核算增值额。未分别核算增值额或者不能准确核算增值额的，其建造的普通标准住宅不能适用这一免税规定。

2．国家征用收回的房地产的税收优惠

因国家建设需要依法征用收回的房地产，免征土地增值税。

这里所说的“因国家建设需要依法征用收回的房地产”，是指因城市实施规划、国家建设的需要而被政府批准征用的房产或者收回的土地使用权。

3．因城市规划、国家建设需要而搬迁由纳税人自行转让原房地产的税收优惠

因城市实施规划、国家建设的需要而搬迁，由纳税人自行转让原房地产的，免征土地增值税。

因“城市实施规划”而搬迁，是指因旧城改造或者因企业污染、扰民（是指产生过量废气、废水、废渣和噪声，使城市居民生活受到一定危害），而由政府或者政府有关主管部门根据已审批通过的城市规划确定进行搬迁的情况。因“国家建设的需要”而搬迁，是指因实施国务院、省级人民政府、国务院有关部委批准的建设项目而进行搬迁的情况。

4．对企事业单位、社会团体及其他组织转让旧房作为公共租赁住房房源的税收优惠

对企事业单位、社会团体及其他组织转让旧房作为公共租赁住房房源的且增值额未超过扣除项目金额20%的，免征土地增值税。享受上述税收优惠政策的公共租赁住房是指纳入省、自治区、直辖市、计划单列市人民政府及新疆生产建设兵团批准的公共租赁住房发展规划和年度计划，并按照《关于加快发展公共租赁住房的指导意见》（建保〔2010〕87号）和市、县人民政府制定的具体管理办法进行管理的公共租赁住房。

八、土地增值税的会计处理

（1）房地产企业土地增值税的会计处理如下。

借：税金及附加

　　贷：应交税费——应交土地增值税

（2）其他企业土地增值税的会计处理如下。

借：固定资产清理

　　贷：应交税费——应交土地增值税

例 6-23 接【例 6-22】，进行会计处理。

借：税金及附加　　　　811.5

　　贷：应交税费——应交土地增值税　　　　811.5

九、土地增值税的纳税申报

1. 纳税地点

土地增值税的纳税人应向房地产所在地主管税务机关办理纳税申报，并在税务机关核定的期限内缴纳土地增值税。“房地产所在地”，是指房地产的坐落地。纳税人转让的房地产坐落在两个或者两个以上地区的，应按房地产所在地分别申报纳税。

2. 纳税期限

纳税人应在转让房地产合同签订后 7 日内，到房地产所在地主管税务机关办理纳税申报。

3. 纳税申报

1995 年 5 月 17 日，国家税务总局制定并下发了《土地增值税纳税申报表》，此表包括适用于从事房地产开发纳税人的《土地增值税纳税申报表（一）》（见表 6-8），从事房地产开发纳税人清算适用的《土地增值税纳税申报表（二）》（见表 6-9），以及适用于非从事房地产开发纳税人的《土地增值税纳税申报表（三）》（见表 6-10）。国家税务总局同时规定，纳税人必须按照税法的有关规定，向房地产所在地主管税务机关如实申报转让房地产所取得的收入、扣除项目金额及应纳土地增值税，并按期缴纳税款。

表 6-8　土地增值税纳税申报表（一）

（从事房地产开发的纳税人预征适用）

税款所属时间：　年　月　日至　年　月　日　　　　填表日期：　年　月　日

项目名称：　　　　项目编号：　　　　金额单位：元至角分；面积单位：平方米

纳税人识别号 | | | | | | | | | | | | | | | | | | | | |

房产类型	房产类型子目	收入				预征率（%）	应纳税额	税款缴纳	
		应税收入	货币收入	实物收入及其他收入	视同销售收入			本期已缴税额	本期应缴税额计算
	1	2=3+4+5	3	4	5	6	7=2×6	8	9=7−8
普通住宅									
非普通住宅									

续表

<table>
<tr><td rowspan="2">房产类型</td><td rowspan="2">房产类型子目</td><td colspan="4">收　入</td><td rowspan="2">预征率（%）</td><td rowspan="2">应纳税额</td><td colspan="2">税　款　缴　纳</td></tr>
<tr><td>应税收入</td><td>货币收入</td><td>实物收入及其他收入</td><td>视同销售收入</td><td>本期已缴税额</td><td>本期应缴税额计算</td></tr>
<tr><td rowspan="2">其他类型房地产</td><td></td><td></td><td></td><td></td><td></td><td></td><td></td><td></td><td></td></tr>
<tr><td></td><td></td><td></td><td></td><td></td><td></td><td></td><td></td><td></td></tr>
<tr><td>合计</td><td>—</td><td></td><td></td><td></td><td></td><td>—</td><td></td><td></td><td></td></tr>
<tr><td colspan="10">以下由纳税人填写：</td></tr>
<tr><td colspan="2">纳税人声明</td><td colspan="8">此纳税申报表是根据《中华人民共和国土地增值税暂行条例》《中华人民共和国土地增值税暂行条例实施细则》和国家有关税收规定填报的，是真实的、可靠的、完整的</td></tr>
<tr><td colspan="2">纳税人签章</td><td colspan="2"></td><td colspan="2">代理人签章</td><td colspan="2"></td><td colspan="2">代理人身份证号</td></tr>
<tr><td colspan="10">以下由税务机关填写：</td></tr>
<tr><td colspan="2">受理人</td><td colspan="2"></td><td>受理日期</td><td colspan="2">年　月　日</td><td colspan="2">受理税务机关签章</td><td></td></tr>
</table>

本表一式两份，一份纳税人留存，一份税务机关留存。

表 6-9　土地增值税纳税申报表（二）

（从事房地产开发的纳税人清算适用）

税款所属时间：　年　月　日至　年　月　日　　　　填表日期：　年　月　日

金额单位：元至角分　　　　　　　　　　　　　　面积单位：平方米

纳税人识别号 □□□□□□□□□□□□□□□□□□□□

<table>
<tr><td>纳税人名称</td><td></td><td>项目名称</td><td></td><td>项目编号</td><td></td><td>项目地址</td><td></td></tr>
<tr><td>所属行业</td><td></td><td>登记注册类型</td><td></td><td>纳税人地址</td><td></td><td>邮政编码</td><td></td></tr>
<tr><td>开户银行</td><td></td><td>银行账号</td><td></td><td>主管部门</td><td></td><td>电话</td><td></td></tr>
<tr><td colspan="2">总可售面积</td><td colspan="2"></td><td colspan="2">自用和出租面积</td><td colspan="2"></td></tr>
<tr><td>已售面积</td><td></td><td>其中：普通住宅已售面积</td><td></td><td>其中：非普通住宅已售面积</td><td></td><td>其中：其他类型房地产已售面积</td><td></td></tr>
</table>

<table>
<tr><td rowspan="2">项　目</td><td rowspan="2">行次</td><td colspan="4">金　额</td></tr>
<tr><td>普通住宅</td><td>非普通住宅</td><td>其他类型房地产</td><td>合计</td></tr>
<tr><td>一、转让房地产收入总额　1=2+3+4</td><td>1</td><td></td><td></td><td></td><td></td></tr>
</table>

续表

其中	货币收入		2				
	实物收入及其他收入		3				
	视同销售收入		4				
二、扣除项目金额合计　5=6+7+14+17+21+22			5				
1．取得土地使用权所支付的金额			6				
2．房地产开发成本　7=8+9+10+11+12+13			7				
其中	土地征用及拆迁补偿费		8				
	前期工程费		9				
	建筑安装工程费		10				
	基础设施费		11				
	公共配套设施费		12				
	开发间接费用		13				
3．房地产开发费用　14=15+16			14				
其中	利息支出		15				
	其他房地产开发费用		16				
4．与转让房地产有关的税金等　17=18+19+20			17				
其中	营业税		18				
	城市维护建设税		19				
	教育费附加		20				
5．财政部规定的其他扣除项目			21				
6．代收费用			22				
三、增值额　23=1−5			23				
四、增值额与扣除项目金额之比（%）24=23÷5			24				
五、适用税率（%）			25				
六、速算扣除系数（%）			26				
七、应缴土地增值税　27=23×25−5×26			27				
八、减免税额　28=30+32+34			28				
其中	减免税（1）	减免性质代码（1）	29				
		减免税额（1）	30				
	减免税（2）	减免性质代码（2）	31				
		减免税额（2）	32				
	减免税（3）	减免性质代码（3）	33				
		减免税额（3）	34				
九、已缴土地增值税			35				
十、应补（退）土地增值税　36=27−28−35			36				

以下由纳税人填写：					
纳税人声明	此纳税申报表是根据《中华人民共和国土地增值税暂行条例》《中华人民共和国土地增值税暂行条例实施细则》和国家有关税收规定填报的，是真实的、可靠的、完整的				
纳税人签章		代理人签章		代理人身份证号	

续表

以下由税务机关填写：					
受理人		受理日期	年　月　日	受理税务机关签章	

本表一式两份，一份纳税人留存，一份税务机关留存。

表 6-10　土地增值税纳税申报表（三）

（非从事房地产开发的纳税人适用）

税款所属时间：　年　月　日至　　年　月　日　　　　　　填表日期：　年　月　日

金额单位：元至角分　　　　　　　　　　　　　　　　　　面积单位：平方米

纳税人识别号 □□□□□□□□□□□□□□□□□□□□

纳税人名称		项目名称		项目地址			
所属行业		登记注册类型		纳税人地址		邮政编码	
开户银行		银行账号		主管部门		电　话	

项　目			行次	金　额
一、转让房地产收入总额　1=2+3+4			1	
其中	货币收入		2	
	实物收入		3	
	其他收入		4	
二、扣除项目金额合计 （1）5=6+7+10+15 （2）5=11+12+14+15			5	
（1）提供评估价格	1．取得土地使用权所支付的金额		6	
	2．旧房及建筑物的评估价格　7=8×9		7	
	其中	旧房及建筑物的重置成本价	8	
		成新度折扣率	9	
	3．评估费用		10	
（2）提供购房发票	1．购房发票金额		11	
	2．发票加计扣除金额　12=11×5%×13		12	
	其中：房产实际持有年数		13	
	3．购房契税		14	
4．与转让房地产有关的税金等　15=16+17+18+19			15	
其中	营业税		16	
	城市维护建设税		17	
	印花税		18	
	教育费附加		19	
三、增值额　20=1−5			20	
四、增值额与扣除项目金额之比（%）　21=20÷5			21	
五、适用税率（%）			22	

续表

六、速算扣除系数（%）			23		
七、应缴土地增值税　24=20×22-5×23			24		
八、减免税额（减免性质代码：＿＿＿＿＿＿）			25		
九、已缴土地增值税			26		
十、应补（退）土地增值税　27=24-25-26			27		
以下由纳税人填写：					
纳税人声明	此纳税申报表是根据《中华人民共和国土地增值税暂行条例》《中华人民共和国土地增值税暂行条例实施细则》和国家有关税收规定填报的，是真实的、可靠的、完整的				
纳税人签章		代理人签章		代理人身份证号	
以下由税务机关填写：					
受理人		受理日期	年　月　日	受理税务机关签章	

本表一式两份，一份纳税人留存，一份税务机关留存。

任务六　耕地占用税会计核算

耕地占用税是在全国范围内，对占用耕地建房或者从事其他非农业建设的单位和个人，按照实际占用的耕地面积和规定税率一次性征收的税种，属于对特定土地资源占用课税。

一、纳税义务人与征税范围

耕地占用税的纳税人是占用耕地建房或者从事非农业建设的单位或者个人。

知识拓展

纳税义务人既包括各类性质的企业、事业单位、社会团体、国家机关、军队及其他单位，也包括个体工商户及其他个人。

耕地占用税的征收范围包括用于建房或者从事其他非农业建设而征（占）用的国家所有和集体所有的耕地。

二、税率、计税依据和应纳税额的计算

1. 税率

实行地区差别幅度定额税率。人均耕地面积越少，单位税额越高。

经济特区、经济技术开发区和经济发达、人均耕地特别少的地区，耕地占用税适用税额可以适当提高，但是最多不得超过当地规定税额标准的50%。

2．计税依据

耕地占用税以纳税人实际占用的耕地面积为计税依据。

3．应纳税额的计算

耕地占用税以纳税人实际占用的耕地面积为计税依据，按照规定的适用税额标准计算应纳税额，实行一次性征收。应纳税额的计算公式为

应纳税额=纳税人实际占用的耕地面积（平方米）×适用定额税率

三、税收优惠和征收管理

1．免征耕地占用税

（1）军事设施占用耕地。
（2）学校、幼儿园、养老院、医院占用耕地。

2．减征耕地占用税

（1）铁路线路、公路线路、飞机场跑道、停机坪、港口、航道占用耕地，减按每平方米2元的税额征收耕地占用税。

根据实际需要，国务院财政、税务主管部门商国务院有关部门并报国务院批准后，可以对以上情形免征或者减征耕地占用税。

（2）农村居民占用耕地新建住宅，按照当地适用税额减半征收耕地占用税。

例 6-24 某农户有一处花圃，占地1200平方米，2019年3月将其中的1100平方米改造为果园，其余100平方米建造住宅。已知该地适用的耕地占用税定额税率为25元/平方米。

【解析】 该农户应缴纳的耕地占用税=100×25×50%=1250（元）

农村烈士家属、残疾军人、鳏寡孤独，以及革命老根据地、少数民族聚居区和边远贫困山区生活困难的农村居民，在规定用地标准以内新建住宅缴纳耕地占用税确有困难的，经所在地乡（镇）人民政府审核，报经县级人民政府批准后，可以免征或者减征耕地占用税。

《中华人民共和国耕地占用税暂行条例》规定，免征或者减征耕地占用税后，纳税人改变原占地用途，不再属于免征或者减征耕地占用税情形的，应当按照当地适用税额补缴耕地占用税。

3．征收管理与纳税申报

土地管理部门在通知单位或者个人办理占用耕地手续时，应当同时通知耕地所在地同级税务机关。获准占用耕地的单位或者个人应当在收到土地管理部门的通知之日起30日内缴纳耕地占用税。土地管理部门凭耕地占用税完税凭证或者免税凭证和其他有关文件发放建设用地批准书。耕地占用税纳税申报表如表6-11所示。

表 6-11　耕地占用税纳税申报表

填表日期：　年　月　日　　　　　　　　　金额单位：元至角分；面积单位：平方米

纳税人识别号 □□□□□□□□□□□□□□□□□□□□

纳税人信息	名称				□单位　□个人			
	登记注册类型		所属行业					
	身份证照类型		联系人			联系方式		
耕地占用信息	项目（批次）名称		批准占地部门		批准占地文号		占地日期/批准日期	
	占地位置		占地用途		占地方式			
	批准占地面积		实际占地面积					
		计税面积	其中：□减□免税面积	适用税率	计征税额	减免性质代码	□减□免税额	应缴税额
	总计							
	耕地							
	其中：1．经济开发区							
	2．基本农田							
	其他农用地							
	其他类型土地							
以下由纳税人填写：								
纳税人声明	此纳税申报表是根据《中华人民共和国耕地占用税暂行条例》和国家有关税收规定填报的，是真实的、可靠的、完整的							
纳税人签章		代理人签章		代理人身份证号				
以下由税务机关填写：								
受理人		受理日期	年　月　日	受理税务机关签章				

本表一式两份，一份纳税人留存，一份税务机关留存。

任务七　契税会计核算

契税，是以在中国境内转移土地、房屋权属为征税对象，向产权承受人征收的一种财产税。征收契税有利于增加地方财政收入，有利于保护合法产权，避免产权纠纷。

一、纳税义务人与征税范围

（一）纳税义务人

知识拓展

契税的纳税义务人是境内转移土地、房屋权属，承受的单位和个人。境内是指中国实际税收行政管辖范围内；土地、房屋权属是指土地使用权和房屋所有权；单位是指企业单位、事业单位、国家机关、军事单位和社会团体及其他组织；个人是指个体经营者及其他个人，包括中国公民和外籍人员。

（二）征税范围

契税的征税对象是境内转移的土地、房屋权属，具体包括以下五项内容。

1. 国有土地使用权出让

国有土地使用权出让是指土地使用者向国家交付土地使用权出让费用，国家将国有土地使用权在一定年限内让与土地使用者的行为。

国有土地使用权出让，受让者应向国家缴纳出让金，以出让金为依据计算缴纳契税。不得因减免土地出让金而减免契税。

2. 土地使用权的转让

土地使用权的转让是指土地使用者以出售、赠与、交换或者其他方式将土地使用权转移给其他单位和个人的行为。土地使用权的转让不包括农村集体土地承包经营权的转移。

3. 房屋买卖

房屋买卖，即以货币为媒介，出卖者向购买者过渡房产所有权的交易行为。特殊方式转移土地、房屋权属也视为土地使用权转让、房屋买卖缴纳契税。

（1）以房屋抵债或者实物交换房屋，视同房屋买卖，由产权承受人按房屋现值缴纳契税。

（2）以房产作投资或者入股，应按规定办理房屋产权交易和产权变更登记手续，视同房屋买卖，由产权承受方按入股房产现值缴纳契税。

但以自有房产作股投入本人独资经营的企业，因未发生权属变化，不需要办理房产变更手续，故不缴纳契税。

4. 房屋赠与

房屋赠与是指房屋所有者将其房屋无偿转让给受赠者的行为，应由受赠人按规定缴纳契税。其中，房屋的继承要区分法定继承与非法定继承，法定继承不征契税，非法定继承属于赠与行为，应征收契税。

婚姻存续期间夫妻之间变名或者加名的免征契税。

5. 房屋交换

房屋交换是指房屋所有者之间互相交换房屋的行为。

二、税率、计税依据和应纳税额计算

1. 税率

契税实行 3%～5%的幅度税率。实行幅度税率是考虑到我国经济发展的不平衡，以及各地经济差别较大的实际情况。因此，各省、自治区、直辖市人民政府可以在 3%～5%的幅度税率规定范围内，按照本地区的实际情况决定。

根据财税〔2016〕23 号文件，对个人购买家庭唯一住房（家庭成员范围包括购房人、配偶及未成年子女），面积为 90 平方米及以下的，减按 1%的税率征收契税；面积为 90 平方米以上的，减按 1.5%的税率征收契税。对个人购买家庭第二套改善性住房，面积为 90 平方米及以下的，减按 1%的税率征收契税；面积为 90 平方米以上的，减按 2%的税率征收契税。

2. 计税依据

契税的计税依据为不动产的价格。由于土地、房屋权属转移方式不同，以及定价方法不同，因此具体计税依据视不同情况而定，具体规定如下。

（1）国有土地使用权出让、土地使用权出售、房屋买卖，以成交价格为计税依据。成交价格是指土地、房屋权属转移合同确定的价格，包括承受者应交付的货币、实物、无形资产或者其他经济利益。

（2）土地使用权赠与、房屋赠与，由征收机关参照土地使用权出售、房屋买卖的市场价格核定。

（3）土地使用权交换、房屋交换，为所交换的土地使用权、房屋的价格差额。也就是说，交换价格相等时，免征契税；交换价格不等时，由多交付的货币、实物、无形资产或者其他经济利益的一方缴纳契税。

（4）以划拨方式取得土地使用权，经批准转让房地产时，由房地产转让者补交契税，计税依据为补缴的土地使用权出让费用或者土地收益。

（5）房屋附属设施征收契税的依据主要包括以下几点。

① 不涉及土地使用权和房屋所有权转移变动的，不征收契税。

② 采取分期付款方式购买房屋附属设施土地使用权、房屋所有权的，应按合同规定的总价款计征契税。

③ 承受的房屋附属设施权属如为单独计价，按照当地确定的适用税率征收契税；如与房屋统一计价，适用与房屋相同的契税税率。

④ 个人无偿赠与不动产行为（法定继承人除外），应对受赠人全额征收契税。在缴纳契税时，纳税人须提交经税务机关审核并签字盖章的《个人无偿赠与不动产登记表》，税务机关（或者其他征收机关）应在纳税人的契税完税凭证上加盖“个人无偿赠与”印章，在《个人无偿赠与不动产登记表》中签字并将该表格留存。

3. 应纳税额的计算

契税采用比例税率。当计税依据确定以后，应纳税额的计算比较简单。应纳税额的计算公式为

$$应纳税额=计税依据\times税率$$

例 6-25 居民甲有三套住房，将第一套住房出售给居民乙，成交价格为 120 万元；将第二套两室住房与居民丙交换成两处一室住房，并支付给丙换房差价款 30 万元。因拖欠居民丁 180 万元的款项无力偿还，以第三套房产抵偿该笔债务，居民丁因此取得该房产的产权并支付给居民甲差价款 20 万元。试计算甲、乙、丙、丁相关行为应缴纳的契税（假定契税

税率为4%，以上金额均不含增值税）。

【解析】

甲应缴纳契税=30×4% =1.2（万元）

乙应缴纳契税= 120×4% =4.8（万元）

丙应缴纳契税=0（万元）

丁应缴纳契税= 200×4% =8（万元）

三、税收优惠

（1）国家机关、事业单位、社会团体、军事单位承受土地、房屋用于办公、教学、医疗、科研和军事设施的，免征契税。

（2）城镇职工按规定第一次购买公有住房的，免征契税。

（3）因不可抗力灭失住房而重新购买住房的，酌情准予减征或者免征契税。

（4）土地、房屋被县级以上人民政府征用、占用后，重新承受土地、房屋权属的，是否减征或者免征契税，由省、自治区、直辖市人民政府确定。

（5）纳税人承受荒山、荒沟、荒丘、荒滩土地使用权，用于农、林、牧、渔业生产的，免征契税。

（6）经批准减征、免征契税的纳税人，改变有关土地、房屋用途的，就不再属于减征、免征契税范围，并且应当补缴已经减征、免征的税款。

（7）企业整体改制，包括非公司制企业改制为有限责任公司或者股份有限公司，有限责任公司变更为股份有限公司，股份有限公司变更为有限责任公司，原企业投资主体存续并在改制（变更）后的公司中所持股权（股份）比例超过75%，且改制（变更）后公司承继原企业权利、义务的，对改制（变更）后公司承受原企业土地、房屋权属的，免征契税。

（8）企业合并、分立，合并为一个企业，原投资主体存续，合并后的企业承受原合并各方的土地、房屋权属的免征契税；分立为两个或者两个以上与原企业投资主体相同的企业，对分立后企业承受原土地、房屋权属的免征契税。

（9）企业破产的，债权人承受破产企业土地、房屋权属以抵偿债务的，非债权人承受破产企业土地、房屋权属，与原企业全部职工签订服务年限不少于3年的劳动用工合同的，免征契税。

四、契税的会计处理

契税核算应设置“应交税费——应交契税”科目。计提契税时，应借记“固定资产”“开发成本”“无形资产”等科目，贷记“应交税费——应交契税”科目；实际缴纳契税时，应借记“应交税费——应交契税”科目，贷记“银行存款”科目。

企业也可以不设置“应交税费——应交契税”科目。在缴纳契税时，直接借记“固定资产”等科目，贷记“银行存款”科目。

例 6-26 2019年5月，某房地产开发公司通过拍卖方式取得国有土地一块，准备开发商品住宅，支付地价款为1200万元，当地政府规定契税税率为5%，房地产开发公司应缴纳60万元契税。对该房地产开发公司计提与缴纳的契税进行会计处理。

【解析】

计提契税时编制如下会计分录。

借：开发成本　　60

　　贷：应交税费——应交契税　　60

缴纳税款时编制如下会计分录。

借：应交税费——应交契税　　60

　　贷：银行存款　　60

五、契税的纳税申报

纳税人应当在规定的期限内，填制《契税纳税申报表》（见表 6-12），向契税的征收机关办理纳税申报，并在规定的期限内缴纳税款。

表 6-12　契税纳税申报表

填表日期：　年　月　日　　　　金额单位：元至角分；面积单位：平方米

纳税人识别号 □□□□□□□□□□□□□□□□□□□□

<table>
<tr><td rowspan="4">承受方信息</td><td>名称</td><td colspan="3"></td><td colspan="4">□单位　□个人</td></tr>
<tr><td>登记注册类型</td><td colspan="3"></td><td colspan="2">所属行业</td><td colspan="2"></td></tr>
<tr><td>身份证件类型</td><td colspan="3">身份证□　护照□　其他□</td><td colspan="2">身份证件号码</td><td colspan="2"></td></tr>
<tr><td>联系人</td><td colspan="3"></td><td colspan="2">联系方式</td><td colspan="2"></td></tr>
<tr><td rowspan="3">转让方信息</td><td>名称</td><td colspan="3"></td><td colspan="4">□单位　□个人</td></tr>
<tr><td>纳税人识别号</td><td></td><td colspan="2">登记注册类型</td><td colspan="2"></td><td>所属行业</td><td></td></tr>
<tr><td>身份证件类型</td><td></td><td colspan="2">身份证件号码</td><td colspan="2"></td><td>联系方式</td><td></td></tr>
<tr><td rowspan="3">土地房屋权属转移信息</td><td>合同签订日期</td><td></td><td colspan="2">土地房屋坐落地址</td><td colspan="2"></td><td>权属转移对象</td><td>设立下拉列框*</td></tr>
<tr><td>权属转移方式</td><td>设立下拉列框</td><td colspan="2">用途</td><td colspan="2">设立下拉列框</td><td>家庭唯一普通住房</td><td>□90 平方米以上
□90 平方米及以下</td></tr>
<tr><td>权属转移面积</td><td></td><td colspan="2">成交价格</td><td colspan="2"></td><td>成交单价</td><td></td></tr>
<tr><td rowspan="2">税款征收信息</td><td>评估价格</td><td></td><td colspan="2">计税价格</td><td colspan="2"></td><td>税率</td><td></td></tr>
<tr><td>计征税额</td><td></td><td>减免性质代码</td><td></td><td>减免税额</td><td></td><td>应纳税额</td><td></td></tr>
<tr><td colspan="9">以下由纳税人填写：</td></tr>
<tr><td>纳税人声明</td><td colspan="8">此纳税申报表是根据《中华人民共和国契税暂行条例》和国家有关税收规定填报的，是真实的、可靠的、完整的</td></tr>
<tr><td>纳税人签章</td><td></td><td>代理人签章</td><td colspan="2"></td><td colspan="2">代理人身份证号</td><td colspan="2"></td></tr>
<tr><td colspan="9">以下由税务机关填写：</td></tr>
<tr><td>受理人</td><td></td><td>受理日期</td><td colspan="2">年　月　日</td><td colspan="2">受理税务机关签章</td><td colspan="2"></td></tr>
</table>

本表一式两份，一份纳税人留存，一份税务机关留存。

1．纳税义务发生时间

纳税人签订土地、房屋权属转移合同的当天，或者纳税人取得其他具有土地、房屋权属转移合同性质凭证的当天。

2．纳税地点

土地、房屋所在地的税务征收机关，具体由省、自治区、直辖市人民政府确定。

3．纳税期限

纳税义务发生之日起10日内。

技能测试题

在线测评

项目七　资源税会计业务操作

能力目标

1. 能根据相关规定计算资源税、环境保护税、城镇土地使用税应纳税额；
2. 能根据相关业务进行资源税、环境保护税、城镇土地使用税的会计处理；
3. 能正确对资源税、环境保护税、城镇土地使用税进行纳税申报。

知识目标

1. 熟悉资源税、环境保护税、城镇土地使用税纳税人、征税对象、优惠政策的规定，具体税额的计算和会计处理，以及纳税申报和税款缴纳；

2. 掌握资源税、环境保护税、城镇土地使用税具体税额的计算、会计处理和纳税申报。

【案例导入】

A 同学去 B 集团公司实习，发现企业有如下几笔涉税业务。

（1）集团子公司某煤矿企业用自产 1000 吨原煤换取了 C 公司的固定资产，已知原煤市场售价为 500 元/吨，当地资源税税率为 2%。

（2）远洋公司（子公司）提供的政府部门核发的土地使用证书显示：公司实际占地面积为 80 000 平方米，其中厂区外公共绿化用地为 5000 平方米，厂区内生活小区的绿化用地为 1000 平方米，其余土地均为公司生产经营用地（该公司所在地适用税额为 1 元/平方米）。

（3）东湖公司（子公司）3 月产生尾矿 1000 吨，其中综合利用的尾矿为 300 吨（符合国家相关规定），在符合国家和地方环境保护标准的设施贮存 300 吨。尾矿环境保护税适用税额为每吨 15 元。

请帮助 A 同学分析与计算该集团公司应缴纳的资源税、城镇土地使用税、环境保护税。

任务一　资源税会计核算

资源税，是对在中华人民共和国领域及管辖海域开采或者生产应税产品的单位和个人课征的一种税。

知识拓展

一、纳税义务人和扣缴义务人

1. 纳税义务人

资源税的纳税义务人是指在中华人民共和国领域及管辖海域开采或者生产应税产品的单位和个人。

单位是指国有企业、集体企业、私营企业、股份制企业、其他企业，以及行政单位、事业单位、军事单位、社会团体和其他单位；个人是指个体经营者和其他个人。其他单位和其他个人包括外商投资企业、外国企业及外籍人员。

2. 扣缴义务人

收购未税矿产品的单位或者中外合作开采油气田作业者为资源税的扣缴义务人。规定资源税的扣缴义务人，主要是针对零星、分散、不定期开采的情况，为了加强管理，避免漏税，由扣缴义务人在收购矿产品时代扣代缴资源税。

收购未税矿产品的单位是指独立矿山、联合企业和其他单位。扣缴义务人为独立矿山、联合企业的，适用税率依据本单位应税产品税额、税率标准。扣缴义务人为其他收购单位（包括个体户未包括其他个人）的，适用税率依据税务机关核定的应税产品税额、税率标准。

二、税目和税率

1. 税目

资源税税目包括五大类，在五个税目下面又设有若干个子目。现行资源税的税目及子目主要是根据资源税应税产品和纳税人开采资源的行业特点设置的。

（1）原油，是指开采的天然原油，不包括人造石油。

（2）天然气，是指专门开采或者与原油同时开采的天然气。

（3）煤炭，包括原煤和以未税原煤（即自采原煤）加工的洗选煤。

（4）金属矿，包含铁矿、金矿、铝土矿、铅锌矿、镍矿、锡矿、钨、钼、未列举名称的其他金属矿产品原矿或者精矿。

（5）其他非金属矿，包含石墨、硅藻土、萤石、石灰石、硫铁矿、磷矿、氯化钾、井矿盐、湖盐、提取地下卤水晒制的盐、煤层（成）气、海盐、稀土、未列举名称的其他非金属矿产品。

2. 税率

资源税采取从价定率或者从量定额的办法计征，分别以应税产品的销售额乘以纳税人具体适用的比例税率或者以应税产品的销售数量乘以纳税人具体适用的定额税率计算，遵循“级差调节”的原则。级差调节是指运用资源税对因资源贮存状况、开采条件、资源优劣、地理位置等客观存在的差别而产生的资源级差收入，通过实施差别税额标准进行调节（见表 7-1）。

表 7-1　资源税税目税率（额）表

序号	税目	征税对象	税率幅度
1	原油	天然原油	6%～10%
2	天然气	专门开采或者与原油同时开采的天然气	6%～10%
3	煤炭	原煤和以未税原煤加工的洗选煤	2%～10%

续表

序号	税　　目		征税对象	税率幅度
4	金属矿	铁矿	精矿	1%～6%
5		金矿	金锭	1%～4%
6		铜矿	精矿	2%～8%
7		铝土矿	原矿	3%～9%
8		铅锌矿	精矿	2%～6%
9		镍矿	精矿	2%～6%
10		锡矿	精矿	2%～6%
11		未列举名称的其他金属矿产品	原矿或精矿	税率不超过20%
12	非金属矿	石墨	精矿	3%～10%
13		硅藻土	精矿	1%～6%
14		高岭土	原矿	1%～6%
15		萤石	精矿	1%～6%
16		石灰石	原矿	1%～6%
17		硫铁矿	精矿	1%～6%
18		磷矿	原矿	3%～8%
19		氯化钾	精矿	3%～8%
20		硫酸钾	精矿	6%～12%
21		井矿盐	氯化钠初级产品	1%～6%
22		湖盐	氯化钠初级产品	1%～6%
23		提取地下卤水晒制的盐	氯化钠初级产品	3%～15%
24		煤层（成）气	原矿	1%～2%
25		黏土、砂石	原矿	每吨或立方米0.1～5元
26		未列举名称的其他非金属矿产品	原矿或精矿	从量税率每吨或立方米不超过30元；从价税率不超过20%
27	海盐		氯化钠初级产品	1%～5%

注：1．铝土矿包括耐火级矾土、研磨级矾土等高铝黏土。

2．氯化钠初级产品是指井矿盐、湖盐原盐、提取地下卤水晒制的盐和海盐原盐，包括固体和液体形态的初级产品。

3．海盐是指海水晒制的盐，不包括提取地下卤水晒制的盐。

纳税人开采或者生产不同税目应税产品的，应当分别核算不同税目应税产品的销售额或者销售数量；未分别核算或者不能准确提供不同税目应税产品的销售额或者销售数量的，从高适用税率。

煤炭资源税税率幅度为2%～10%，具体适用税率由省级财税部门在此幅度内，根据本地区清理收费基金、企业承受能力、煤炭资源条件等因素提出建议，报省级人民政府拟定。结合当前煤炭行业实际情况，现行税费负担较高的地区要适当降低负担水平。省级人民政府需将拟定的适用税率在公布前报财政部、国家税务总局审批。跨省煤田的适用税率由财政部、国家税务总局确定。

三、计税依据

资源税的计税依据为应税产品的销售额或者销售量，各税目的征税对象包括原矿、精矿（或者原矿加工品）、金锭、氯化钠初级产品，具体按照财政部、国家税务总局《关于全面推进资源税改革的通知》（财税〔2016〕53号）所附《资源税税目税率幅度表》相关规定执行。对未列举名称的其他矿产品，省级人民政府可对本地区主要矿产品按矿种设定税目，对其余矿产品按类别设定税目，并按其销售的主要形态（如原矿、精矿）确定征税对象。

1. 从价定率征收的计税依据

从价定率征收的以销售额作为计税依据。销售额是指为纳税人销售应税产品向购买方收取的全部价款和价外费用，但不包括收取的增值税销项税额和运杂费用。

价外费用，包括价外向购买方收取的手续费、补贴、基金、集资费、返还利润、奖励费、违约金、滞纳金、延期付款利息、赔偿金、代收款项、代垫款项、包装费、包装物租金、储备费、优质费及其他各种性质的价外收费。

【提示】 运杂费用是指应税产品从坑口或者洗选（加工）地到车站、码头或者购买方指定地点的运输费用、建设基金，以及随运销产生的装卸、仓储、港杂费用。运杂费用应与销售额分别核算，凡未取得相应凭据或者不能与销售额分别核算的，应当一并计征资源税。

纳税人开采应税矿产品有其关联单位对外销售的，按其关联单位的销售额征收资源税。纳税人既有对外销售应税产品，也有将应税产品用于除连续生产应税产品以外的其他方面的，则自用的这部分应税产品按纳税人对外销售应税产品的平均价格计算销售额征收资源税。

纳税人将其开采的应税产品直接出口的，按其离岸价格（不含增值税）计算销售额征收资源税。

另外，纳税人以人民币以外的货币结算销售额的，应当折合成人民币计算。其销售额的人民币折合率可以选择销售额发生的当天或者当月1日的人民币汇率中间价。纳税人应在事先确定采用何种折合率计算方法，确定后1年内不得变更。

2. 从量定额征收的计税依据

实行从量定额征收的以销售数量为计税依据。销售数量的具体规定如下。

（1）销售数量，包括纳税人开采或者生产应税产品的实际销售数量和视同销售的自用数量。

（2）纳税人不能准确提供应税产品销售数量的，以应税产品的产量或者主管税务机关确定的折算比换算成的数量为计征资源税的销售数量。

3. 视同销售

（1）纳税人开采或者生产应税产品，自用于连续生产应税产品的，不缴纳资源税。

【提示1】 以自采原矿加工精矿产品的，在原矿移送使用时不缴纳资源税，在精矿销售或者自用时缴纳资源税。纳税人以自采原矿加工金锭的，在金锭销售或者自用时缴纳资源税。

【提示 2】纳税人销售自采原矿或者自采原矿加工的金精矿、粗金，在原矿或者金精矿、粗金销售时缴纳资源税，在移送使用时不缴纳资源税。纳税人将开采的原煤自用于连续生产洗选煤的，在原煤移送使用环节不缴纳资源税；将开采的原煤加工为洗选煤销售的，应当计算缴纳资源税。

（2）纳税人开采或者生产应税产品，自用于连续生产应税产品以外的其他方面的，视同销售，缴纳资源税。

【提示】以应税产品投资、分配、抵债、赠与、以物易物等，视同销售，应依法计算缴纳资源税。纳税人将其开采的原煤加工为洗选煤自用的，视同销售洗选煤，按照规定核定其销售额。

例 7-1 某煤矿 2019 年 11 月开采原煤 100 万吨，当月对外销售 90 万吨；为职工宿舍供暖，使用本月开采的原煤 2 万吨；向洗煤车间移送本月开采的原煤 5 万吨加工洗煤，尚未对外销售；其余 3 万吨原煤待售。已知该煤矿每吨原煤不含增值税售价为 500 元（不含从坑口到车站、码头等的运输费用），适用的资源税税率为 5%。

【解析】

（1）为职工宿舍供暖使用的 2 万吨原煤，视同销售，应缴纳资源税。

（2）移送继续加工洗煤的原煤，在移送环节不缴纳资源税。因此，该煤矿 2019 年 11 月就上述业务应缴纳的资源税=（90+2）×500×5%=2300（万元）。

（3）一次课征制度。资源税实行一次课征制度，纳税人用已纳资源税的应税产品进一步加工应税产品销售的，原则上不再缴纳资源税。纳税人同时以自采未税原煤和外购已税原煤加工洗选煤的，应当分别核算；未分别核算的，全部视为以自采未税原煤加工的洗选煤征税。

四、应纳税额的计算

（一）概述

（1）资源税的计税依据为应税产品的销售额或者销售量。

（2）资源税的计算公式如下。

① 从价计征的计算公式为

应纳税额=应税产品的销售额×适用的比例税率

例 7-2 某油田 20×9 年 3 月销售原油 20 000 吨，开具增值税专用发票取得销售额 10 000 万元、增值税税额 1300 万元，根据《资源税税目税率幅度表》的规定，其适用的税率为 8%。

【解析】该油田 3 月应缴纳的资源税=10 000×8%= 800（万元）

② 从量计征的计算公式为

应纳税额=应税产品的销售数量×适用的定额税率

代扣代缴应纳税额=收购未税矿产品的数量×适用的单位税额

例 7-3 某砂石开采企业 2019 年 3 月销售砂石 3000 立方米，资源税税率为 2 元/立方米。

【解析】该企业 3 月应纳资源税=3000×2=6000（元）

（二）销售额

1. 销售额的认定

（1）销售额是指纳税人销售应税产品向购买方收取的全部价款和价外费用，不包括收取的增值税销项税额和运杂费用。

（2）销售洗选煤时，应税煤炭销售额的确定如下。

① 将开采的原煤加工为洗选煤销售的，以洗选煤销售额乘以折算率作为应税煤炭销售额，计算缴纳资源税。

② 洗选煤销售额包括洗选副产品的销售额，不包括洗选煤从洗选煤厂到车站、码头等的运输费用。

折算率由省、自治区、直辖市财税部门或者其授权地市级财税部门确定。

例 7-4 甲煤炭开采企业 2019 年 11 月销售以自采未税原煤加工的洗煤 10 万吨，每吨不含增值税单价为 1000 元，另取得从洗煤厂到码头的不含增值税运费收入 20 万元。已知折算率为 80%，资源税税率为 10%。

【解析】甲企业取得的从洗煤厂到码头的不含增值税运费收入 20 万元不缴纳资源税，销售上述洗煤应缴纳的资源税=1000×10×80%×10%=800（万元）。

（3）征税对象为原矿的，纳税人销售自采原矿加工的精矿，应将精矿销售额折算为原矿销售额缴纳资源税。

（4）征税对象为精矿时的处理如下。

① 征税对象为精矿的，纳税人销售原矿时，应将原矿销售额换算为精矿销售额缴纳资源税。

② 换算方法如下。

成本法的计算公式为

精矿销售额=原矿销售额+原矿加工为精矿的成本×（1+成本利润率）

市场法的计算公式为

精矿销售额=原矿销售额×换算比

换算比=同类精矿单位价格÷（原矿单位价格×选矿比）

选矿比=加工精矿耗用的原矿数量÷精矿数量

例 7-5 乙钨矿 2019 年 11 月销售自采原矿 1 万吨，每吨不含增值税单价为 1000 元；销售自采钨矿连续加工的精矿 2 万吨，每吨不含增值税单价为 1800 元。已知该钨矿选矿比为 1.6，按照市场法换算成精矿的销售额，钨矿的资源税税率为 6.5%。

【解析】

销售自采原矿换算比=1800÷（1000×1.6）=1.125

精矿销售额=1000×1×1.125=1125（万元）

应缴纳的资源税=1125×6.5%=73.125（万元）

销售精矿应缴纳的资源税=1800×2×6.5%=234（万元）

上述业务共计应缴纳的资源税=73.125+234=307.125（万元）

2. 核定销售额

纳税人申报的应税产品销售额明显偏低并且无正当理由的、有视同销售应税产品行为而无销售额的，除财政部、国家税务总局另有规定外，按下列顺序确定销售额。

（1）按纳税人最近时期同类产品的平均销售价格确定。

（2）按其他纳税人最近时期同类产品的平均销售价格确定。

（3）按组成计税价格确定。

组成计税价格=成本×（1+成本利润率）÷（1−税率）

（三）销售数量

（1）纳税人开采或者生产应税产品销售的，以实际销售数量（而非生产数量）为销售数量。

（2）纳税人开采或者生产应税产品自用的，以移送时的自用数量（包括生产自用和非生产自用）为销售数量。

（3）纳税人不能准确提供应税产品销售数量或者移送使用数量的，以应税产品的产量或者按主管税务机关确定的折算比换算成的数量为计征资源税的销售数量。

（4）纳税人将其开采的矿产品原矿自用于连续生产精矿产品，无法提供移送使用原矿数量的，可将其精矿按选矿比折算成原矿数量，以此作为销售数量。

五、税收优惠

（1）开采原油过程中用于加热、修井的原油，免税；油田范围内运输稠油过程中用于加热的原油、天然气，免征资源税。

（2）油气田相关优惠主要包括以下几点。

① 我国油气田稠油、高凝油和高含硫天然气资源税减征 40%。

② 3 次采油资源税减征 30%。

③ 低丰度油气田资源税暂减征 20%。

④ 深水油气田减征 30%。

⑤ 油田范围内运输稠油过程中用于加热的原油、天然气免征资源税。

【提示】纳税人开采的原油、天然气同时符合上述两项及两项以上减税规定的，只能选择其中一项执行，不能叠加使用。

（3）对依法在建筑物下、铁路下、水体下通过充填开采方式采出的矿产资源，资源税减征 50%。

（4）对实际开采年限在 15 年以上的衰竭期矿山开采的矿产资源，资源税减征 30%。

（5）纳税人开采或者生产应税产品过程中，因意外事故或者自然灾害等原因遭受重大损失的，由省、自治区、直辖市人民政府酌情决定减税或者免税。

（6）纳税人的减税、免税项目，应当单独核算销售额和销售数量，未单独核算或者不能准确提供销售额和销售数量的，不予减税或者免税。

例 7-6 某低丰度油田原油价格为 6000 元/吨，天然气价格为 2 元/立方米。2019 年 2 月，该油田开采原油 25 万吨，当月销售 20 万吨，加热、修井用 2 万吨，将 3 万吨原油赠送给协作单位；开采天然气 700 万立方米，当月销售 600 万立方米，待售 100 万立方米。已知原油、天然气的资源税税率均为 6%，上述价格均不含增值税。

【解析】 该油田当月应纳资源税=［（20+3）×6000×6%+600×2×6%］×（1-20%）=8352×（1-20%）=6681.6（万元）

六、资源税的会计处理

企业核算资源税应设置“应交税费——应交资源税”科目。根据资源矿产品用途不同其会计核算存在差异，具体内容如下。

对外销售应税产品应交资源税，应借记“税金及附加”科目，贷记“应交税费——应交资源税”科目；对自产自用应税产品应交资源税，应借记“生产成本”“制造费用”等科目，贷记“应交税费——应交资源税”科目；纳税人按规定缴纳资源税时，借记“应交税费——应交资源税”科目，贷记“银行存款”科目。

例 7-7 某煤矿厂为增值税一般纳税人，2019 年 12 月生产原煤 12 万吨，全部对外销售，不含税价款为 6000 万元。已知该煤矿原煤适用的税率为 5%。请计算该煤矿厂应纳资源税税额，并作会计处理。

【解析】

应纳税额=6000×5%=300（万元）

计提资源税时，编制如下会计分录。

借：税金及附加　　　　　　　　　　　　300

　　贷：应交税费——应交资源税　　　　　　300

七、资源税的纳税申报

1. 纳税义务发生时间

（1）纳税人采取分期收款结算方式的，其纳税义务发生时间为销售合同规定的收款日期的当天。

（2）纳税人采取预收货款结算方式的，其纳税义务发生时间为发出应税产品的当天。

（3）纳税人采取其他结算方式的，其纳税义务发生时间为收讫销售款或者取得索取销售款凭据的当天。

（4）纳税人自产自用应税产品的纳税义务发生时间为移送使用应税产品的当天。

（5）扣缴义务人代扣代缴税款的纳税义务发生时间为支付首笔货款或者首次开具支付货款凭据的当天。

2. 纳税地点

（1）纳税人应当向矿产品的开采地或者盐的生产地缴纳资源税。

（2）纳税人在本省、自治区、直辖市范围内开采或者生产应税产品，其纳税地点需要调整的，由省级税务机关决定。

（3）纳税人跨省开采资源税应税产品，其下属生产单位与核算单位不在同一省、自治区、直辖市的，其开采的矿产品一律在开采地纳税。

（4）扣缴义务人代扣代缴的资源税，应当向收购地主管税务机关缴纳。

3．纳税期限

资源税的纳税期限为 1 日、3 日、5 日、10 日、15 日或者 1 个月；纳税人以 1 个月为纳税期限的，自期满之日起 10 日内申报纳税。

4．纳税申报表

《资源税纳税申报表（一）》如表 7-2 所示，《资源税纳税申报表（二）》如表 7-3 所示。

表 7-2　资源税纳税申报表（一）

（按从价定率办法计算应纳税额的纳税人适用）

税款所属期限：自　　年　　月　　日至　　年　　月　　日

填表日期：　　年　　月　　日　　　　　　　　　　　　　　金额单位：元至角分

纳税人识别号 | | | | | | | | | | | | | | | | | | | |

栏次	征收品目	征收子目	销售量	销售额	折算率	适用税率或实际征收率	本期应纳税额	减征比例	本期减免税额	减免性质代码	本期已缴税额	本期应补（退）税额
	1	2	3	4	5	6	7	8	9=7×8	10	11	12=7-9-11
合计												

以下由纳税人填写：

纳税人声明	此纳税申报表是根据《中华人民共和国资源税暂行条例》《中华人民共和国资源税暂行条例实施细则》的规定填报的，是真实的、可靠的、完整的				
纳税人签章		代理人签章		代理人身份证号	

以下由税务机关填写：

受理人		受理日期	年　月　日	受理税务机关签章	

本表一式两份，一份纳税人留存，一份税务机关留存。

表 7-3　资源税纳税申报表（二）

（按从量定额办法计算应纳税额的纳税人适用）

税款所属期限：自　　年　　月　　日至　　年　　月　　日

填表日期：　　年　　月　　日　　　　　　　　　　金额单位：元至角分

纳税人识别号

栏次	征收品目	征收子目	计税单位	销售量	单位税额	本期应纳税额	本期减免销售量	本期减免税额	减免性质代码	本期已缴税额	本期应补（退）税额
	1	2	3	4	5	6=4×5	7	8	9	10	11=6-8-10
合计											

以下由纳税人填写：					
纳税人声明	此纳税申报表是根据《中华人民共和国资源税暂行条例》《中华人民共和国资源税暂行条例实施细则》的规定填报的，是真实的、可靠的、完整的				
纳税人签章		代理人签章		代理人身份证号	
以下由税务机关填写：					
受理人		受理日期	年　月　日	受理税务机关签章	

本表一式两份，一份纳税人留存，一份税务机关留存。

任务二　环境保护税会计核算

知识拓展

一、纳税人

在中华人民共和国领域和中华人民共和国管辖的其他海域，直接向环境排放应税污染物的企业事业单位和其他生产经营者为环境保护税的纳税人。

所称应税污染物，是指环境保护税法所附《环境保护税税目税额表》《应税污染物和当量值表》规定的大气污染物、水污染物、固体废物和噪声。

二、税率

环境保护税的税目、税额依照《环境保护税税目税额表》执行。环境保护税税目税额表如表 7-4 所示。

表 7-4　环境保护税税目税额表

税　目		计税单位	税　额	备　注
大气污染物		每污染当量	1.2 元至 12 元	
水污染物		每污染当量	1.4 元至 14 元	
固体废物	煤矸石	每吨	5 元	
	尾矿	每吨	15 元	
	危险废物	每吨	1000 元	
	冶炼渣、粉煤灰、炉渣、其他固体废物（含半固态、液态废物）	每吨	25 元	
噪声	工业噪声	超标 1～3 分贝	每月 350 元	（1）一个单位边界上有多处噪声超标，根据最高一处超标声级计算应纳税额；当沿边界长度超过 100 米有两处以上噪声超标，按照两个单位计算应纳税额 （2）一个单位有不同地点作业场所的，应当分别计算应纳税额，合并计征 （3）昼、夜均超标的环境噪声，昼、夜分别计算应纳税额，累计计征 （4）声源一个月内超标不足 15 天的，减半计算应纳税额 （5）夜间频繁突发和夜间偶然突发厂界超标噪声，按等效声级和峰值噪声两种指标中超标分贝值高的一项计算应纳税额
		超标 4～6 分贝	每月 700 元	
		超标 7～9 分贝	每月 1400 元	
		超标 10～12 分贝	每月 2800 元	
		超标 13～15 分贝	每月 5600 元	
		超标 16 分贝以上	每月 11 200 元	

三、计税依据

（1）应税大气污染物按照污染物排放量折合的污染当量数确定。

（2）应税水污染物按照污染物排放量折合的污染当量数确定。

（3）应税固体废物按照固体废物的排放量确定。

（4）应税噪声按照超过国家规定标准的分贝数确定。

【注意】应税大气污染物、水污染物的污染当量数，以该污染物的排放量除以该污染物的污染当量值计算。每种应税大气污染物、水污染物的具体污染当量值，依照《中华人民共和国环境保护税法》所附《应税污染物和当量值表》执行。每一排放口或者没有排放口的应税大气污染物，按照污染当量数从大到小排序，对前三项污染物征收环境保护税。每一排放口的应税水污染物，按照《中华人民共和国环境保护税法》所附《应税污染物和当量值表》，区分第一类水污染物和其他类水污染物，按照污染当量数从大到小排序，对第一类水污染物按照前五项征收环境保护税，对其他类水污染物按照前三项征收环境保护税。

四、应纳税额的计算

（1）应税大气污染物的应纳税额为污染当量数乘以具体适用税额。

（2）应税水污染物的应纳税额为污染当量数乘以具体适用税额。

（3）应税固体废物的应纳税额为固体废物排放量乘以具体适用税额。

（4）应税噪声的应纳税额为超过国家规定标准的分贝数对应的具体适用税额。

例 7-8 某企业 8 月向大气直接排放二氧化硫、氟化物各 10 千克，一氧化碳、氯化氢各 100 千克，假设大气污染物每污染当量税额按《环境保护税税目税额表》最低标准 1.2 元计算，这家企业只有一个排放口，计算企业 8 月大气污染物应缴纳的环境保护税。［注：相应污染物的污染当量值分别为 0.95、0.87、16.7、10.75（单位：千克）。］

【解析】

第一步，计算各污染物的污染当量数。

二氧化硫：10÷0.95=10.53

氟化物：10÷0.87=11.49

一氧化碳：100÷16.7=5.99

氯化氢：100÷10.75=9.3

第二步，按污染物的污染当量数排序（每一排放口或者没有排放口的应税大气污染物，对前三项污染物征收环境保护税）。

氟化物（11.49）＞二氧化硫（10.53）＞氯化氢（9.3）＞一氧化碳（5.99），选取前三项污染物。

第三步，计算应纳税额。

氟化物：11.49×1.2=13.79（元）

二氧化硫：10.53×1.2=12.64（元）

氯化氢：9.3×1.2=11.16（元）

总计需要缴纳环境保护税=37.59（元）

五、不（免）征环境保护税的情况

（1）不需要缴纳环境保护税的纳税人：向依法设立的污水集中处理、生活垃圾集中处理场所排放应税污染物的，在符合国家和地方环境保护标准的设施、场所贮存或者处置固体废物的，不属于直接向环境排放污染物，不用缴纳环境保护税。

（2）可免征环境保护税的纳税人。

《中华人民共和国环境保护税法》第十二条规定，下列情形，暂予免征环境保护税：“（一）农业生产（不包括规模化养殖）排放应税污染物的；（二）机动车、铁路机车、非道路移动机械、船舶和航空器等流动污染源排放应税污染物的；（三）依法设立的城乡污水集中处理、生活垃圾集中处理场所排放相应应税污染物，不超过国家和地方规定的排放标准的；（四）纳税人综合利用的固体废物，符合国家和地方环境保护标准的；（五）国务院批准免税的其他情形。”

六、环境保护税的会计处理

（1）计提应交环境保护税时编制如下会计分录。

借：税金及附加

　　贷：应交税费——应交环境保护税

（2）缴纳环境保护税时编制如下会计分录。

借：应交税费——应交环境保护税

　　贷：银行存款

例 7-9 接【例 7-8】，进行会计处理。

计提应交环境保护税时编制如下会计分录。

借：税金及附加　　37.59

　　贷：应交税费——应交环境保护税　　37.59

缴纳环境保护税时编制如下会计分录。

借：应交税费——应交环境保护税　　37.59

　　贷：银行存款　　37.59

七、环境保护税的纳税申报

（1）纳税地点：纳税人应当向应税污染物排放地的税务机关申报缴纳环境保护税。

（2）纳税义务发生时间：纳税人排放应税污染物的当日。

（3）纳税申报：环境保护税按月计算，按季度申报缴纳。不能按固定期限计算缴纳的，可以按次申报缴纳。纳税人按季度申报缴纳的，应当自季度终了之日起 15 日内，向税务机关办理纳税申报并缴纳税款。纳税人按次申报缴纳的，应当自纳税义务发生之日起 15 日内，向税务机关办理纳税申报并缴纳税款。环境保护税纳税申报表（A 类）如表 7-5 所示。

表 7-5　环境保护税纳税申报表（A 类）

税款所属期：自　年　月　日至　年　月　日　　填表日期：　年　月　日　　金额单位：元至角分

*纳税人名称	（公章）				*统一社会信用代码（纳税人识别号）				
税源编号	*排放口名称或噪声源名称	*税目	*污染物名称	*计税依据或超标噪声综合系数	*单位税额	*本期应纳税额	本期减免税额	*本期已缴税额	*本期应补（退）税额
（1）	（2）	（3）	（4）	（5）	（6）	（7）=（5）×（6）	（8）	（9）	（10）=（7）-（8）-（9）
合计	—	—	—	—	—				

续表

授权声明	如果你已委托代理人申报，请填写下列资料： 为代理一切税务事宜，现授权 （地址） （统一社会信用代码） 为本纳税人的代理申报人，任何与本申报表有关的往来文件，都可寄予此人 授权人签字：	*申报人声明	本纳税申报表是根据国家税收法律法规及相关规定填写的，是真实的、可靠的、完整的 声明人签字：

经办人：　　　　主管税务机关：　　　　受理人：　　　　受理日期：　　年　月　日

本表一式两份，一份纳税人留存，一份税务机关留存。表内带*的为必填项。

任务三　城镇土地使用税会计核算

城镇土地使用税以开征区域内的国家所有和集体所有的土地为征税对象，是对拥有土地使用权的单位和个人征收的一种税。征收城镇土地使用税有利于促进土地的合理使用，调节土地级差收入，也有利于筹集地方财政资金。

一、纳税义务人与征税范围

1．纳税义务人

城镇土地使用税的纳税人，是指在城市、县城、建制镇、工矿区范围内使用土地的单位和个人。根据用地者的不同情况分别确定为以下几种。

（1）城镇土地使用税由拥有土地使用权的单位或者个人缴纳。

（2）拥有土地使用权的纳税人不在土地所在地的，由代管人或者实际使用人缴纳。

（3）土地使用权未确定或者权属纠纷未解决的，由实际使用人纳税。

（4）土地使用权共有的，共有各方均为纳税人，由共有各方按实际使用土地的面积占总面积的比例分别缴纳。

（5）在城镇土地使用税征税范围内，承租集体所有建设用地的，由直接从集体经济组织承租土地的单位和个人，缴纳城镇土地使用税。

2．征税范围

城镇土地使用税的征税范围，包括在城市、县城、建制镇与工矿区内的国家所有和集体所有的土地。

上述城市、县城、建制镇与工矿区分别按以下标准确认：① 城市是指经国务院批准设立的市；② 县城是指县人民政府所在地；③ 建制镇是指经省、自治区、直辖市人民政府批准设立的建制镇；④ 工矿区是指工商业比较发达，人口比较集中，符合国务院规定的建制镇标准，但尚未设立建制镇的大中型工矿企业所在地，工矿区须经省、自治区、直辖市人民政府批准。

上述城镇土地使用税的征税范围中，城市的土地包括市区和郊区的土地，县城的土地是指县人民政府所在地的城镇的土地，建制镇的土地是指镇人民政府所在地的土地。

建立在城市、县城、建制镇和工矿区以外的工矿企业不需要缴纳城镇土地使用税。

二、税率、计税依据和应纳税额的计算

1. 税率

城镇土地使用税采用定额税率，即采用有幅度的差别税额，按大、中、小城市和县城、建制镇、工矿区分别规定每平方米土地使用税年应纳税额。具体标准如下：① 大城市 1.5～30 元；② 中等城市 1.2～24 元；③ 小城市 0.9～18 元；④ 县城、建制镇、工矿区 0.6～12 元。

大、中、小城市以公安部门登记在册的非农业正式户口人数为依据，按照国务院颁布的《城市规划条例》中规定的标准划分。大城市，是指人口 50 万以上的城市；中等城市，是指人口 20 万以上不足 50 万的城市；小城市，是指人口不足 20 万的城市。城镇土地使用税税率见表 7-6。

表 7-6　城镇土地使用税税率表

级　别	人　口	每平方米税额/元
大城市	50 万以上	1.5～30
中等城市	20 万以上不足 50 万	1.2～24
小城市	不足 20 万	0.9～18
县城、建制镇、工矿区		0.6～12

各省、自治区、直辖市人民政府可根据市政建设情况和经济繁荣程度在规定税额幅度内，确定所辖地区的适用税额幅度。经济落后地区，城镇土地使用税的适用税额标准可适当降低，但降低额不得超过上述规定最低税额的 30%。经济发达地区的适用税额标准可以适当提高，但须报财政部批准。

城镇土地使用税规定幅度税额主要考虑到我国各地区土地级差收益差距悬殊，同一地区内不同地段的市政建设情况和经济繁荣程度也有较大的差别。把城镇土地使用税税额定为幅度税额，拉开档次，而且每个幅度税额的差距规定为 20 倍。这样，各地政府在划分本辖区不同地段的等级，确定适用税额时，有选择余地，便于具体操作。幅度税额还可以调节不同地区、不同地段之间的土地级差收益，尽可能地平衡税负。

2. 计税依据

（1）凡由省级人民政府确定的单位组织测定土地面积的，以测定的土地面积为准。

（2）尚未组织测定，但纳税人持有政府部门核发的土地使用证书的，以证书确定的土地面积为准。

（3）尚未核发土地使用证书的，应当由纳税人据实申报土地面积，并据以纳税，待核发土地使用证书后再进行调整。

（4）对在城镇土地使用税征税范围内单独建造的地下建筑用地，按规定征收城镇土地使用税。其中，已取得地下土地使用权证的，按土地使用权证确认的土地面积计算应征税款；未取得地下土地使用权证或者地下土地使用权证上未标明土地面积的，按地下建筑垂

直投影面积计算应征税款。对上述地下建筑用地暂按应征税款的50%征收城镇土地使用税。

3. 应纳税额的计算

城镇土地使用税的应纳税额可以通过纳税人实际占用的土地面积乘以该土地所在地段的适用税额求得。其计算公式为

全年应纳税额=实际占用应税土地面积（平方米）×适用税额

例 7-10 某企业 2019 年拥有位于市郊的一宗地块，其地上面积为 1 万平方米，单独建造的地下建筑面积为 4000 平方米（已取得地下土地使用权证）。该市规定的城镇土地使用税税率为 2 元/平方米。

【解析】该企业 2019 年就此地块应缴纳的城镇土地使用税=1×2+0.4×2×50%=2.4（万元）

三、税收优惠

1. 下列用地免征城镇土地使用税

（1）国家机关、人民团体、军队自用的土地。

（2）由国家财政部门拨付事业经费的单位自用的土地。

（3）宗教寺庙、公园、名胜古迹自用的土地。

【解释】公园、名胜古迹内的索道公司经营用地，应按规定缴纳城镇土地使用税。

（4）市政街道、广场、绿化地带等公共用地。

（5）直接用于农、林、牧、渔业的生产用地。

2. 免税单位与纳税单位之间无偿使用的土地

对免税单位无偿使用纳税单位的土地（如公安、海关等单位使用铁路、民航等单位的土地），免征城镇土地使用税；对纳税单位无偿使用免税单位的土地，纳税单位应照章缴纳城镇土地使用税。

【解释】关键看“无偿使用方”：① 如果为免税单位，则相应免税；② 如果为纳税单位，则应照章纳税。

3. 房地产开发公司开发建造商品房的用地

房地产开发公司开发建造商品房的用地，除经批准开发建设经济适用房的用地外，对各类房地产开发用地一律不得减免城镇土地使用税。

4. 企业的铁路专用线、公路等用地

对企业的铁路专用线、公路等用地除另有规定者外，在企业厂区（包括生产、办公及生活区）以内的，应照章征收城镇土地使用税；在厂区以外、与社会公用地段未加隔离的，暂免征收城镇土地使用税。

例 7-11 2019 年甲服装公司（位于某县城）实际占地面积为 30 000 平方米，其中办公楼占地面积为 500 平方米，厂房仓库占地面积为 22 000 平方米，厂区内铁路专用线、公路

等用地7500平方米，已知当地规定的城镇土地使用税年税额为5元/平方米。

【解析】甲服装公司当年应缴纳城镇土地使用税=30 000×5=150 000（元）

5．企业范围内的荒山、林地、湖泊等占地

自2016年1月1日起，企业范围内的荒山、林地、湖泊等占地全额征收城镇土地使用税。

6．石油天然气（含页岩气、煤层气）生产企业用地

（1）下列石油天然气生产建设用地暂免征收城镇土地使用税：① 地质勘探、钻井、井下作业、油气田地面工程等施工临时用地；② 企业厂区以外的铁路专用线、公路及输油（气、水）管道用地；③ 油气长输管线用地。

（2）在城市、县城、建制镇以外工矿区内的消防、防洪排涝、防风、防沙设施用地，暂免征收城镇土地使用税。

（3）除上述列举免税的土地外，其他油气生产及办公、生活区用地，依照规定征收城镇土地使用税。

（4）享受上述税收优惠的用地，用于非税收优惠用途的，不得享受税收优惠。

7．林业系统用地

（1）对林区的育林地、运材道、防火道、防火设施用地，免征城镇土地使用税。

（2）林业系统的森林公园、自然保护区可比照公园免征城镇土地使用税。

（3）林业系统的林区贮木场、水运码头用地，暂予免征城镇土地使用税。

（4）除上述列举免税的土地外，对林业系统的其他生产用地及办公、生活区用地，均应征收城镇土地使用税。

例7-12 某林场面积为100万平方米，其中森林公园占地58万平方米，防火设施占地17万平方米，办公用地10万平方米，生活区用地15万平方米。

【解析】需要缴纳城镇土地使用税的面积=10+15=25（万平方米）

8．盐场、盐矿用地

（1）对盐场、盐矿的生产厂房、办公、生活区用地，应照章征收城镇土地使用税。

（2）盐场的盐滩、盐矿的矿井用地，暂免征收城镇土地使用税。

例7-13 2019年甲盐场占地面积为300 000平方米，其中办公用地为35 000平方米，生活区用地为15 000平方米，盐滩用地为250 000平方米，已知当地规定的城镇土地使用税年税额为0.8元/平方米。

【解析】甲盐场当年应缴纳城镇土地使用税=（35 000+15 000）×0.8=40 000（元）

9．电力行业用地

（1）火电厂厂区围墙内的用地均应征收城镇土地使用税；对厂区围墙外的灰场、输灰管、输油（气）管道、铁路专用线用地，免征城镇土地使用税；厂区围墙外的其他用地，应照章征税。

（2）水电站的发电厂房用地，生产、办公、生活用地，应征收城镇土地使用税；对其

他用地给予免税照顾。

（3）对供电部门的输电线路用地、变电站用地，免征城镇土地使用税。

例 7-14 某火电厂 2019 年占地面积为 80 万平方米，其中厂区围墙内占地面积为 40 万平方米，厂区围墙外灰场占地面积为 3 万平方米，生活区及其他商业配套设施占地面积为 37 万平方米。已知该火电厂所在地适用的城镇土地使用税年税额为 1.5 万元/万平方米。

【解析】该火电厂 2019 年应缴纳的城镇土地使用税=（80−3）×1.5=115.5（万元）

10．水利设施用地

水利设施及其管扩用地（如水库库区、大坝、堤防、灌渠、泵站等用地），免征城镇土地使用税；其他用地（如生产、办公、生活用地）应照章征税。

11．交通部门港口用地

（1）对港口的码头用地，免征城镇土地使用税。

（2）对港口的露天堆货场用地，原则上应征收城镇土地使用税。

12．民航机场用地

（1）机场飞行区（包括跑道、滑行道、停机坪、安全带、夜航灯光区）用地、场内外通信导航设施用地和飞行区四周排水防洪设施用地，免征城镇土地使用税。

（2）在机场道路中，场外道路用地免征城镇土地使用税；场内道路用地依照规定征收城镇土地使用税。

（3）机场工作区（包括办公、生产和维修用地及候机楼、停车场）用地、生活区用地、绿化用地，均须按照规定征收城镇土地使用税。

13．邮政部门的土地

（1）对邮政部门坐落在城市、县城、建制镇、工矿区范围内的土地，应当依法征收城镇土地使用税。

（2）对坐落在城市、县城、建制镇、工矿区范围以外的，尚在县邮政局内核算的土地，在单位财务账中划分清楚的，不征收城镇土地使用税。

14．体育场馆的城镇土地使用税优惠政策

（1）国家机关、军队、人民团体、财政补助事业单位、居民委员会、村民委员会拥有的体育场馆，用于体育活动的土地，免征城镇土地使用税。

（2）经费自理事业单位、体育社会团体、体育基金会、体育类民办非企业单位拥有并运营管理的体育场馆，符合相关条件的，其用于体育活动的土地，免征城镇土地使用税。

（3）企业拥有并运营管理的大型体育场馆，其用于体育活动的土地，减半征收城镇土地使用税。

（4）享受上述税收优惠体育场馆的运动场地用于体育活动的天数不得低于全年自然天数的 70%。

四、城镇土地使用税的会计处理

（1）计提城镇土地使用税时编制如下会计分录。

借：税金及附加

　　贷：应交税费——应交城镇土地使用税

（2）缴纳税金及附加时编制如下会计分录。

借：应交税费——应交城镇土地使用税

　　贷：银行存款

例 7-15 接【例 7-10】，进行会计处理。

（1）计提城镇土地使用税时编制如下会计分录。

借：税金及附加　　2.4

　　贷：应交税费——应交城镇土地使用税　　2.4

（2）实际缴纳城镇土地使用税时编制如下会计分录。

借：应交税费——应交城镇土地使用税　　2.4

　　贷：银行存款　　2.4

五、城镇土地使用税的纳税申报

1．纳税义务发生时间

（1）纳税人购置新建商品房，自房屋交付使用之次月起，缴纳城镇土地使用税。

（2）纳税人购置存量房，自办理房屋权属转移、变更登记手续，房地产权属登记机关签发房屋权属证书之次月起，缴纳城镇土地使用税。

（3）纳税人出租、出借房产，自交付出租、出借房产之次月起，缴纳城镇土地使用税。

（4）以出让或者转让方式有偿取得土地使用权的，应由受让方从合同约定交付土地时间的次月起缴纳城镇土地使用税；合同未约定交付时间的，由受让方从合同签订的次月起缴纳城镇土地使用税。

（5）纳税人新征用的耕地，自批准征用之日起满 1 年时开始缴纳土地使用税。

（6）纳税人新征用的非耕地，自批准征用次月起缴纳土地使用税。

2．纳税地点

（1）城镇土地使用税在土地所在地缴纳。

（2）纳税人使用的土地不属于同一省、自治区、直辖市管辖的，由纳税人分别向土地所在地税务机关缴纳城镇土地使用税。

3．纳税期限

按年计算，分期缴纳。

4．城镇土地使用税纳税申报

城镇土地使用税纳税申报表如表 7-7 所示。

知识拓展

表 7-7　城镇土地使用税纳税申报表

税款所属期：自　　年　　月　　日至　　年　　月　　日　　　　　　填表日期：　　年　　月　　日

金额单位：元至角分；面积单位：平方米

纳税人识别号

纳税人信息	名称		纳税人分类	单位□　　个人□
	登记注册类型	*	所属行业	*
	身份证件类型	身份证□　护照□　其他□	身份证件号码	
	联系人		联系方式	

	土地编号	宗地的地号	土地等级	税额标准	土地总面积	所属期起	所属期止	本期应纳税额	本期减免税额	本期已缴税额	本期应补（退）税额
申报纳税信息	*										
	*										
	*										
	*										
	*										
	*										
	*										
	*										
	合计			*		*	*				

以下由纳税人填写：					
纳税人声明	此纳税申报表是根据《中华人民共和国城镇土地使用税暂行条例》和国家有关税收规定填报的，是真实的、可靠的、完整的				
纳税人签章		代理人签章		代理人身份证号	
以下由税务机关填写：					
受理人		受理日期	年　月　日	受理税务机关签章	

本表一式两份，一份纳税人留存，一份税务机关留存。

技能测试题

在线测评

项目八　企业所得税会计业务操作

能力目标

1．能准确计算企业所得税应纳税所得额；
2．能准确计算企业所得税应纳税额；
3．能正确处理企业所得税的纳税申报事项。

知识目标

1．掌握企业所得税要素的基本内容；
2．掌握企业所得税应纳税所得额的确定和应纳税额的计算；
3．熟悉税法与会计中企业所得税处理的差异；
4．掌握企业所得税征收管理方面的规定。

【案例导入】

安徽某新材料股份有限公司涉嫌“假高新”骗局

安徽某新材料股份有限公司自2016年6月首次向中国证券监督管理委员会申报并公开发布招股说明书以来，一直未能摆脱公众及媒体质疑。后经发现，安徽某新材料股份有限公司涉嫌高管学历、高新技术企业资质及拖欠员工社保费等多个问题。

按照高新技术企业标准，大专及以上学历占总人数的30%，而安徽某新材料股份有限公司仅62人具有大专及以上学历，仅占总人数的17.46%；研发人员占总人数的10%，而安徽某新材料股份有限公司研发人员仅10人（其中1人为平面设计师），仅占总人数的2.84%，远远达不到高新技术企业的标准，欺骗获得高新技术企业资质，骗取税收优惠政策。

安徽某新材料股份有限公司于2013年被认定为高新技术企业，并在2013年和2014年享受15%的企业所得税优惠税率；在2015年将业务逐步转移至子公司安徽某纸业包装有限公司，并使该子公司在2015年被认定为高新技术企业并享受15%的企业所得税优惠税率。

参照安徽某纸业包装有限公司2015年的净利润4088.54万元计算，税前利润大致为4810万元，则10个百分点的税收优惠就对应将近500万元的净利润，这相当于某新材料股份有限公司2015年合并净利润10%以上的份额。安徽某新材料股份有限公司通过骗取高新技术企业资质，仅在2015年一年便虚增利润将近500万元。

任务一　企业所得税纳税准备

企业所得税法，是指国家制定的用于调整企业所得税征收与缴纳之间权利及义务关系的法律规范。现行企业所得税法的基本规范是2007年3月16日第十届全国人民代表大会五次会议通过的《中华人民共和国企业所得税法》和2007年11月28日国务院第197次常务会议通过的《中华人民共和国企业所得税法实施条例》(自2008年1月1日起实施)。

一、纳税义务人

企业所得税的纳税义务人，是指在中国境内的企业和其他取得收入的组织。《中华人民共和国企业所得税法》第一条规定："在中华人民共和国境内，企业和其他取得收入的组织（以下统称企业）为企业所得税的纳税人，依照本法的规定缴纳企业所得税。个人独资企业、合伙企业不适用本法"。

基于不同企业承担的纳税义务不同，企业所得税的纳税人分为居民企业和非居民企业。

1. 居民企业

居民企业，是指依法在中国境内成立，或者依照外国（地区）法律成立但实际管理机构在中国境内的企业。

（1）依法在中国境内成立的企业，包括国有企业、集体企业、私营企业、联营企业、股份制企业、外商投资企业、外国企业，以及有生产、经营所得和其他所得的其他组织。其中，有生产、经营所得和其他所得的其他组织，是指经国家有关部门批准，依法注册、登记的事业单位、社会团体等组织。

（2）依照外国（地区）法律成立但实际管理机构在中国境内的企业。实际管理机构是指对企业的生产经营、人员、账务、财产等实施实质性全面管理和控制的机构，是行使居民税收管辖权的国家判定法人居民身份的主要标准。实际管理机构所在地的认定，一般以召开股东大会的场所、董事会行使监督权力的场所、公布分红的场所、企业账簿保管场所等因素综合判断。

2. 非居民企业

非居民企业，是指依照外国（地区）法律成立且实际管理机构不在中国境内，但在中国境内设立机构、场所的，或者在中国境内未设立机构、场所，但有来源于中国境内所得的企业。

上述所称机构、场所，是指在中国境内从事生产经营活动的机构、场所，主要包括以下几点：① 管理机构、营业机构、办事机构；② 工厂、农场、开采自然资源的场所；③ 提供劳务的场所；④ 从事建筑、安装、装配、修理、勘探等工程作业的场所；⑤ 其他从事生产经营活动的机构、场所。

非居民企业委托营业代理人在中国境内从事生产经营活动的，包括委托单位或者个人经常代其签订合同，或者储存、交付货物等，该营业代理人视为非居民企业在中国境内设立的机构、场所。

二、征税对象

企业所得税的征税对象是指企业的生产经营所得、其他所得和清算所得。

1. 居民企业的征税对象

居民企业应将来源于中国境内、境外的所得作为征税对象，其中包括销售货物所得、提供劳务所得、转让财产所得、股息红利等权益性投资所得、利息所得、租金所得、特许权使用费所得、接受捐赠所得和其他所得。

2. 非居民企业的征税对象

（1）在中国境内设立机构、场所的，应当就其所设机构、场所取得的来源于中国境内的所得，以及发生在中国境外但与其所设机构、场所有实际联系的所得，缴纳企业所得税。

（2）非居民企业在中国境内未设立机构、场所的，或者虽设立机构、场所但取得的所得与其所设机构、场所没有实际联系的，应当就其来源于中国境内的所得缴纳企业所得税。

上述所称实际联系，是指非居民企业在中国境内设立的机构、场所拥有的据以取得所得的股权、债权，以及拥有、管理、控制据以取得所得的财产。

例 8-1 在美国设立的丁银行，实际管理机构设在美国，但丁银行在北京设立了分行从事生产经营活动，则丁银行属于我国的非居民企业。丁银行现有如下业务。

（1）北京分行为我国某公司提供理财咨询服务取得的服务费收入。

（2）在我国设立的分行为位于日本的某电站提供流动资金贷款取得的利息收入。

（3）丁银行直接将一项专利的使用权转让给上海的 B 公司。

【解析】

（1）北京分行取得的理财咨询服务收入属于中国境内的所得，应当在中国纳税。

（2）日本流动资金贷款利息收入属于来源于境外但与北京分行有实际联系的所得，应当在中国纳税。

（3）丁公司的专利使用权收入虽与北京分行没有实际联系，但是来源于境内所得，所以仍应在中国纳税（境内 B 公司作为支付人是企业所得税的扣缴义务人，适用税率为 10%）。

3. 所得来源的确定

所得类型与所得来源的确定如表 8-1 所示。

表 8-1 所得类型与所得来源的确定

所 得 类 型	所得来源的确定
销售货物所得	按照交易活动发生地确定
提供劳务所得	按照劳务发生地确定
不动产转让所得	按照不动产所在地确定
动产转让所得	按照转让动产的企业或者机构、场所所在地确定
权益性投资资产转让所得	按照被投资企业所在地确定
股息、红利等权益性投资所得	按照分配所得的企业所在地确定
利息所得、租金所得、特许权使用费所得	按照负担、支付所得的企业或者机构、场所所在地确定，或者按照负担、支付所得的个人的住所地确定
其他所得	由国务院财政、税务主管部门确定

三、税率和征收率

企业所得税税率是体现国家与企业分配关系的核心要素。税率设计的原则是兼顾国家、企业、职工个人三者的利益，既要保证财政收入的稳定增长，也要使企业在发展生产、经营方面有一定的财力保证；既要考虑到企业的实际情况和负担能力，也要维护税率的统一性。

企业所得税实行比例税率。比例税率简便易行，透明度高，不会因征税而改变企业间收入分配比例，有利于促进效率的提高。

1. 基本税率

企业所得税的基本税率为25%，适用于居民企业和在中国境内设有机构、场所且所得与机构、场所有关联的非居民企业。

2. 小型微利企业税率

小型微利企业减按 20%的税率征收企业所得税。小型微利企业是指从事国家非限制和禁止行业，且同时符合年度应纳税所得额不超过 300 万元、从业人数不超过 300 人、资产总额不超过 5000 万元等条件的企业。

自 2019 年起，对小型微利企业年应纳税所得额不超过 100 万元的部分，减按 25%计入应纳税所得额，按 20%的税率缴纳企业所得税；对年应纳税所得额超过 100 万元但不超过 300 万元的部分，减按 50%计入应纳税所得额，按 20%的税率缴纳企业所得税。例如，某公司符合小微企业条件，年应纳税所得额为 250 万，则应纳税额=［100×25%+（250−100）×50%］×20%=20（万元）。

【注意】从业人数，包括与企业建立劳动关系的职工人数和企业接受的劳务派遣用工人数。从业人数和资产总额指标，应按企业全年的季度平均值确定。年度中间开业或者终止经营活动的，以其实际经营期作为一个纳税年度确定上述相关指标。

3. 高新技术企业税率

国家需要重点扶持的高新技术企业减按 15%的税率征收企业所得税。国家需要重点扶持的高新技术企业，是指拥有核心自主知识产权，并同时符合以下条件的企业。

（1）企业申请认定时须注册成立一年以上。

（2）企业通过自主研发、受让、受赠、并购等方式，获得对其主要产品（服务）在技术上发挥核心支持作用的知识产权的所有权。

（3）对企业主要产品（服务）发挥核心支持作用的技术属于《国家重点支持的高新技术领域》规定的范围。

（4）企业从事研发和相关技术创新活动的科技人员占企业当年职工总数的比例不低于10%。

（5）企业近 3 个会计年度（实际经营期不满 3 年的按实际经营时间计算）的研究开发费用总额占同期销售收入总额的比例符合如下要求：最近一年销售收入小于 5000 万元（含）的企业，比例不低于 5%；最近一年销售收入在 5000 万元至 2 亿元（含）的企业，比例不低于 4%；最近一年销售收入在 2 亿元以上的企业，比例不低于 3%。企业在中国境内发生的研究开发费用总额占全部研究开发费用总额的比例不低于 60%。

（6）近一年高新技术产品（服务）收入占企业同期总收入的比例不低于 60%。

（7）企业创新能力评价应达到相应要求。

（8）企业申请认定前一年内未发生重大安全、重大质量事故或者严重环境违法行为。

4. 符合条件的技术先进型服务企业税率

自 2018 年 1 月 1 日起，对经认定的技术先进型服务企业（服务贸易类），减按 15%的税率征收企业所得税。技术先进型服务企业必须符合以下几个条件。

（1）在中国境内（不包括港、澳、台地区）注册的法人企业。

（2）从事《技术先进型服务业务领域范围（服务贸易类）》中的一种或者多种技术先进型服务业务，采用先进技术或者具备较强的研发能力。

（3）具有大专以上学历的员工占企业职工总数的 50%以上。

（4）从事《技术先进型服务业务领域范围（服务贸易类）》中的技术先进型服务业务取得的收入占企业当年总收入的 50%以上。

（5）从事离岸服务外包业务取得的收入不低于企业当年总收入的 35%。

知识拓展

5. 扣缴义务人代扣代缴征收率

在中国境内未设立机构、场所的，或者虽设立机构、场所但取得的所得与其所设机构、场所没有实际联系的非居民企业，就其取得的来源于中国境内的所得应缴纳的所得税，实行源泉扣缴，减按 10%的征收率，以"支付人"为扣缴义务人。

四、免征与减征优惠

企业的下列所得，可以免征、减征企业所得税。企业如果从事国家限制和禁止发展的项目，不得享受企业所得税优惠。

1. 从事农、林、牧、渔业项目的所得

企业从事农、林、牧、渔业项目的所得，包括免征和减征两部分。

（1）企业从事下列项目的所得，免征企业所得税：① 蔬菜、谷物、薯类、油料、豆类、棉花、麻类、糖料、水果、坚果的种植；② 农作物新品种的选育；③ 中药材的种植；④ 林木的培育和种植；⑤ 牲畜、家禽的饲养；⑥ 林产品的采集；⑦ 灌溉、农产品初加工、兽医、农技推广、农机作业和维修等农、林、牧、渔服务业项目；⑧ 远洋捕捞。

（2）企业从事下列项目的所得，减半征收企业所得税：① 花卉、茶及其他饮料作物和香料作物的种植；② 海水养殖、内陆养殖。

2. 从事国家重点扶持的公共基础设施项目投资经营的所得

企业所得税法所称国家重点扶持的公共基础设施项目，是指《公共基础设施项目企业所得税优惠目录》规定的港口码头、机场、铁路、公路、电力、水利等项目。

企业从事国家重点扶持的公共基础设施项目的投资经营的所得，自项目取得第一笔生产经营收入所属纳税年度起，第 1 年至第 3 年免征企业所得税，第 4 年至第 6 年减半征收

企业所得税。

企业承包经营、承包建设和内部自建自用“企业所得税法第二十七条第（二）项”规定的项目，不得享受《关于实施国家重点扶持的公共基础设施项目企业所得税优惠问题的通知》（国税发〔2009〕80 号）第一条规定的企业所得税优惠。

3．从事符合条件的环境保护、节能节水项目的所得

环境保护、节能节水项目的所得，自项目取得第一笔生产经营收入所属纳税年度起，第 1 年至第 3 年免征企业所得税，第 4 年至第 6 年减半征收企业所得税。

符合条件的环境保护、节能节水项目，包括公共污水处理、公共垃圾处理、沼气综合开发利用、节能减排技术改造、海水淡化等。项目的具体条件和范围由国务院财政、税务主管部门制定，报国务院批准后公布施行。

但是以上规定享受减免税优惠的项目，在减免税期限内转让的，受让方自受让之日起，可以在剩余期限内享受规定的减免税优惠；减免税期限届满后转让的，受让方不得就该项目重复享受减免税优惠。

4．符合条件的技术转让所得

（1）企业所得税法所称符合条件的技术转让所得免征、减征企业所得税，是指一个纳税年度内，居民企业转让技术所有权所得不超过 500 万元的部分，免征企业所得税；超过 500 万元的部分，减半征收企业所得税。

（2）技术转让的范围，包括居民企业转让专利技术、计算机软件著作权、集成电路布图设计权、植物新品种、生物医药新品种，以及财政部和国家税务总局确定的其他技术。

（3）技术转让应签订技术转让合同。其中，境内的技术转让须经省级以上（含省级）科技部门认定登记，跨境的技术转让须经省级以上（含省级）商务部门认定登记，涉及财政经费支持产生技术的转让，需省级以上（含省级）科技部门审批。

（4）居民企业技术出口应由有关部门按照商务部、科技部发布的《中国禁止出口限制出口技术目录》（商务部、科技部令 2008 年第 12 号）进行审查。居民企业取得禁止出口和限制出口技术转让所得，不享受技术转让减免企业所得税优惠政策。

（5）居民企业从直接或者间接持有股权之和达到 100%的关联方取得的技术转让所得，不享受技术转让减免企业所得税优惠政策。

例 8-2 2019 年某居民企业取得符合条件的技术转让收入共 1810 万元，转让成本为 740 万元，相关税费为 210 万元。

【解析】2019 年该企业技术转让所得应缴纳的企业所得税=（1810−740−210−500）÷2×25%=45（万元）

五、加计扣除优惠

加计扣除优惠包括以下两项内容。

1．研究开发费

研究开发费，是指企业为开发新技术、新产品、新工艺发生的研究开发费用，未形成无形资产计入当期损益的，在按照规定据实扣除的基础上，按照研究开发费用的50%加计扣除；形成无形资产的，按照无形资产成本的150%摊销。2018年1月1日至2020年12月31日，提高了研究费用加计扣除比例，企业发生的研究开发费用，未形成无形资产计入当期损益的，在按规定据实扣除的基础上，再按照实际发生额的75%在税前加计扣除；形成无形资产的，在上述期间按照无形资产成本的175%在税前进行摊销。

知识拓展

2. 企业安置残疾人员所支付的工资

企业安置残疾人员所支付工资费用的加计扣除，是指企业安置残疾人员的，在按照支付给残疾职工工资据实扣除的基础上，按照支付给残疾职工工资的100%加计扣除。残疾人员的范围适用《中华人民共和国残疾人保障法》的有关规定。企业安置国家鼓励安置的其他就业人员所支付的工资的加计扣除办法，由国务院另行规定。

例 8-3 甲电子设备公司为居民企业，2019年支付残疾职工工资15万元；新技术研究开发费用未形成无形资产计入当期损益20万元。

【解析】

支付残疾职工工资税前可扣除=15+15×100%=30（万元）

未形成无形资产计入当期损益的新技术研究开发费用税前可扣除=20+20×50%=30（万元）

六、创业投资企业税收优惠

（1）创业投资企业采取股权投资方式投资于未上市的中小高新技术企业2年以上的，可以按照其投资额的70%在股权持有满2年的当年抵扣该创业投资企业的应纳税所得额；当年不足抵扣的，可以在以后纳税年度结转抵扣。

（2）有限合伙制创业投资企业采取股权投资方式投资于未上市的中小高新技术企业满2年（24个月）的，其法人合伙人可按照对未上市中小高新技术企业投资额的70%抵扣该法人合伙人从该有限合伙制创业投资企业分得的应纳税所得额，当年不足抵扣的，可以在以后纳税年度结转抵扣。

例 8-4 甲创投企业于2017年1月1日向乙企业（未上市的中小高新技术企业）投资100万元，股权持有到2019年12月31日。

【解析】甲创投企业在计算2019年应纳税所得额时，可抵扣70（100×70%）万元。

七、固定资产加速折旧优惠

企业的固定资产由于技术进步等原因，确需加速折旧的，可以缩短折旧年限或者采取加速折旧的方法。可采用以上折旧方法的固定资产是指：① 由于技术进步，产品更新换代较快的固定资产；② 常年处于强震动、高腐蚀状态的固定资产。

采取缩短折旧年限方法的，最低折旧年限不得低于规定折旧年限的60%；采取加速折旧方法的，可以采取双倍余额递减法或者年数总和法。

加速折旧的相关规定如表8-2所示。

表 8-2　加速折旧的相关规定

文件	行业范围	金额	限制条件	开始时间	加速折旧形式
国税发〔2009〕81 号	无限制	无	用于生产经营的主要或者关键固定资产： （1）由于技术进步，产品更新换代较快的固定资产 （2）常年处于强震动、高腐蚀状态的固定资产	2008 年 1 月 1 日	（1）缩短折旧年限：60% （2）双倍余额递减法 （3）年数总和法
财税〔2009〕27 号	软件行业、集成电路产业	无	外购的软件 集成电路生产设备	2011 年 1 月 1 日	可以适当缩短为 2～3 年
财税〔2014〕75 号	生物药品制造业，专用设备制造业，铁路、船舶、航空航天和其他运输设备制造业，计算机、通信和其他电子设备制造业，仪器仪表制造业，信息传输、软件和信息技术服务业	无	新购进的仪器、设备	2014 年 1 月 1 日	（1）缩短折旧年限：60% （2）双倍余额递减法 （3）年数总和法
		100 万元以上	6 个行业的小型微利企业新购进的研发和生产经营共用的仪器、设备		
		100 万元以下	6 个行业的小型微利企业新购进的研发和生产经营共用的仪器、设备		一次性扣除
财税〔2014〕75 号	所有行业	100 万元以上	专门用于研发的机器、设备	2014 年 1 月 1 日	（1）缩短折旧年限：60% （2）双倍余额递减法 （3）年数总和法
		100 万元以下		2014 年 1 月 1 日	一次性扣除
		5000 元以下	新购进的固定资产	2014 年 1 月 1 日	
财税〔2015〕106 号	轻工、纺织、机械、汽车	无	新购进的仪器、设备	2015 年 1 月 1 日	（1）缩短折旧年限：60% （2）双倍余额递减法 （3）年数总和法
		100 万元以上	4 个领域重点行业的小型微利企业新购进的研发和生产经营共用的仪器、设备		
		100 万元以下			一次性扣除

注：2018 年 1 月 1 日至 2020 年 12 月 31 日，企业新购进的设备、器具，单位价值不超过 500 万元的，允许一次性计入当期成本费用在计算应纳税所得额时扣除，不再分年度计算折旧。

八、减计收入税收优惠

企业综合利用资源，生产符合国家产业政策规定的产品所取得的收入，可以在计算应纳税所得额时减计收入。

企业以《资源综合利用企业所得税优惠目录》规定的资源作为主要原材料，生产国家非限制和禁止并符合国家和行业相关标准的产品取得的收入，减按 90%计入收入总额。主要原材料，是指利用的资源材料占生产产品材料的比例不得低于《资源综合利用企业所得税优惠目录》规定的标准。

九、税额抵免优惠

税额抵免，是指企业购置并实际使用《环境保护专用设备企业所得税优惠目录》《节能节水专用设备企业所得税优惠目录》《安全生产专用设备企业所得税优惠目录》规定的环境保护、节能节水、安全生产等专用设备的，该专用设备的投资额的10%可以从企业当年的应纳税额中抵免；当年不足抵免的，可以在以后5个纳税年度结转抵免。

享受所得税优惠的环境保护、节能节水、安全生产等专用设备，应当是实际购置并自身实际投入使用的专用设备；企业购置上述专用设备在5年内转让、出租的，应当停止享受企业所得税优惠，并补缴已经抵免的企业所得税税款。转让的受让方可以按照该专用设备投资额的10%抵免当年企业所得税应纳税额；当年应纳税额不足抵免的，可以在以后5个纳税年度结转抵免。

企业所得税优惠目录，由国务院财政、税务主管部门商国务院有关部门制定，报国务院批准后公布施行。

十、民族自治地方的优惠

民族自治地方的自治机关对本民族自治地方的企业应缴纳的企业所得税中属于地方分享的部分，可以决定减征或者免征。自治州、自治县决定减征或者免征的，须报省、自治区、直辖市人民政府批准。

民族自治地方，是指依照《中华人民共和国民族区域自治法》的规定，实行民族区域自治的自治区、自治州、自治县。对民族自治地方内国家限制和禁止行业的企业，不得减征或者免征企业所得税。

2010年1月1日至2020年12月31日，对在霍尔果斯开发区内新办的属于《新疆困难地区重点鼓励发展产业企业所得税优惠目录（试行）》范围内的企业，自取得第一笔生产经营收入所属纳税年度起，企业所得税5年免征，免征期满后企业还可继续享5年地方留存财政返还优惠。

十一、其他有关行业的优惠

1. 关于鼓励软件产业和集成电路行业的优惠政策

（1）软件生产企业实行增值税即征即退政策所退还的税款，由企业用于研究开发软件产品和扩大再生产，不作为企业所得税应税收入，不予征收企业所得税。

（2）我国境内依法成立且符合条件的软件企业，在2018年12月31日前自获利年度起，第1年和第2年免征企业所得税，第3年至第5年减半征收企业所得税。

（3）国家规划布局内的重点软件生产企业，如当年未享受免税优惠的，可减按10%的税率征收企业所得税。

（4）软件生产企业的职工培训费用，可按实际发生额在计算应纳税所得额时扣除。

（5）企事业单位购进软件，凡符合固定资产或者无形资产确认条件的，可以按照固定资产或者无形资产进行核算，经主管税务机关核准，其折旧或者摊销年限可以适当缩短，最短可为2年。

（6）集成电路设计企业视同软件企业，享受上述软件企业的有关企业所得税政策。

（7）集成电路生产企业的生产性设备，经主管税务机关核准，其折旧年限可以适当缩短，最短可为3年。

（8）投资额超过80亿元或者集成电路线宽小于0.25微米的集成电路生产企业，可以减按15%的税率缴纳企业所得税。其中，经营期在15年以上的，从开始获利的年度起，第1年至第5年免征企业所得税，第6年至第10年减半征收企业所得税。

（9）对生产线宽小于0.8微米（含）集成电路产品的生产企业，经认定后，自获利年度起，第1年和第2年免征企业所得税，第3年至第5年减半征收企业所得税。已经享受自获利年度起企业所得税“两免三减半”政策的企业，不再重复执行《关于进一步鼓励软件产业和集成电路产业发展企业所得税政策的通知》（财税〔2012〕27号）第一条规定。

2. 关于鼓励证券投资基金发展的优惠政策

（1）对证券投资基金从证券市场中取得的收入，包括买卖股票、债券的差价收入，股权的股息、红利收入，债券的利息收入及其他收入，暂不征收企业所得税。

（2）对投资者从证券投资基金分配中取得的收入，暂不征收企业所得税。

（3）对证券投资基金管理人运用基金买卖股票、债券的差价收入，暂不征收企业所得税。

3. 节能服务公司的所得税优惠政策

自2011年1月1日起，对符合条件的节能服务公司的所得税按以下规定执行：对符合条件的节能服务公司实施合同能源管理项目，符合企业所得税税法有关规定的，自项目取得第一笔生产经营收入所属纳税年度起，第1年至第3年免征企业所得税，第4年至第6年按照25%的法定税率减半征收企业所得税。

4. 电网企业电网新建项目享受所得税的优惠政策

居民企业从事符合规定条件和标准的电网（输变电设施）新建项目，可依法享受“三免三减半”的优惠政策。基于企业电网新建项目的核算特点，暂以资产比例法，即以企业新增输变电固定资产原值占企业总输变电固定资产原值的比例，合理计算电网新建项目的应纳税所得额，并据此享受“三免三减半”的企业所得税优惠政策。

十二、减按15%的税率征收企业所得税

在广东横琴新区、福建平潭综合实验区、深圳前海深港现代服务业合作区的鼓励类产业企业减按15%的税率征收企业所得税。

任务二　应纳税所得额的确定

应纳税所得额是企业所得税的计税依据，按照企业所得税法的规定，应纳税所得额为

企业每一个纳税年度的收入总额，减除不征税收入、免税收入、各项扣除及允许弥补的以前年度亏损后的余额。

企业应纳税所得额的计算以权责发生制为原则，属于当期的收入和费用，不论款项是否收付，均作为当期的收入和费用；不属于当期的收入和费用，即使款项已经在当期收付，均不作为当期的收入和费用。应纳税所得额的正确计算直接关系到国家财政收入和企业的税收负担，并且同成本、费用核算关系密切。因此，企业所得税法对应纳税所得额计算有明确规定，主要包括以下几方面内容。

一、收入总额

企业的收入总额包括以货币形式和非货币形式从各种来源取得的收入，具体包括销售货物收入，提供劳务收入，转让财产收入，股息、红利等权益性投资收益，利息收入，租金收入，特许权使用费收入，接受捐赠收入和其他收入。

货币形式的收入包括现金、存款、应收账款、应收票据、准备持有至到期的债券投资及债务的豁免等；以非货币形式取得的收入包括固定资产、生物资产、无形资产、股权投资、存货、不准备持有至到期的债券投资、劳务及有关权益等。企业以非货币形式取得的收入应当按照公允价值确定收入额。公允价值是指按照市场价格确定的价值。收入的具体构成如下。

（一）销售货物收入

销售货物收入是指企业销售商品、产品、原材料、包装物、低值易耗品及其他存货取得的收入。

【提示】考虑销售货物收入，应当注意将价外费用、视同销售收入一并计入。

例 8-5 甲企业为增值税一般纳税人，2019 年财务资料显示其销售货物取得不含增值税销售收入 5000 万元；另发现，甲企业销售货物同时收取优质费 56.5 万元，将不含增值税市场价为 5 万元的自产货物发放给职工，企业均未作销售收入处理。假定甲企业所有货物均适用 13%的增值税税率，

【解析】甲企业 2019 年企业所得税销售货物收入=5000+56.5÷（1+13%）+5=5055（万元）

1. 一般销售货物收入

（1）销售商品采用托收承付方式的，在办妥托收手续时确认收入。

（2）销售商品采取预收款方式的，在发出商品时确认收入。

（3）销售商品需要安装和检验的，在购买方接受商品及安装和检验完毕时确认收入；如果安装程序比较简单，可在发出商品时确认收入。

（4）销售商品采用支付手续费方式委托代销的，在收到代销清单时确认收入。

（5）以分期收款方式销售货物的，按照合同约定的收款日期确认收入的实现。

2. 特殊销售货物收入

（1）采用售后回购方式销售商品：销售的商品按售价确认收入，回购的商品作为购进商品处理。有证据表明不符合销售收入确认条件的，如以销售商品方式进行融资，收到的

款项应确认为负债，回购价格大于原售价的，差额应在回购期间确认为利息费用。

（2）以旧换新销售商品：销售商品应当按照销售商品收入确认条件确认收入，回收的商品作为购进商品处理。

（3）商业折扣条件销售：企业为促进商品销售而在商品价格上给予的价格扣除属于商业折扣，商品销售涉及商业折扣的，应当按照扣除商业折扣后的金额确定销售商品收入金额。

（4）现金折扣条件销售：债权人为鼓励债务人在规定的期限内付款而向债务人提供的债务扣除属于现金折扣，销售商品涉及现金折扣的，应当按扣除现金折扣前的金额确定销售商品收入金额，现金折扣在实际发生时作为财务费用扣除。

（5）折让方式销售：企业因售出商品的质量不合格等原因而在售价上给予的减让属于销售折让；企业因售出商品质量、品种不符合要求等原因而发生的退货属于销售退回。企业已经确认销售收入的售出商品发生销售折让和销售退回，应当在发生当期冲减当期销售商品收入。

（6）买一赠一方式组合销售：企业以买一赠一等方式组合销售本企业商品的，不属于捐赠，应将总的销售金额按各项商品的公允价值的比例分摊确认各项的销售收入。

例 8-6 居民企业甲公司主要从事日化产品的生产和销售，为了推广新型洗涤剂，公司推出了“买一赠一”的促销活动，凡购买一件售价为 40 元（不含税）新型洗涤剂的，附赠一瓶原价为 10 元（不含税）的洗洁精。假设甲公司销售了 1 万件新型洗涤剂。

【解析】

在企业所得税的处理上，甲公司应当确认销售新型洗涤剂收入 32 万元、销售洗洁精收入 8 万元，共计确认销售货物收入 40 万元；假定不考虑成本、税金等其他因素，此次“买一赠一”促销活动应纳企业所得税=40×25%=10（万元）。

在增值税处理上，以自产的洗洁精赠送购买新型洗涤剂的客户，应当视同销售货物核定销售额，甲公司此次“买一赠一”促销活动的增值税销项税额=（40+10）×13%=6.5（万元）。

（7）采取产品分成方式取得收入：以企业分得产品的时间确认收入的实现，其收入额按照产品的公允价值确定。

例 8-7 甲公司于 2018 年 3 月出资 500 万元与乙公司合作生产某新型产品，合同约定 12 月 20 日进行产品分配。由于生产延期，2019 年 2 月甲公司才分得该产品，该公司分得产品生产成本 600 万元，市场公允价值 800 万元。

【解析】 甲公司应在 2019 年以 800 万元确认该批产品的收入。

（二）提供劳务收入

提供劳务收入是指企业从事建筑安装、修理修配、交通运输、仓储租赁、金融保险、邮电通信、咨询经纪、文化体育、科学研究、技术服务、教育培训、餐饮住宿、中介代理、卫生保健、社区服务、旅游、娱乐、加工及其他劳务服务活动取得的收入。

1. 一般情况

企业在各个纳税期末，提供劳务交易的结果能够可靠估计的，应采用完工进度（完工百分比）法确认提供劳务收入。

（1）提供劳务交易的结果能够可靠估计，是指同时满足下列条件：① 收入的金额能够可靠计量；② 交易的完工进度能够可靠确定；③ 交易中已发生和将发生的成本能够可靠核算。

（2）企业提供劳务完工进度的确定，可选用下列方法：① 已完工作的测量；② 已提供劳务占劳务总量的比例；③ 发生成本占总成本的比例。

（3）企业应按照从接受劳务方已收或者应收的合同或者协议价款确定劳务收入总额，根据纳税期末提供劳务收入总额乘以完工进度扣除以前纳税年度累计已确认提供劳务收入后的金额，确认为当期劳务收入；同时，按照提供劳务估计总成本乘以完工进度扣除以前纳税期间累计已确认劳务成本后的金额，结转为当期劳务成本。

（4）企业受托加工制造大型机械设备、船舶、飞机，以及从事建筑、安装、装配工程业务或者提供其他劳务等，持续时间超过 12 个月的，按照纳税年度内完工进度或者完成的工作量确认收入的实现。

2. 特殊情况

下列提供劳务满足收入确认条件的，应按规定确认收入。

（1）安装费，应根据安装完工进度确认收入。安装工作是商品销售附带条件的，安装费在确认商品销售实现时确认收入。

（2）宣传媒介的收费，应在相关的广告或者商业行为出现于公众面前时确认收入。广告的制作费，应根据制作广告的完工进度确认收入。

（3）软件费，为特定客户开发软件的收费，应根据开发的完工进度确认收入。

（4）服务费，包含在商品售价内可区分的服务费，在提供服务的期间分期确认收入。

（5）艺术表演、招待宴会和其他特殊活动的收费，在相关活动发生时确认收入。收费涉及几项活动的，预收的款项应合理分配给每项活动，分别确认收入。

（6）会员费，申请入会或者加入会员，只允许取得会籍，所有其他服务或者商品都要另行收费的，在取得该会员费时确认收入。申请入会或者加入会员后，会员在会员期内不再付费就可得到各种服务或者商品，或者以低于非会员的价格销售商品或者提供服务的，该会员费应在整个受益期内分期确认收入。

（7）特许权费，属于提供设备和其他有形资产的特许权费，在交付资产或者转移资产所有权时确认收入；属于提供初始及后续服务的特许权费，在提供服务时确认收入。

（8）劳务费，长期为客户提供重复的劳务收取的劳务费，在相关劳务活动发生时确认收入。

（三）转让财产收入

转让财产收入是指企业转让固定资产、生物资产、无形资产、股权、债权等财产取得的收入。

企业转让股权收入，应于转让协议生效且完成股权变更手续时，确认收入的实现。转让股权收入扣除为取得该股权所发生的成本后，为股权转让所得。企业在计算股权转让所得时，不得扣除被投资企业未分配利润等股东留存收益中按该项股权所可能分配的金额。

企业以非货币性资产对外投资，应于投资协议生效并办理股权登记手续时，确认非货币性资产转让收入的实现。应对非货币性资产进行评估并按评估后的公允价值扣除计税基础后的余额，计算确认非货币性资产转让所得。在不超过 5 年期限内，分期均匀计入相应年度的应纳税所得额。

例 8-8 甲公司为乙公司的股东，投资成本为 200 万元，占乙公司的股权比例为 10%。投资两年后，甲公司出售该项股权，出售价格为 500 万元，乙公司累计未分配利润和累计盈余公积为 1800 万元。

【解析】甲公司应确认股权转让所得=500−200=300（万元）

（四）股息、红利等权益性投资收益

股息、红利等权益性投资收益是指企业因权益性投资从被投资方取得的收入。股息、红利等权益性投资收益，除国务院财政、税务主管部门另有规定外，按照被投资方作出利润分配决定的日期确认收入的实现。

被投资企业将股权（票）溢价所形成的资本公积转为股本的，不作为投资企业的股息、红利收入，投资方企业也不得增加该项长期投资的计税基础。

（五）利息收入

利息收入是指企业将资金提供他人使用但不构成权益性投资，或者因他人占用本企业资金取得的收入，包括存款利息、贷款利息、债券利息、欠款利息等收入。利息收入，按照合同约定的债务人应付利息的日期确认收入的实现。

（六）租金收入

租金收入是指企业提供固定资产、包装物或者其他有形资产的使用权取得的收入。租金收入，按照合同约定的承租人应付租金的日期确认收入的实现。其中，如果交易合同协议中规定租赁期限跨年度，且租金提前一次性支付的，根据《中华人民共和国企业所得税法实施条例》第九条规定的收入与费用配比原则，出租人可对上述已确认的收入，分期均匀计入相关年度收入。

（七）特许权使用费收入

特许权使用费收入是指企业提供专利权、非专利技术、商标权、著作权及其他特许权的使用权取得的收入。特许权使用费收入，按照合同约定的特许权使用人应付特许权使用费的日期确认收入的实现。

知识拓展

（八）接受捐赠收入

接受捐赠收入是指企业接受的来自其他企业、组织或者个人无偿给予的货币性资产、非货币性资产。接受捐赠收入，按照实际收到捐赠资产的日期确认收入的实现。

例 8-9 某企业（增值税一般纳税人）接受一批材料捐赠，取得捐赠方按市场价格开具的增值税专用发票注明价款 10 万元，增值税 1.3 万元。已知该企业适用 25%的企业所得税税率，取得的相关发票均通过认证并可以抵扣。请计算该批材料入账时接受捐赠收入的金额。

【解析】

受赠非货币资产计入应纳税所得额的内容包括受赠资产的价值和由捐赠企业代为支付的增值税，但不包括由受赠企业另外支付的相关税费。

该批材料入账时接受捐赠收入金额=10+1.3=11.3（万元）

（九）其他收入

其他收入是指企业取得的除以上收入外的其他收入，包括企业资产溢余收入、逾期未退包装物押金收入、确实无法偿付的应付款项、已作坏账损失处理后又收回的应收款项、债务重组收入、补贴收入、违约金收入、汇兑收益等。

知识拓展

（十）视同销售货物、转让财产或者提供劳务

企业发生非货币性资产交换，以及将货物、财产、劳务用于捐赠、偿债、赞助、集资、广告、样品、职工福利或者利润分配等用途的，应当视同销售货物、转让财产或者提供劳务，但国务院财政、税务主管部门另有规定的除外。

知识拓展

【注意】企业取得财产（包括各类资产、股权、债权等）转让收入、债务重组收入、接受捐赠收入、无法偿付的应付款收入等，不论是以货币形式还是非货币形式体现，除另有规定外，均应一次性计入确认收入的年度计算缴纳企业所得税。

二、不征税收入和免税收入

国家为了扶持和鼓励某些特殊的纳税人和特定的项目，或者避免因征税影响企业的正常经营，对企业取得的某些收入予以不征税或者免税的特殊政策，以减轻企业的负担，促进经济的协调发展。或者准予抵扣应纳税所得额，或者是对专项用途的资金作为非税收入处理，减轻企业的税负，增加企业可用资金。

1．不征税收入

（1）财政拨款，是指各级人民政府对纳入预算管理的事业单位、社会团体等组织拨付的财政资金，但国务院和国务院财政、税务主管部门另有规定的除外。

（2）依法收取并纳入财政管理的行政事业性收费、政府性基金，是指依照法律、法规等有关规定，按照国务院规定程序批准，在实施社会公共管理，以及在向公民、法人或者其他组织提供特定公共服务过程中，向特定对象收取并纳入财政管理的费用。政府性基金，是指企业依照法律、行政法规等有关规定，代政府收取的具有专项用途的财政资金。具体规定如下。

① 企业按照规定缴纳的、由国务院或者财政部批准设立的政府性基金，以及由国务院和省、自治区、直辖市人民政府及其财政、价格主管部门批准设立的行政事业性收费，准予在计算应纳税所得额时扣除。

企业缴纳的不符合上述审批管理权限设立的基金、收费，不得在计算应纳税所得额时

扣除。

② 企业收取的各种基金、收费，应计入企业当年收入总额。

③ 对企业依照法律、法规及国务院有关规定收取并上缴财政的政府性基金和行政事业性收费，准予作为不征税收入，于上缴财政的当年在计算应纳税所得额时从收入总额中减除；未上缴财政的部分，不得从收入总额中减除。

(3) 国务院规定的其他不征税收入，是指企业取得的，由国务院财政、税务主管部门规定专项用途并经国务院批准的财政性资金。

财政性资金，是指企业取得的来源于政府及其有关部门的财政补助、补贴、贷款贴息，以及其他各类财政专项资金，包括直接减免的增值税和即征即退、先征后退、先征后返的各种税收，但不包括企业按规定取得的出口退税款。

① 企业取得的各类财政性资金，除属于国家投资和资金使用后要求归还本金的之外，均应计入企业当年收入总额。国家投资，是指国家以投资者身份投入企业，并按有关规定相应增加企业实收资本（股本）的直接投资。

② 对企业取得的由国务院财政、税务主管部门规定专项用途并经国务院批准的财政性资金，准予作为不征税收入，在计算应纳税所得额时从收入总额中减除。

第一，企业从县级以上各级人民政府财政部门及其他部门取得的应计入收入总额的财政性资金，凡同时符合以下条件的，可以作为不征税收入，在计算应纳税所得额时从收入总额中减除：企业能够提供规定资金专项用途的资金拨付文件；财政部门或者其他拨付资金的政府部门对该资金有专门的资金管理办法或者具体管理要求；企业对该资金及以该资金发生的支出单独进行核算。

第二，企业将符合第一条规定条件的财政性资金作不征税收入处理后，在5年（60个月）内未发生支出且未缴回财政部门或者其他拨付资金的政府部门的部分，应计入取得该资金第6年的应税收入总额；计入应税收入总额的财政性资金发生的支出，允许在计算应纳税所得额时扣除。

③ 纳入预算管理的事业单位、社会团体等组织按照核定的预算和经费报领关系收到的由财政部门或者上级单位拨入的财政补助收入，准予作为不征税收入，在计算应纳税所得额时从收入总额中减除，但国务院和国务院财政、税务主管部门另有规定的除外。

【注意】 企业的不征税收入用于支出所形成的费用，不得在计算应纳税所得额时扣除；企业的不征税收入用于支出所形成的资产，其折旧、摊销不得在计算应纳税所得额时扣除。

2. 免税收入

(1) 国债利息收入。为鼓励企业积极购买国债，支援国家建设，税法规定，企业因购买国债所得的利息收入，免征企业所得税。

例 8-10 某企业购入政府发行的年利率为5%的一年期国债2000万元，持有300天时以2100万元的价格转让。该企业该笔交易的应纳税所得额是多少？

【解析】

国债利息收入=国债金额×（年利率÷365）×持有天数=2000×（5%÷365）×300=82.19（万元）

国债利息收入免税，但国债转让收入应计入应纳税所得额，所以该笔交易的应纳税所得额=2100-82.19-2000=17.81（万元）。

（2）符合条件的居民企业之间的股息、红利等权益性收益，是指居民企业直接投资于其他居民企业取得的投资收益。

（3）在中国境内设立机构、场所的非居民企业从居民企业取得与该机构、场所有实际联系的股息、红利等权益性投资收益。该收益不包括连续持有居民企业公开发行并上市流通的股票不足12个月取得的投资收益。

（4）符合条件的非营利组织的收入。符合条件的非营利组织主要包括以下几项。

① 依法履行非营利组织登记手续。

② 从事公益性或者非营利性活动。

③ 取得的收入除用于与该组织有关的、合理的支出外，全部用于登记核定或者章程规定的公益性或者非营利性事业。

④ 财产及其孳生息不用于分配。

⑤ 按照登记核定或者章程规定，该组织注销后的剩余财产用于公益性或者非营利性目的，或者由登记管理机关转赠给与该组织性质、宗旨相同的组织，并向社会公告。

⑥ 投入人对投入该组织的财产不保留或者享有任何财产权利。

⑦ 工作人员工资福利开支控制在规定的比例内，不变相分配该组织的财产。

⑧ 国务院财政、税务主管部门规定的其他条件。

《中华人民共和国企业所得税法》第二十六条第四项所称符合条件的非营利组织的收入，不包括非营利组织从事营利性活动取得的收入，但国务院财政、税务主管部门另有规定的除外。

（5）非营利组织的下列收入为免税收入：① 接受其他单位或者个人捐赠的收入；② 除《中华人民共和国企业所得税法》第七条规定的财政拨款之外的其他政府补助收入，但不包括因政府购买服务取得的收入；③ 按照省级以上民政、财政部门规定收取的会费；④ 不征税收入和免税收入孳生的银行存款利息收入；⑤ 财政部、国家税务总局规定的其他收入。

知识拓展

三、税前扣除

（一）税前扣除项目的原则

企业申报的扣除项目和金额要真实、合法。所谓真实是指能提供证明有关支出确属已经实际发生；合法是指符合国家税法的规定，若其他法规规定与税收法规规定不一致，则以税收法规的规定为标准。除税收法规另有规定外，税前扣除一般应遵循以下原则。

（1）权责发生制原则，是指企业费用应在发生的所属期扣除，而不是在实际支付时确认扣除。

（2）配比原则，是指企业发生的费用应当与收入配比扣除。除特殊规定外，企业发生的费用不得提前或者滞后申报扣除。

（3）相关性原则，企业可扣除的费用从性质和根源上必须与取得应税收入直接相关。

（4）确定性原则，即企业可扣除的费用不论何时支付，其金额必须是确定的。

（5）合理性原则，符合生产经营活动常规，应当计入当期损益或者有关资产成本的必要和正常的支出。

（二）扣除项目的范围

企业所得税法规定，企业实际发生的与取得收入有关的、合理的支出，包括成本、费用、税金、损失和其他支出，准予在计算应纳税所得额时扣除。在实际中，计算应纳税所得额时应注意三方面内容：① 企业发生的支出应当区分收益性支出和资本性支出。收益性支出在发生当期直接扣除；资本性支出应当分期扣除或者计入有关资产成本，不得在发生当期直接扣除。② 企业的不征税收入用于支出所形成的费用或者财产，不得扣除或者计算对应的折旧、摊销扣除。③ 除企业所得税法和企业所得税法实施条例另有规定外，企业实际发生的成本、费用、税金、损失和其他支出，不得重复扣除。

（1）成本，是指企业在生产经营活动中发生的销售成本、销货成本、业务支出及其他耗费，即企业销售商品（产品、材料、下脚料、废料、废旧物资等）、提供劳务、转让固定资产、无形资产（包括技术转让）的成本。

企业必须将经营活动中发生的成本合理划分为直接成本和间接成本。直接成本，是指可直接计入有关成本计算对象或者劳务的经营成本中的直接材料、直接人工等。间接成本，是指多个部门为同一成本对象提供服务的共同成本，或者同一种投入可以制造、提供两种或者两种以上的产品或者劳务的联合成本。

直接成本可根据有关会计凭证、记录直接计入有关成本计算对象或者劳务的经营成本中。间接成本必须根据与成本计算对象之间的因果关系、成本计算对象的产量等，以合理的方法分配计入有关成本计算对象中。

【注意】视同销售成本要与视同销售收入相匹配。

（2）费用，是指企业每一个纳税年度为生产、经营商品和提供劳务等所发生的销售（经营）费用、管理费用和财务费用，已经计入成本的有关费用除外。

销售费用，是指应由企业负担的为销售商品而发生的费用，包括广告费、运输费、装卸费、包装费、展览费、保险费、销售佣金（能直接认定的进口佣金调整商品进价成本）、代销手续费、经营性租赁费及销售部门发生的差旅费、工资、福利费等费用。

管理费用，是指企业的行政管理部门为管理组织经营活动提供各项支援性服务而发生的费用。

财务费用，是指企业筹集经营性资金而发生的费用，包括利息净支出、汇总净损失、金融机构手续费及其他非资本化支出。

（3）税金，是指企业发生的除企业所得税和允许抵扣的增值税之外的企业缴纳的各项税金及其附加。准许扣除的税金有两种方式进行扣除：一是在发生当期扣除；二是在发生当期计入相关资产的成本，在以后各期分摊扣除。

知识拓展

（4）损失，是指企业在生产经营活动中发生的固定资产和存货的盘亏、毁损、报废损失，转让财产损失，呆账损失，坏账损失，自然灾害等不可抗力因素造成的损失及其他损失。

企业发生的损失，减除责任人赔偿和保险赔款后的余额，依照国务院财政、税务主管部门的规定扣除。

企业已经作为损失处理的资产，在以后纳税年度又全部收回或者部分收回时，应当计入当期收入。

（5）扣除的其他支出，是指除成本、费用、税金、损失外，企业在生产经营活动中发生的与生产经营活动有关的、合理的支出。

（三）企业所得税税前扣除凭证管理

税前扣除凭证，是指企业在计算企业所得税应纳税所得额时，证明与取得收入有关的、合理的支出实际发生，并据以税前扣除的各类凭证。

1．税前扣除凭证在管理中遵循真实性、合法性、关联性原则

真实性是指税前扣除凭证反映的经济业务真实，且支出已经实际发生；合法性是指税前扣除凭证的形式、来源符合国家法律和法规等相关规定；关联性是指税前扣除凭证与其反映的支出相关联且有证明力。

2．税前扣除凭证取得时间

企业发生支出，应在当年度企业所得税法规定的汇算清缴期结束前取得税前扣除凭证，作为计算企业所得税应纳税所得额时扣除相关支出的依据。

企业应当取得而未取得发票、其他外部凭证或者取得不合规发票、不合规其他外部凭证的，若支出真实且已实际发生，应当在当年度汇算清缴期结束前，要求对方补开、换开发票和其他外部凭证。补开、换开后的发票和其他外部凭证符合规定的，可以作为税前扣除凭证。

企业在补开、换开发票和其他外部凭证过程中，因对方注销、撤销、依法被吊销营业执照，或者被税务机关认定为非正常户等特殊原因无法补开、换开发票和其他外部凭证的，可凭证明资料证实支出真实性后，其支出允许税前扣除。

汇算清缴期结束后，税务机关发现企业应当取得而未取得发票、其他外部凭证或者取得不合规发票、不合规其他外部凭证并且告知企业的，企业应当自被告知之日起60日内补开、换开符合规定的发票和其他外部凭证。其中，因对方特殊原因无法补开、换开发票和其他外部凭证的，企业应当自被告知之日起60日内提供可以证实其支出真实性的相关资料。

3．税前扣除凭证分类

税前扣除凭证按照来源可分为内部凭证和外部凭证。

内部凭证是指企业自制用于成本、费用、损失和其他支出核算的会计原始凭证。内部凭证的填制和使用应当符合国家会计法律、法规等相关规定。

外部凭证是指企业发生经营活动和其他事项时，从其他单位、个人取得的用于证明其支出发生的凭证，包括但不限于发票（包括纸质发票和电子发票）、财政票据、完税凭证、收款凭证、分割单等。

4．税前扣除凭证扣除规定

企业在境内发生的支出项目属于增值税应税项目的，对方为已办理税务登记的增值税纳税人，其支出以发票作为税前扣除凭证；对方为依法无须办理税务登记的单位或者从事

小额零星经营业务的个人，其支出以税务机关代开的发票或者收款凭证及内部凭证作为税前扣除凭证，收款凭证应载明收款单位名称、个人姓名及身份证号、支出项目、收款金额等相关信息。

【注意】小额零星经营业务的判断标准是个人从事应税项目经营业务的销售额不超过增值税相关政策规定的起征点。

企业在境内发生的支出项目不属于应税项目的，对方为单位的，以对方开具的发票以外的其他外部凭证作为税前扣除凭证；对方为个人的，以内部凭证作为税前扣除凭证。企业在境内发生的支出项目虽不属于应税项目，但按国家税务总局规定可以开具发票的，可将发票作为税前扣除凭证。企业从境外购进货物或者劳务发生的支出，以对方开具的发票或者具有发票性质的收款凭证、相关税费缴纳凭证作为税前扣除凭证。

企业与其他企业（包括关联企业）、个人在境内共同接受应纳增值税劳务发生的支出，采取分摊方式的，应当按照独立交易原则进行分摊，企业以发票和分割单作为税前扣除凭证，共同接受应税劳务的其他企业以企业开具的分割单作为税前扣除凭证。

企业与其他企业、个人在境内共同接受非应税劳务发生的支出，采取分摊方式的，企业以发票外的其他外部凭证和分割单作为税前扣除凭证，共同接受非应税劳务的其他企业以企业开具的分割单作为税前扣除凭证。

企业租用（包括企业作为单一承租方租用）办公、生产用房等资产发生的水、电、燃气、冷气、暖气、通信线路、有线电视、网络等费用，出租方作为应税项目开具发票的，企业以发票作为税前扣除凭证；出租方采取分摊方式的，企业以出租方开具的其他外部凭证作为税前扣除凭证。

（四）扣除项目及其标准

在计算应纳税所得额时，下列项目可按照实际发生额或者规定的标准扣除。

1．工资、薪金支出

企业发生的合理的工资、薪金支出准予据实扣除。工资、薪金支出是企业每一纳税年度支付给在本企业任职或者与其有雇佣关系的员工的所有现金或者非现金形式的劳动报酬，包括基本工资、奖金、津贴、补贴、年终加薪、加班工资，以及与任职或者受雇有关的其他支出。

知识拓展

2．职工福利费、工会经费、职工教育经费

企业发生的职工福利费、工会经费、职工教育经费按标准扣除，未超过标准的按实际数扣除，超过标准的只能按标准扣除。

（1）企业发生的职工福利费支出，不超过工资、薪金总额14%的部分准予扣除。

企业职工福利费主要包括以下几项内容。

① 尚未实行分离办社会职能的企业，其内设福利部门所发生的设备、设施和人员费用，包括职工食堂、职工浴室、理发室、医务所、托儿所、疗养院等集体福利部门的设备、设施及维修保养费用，以及福利部门工作人员的工资、薪金、社会保险费、住房公积金、劳务费等。

② 为职工卫生保健、生活、住房、交通等所发放的各项补贴和非货币性福利，包括企业向职工发放的因公外地就医费用、未实行医疗统筹企业职工医疗费用、职工供养直系亲属医疗补贴、供暖费补贴、职工防暑降温费、职工困难补贴、救济费、职工食堂经费补贴、职工交通补贴等。

③ 按照其他规定发生的其他职工福利费，包括丧葬补助费、抚恤费、安家费、探亲假路费等。

值得注意的是，企业发生的职工福利费，应该单独设置账册，进行准确核算。没有单独设置账册准确核算的，税务机关应责令企业在规定的期限内进行改正。逾期仍未改正的，税务机关可对企业发生的职工福利费进行合理的核定。

（2）企业拨缴的工会经费，不超过工资、薪金总额2%的部分准予扣除。

企业拨缴的职工工会经费，不超过工资、薪金总额2%的部分，凭工会组织开具的《工会经费收入专用收据》在企业所得税税前扣除。

知识拓展

（3）除国务院财政、税务主管部门另有规定外，企业发生的职工教育经费支出，不超过工资、薪金总额8%的部分准予扣除，超过部分准予结转以后纳税年度扣除。

软件生产企业、集成电路企业、动漫企业发生的职工教育经费中的职工培训费用，可按实际发生额在计算应纳税所得额时扣除。

上述计算职工福利费、工会经费、职工教育经费的“工资、薪金总额”，是指企业按照“（四）扣除项目及其标准”中第1条规定实际发放的工资、薪金总和，不包括企业的职工福利费、职工教育经费、工会经费，以及养老保险费、医疗保险费、失业保险费、工伤保险费、生育保险费等社会保险费和住房公积金。

例8-11 甲企业为居民企业，2019年实发合理工资薪金总额为1000万元，发生职工福利费150万元，职工教育经费90万元，工会经费12万元。

【解析】

（1）实发合理工资薪金1000万元，可以据实扣除。

（2）三项经费纳税调整计算表如表8-3所示。

表8-3　三项经费纳税调整计算表　　单位：万元

项　目	税法扣除限额	实际发生额	对应纳税所得额的影响
工会经费	1000×2%=20	12	0
职工教育经费	1000×8%=80	90	调增10（可以结转扣除）
职工福利费	1000×14%=140	150	调增10

3．保险费

（1）企业参加财产保险，按照有关规定缴纳的保险费，准予扣除。

（2）职工基本社会保险。企业依照国务院有关主管部门或者省级人民政府规定的范围和标准为职工缴纳的基本养老保险费、基本医疗保险费、失业保险费、工伤保险费、生育保险费等基本社会保险费和住房公积金，准予扣除。

（3）补充社会保险。企业根据国家有关政策规定，为在本企业任职或者受雇的全体员工支付的补充养老保险费、补充医疗保险费，分别在不超过职工工资总额5%标准内的部分，在计算应纳税所得额时准予扣除；超过的部分，不予扣除。

（4）企业职工因公出差乘坐交通工具发生的人身意外保险费支出，准予扣除。

（5）除企业依照国家规定为特殊工种职工支付的人身安全保险费和国务院财政、税务主管部门规定可以扣除的其他商业保险费外，企业为投资者或者职工支付的商业保险费，不得扣除。

例 8-12 某公司2019年支出合理的工资薪金总额1000万元，按规定标准为职工缴纳基本社会保险费150万元，为受雇的全体员工支付补充养老保险费80万元、补充医疗保险费120万元，为公司高管缴纳商业保险费30万元。

【解析】

（1）补充养老保险费的扣除限额=1000×5%=50（万元），实际发生额80万元超过扣除限额，只能按限额扣除。

（2）补充医疗保险费的扣除限额=1000×5%=50（万元），实际发生额120万元超过扣除限额，只能按限额扣除。

（3）按规定为职工缴纳的基本社会保险费可以据实扣除，为公司高管缴纳商业保险费30万元不得扣除。

（4）该公司2019年发生的上述保险费在企业所得税税前可以扣除的数额=150+50+50=250（万元），或者纳税调增额=（80−50）+（120−50）+30=130（万元）。

4．借款费用

（1）企业在生产经营活动中发生的合理的不需要资本化的借款费用，准予扣除。

（2）企业为购置、建造固定资产、无形资产和经过12个月以上的建造才能达到预定可销售状态的存货发生借款的，在有关资产购置、建造期间发生的合理的借款费用，应予以资本化，作为资本性支出计入有关资产的成本；有关资产交付使用后发生的借款利息，可在发生当期扣除。

例 8-13 甲企业于2019年4月1日向银行借款500万元用于建造办公楼，借款期限为1年，当年向银行支付了3个季度的利息，共计22.5万元，该办公楼于10月31日完工结算并投入使用，假定建造期间利息全部资本化。

【解析】甲企业当年企业所得税税前可扣除的财务费用=22.5÷9×2=5（万元），已经资本化的利息则计入资产成本在以后各期分摊扣除。

5．利息费用

企业在生产、经营活动中发生的利息费用，按下列规定扣除。

（1）企业向企业借款的利息费用。

① 准予据实扣除：非金融企业向金融企业借款的利息支出；金融企业的各项存款利息支出和同业拆借利息支出；企业经批准发行债券的利息支出。

② 不得超过限额扣除：非金融企业向非金融企业借款的利息支出，不超过按照金融企业同期同类贷款利率计算的数额的部分，准予扣除，超过部分不得扣除。

（2）股东未按规定缴足资本时利息费用的处理。凡企业投资者在规定期限内未缴足其应缴资本额的，该企业对外借款所发生的利息，相当于投资者实缴资本额与在规定期限内应缴资本额的差额应计付的利息，其不属于企业合理的支出，应由企业投资者负担，不得在计算企业应纳税所得额时扣除。

（3）关联企业利息费用的扣除。企业从其关联方接受的债权性投资与权益性投资的比例超过规定标准而发生的利息支出，不得在计算应纳税所得额时扣除。

① 在计算应纳税所得额时，企业实际支付给关联方的利息支出，不超过以下规定比例和税法及其实施条例有关规定计算的部分，准予扣除，超过的部分不得在发生当期和以后年度扣除。

企业实际支付给关联方的利息支出，除符合下面第②条规定外，其接受关联方债权性投资与其权益性投资比例如下：金融企业为 5:1；其他企业为 2:1。

② 企业如果能够按照税法及其实施条例的有关规定提供相关资料，并证明相关交易活动符合独立交易原则的；或者该企业的实际税负不高于境内关联方的，其实际支付给境内关联方的利息支出，在计算应纳税所得额时准予扣除。

③ 企业同时从事金融业务和非金融业务，其实际支付给关联方的利息支出，应按照合理方法分开计算；没有按照合理方法分开计算的，一律按其他企业的比例 2:1 计算准予税前扣除的利息支出。

④ 企业自关联方取得的不符合规定的利息收入应按照有关规定缴纳企业所得税。

（4）企业向自然人借款的利息费用。

① 向股东或者关联自然人借款的利息费用：参照上述向关联企业借款处理。

② 向内部职工或者其他自然人借款的利息费用。

企业向除股东或者其他与企业有关联关系的自然人之外的内部职工或者其他人员借款的利息支出，其借款情况同时符合以下条件的，其利息支出在不超过按照金融企业同期同类贷款利率计算的数额的部分，准予扣除：第一，企业与个人之间的借贷是真实、合法、有效的，并且不具有非法集资目的或者其他违反法律、法规的行为；第二，企业与个人之间签订了借款合同。

例 8-14 2019 年甲企业发生财务费用 125 万元，其中，支付银行借款利息 54 万元，支付因向某商场借款 1000 万元而发生的全年利息 71 万元，同期银行贷款年利率为 6.1%。

【解析】

（1）向银行借款发生的利息费用 54 万元准予据实扣除。

（2）向某商场借款发生的利息费用，税法扣除限额=1000×6.1%=61（万元），实际发生额超过限额的部分（10 万元）不得在企业所得税税前扣除。

（3）2019 年甲企业准予在企业所得税税前扣除的利息费用=54+61=115（万元），或者纳税调增额=71−61=10（万元）。

6．汇兑损失

企业在货币交易中，以及纳税年度终了时将人民币以外的货币性资产、负债按照期末即期人民币汇率中间价折算为人民币时产生的汇兑损失，除已经计入有关资产成本及与向所有者进行利润分配相关的部分外，准予扣除。

7. 业务招待费

业务招待费是企业为业务经营的合理需要而支付的招待费用。

（1）基本规定。企业发生的与生产经营活动有关的业务招待费支出，按照发生额的60%扣除，但最高不得超过当年销售（营业）收入的5‰。

【提示】销售（营业）收入，包括销售货物收入、提供劳务收入、特许权使用费收入、租金收入、视同销售收入等，即会计核算中的“主营业务收入”“其他业务收入”，以及会计上不确认收入但所得税上视同销售的收入，但不包括营业外收入和投资收益（股权投资企业除外）。

例 8-15 甲公司为居民企业，主要从事货物生产和销售，2019年取得销售货物收入4300万元，理财产品收益30万元，从其直接投资的未上市居民企业分回股息收益270万元，出售闲置厂房收入400万元，发生业务招待费30万元。

【解析】投资收益和营业外收入不计入销售（营业）收入中，甲公司2019年销售（营业）收入为4300万元；销售（营业）收入的5‰=4300×5‰=21.5（万元），实际发生额的60%=30×60%=18（万元），税法扣除限额为18万元，甲公司2019年的业务招待费准予扣除的数额为18万元，或者相应的纳税调增额=30−18=12（万元）。

（2）特殊规定。

① 企业在筹建期间，发生的与筹办活动有关的业务招待费支出，可按实际发生额的60%计入企业筹办费，并按有关规定在税前扣除。

② 对从事股权投资业务的企业（包括集团公司总部、创业投资企业等），其从被投资企业所分配的股息、红利及股权转让收入，可以按规定的比例计算业务招待费扣除限额。

例 8-16 2019年甲创业投资企业从其直接投资的企业分回股息收益1300万元，转让股权取得收入3000万元，转让土地使用权取得收入2600万元；发生业务招待费30万元。

【解析】销售（营业）收入=1300+3000=4300（万元）；销售（营业）收入的5‰=4300×5‰=21.5（万元），实际发生额的60%=30×60%=18（万元），税法扣除限额为18万元，或者相应的纳税调增额=30−18=12（万元）。

知识拓展

8. 广告费和业务宣传费

企业发生的符合条件的广告费和业务宣传费支出，除国务院财政、税务主管部门另有规定外，不超过当年销售（营业）收入15%的部分，准予扣除；超过部分，准予结转以后纳税年度扣除。

企业申报扣除的广告费支出应与赞助支出严格区分。企业申报扣除的广告费支出，必须符合下列条件：广告是通过工商部门批准的专门机构制作的；已实际支付费用，并已取得相应发票；通过一定的媒体传播。

【注意】对化妆品制造、医药制造和饮料制造（不含酒类制造）企业发生的广告费与业务宣传费支出，不超过当年销售（营业）收入30%的部分，准予扣除；超过部分，准予在以后纳税年度结转扣除。

烟草企业的烟草广告费和业务宣传费支出，一律不得在计算应纳税所得额时扣除。

企业在筹建期间发生的广告费和业务宣传费，可按实际发生额计入企业筹办费，并按有关规定在税前扣除。

例 8-17 2019 年甲企业取得销售收入 3000 万元，广告费支出 400 万元；上一年度结转广告费 60 万元。甲企业 2019 年准予扣除的广告费是多少？

【解析】

（1）税前扣除限额=3000×15%=450（万元）。

（2）当年实际发生额+上年结转额=400+60=460（万元）。

（3）甲企业 2019 年准予扣除的广告费为 450 万元。

9. 公益性捐赠支出

公益性捐赠，是指企业通过公益性社会团体或者县级（含县级）以上人民政府及其部门，用于《中华人民共和国公益事业捐赠法》规定的公益事业的捐赠。

企业发生的公益性捐赠支出，在年度利润总额 12%以内的部分，准予在计算应纳税所得额时扣除；超过年度利润总额 12%的部分，准予结转以后 3 年内在计算应纳税所得额时扣除。

【提示】 企业在对公益性捐赠支出计算扣除时，应先扣除以前年度结转的捐赠支出，再扣除当年发生的捐赠支出。

（1）公益性社会团体和县级以上人民政府及其组成部门和直属机构在接受捐赠时，捐赠资产的价值，按以下原则确认：① 接受捐赠的货币性资产，应当按照实际收到的金额计算；② 接受捐赠的非货币性资产，应当以其公允价值计算。

（2）公益性社会团体和县级以上人民政府及其组成部门和直属机构在接受捐赠时，应按照行政管理级次分别使用由财政部或者省、自治区、直辖市财政部门印制的公益性捐赠票据，并加盖本单位的印章；对个人索取捐赠票据的，应予以开具。

例 8-18 2019 年甲公司实现利润总额 30 万元，直接向受灾地区群众捐款 6 万元，通过公益性社会团体向贫困地区捐款 4 万元。甲公司在计算 2019 年企业所得税应纳税所得额时，准予扣除的捐赠额是多少？

【解析】 直接捐赠的 6 万元不得扣除；通过公益性社会团体捐赠的 4 万元，扣除限额=30×12%=3.6（万元），准予扣除的捐赠额为 3.6 万元，超支的 0.4 万元准予结转以后 3 年内在计算应纳税所得额时扣除。

10. 手续费及佣金支出

（1）企业发生与生产经营有关的手续费及佣金支出，不超过以下规定计算限额以内的部分，准予扣除。

① 保险企业：保险企业发生与其经营活动有关的手续费及佣金支出，不超过当年全部保费收入扣除退保金等后余额 18%（含本数）的部分，在计算应纳税所得额时准予扣除；超过部分，允许结转以后年度扣除。

② 其他企业：按与具有合法经营资格中介服务机构或者个人（不含交易双方及其雇员、代理人和代表人等）所签订服务协议或者合同确认的收入金额的 5%（含本数）计算限额。

（2）企业应与具有合法经营资格中介服务企业或者个人签订代办协议或者合同，并按国家有关规定支付手续费及佣金。除委托个人代理外，企业以现金等非转账方式支付的手续费及佣金不得在税前扣除。企业为发行权益性证券支付给有关证券承销机构的手续费及佣金不得在税前扣除。

（3）企业不得将手续费及佣金支出计入回扣、业务提成、返利、进场费等费用。

（4）企业已计入固定资产、无形资产等相关资产的手续费及佣金支出，应当通过折旧、摊销等方式分期扣除，不得在发生当期直接扣除。

（5）企业支付的手续费及佣金不得直接冲减服务协议或者合同金额，应如实入账。

知识拓展

（6）企业应当如实向当地主管税务机关提供当年手续费及佣金计算分配表和其他相关资料，并依法取得合法真实凭证。

例 8-19 2019 年 11 月，甲生产企业因业务需要，经具有合法经营资格的某中介机构介绍与乙企业签订了一份买卖合同，合同金额为 20 万元。甲生产企业向该中介机构支付佣金 2 万元。甲生产企业在计算当年企业所得税应纳税所得额时，该笔佣金准予扣除的数额是多少？

【解析】甲生产企业当年企业所得税扣除限额=20×5%=1（万元）＜实际发生额 2 万元，在计算当年企业所得税应纳税所得额时只能按照限额扣除 1 万元。

11．环境保护专项资金

企业依照法律、行政法规有关规定提取的用于环境保护、生态恢复等方面的专项资金，准予扣除。上述专项资金提取后改变用途的，不得扣除。

12．资产租赁费

企业根据生产经营活动的需要租入固定资产支付的租赁费，按照以下方法扣除。

（1）以经营租赁方式租入固定资产发生的租赁费支出，按照租赁期限均匀扣除。

（2）以融资租赁方式租入固定资产发生的租赁费支出，按照规定构成融资租入固定资产价值的部分应当提取折旧费用，分期扣除。融资租赁，是指在实质上转移与一项资产所有权有关的全部风险和报酬的一种租赁。

例 8-20 2019 年 9 月 1 日，甲企业以经营租赁方式租入固定资产使用，租期为 1 年，支付全部租金 24 万元。

【解析】当年甲企业应纳税所得额应扣除的租赁费用=24÷12×4=8（万元）

【相关链接】如果交易合同或者协议中规定租赁期限跨年度，且租金提前一次性支付的，出租人可对上述已确认的收入，在租赁期内，分期均匀计入相关年度收入。

13．劳动保护支出

企业发生的合理的劳动保护支出，准予扣除。

14．有关资产的费用

企业转让各类固定资产发生的费用，允许扣除。企业按规定计算的固定资产折旧费、无形资产和长期待摊费用的摊销费，准予扣除。

15. 总机构分摊的费用

非居民企业在中国境内设立的机构、场所，就其中国境外总机构发生的与该机构、场所生产经营有关的费用，能够提供总机构出具的费用汇集范围、定额、分配依据和方法等证明文件，并合理分摊的，准予扣除。

16. 资产损失

企业当期发生的固定资产和流动资产盘亏、毁损净损失，由其提供清查盘存资料经主管税务机关审核后，准予扣除；企业因存货盘亏、毁损、报废等原因不得从销项税金中抵扣的进项税额，应视同企业财产损失，准予与存货损失一起在所得税前按规定扣除。

（1）损失额的确定。

① 净损失：企业发生的损失，减除责任人赔偿和保险赔款后的余额，依照国务院财政、税务主管部门的规定扣除。

② 存货损失时相关增值税进项税额的处理：企业存货因管理不善损失而不能从增值税销项税额中抵扣的进项税额，应视同企业财产损失，准予与存货损失一并在税前扣除。

【提示】存货因管理不善损失，对应的进项税额不得抵扣，损失额=存货成本+不得抵扣的进项税额-责任人赔偿和保险赔款。

存货因不可抗力损失或者发生合理损耗，对应的进项税额仍然可以抵扣，损失额=存货成本-责任人赔偿和保险赔款。

例 8-21 甲企业为增值税一般纳税人，2019 年因管理不善损失一批原材料，成本为 30 万元，取得保险公司赔款 8 万元，已知原材料适用 13%的增值税税率。

【解析】甲企业税前可以扣除的损失=30+30×13%-8=25.9（万元）

（2）企业已经作为损失处理的资产，在以后纳税年度又全部收回或者部分收回时，应当计入当期收入。

（3）以前年度资产损失的追补。

① 企业发生符合规定的资产损失，应在按税法规定实际确认或者实际发生的当年申报扣除；但企业以前年度发生的资产损失未能在当年税前扣除的，可以按照规定向税务机关说明并进行专项申报扣除。

② 企业以前年度发生的资产损失，属于实际资产损失的，准予追补至该项损失发生年度扣除，其追补确认期限一般不得超过 5 年。

③ 企业因以前年度实际资产损失未在税前扣除而多缴的企业所得税税款，可在追补确认年度企业所得税应纳税款中予以抵扣，不足抵扣的，向以后年度递延抵扣。

17. 准予扣除的其他项目

依照有关法律、行政法规和国家有关税法规定准予扣除的其他项目，如会员费、合理的会议费、差旅费、违约金、诉讼费用等。

18. 企业以前年度应扣未扣支出的处理

根据《中华人民共和国税收征收管理法》的有关规定，对企业以前年度实际发生的、按照税收规定应在企业所得税前扣除而未扣除或者少扣除的支出，企业作出专项申报及说明后，准予追补至该项目发生年度计算扣除，但追补确认期限不得超过5年。

企业由于上述原因多缴的企业所得税税款，可以在追补确认年度企业所得税应纳税款中抵扣，不足抵扣的，可以向以后年度递延抵扣或者申请退税。

亏损企业追补确认以前年度未在企业所得税税前扣除的支出，或者盈利企业经过追补确认后出现亏损的，应首先调整该项支出所属年度的亏损额，然后按照弥补亏损的原则计算以后年度多缴的企业所得税税款，并按前款规定处理。

例 8-22 某市居民企业在2018年企业所得税汇算中，发现该企业2015年发生的实际资产损失80万元未在当年税前扣除。该企业于2018年按照规定向税务机关作出专项申报及说明后，对2015年未扣除的实际资产损失进行专项申报扣除。已知该企业2015年应纳税所得额为200万元，2016年应纳税所得额为120万元，2017年应纳税所得额为70万元，2018年计算的应纳税所得额为160万元。假设除此外不考虑其他纳税调整事项。请问：2018年在汇算清缴时，实际应缴纳的企业所得税是多少？

【解析】该企业2015年发生的未扣除实际资产损失80万元，应追补至2015年扣除，因此该企业2015年实际应纳税所得额=200−80=120（万元），多缴纳企业所得税=80×25%=20（万元）。2015年该企业多缴的企业所得税税款，可以在2018年汇算清缴的应纳税额中予以抵扣。该企业2018年应纳税所得额为160万元，实际应缴纳企业所得税=160×25%−20=20（万元）。

四、不得扣除的项目

在计算应纳税所得额时，下列支出不得扣除。

（1）向投资者支付的股息、红利等权益性投资收益款项。

（2）企业所得税税款。

（3）税收滞纳金，是指纳税人违反税收法规，被税务机关处以的滞纳金。

（4）罚金、罚款和被没收财物的损失，是指纳税人违反国家有关法律、法规规定，被有关部门处以的罚款，以及被司法机关处以的罚金和被没收的财物。

（5）超过规定标准的捐赠支出。

（6）赞助支出，是指企业发生的与生产经营活动无关的各种非广告性质支出。

（7）未经核定的准备金支出，是指不符合国务院财政、税务主管部门规定的各项资产减值准备、风险准备等准备金支出。

（8）企业之间支付的管理费、企业内营业机构之间支付的租金和特许权使用费，以及非银行企业内营业机构之间支付的利息，不得扣除。

（9）与取得收入无关的其他支出。

五、亏损弥补

（1）亏损是指企业依照《中华人民共和国企业所得税法》及其实施条例的规定，每一纳税年度的收入总额减除不征税收入、免税收入和各项扣除后小于零的数。

税法规定，企业某一纳税年度发生的亏损可以用下一年度的所得弥补，下一年的所得不足以弥补的，可以逐年延续弥补，但最长不得超过 5 年。补亏的规定主要有以下几点：① 按照税法调整后的亏损额；② 以亏损年度的下一年算起，5 年内不论是盈利还是亏损，都作为实际弥补期限计算，中间不得中断；③ 先亏先补，后亏后补。

【注意】2018 年 1 月 1 日起，高新技术企业和科技型中小企业亏损结转年限由 5 年延长至 10 年。

（2）企业筹办期间不计算为亏损年度，企业自开始生产经营的年度为开始计算企业损益的年度。企业从事生产经营之前进行筹办活动期间发生筹办费用支出，不得计算为当期的亏损，企业可以在开始经营之日的当年一次性扣除，也可以按照税法有关长期待摊费用的规定处理，但一经选定，不得改变。

（3）税务机关对企业以前年度纳税情况进行检查时调增的应纳税所得额，凡企业以前年度发生亏损，且该亏损属于《中华人民共和国企业所得税法》规定允许弥补的，应允许调增应纳税所得额弥补该亏损。弥补该亏损后仍有余额的，按照企业所得税法规定计算缴纳企业所得税。对检查调增的应纳税所得额应根据情节，依照《中华人民共和国税收征收管理法》的有关规定进行处理或者处罚。

例 8-23 表 8-4 所示为经税务机关审定的某国有企业 7 年应纳税所得额情况，假设该企业一直执行 5 年亏损弥补规定，则该企业 7 年间应缴纳的企业所得税是多少？

表 8-4　某国有企业 7 年应纳税所得额情况　　单位：万元

年　度	2013	2014	2015	2016	2017	2018	2019
未弥补亏损前的应纳税所得额	−100	10	−20	30	20	30	60

【解析】

关于 2013 年的亏损，要用 2014—2018 年的所得弥补，即使 2015 年亏损，也要占用 5 年抵亏期的一个抵扣年度，且先亏先补，2015 年的亏损需在 2013 年的亏损问题解决之后才能考虑。到了 2018 年，2013 年的亏损未弥补完但已到 5 年抵亏期满，还有 10 万元亏损不得在所得税税前弥补。

2016—2018 年的所得，已被用于弥补 2013 年的亏损，2015 年的亏损只能用 2019 年的所得弥补，在弥补 2015 年的亏损后，2019 年所得=60−20=40（万元），要计算纳税，应纳税额=40×25%=10（万元）。

任务三　企业所得税税额的计算

一、居民企业应纳税额的计算

居民企业应缴纳所得税税额等于应纳税所得额乘以适用税率，基本计算公式为

应纳税额=应纳税所得额×适用税率−减免税额−抵免税额

由计算公式可以看出，应纳税额的多少，取决于应纳税所得额和适用税率两个因素。在实际过程中，应纳税所得额的计算一般有两种方法。

1. 直接计算法

在直接计算法下，企业每一纳税年度的收入总额减除不征税收入、免税收入、各项扣除及允许弥补的以前年度亏损后的余额为应纳税所得额，计算公式为

应纳税所得额=收入总额-不征税收入-免税收入-各项扣除金额-弥补亏损

2. 间接计算法

在间接计算法下，是在会计利润总额的基础上加上或者减去按照税法规定调整的项目金额后，即为应纳税所得额，计算公式为

应纳税所得额=会计利润总额±纳税调整项目金额

纳税调整项目金额包括两方面内容：一是企业的财务会计处理和税收规定不一致的应予以调整的金额；二是企业按税法规定准予扣除的税收金额。

例 8-24 某企业为居民企业，2019 年发生如下经营业务。

（1）取得产品销售收入 4000 万元。

（2）发生产品销售成本 2600 万元。

（3）发生销售费用 770 万元（其中广告费 650 万元），管理费用 480 万元（其中业务招待费 25 万元，新技术的研究开发费用 60 万元），财务费用 60 万元。

（4）销售税金 160 万元（含增值税 120 万元）。

（5）营业外收入 80 万元，营业外支出 50 万元（含通过公益性社会团体向贫困山区捐款 30 万元，支付税收滞纳金 6 万元）。

（6）投资收益 74 万元，其中，取得购买国债的利息收入 40 万元，取得直接投资其他居民企业的权益性收益 34 万元（已在投资方所在地按 15%的税率缴纳了所得税）。

（7）计入成本、费用中的实发工资总额为 200 万元，拨缴职工工会经费 5 万元，发生职工福利费 31 万元，发生职工教育经费 7 万元。

要求：计算该企业 2019 年实际应纳的企业所得税。

【解析】

（1）会计利润总额=4000+80+74−2600−770−480−60−40−50=154（万元）。

（2）广告费和业务宣传费调增所得额=650−4000×15%=650−600=50（万元）。

（3）业务招待费调增所得额=25−25×60%=10（万元）。

4000×0.5%=20（万元）＞25×60%=15（万元）。

（4）技术开发费调减所得额=60×75%=45（万元）。

（5）捐赠支出应调增所得额=30−154×12%=11.52（万元）。

（6）国债利息收入免征企业所得税，应调减所得额 40 万元；取得直接投资其他居民企业的权益性收益属于免税收入，应调减应纳税所得额 34 万元。

（7）工会经费应调增所得额=5−200×2%=1（万元）。

（8）职工福利费应调增所得额=31−200×14%=3（万元）。

（9）职工教育经费应调增所得额=7−200×2.5%=2（万元）。

（10）应纳税所得额=154+50+10+11.52+6+1+3+2−45−40−34=118.52（万元）。

（11）2019 年应缴企业所得税=118.52×25%=29.63（万元）。

二、境外所得抵扣税额的计算

鉴于对居民企业的税收管辖权和避免国际重复征税，企业取得的下列所得已在境外缴纳的所得税税额，可以从其当期应纳税额中抵免，抵免限额为该项所得依照企业所得税法规定计算的应纳税额；超过抵免限额的部分，可以在以后 5 个年度内，用每年度抵免限额抵免当年应抵税额后的余额进行抵补。

（1）居民企业来源于中国境外的应税所得。

（2）非居民企业在中国境内设立机构、场所，取得发生在中国境外但与该机构、场所有实际联系的应税所得。

居民企业从其直接或者间接控制的外国企业分得的来源于中国境外的股息、红利等权益性投资收益，外国企业在境外实际缴纳的所得税税额中属于该项所得应负担的部分，可以作为该居民企业的可抵免境外所得税税额，在企业所得税税法规定的抵免限额内抵免。

上述所称直接控制，是指居民企业直接持有外国企业 20%以上股份。

上述所称间接控制，是指居民企业以间接持股方式持有外国企业 20%以上股份，具体认定办法由国务院财政、税务主管部门另行制定。

已在境外缴纳的所得税税额，是指企业来源于中国境外的所得依照中国境外税收法律及相关规定应当缴纳并已经实际缴纳的企业所得税性质的税款。企业依照企业所得税法的规定抵免企业所得税税额时，应当提供中国境外税务机关出具的税款所属年度的有关纳税凭证。

抵免限额，是指企业来源于中国境外的所得，依照企业所得税法和企业所得税法实施条例的规定计算的应纳税额。企业可以选择按国（地区）分别计算［即“分国（地区）不分项”］，或者不按国（地区）汇总计算［即“不分国（地区）不分项”］其来源于境外的应纳税所得额，并按照税法规定的税率，分别计算其可抵免境外所得税税额和抵免限额。上述方式一经选择，5 年内不得改变。

按分国（地区）不分项方式抵免限额，计算公式为

抵免限额=中国境内、境外所得依照企业所得税法和条例规定计算的应纳税总额
×来源于某国（地区）的应纳税所得额÷中国境内、境外应纳税所得总额

例 8-25 某企业 2019 年境内应纳税所得额为 100 万元，适用 25%的企业所得税税率。另外，该企业分别在 A、B 两国设有分支机构（我国与 A、B 两国已经缔结避免双重征税协定），在 A 国的分支机构的应纳税所得额为 50 万元，A 国税率为 20%；在 B 国的分支机构的应纳税所得额为 30 万元，B 国税率为 30%。假设该企业在 A、B 两国所得按我国税法计算的应纳税所得额和按 A、B 两国税法计算的应纳税所得额一致，两个分支机构在 A、B 两国分别缴纳了 10 万元和 9 万元的企业所得税。假设该企业选择“分国（地区）不分项”计算。

要求：计算该企业汇总时在我国应缴纳的企业所得税税额。

【解析】

（1）该企业按我国税法计算的境内、境外所得的应纳税额=（100+50+30）×25%=45（万元）。

（2）A、B 两国的扣除限额分别为

A 国扣除限额=45×［50÷（100+50+30）］=12.5（万元）

B 国扣除限额=45×［30÷（100+50+30）］=7.5（万元）

在 A 国缴纳的所得税为 10 万元，低于扣除限额 12.5 万元，可全额扣除。

在 B 国缴纳的所得税为 9 万元，高于扣除限额 7.5 万元，其超过扣除限额的部分 1.5 万元当年不能扣除。

（3）汇总时在我国应缴纳的所得税=45-10-7.5=27.5（万元）。

三、居民企业核定征收应纳税额的计算

为了加强企业所得税征收管理，规范核定征收企业所得税工作，保障国家税款及时足额入库，维护纳税人合法权益，根据《中华人民共和国企业所得税法》及其实施条例、《中华人民共和国税收征收管理法》及其实施细则的有关规定，核定征收企业所得税的有关规定如下。

1．核定征收企业所得税的范围

企业所得税核定征收办法适用于居民企业纳税人，纳税人具有下列情形之一的，核定征收企业所得税。

（1）依照法律、行政法规的规定可以不设置账簿的。

（2）依照法律、行政法规的规定应当设置但未设置账簿的。

（3）擅自销毁账簿或者拒不提供纳税资料的。

（4）虽设置账簿，但账目混乱或者成本资料、收入凭证、费用凭证残缺不全，难以查账的。

（5）发生纳税义务，未按照规定的期限办理纳税申报，经税务机关责令限期申报，逾期仍不申报的。

（6）申报的计税依据明显偏低，又无正当理由的。

特殊行业、特殊类型的纳税人和一定规模以上的纳税人不适用企业所得税核定征收办法。上述特定纳税人由国家税务总局另行明确。

2．核定征收的办法

税务机关应根据纳税人的具体情况，对核定征收企业所得税的纳税人，核定应税所得率或者核定应纳所得税额。

（1）具有下列情形之一的，核定其应税所得率：① 能正确核算（查实）收入总额，但不能正确核算（查实）成本费用总额的；② 能正确核算（查实）成本费用总额，但不能正确核算（查实）收入总额的；③ 通过合理方法，能计算和推定纳税人收入总额或者成本费用总额的。

纳税人不属于以上情形的，核定其应纳所得税额。

（2）税务机关采用下列方法核定征收企业所得税：① 参照当地同类行业或者类似行业中经营规模和收入水平相近的纳税人的税负水平核定；② 按照应税收入额或者成本费用支出额定率核定；③ 按照耗用的原材料、燃料、动力等推算或者测算核定；④ 按照其他合理方法核定。

采用上述所列一种方法不足以正确核定应纳税所得额或者应纳税额的，可以同时采用两种以上的方法核定。采用两种以上方法测算的应纳税额不一致时，可按测算的应纳税额从高核定。

采用应税所得率方式核定征收企业所得税的，应纳所得税额计算公式为

应纳所得税额=应纳税所得额×适用税率

应纳税所得额=应税收入额×应税所得率

或者

应纳税所得额=成本（费用）支出额÷（1-应税所得率）×应税所得率

实行应税所得率方式核定征收企业所得税的纳税人，经营多业的，无论其经营项目是否单独核算，均由税务机关根据其主营项目确定适用的应税所得率。

主营项目应为纳税人所有经营项目中，收入总额或者成本（费用）支出额或者耗用原材料、燃料、动力数量所占比重最大的项目。

应税所得率按表 8-5 中规定的幅度标准确定。

表 8-5　应税所得率的幅度标准　　单位：%

行　　业	应税所得率	行　　业	应税所得率
农、林、牧、渔业	3～10	制造业	5～15
批发和零售贸易业	4～15	交通运输业	7～15
建筑业	8～20	饮食业	8～25
娱乐业	15～30	其他行业	10～30

纳税人的生产经营范围、主营业务发生重大变化，或者应纳税所得额或者应纳税额增减变化达到 20%的，应及时向税务机关申报调整已确定的应纳税额或者应税所得率。

例 8-26 某批发兼零售的居民企业，2019 年自行申报销售收入总额 300 万元、成本费用 320 万元，当年亏损 20 万元。经税务机关审核，该企业申报的收入总额无法核实，成本费用核算正确。假定对该企业采取核定征收企业所得税，应税所得率为 8%，请计算该居民企业 2019 年应缴纳企业所得税。

【解析】该企业应缴纳企业所得税=320÷（1-8%）×8%×25%=6.96（万元）

四、非居民企业应纳税额的计算

对在中国境内未设立机构、场所的，或者虽设立机构、场所但取得的所得与其所设机构、场所没有实际联系的非居民企业的所得，应当就其来源于中国境内的所得缴纳企业所得税。

扣缴企业所得税应纳税额的计算公式为

扣缴企业所得税应纳税额=应纳税所得额×实际征收率（10%）

（1）股息、红利等权益性投资收益和利息、租金、特许权使用费所得，以收入全额为应纳税所得额。

（2）转让财产所得，以收入全额减除财产净值后的余额为应纳税所得额。

收入不含增值税，财产净值是指财产的计税基础减除已经按照规定扣除的折旧、折耗、

摊销、准备金等后的余额。

（3）其他所得，参照前两项规定的方法计算应纳税所得额。

例 8-27 境外某公司在中国境内未设立机构、场所，2019 年取得境内 A 公司支付的贷款利息收入 100 万元，取得境内 B 公司支付的财产转让收入 80 万元（不含增值税），该项财产净值为 60 万元。

【解析】2019 年该境外公司在我国应缴纳企业所得税=［100+（80−60）］×10%=12（万元）

五、非居民企业所得税核定征收办法

非居民企业因会计账簿不健全，资料残缺难以查账，或者其他原因不能准确计算并据实申报其应纳税所得额的，税务机关有权采取如表 8-6 所示的核定征收方法核定其应纳税所得额。

表 8-6　非居民企业常用的核定征收方法

核定征收方法	适 用 状 况	计 算 公 式
按收入总额核定应纳税所得额	能够正确核算收入或者通过合理方法推定收入总额，但不能正确核算成本费用的非居民企业	应纳税所得额=收入总额×经税务机关核定的利润率
按成本费用核定应纳税所得额	能够正确核算成本费用，但不能正确核算收入总额的非居民企业	应纳税所得额=成本费用总额÷（1−经税务机关核定的利润率）×经税务机关核定的利润率
按经费支出换算收入核定应纳税所得额	能够正确核算经费支出总额，但不能正确核算收入总额和成本费用的非居民企业	应纳税所得额=经费支出总额÷（1−经税务机关核定的利润率−营业税税率）×经税务机关核定的利润率

税务机关可按照以下标准确定非居民企业的利润率：① 从事承包工程作业、设计和咨询劳务的，利润率为 15%～30%；② 从事管理服务的，利润率为 30%～50%；③ 从事其他劳务或者劳务以外经营活动的，利润率不低于 15%。

税务机关有根据认为非居民企业的实际利润率明显高于上述标准的，可以按照比上述标准更高的利润率核定其应纳税所得额。

非居民企业与中国居民企业签订机器设备或者货物销售合同，同时提供设备安装、装配、技术培训、指导、监督服务等劳务，其销售货物合同中未列明提供上述劳务服务收费金额，或者计价不合理的，主管税务机关可以根据实际情况，参照相同或者相近业务的计价标准核定劳务收入。无参照标准的，以不低于销售货物合同总价款的 10%为原则，确定非居民企业的劳务收入。

任务四　企业所得税会计核算

一、企业所得税会计核算概述

企业所得税会计核算是对照会计准则计算的税前会计利润（或者亏损）与按税法计算

的应纳税所得（或者亏损）之间的差异进行会计处理。我国《企业会计准则》规定，所得税会计核算应该采用资产负债表债务法。

税法与会计的几组对应概念如下。

（1）应交所得税和所得税费用。

（2）应纳税所得额和利润总额（税前会计利润）。

应纳税所得额=应纳税收入总额-准予扣除项目金额

会计利润=收入-费用

（3）应纳税收入总额和收入。

（4）准予扣除项目金额和费用。

税前会计利润与应纳税所得额之间的差异可以分为两类，即永久性差异和暂时性差异。

永久性差异是只影响当年不影响未来的差异，暂时性差异是既影响当年也影响未来的差异。二者均影响当年，但影响未来的只有暂时性差异。《企业会计准则第 18 号——所得税》主要解决的也是暂时性差异。

从计算角度来说，暂时性差异是资产或者负债的账面价值与其计税基础之间的差额。账面价值是指按照《企业会计准则》规定确定的有关资产、负债在企业资产负债表中应列示的金额；计税基础分为资产的计税基础和负债的计税基础。某些不符合资产、负债的确认条件，未作为财务报告中资产、负债列示的项目，如果按照税法规定可以确定其计税基础，该计税基础与其账面价值之间的差额也属于暂时性差异。暂时性差异按其性质可以分为应纳税暂时性差异和可抵扣暂时性差异。

应纳税暂时性差异通常产生于以下情况：① 资产的账面价值大于其计税基础；② 负债的账面价值小于其计税基础。

可抵扣暂时性差异通常产生于以下情况：① 资产的账面价值小于其计税基础；② 负债的账面价值大于其计税基础。

二、所得税会计的一般程序

在采用资产负债表债务法核算所得税的情况下，企业一般在资产负债表日进行所得税核算。企业合并等特殊交易或者事项发生时，在确认因交易或者事项取得的资产、负债时即确认相关的所得税影响。企业所得税费用核算一般遵循以下程序，如图 8-1 所示。

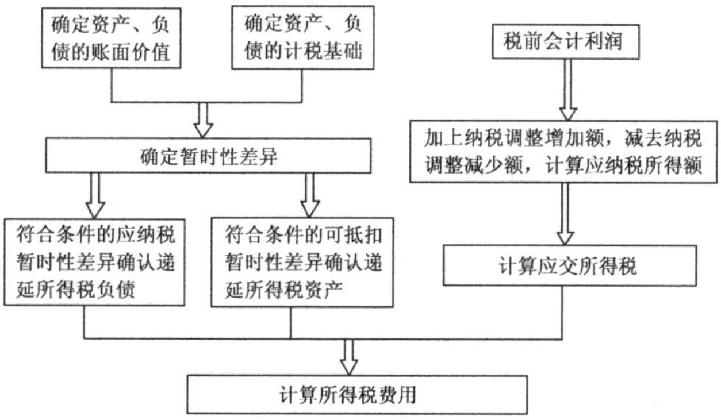

图 8-1　企业所得税费用核算流程图

计算应交所得税的步骤如下：第一步，确定会计利润总额；第二步，调整税会损益差异；第三步，确定应纳税所得额；第四步，计算应交所得税。

三、资产的税务处理

资产是由于资本投资而形成的财产，对资本性支出及无形资产受让、开办、开发费用，不允许作为成本、费用从纳税人的收入总额中一次性扣除，只能采取分次计提折旧或者分次摊销的方式予以扣除。也就是说，纳税人经营活动中使用的固定资产的折旧费用、无形资产和长期待摊费用的摊销费用可以扣除。税法规定，纳入税务处理范围的资产形式主要有固定资产、生物资产、无形资产、长期待摊费用、存货、投资资产等，均以历史成本为计税基础。历史成本，是指企业取得该项资产时实际发生的支出。企业持有各项资产期间资产增值或者减值，除国务院财政、税务主管部门规定可以确认损益外，不得调整该资产的计税基础。

（一）固定资产的税务处理

固定资产是指企业为生产产品、提供劳务、出租或者经营管理而持有的且使用时间超过12个月的非货币性资产，包括房屋、建筑物、机器、机械、运输工具，以及其他与生产经营活动有关的设备、器具、工具等。

1. 固定资产计税基础

（1）外购的固定资产，以购买价款和支付的相关税费及直接归属于使该资产达到预定用途发生的其他支出为计税基础。

（2）自行建造的固定资产，以竣工结算前发生的支出为计税基础。

（3）融资租入的固定资产，以租赁合同约定的付款总额和承租人在签订租赁合同过程中发生的相关费用为计税基础，租赁合同未约定付款总额的，以该资产的公允价值和承租人在签订租赁合同过程中发生的相关费用为计税基础。

（4）盘盈的固定资产，以同类固定资产的重置完全价值为计税基础。

（5）通过捐赠、投资、非货币性资产交换、债务重组等方式取得的固定资产，以该资产的公允价值和支付的相关税费为计税基础。

（6）改建的固定资产，除已足额提取折旧的固定资产和租入的固定资产外的其他固定资产，以改建过程中发生的改建支出增加计税基础。

2. 固定资产折旧的范围

在计算应纳税所得额时，企业按照规定计算的固定资产折旧，准予扣除。下列固定资产不得计算折旧扣除：① 房屋、建筑物以外未投入使用的固定资产；② 以经营租赁方式租入的固定资产；③ 以融资租赁方式租出的固定资产；④ 已足额提取折旧仍继续使用的固定资产；⑤ 与经营活动无关的固定资产；⑥ 单独估价作为固定资产入账的土地；⑦ 其他不得计算折旧扣除的固定资产。

3. 固定资产折旧的计提方法

（1）企业应当自固定资产投入使用月份的次月起计算折旧，停止使用的固定资产应当自停止使用月份的次月起停止计算折旧。

（2）企业应当根据固定资产的性质和使用情况，合理确定固定资产的预计净残值。固定资产的预计净残值一经确定，不得变更。

（3）固定资产按照直线法计算的折旧，准予扣除。

4. 固定资产折旧的计提年限

除国务院财政、税务主管部门另有规定外，固定资产计算折旧的最低年限如下：① 房屋、建筑物，为 20 年；② 飞机、火车、轮船、机器、机械和其他生产设备，为 10 年；③ 与生产经营活动有关的器具、工具、家具等，为 5 年；④ 飞机、火车、轮船以外的运输工具，为 4 年；⑤ 电子设备，为 3 年。

从事开采石油、天然气等矿产资源的企业，在开始商业性生产前发生的费用和有关固定资产的折耗、折旧方法，由国务院财政、税务主管部门另行规定。

5. 固定资产改扩建的税务处理

（1）属于推倒重置的：该资产原值减除提取折旧后的净值，应并入重置后的固定资产计税成本，并在该固定资产投入使用后的次月起，按照税法规定的折旧年限，一并计提折旧。

（2）属于提升功能、增加面积的：该固定资产的改扩建支出，并入该固定资产计税基础，按尚可使用的年限与税法规定的最低年限孰低原则选择最低年限计提折旧。

（二）生物资产的税务处理

生物资产，是指有生命的动物和植物。生物资产分为消耗性生物资产、生产性生物资产和公益性生物资产。消耗性生物资产，是指为出售而持有的，或者在将来收获为农产品的生物资产，包括生长中的农田作物、蔬菜、用材林及存栏待售的牲畜等。生产性生物资产，是指为生产农产品、提供劳务或者出租等而持有的生物资产，包括经济林、薪炭林、产畜和役畜等。公益性生物资产，是指以防护、环境保护为主要目的的生物资产，包括防风固沙林、水土保持林和水源涵养林等。

1. 生物资产的计税基础

生产性生物资产按照以下方法确定计税基础：① 外购的生产性生物资产，以购买价款和支付的相关税费为计税基础；② 通过捐赠、投资、非货币性资产交换、债务重组等方式取得的生产性生物资产，以该资产的公允价值和支付的相关税费为计税基础。

2. 生物资产的折旧方法和折旧年限

生产性生物资产按照直线法计算的折旧，准予扣除。企业应当自生产性生物资产投入使用月份的次月起计算折旧；停止使用的生产性生物资产，应当自停止使用月份的次月起停止计算折旧。

企业应当根据生产性生物资产的性质和使用情况，合理确定生产性生物资产的净残值。生产性生物资产的预计净残值一经确定，不得变更。

生产性生物资产计算折旧的最低年限如下：① 林木类生产性生物资产，为10年；② 畜类生产性生物资产，为3年。

（三）无形资产的税务处理

无形资产，是指企业长期使用但没有实物形态的资产，包括专利权、商标著作权、土地使用权、非专利技术、商誉等。

1．无形资产的计税基础

无形资产按照以下方法确定计税基础：① 外购的无形资产，以购买价款和支付的相关税费及直接归属于使该资产达到预定用途发生的其他支出为计税基础；② 自行开发的无形资产，以开发过程中该资产符合资本化条件后至达到预定用途前发生的支出为计税基础；③ 通过捐赠、投资、非货币性资产交换、债务重组等方式取得的无形资产以该资产的公允价值和支付的相关税费为计税基础。

2．无形资产摊销的范围

在计算应纳税所得额时，企业按照规定计算的无形资产摊销费用，准予扣除。

下列无形资产不得计算摊销费用扣除：① 自行开发的支出已在计算应纳税所得额时扣除的无形资产；② 自创商誉；③ 与经营活动无关的无形资产；④ 其他不得计算摊销费用扣除的无形资产。

3．无形资产的摊销方法及年限

无形资产的摊销，采取直线法计算。无形资产的摊销年限不得低于10年。作为投资或者受让的无形资产，有关法律规定或者合同约定了使用年限的，可以按照规定或者约定的使用年限分期摊销。外购商誉的支出，在企业整体转让或者清算时，准予扣除。

（四）长期待摊费用的税务处理

长期待摊费用，是指企业发生的应在一个年度以上或者几个年度进行摊销的费用。在计算应纳税所得额时，企业发生的下列支出作为长期待摊费用，按照规定摊销的，准予扣除：① 已足额提取折旧的固定资产的改建支出；② 租入固定资产的改建支出；③ 固定资产的大修理支出；④ 其他应当作为长期待摊费用的支出。

企业的固定资产修理支出可在发生当期直接扣除。企业的固定资产改良支出，如有关固定资产尚未提足折旧，可增加固定资产价值；如有关固定资产已提折旧，可作为长期待摊费用，在规定的期间内平均摊销。

固定资产的改建支出，是指改变房屋或者建筑物结构、延长使用年限等发生的支出。已足额提取折旧的固定资产的改建支出，按照固定资产预计尚可使用年限分期摊销；租入固定资产的改建支出，按照合同约定的剩余租赁期限分期摊销；改建的固定资产延长使用年限的，除已足额提取折旧的固定资产、租入固定资产的改建支出外，其他的固定资产发生改建支出，应当适当延长折旧年限。

大修理支出，按照固定资产尚可使用年限分期摊销。

企业所得税法所指固定资产的大修理支出，是指同时符合下列条件的支出：① 修理支出达到取得固定资产时的计税基础50%以上；② 修理后固定资产的使用年限延长2年以上。

其他应当作为长期待摊费用的支出，自支出发生月份的次月起，分期摊销，摊销年限不得低于3年。

（五）存货的税务处理

存货，是指企业持有以备出售的产品或者商品、处在生产过程中的在产品、在生产或者提供劳务过程中耗用的材料和物料等。

1. 存货的计税基础

存货按照以下方法确定成本：① 通过支付现金方式取得的存货，以购买价款和支付的相关税费为成本；② 通过支付现金以外的方式取得的存货，以该存货的公允价值和支付的相关税费为成本；③ 生产性生物资产收获的农产品，以产出或者采收过程中发生的材料费、人工费和分摊的间接费用等必要支出为成本。

2. 存货的成本计算方法

企业使用或者销售的存货的成本计算方法，可以在先进先出法、加权平均法、个别计价法中选用一种。计价方法一经选用，不得随意变更。

企业转让以上资产，在计算企业应纳税所得额时，资产的净值允许扣除。其中，资产的净值，是指有关资产、财产的计税基础减除已经按照规定扣除的折旧、折耗、摊销、准备金等后的余额。

除国务院财政、税务主管部门另有规定外，企业在重组过程中，应当在交易发生时确认有关资产的转让所得或者损失，相关资产应当按照交易价格重新确定计税基础。

（六）投资资产的税务处理

投资资产，是指企业对外进行权益性投资和债权性投资而形成的资产。

1. 投资资产的成本

投资资产按以下方法确定投资成本：① 通过支付现金方式取得的投资资产，以购买价款为成本；② 通过支付现金以外的方式取得的投资资产，以该资产的公允价值和支付的相关税费为成本。

2. 投资资产成本的扣除方法

企业对外投资期间，投资资产的成本在计算应纳税所得额时不得扣除，企业在转让或者处置投资资产时，投资资产的成本准予扣除。

3. 投资企业撤回或者减少投资的税务处理

投资企业从被投资企业撤回或者减少投资，其取得的资产中，相当于初始出资的部分，应确认为投资收回；相当于被投资企业累计未分配利润和累计盈余公积按减少实收资本比例计算的部分，应确认为股息所得；其余部分确认为投资资产转让所得。

被投资企业发生的经营亏损，由被投资企业按规定结转弥补；投资企业不得调整减低其投资成本，也不得将其确认为投资损失。

例 8-28 2018 年 9 月甲公司以 1000 万元投资乙公司，取得乙公司 30%的股权。2019 年 9 月经股东会批准，甲公司将其持有的 30%股权撤资，撤资时乙公司累计未分配利润为 4000 万元，甲公司撤资分得银行存款 2300 万元，则甲公司分得的 2300 万元中，股权转让所得为多少？

【解析】

1000 万元为投资资本的收回（原投资就是 1000 万元）。

4000×30%=1200（万元），确认为股息所得。

2300−1000−1200=100（万元），剩余部分 100 万元确认为股权转让所得缴纳企业所得税。

4．非货币性资产的税务处理

非货币性资产，是指现金、银行存款、应收账款、应收票据及准备持有到期的债权投资等货币性投资以外的资产。

（1）居民企业以非货币性资产对外投资确认的非货币性资产转让所得，可在不超过 5 年期限内，分期均匀地计入相应年度的应纳税所得额，按规定计算缴纳企业所得税。

（2）企业以非货币性资产对外投资，应对非货币性资产进行评估，并按评估后的公允价值扣除计税基础后的余额，计算确认非货币性资产转让所得。企业以非货币性资产对外投资，应于投资协议生效并办理股权登记手续时，确认非货币性资产转让收入的实现。

（3）实行查账征收的企业以非货币性资产对外投资确认的非货币性资产转让所得，可自确认非货币性资产转让收入年度起不超过连续 5 个纳税年度的期间内，分期均匀计入相应年度的应纳税所得额，按规定计算缴纳企业所得税。

（4）关联企业之间发生的非货币性资产投资行为，投资协议生效后 12 个月内尚未完成股权变更登记手续的，于投资协议生效时，确认非货币性资产转让收入的实现。

（5）符合多个文件规定的特殊性税务处理条件的，可由企业选择其中一项政策执行，一经选择，不得改变。

例 8-29 甲企业以其生产设备向乙企业投资，该设备的计税基础为 2000 万元，经评估的公允价值为 3000 万元。

【解析】甲企业该项投资应确认非货币性资产转让所得=3000−2000=1000（万元），可在不超过 5 年期限内，分期均匀计入相应年度的应纳税所得额，按规定计算缴纳企业所得税。

四、负债的税务处理

负债的计税基础，是指负债的账面价值减去未来期间计算应纳税所得额时按照税法规定可予抵扣的金额。

1．预计负债

《中华人民共和国企业所得税法》规定，企业实际发生的与取得收入有关的、合理的支出，包括成本、费用、税金、损失和其他支出，准予在计算应纳税所得额时扣除。预计负债是履行该义务很可能导致经济利益流出企业，并没有实际发生，只是估计的支出数，不符合税法规定的实际发生原则，金额也不确定，所以不允许在计算应纳税所得额时扣除。

企业对未决诉讼或者仲裁、债务担保、产品质量保证（含产品安全保证）、承诺、环境污染整治等方面计提的预计负债，在申报企业所得税时应调增应纳税所得额，待这些方面的支出实际发生时，才允许扣除。

亏损合同是指履行合同义务不可避免会发生的成本超过预期经济利益的合同。因为亏损合同计提的预计负债不属于真正的亏损，不允许扣除，在申报企业所得税时调增应纳税所得额，待亏损合同形成实际亏损，才允许确认。

所以，预计负债期末的计税基础为其账面价值与未来期间可税前扣除的金额之间的差额，因有关的支出实际发生时可全部税前扣除，其计税基础为零。

2. 预收账款

企业在收到客户预付的款项时，因不符合收入确认条件，会计上将其确认为负债。税法中对收入的确认原则一般与会计规定相同，即会计上未确认收入时，计税时一般亦不计入应纳税所得额，该部分经济利益在未来期间计税时可予税前扣除的金额为零，计税基础等于账面价值。

3. 应付职工薪酬

企业会计准则规定，企业为获得职工提供的服务给予的各种形式的报酬及其他相关支出均应作为企业的成本费用，在未支付之前确认为负债。税法规定，企业支付给职工的合理的工资薪金性质的支出可税前列支。一般情况下，对应付职工薪酬，其计税基础为账面价值减去在未来期间可予税前扣除的金额零之间的差额，即账面价值等于计税基础。

4. 股份支付

股份支付是指企业为获取职工和其他方式提供服务而授予权益工具或者承担以权益工具为基础确定的负债的交易。股份支付分为以权益结算的股份支付和以现金结算的股份支付。

企业所得税法规定，企业发生的合理的工资薪金支出，准予扣除。实际给职工发放的合理的股份支付，按照工资薪金在税前扣除。对股权激励计划实行后立即可以行权的，上市公司可根据实际行权时该股票的公允价格与激励对象实际行权支付价格的差额和数量，计算确定作为当年上市公司工资薪金支出，依照税法规定进行税前扣除。而对股权激励计划实行后，需待一定服务年限或者达到规定业绩条件方可行权的，上市公司等待期内会计上计算确认的相关成本费用，不得在对应年度计算缴纳企业所得税时扣除。在股权激励计划可行权后，上市公司方可根据该股票实际行权时的公允价格与当年激励对象实际行权支付价格的差额及计量，计算确定作为当年上市公司工资薪金支出，依照税法规定进行税前扣除。

以现金结算的股份支付形成的应付职工薪酬，在未来实际支付时可以在税前扣除，其计税基础为零。

五、税法规定与会计规定差异的处理

税法规定与会计规定差异的处理，是指企业在财务会计核算中与税法规定不一致的，应当依照税法规定予以调整。企业在平时进行会计核算时，可以按会计制度的有关规定进行账务处理，但在申报纳税时，对税法规定和会计制度规定有差异的，要按税法规定进行纳税调整。

（1）企业不能提供完整、准确的收入及成本、费用凭证，不能正确计算应纳税所得额的，由税务机关核定其应纳税所得额。

（2）企业依法清算时，以其清算终了后的清算所得为应纳税所得额，按规定缴纳企业所得税。所谓清算所得，是指企业的全部资产可变现价值或者交易价格减资产净值、清算费用及相关税费等后的余额。

投资方企业从被清算企业分得的剩余资产，其中相当于从被清算企业累计未分配利润和累计盈余公积中应当分得的部分，应当确认为股息所得；剩余资产减除上述股息所得的余额，超过或者低于投资成本的部分，应当确认为投资资产转让利得或者损失。

（3）企业应纳税所得额是根据税收法规计算出来的，它在数额上与依据会计计算的利润总额往往不一致。因此，税法规定：对企业按照有关财务会计计算的利润总额，要按照税法的规定进行必要的调整后，才能作为应纳税所得额计算缴纳所得税。

（4）自 2011 年 7 月 1 日起，企业当年度实际发生的相关成本、费用，由于各种原因未能及时取得该成本、费用的有效凭证，企业在预缴季度所得税时，可暂按账面发生金额进行核算；但在汇算清缴时，应补充提供该成本、费用的有效凭证。

六、递延所得税资产与递延所得税负债的确认和计量

（一）递延所得税资产的确认和计量

1. 递延所得税资产的确认

（1）一般原则。资产、负债的账面价值与其计税基础不同产生可抵扣暂时性差异的，在估计未来期间能够取得足够的应纳税所得额用以利用该可抵扣暂时性差异时，应当以很可能取得用于抵扣可抵扣暂时性差异的应纳税所得额为限，确认相关的递延所得税资产。

企业合并中，按照会计准则规定确定的合并中取得各项可辨认资产、负债的入账价值与其计税基础之间形成可抵扣暂时性差异的，应确认相应的递延所得税资产，并调整合并中应予确认的商誉等。

与直接计入所有者权益的交易或事项相关的可抵扣暂时性差异，相应的递延所得税资产应计入所有者权益，如因可供出售金融资产公允价值下降而应确认的递延所得税资产。

（2）不确认递延所得税资产的特殊情况。在某些情况下，如果企业发生的某项交易或者事项不是企业合并，并且该交易发生时既不影响会计利润也不影响应纳税所得额，且该项交易中产生的资产、负债的初始确认金额与其计税基础不同，产生可抵扣暂时性差异的，企业会计准则中规定在交易或者事项发生时不确认相应的递延所得税资产。其原因在于，如果确认递延所得税资产，则需要调整资产、负债的入账价值，对实际成本进行调整将有违会计核算中的历史成本原则，影响会计信息的可靠性，该种情况下不确认相应的递延所得税资产。

2. 递延所得税资产的计量

（1）适用税率的确定。确认递延所得税资产时，应估计相关可抵扣暂时性差异的转回时间，采用转回期间适用的所得税税率为基础计算确定。递延所得税资产均不予折现。

（2）递延所得税资产的减值。

① 资产负债表日，企业应当对递延所得税资产的账面价值进行复核。如果未来期间很可能无法取得足够的应纳税所得额用于利用递延所得税资产的利益，应当减记递延所得税资产的账面价值。

② 递延所得税资产的账面价值减记之后，以后期间根据新的环境和情况判断能够产生足够的应纳税所得额利用可抵扣暂时性差异，使递延所得税资产包含的经济利益能够实现的，应相应恢复递延所得税资产的账面价值。

（二）递延所得税负债的确认和计量

1. 递延所得税负债的确认

（1）除企业会计准则中明确规定可不确认递延所得税负债的情况外，企业对所有的应纳税暂时性差异均应确认相关的递延所得税负债。除直接计入所有者权益的交易或者事项及企业合并外，在确认递延所得税负债的同时，应增加利润表中的所得税费用。

（2）不确认递延所得税负债的特殊情况。

商誉的初始确认，计算公式为

商誉=合并成本-享有的被购买方可辨认净资产公允价值份额

若确认递延所得税负债，则减少被购买方可辨认净资产公允价值，增加商誉，由此进入不断循环状态。

应予说明的是，按照会计准则规定在非同一控制下企业合并中确认了商誉，并且按照所得税法的规定该商誉在初始确认时计税基础等于账面价值的，该商誉在后续计量过程中因会计准则规定与税法规定不同产生暂时性差异的，应当确认相关的所得税影响。

2. 递延所得税负债的计量

递延所得税负债应以相关应纳税暂时性差异转回期间适用的所得税税率计量。递延所得税负债的确认不要求折现。

递延所得税资产与递延所得税负债的确认和计量如图 8-2 所示。

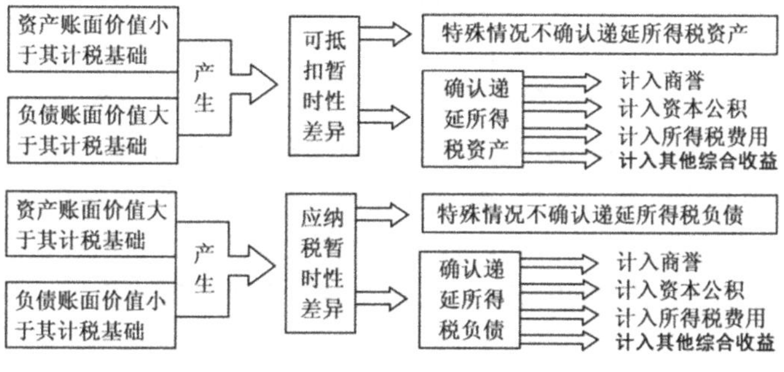

图 8-2　递延所得税资产与递延所得税负债的确认和计量

七、所得税费用的确认和计量

在采用资产负债表债务法核算所得税的情况下，利润表中的所得税费用由当期所得税和递延所得税费用（或者收益）两个部分组成。

（一）当期所得税

应交所得税=应纳税所得额×所得税税率

应纳税所得额=税前会计利润+纳税调整增加额-纳税调整减少额

1．纳税调增项目

按会计准则规定核算时，不作为收益计入会计利润，但是在计算应纳税所得额时作为应税收入需要缴纳所得税。

按照会计准则规定核算时，确认费用或者损失计入会计利润，但是在计算应纳税所得额时按税法规定则不允许扣除。

2．纳税调减项目

按会计准则规定核算时，作为收益计入会计利润，但在计算应纳税所得额时不确认为应税收入。按会计准则规定核算时，不确认为费用或者损失，但在计算应纳税所得额时则允许扣减。

（二）递延所得税费用（或者收益）

递延所得税费用（或者收益）=当期递延所得税负债的增加+当期递延所得税资产的减少
-当期递延所得税负债的减少-当期递延所得税资产的增加

（三）所得税费用

所得税费用=当期所得税+递延所得税费用（或者收益）

例 8-30 南浦公司适用所得税税率为 25%，申报 2019 年企业所得税时，涉及以下调整事项。

（1）2019 年 12 月 31 日，“应收账款”账户余额为 24 000 万元，“坏账准备”账户年末余额为 2000 万元（年初该账户无余额）。

（2）2019 年 9 月 20 日，以银行存款 2400 万元购入某公司股票，作为可供出售金融资产管理，截至 12 月 31 日，该股票尚未出售，公允价值为 2600 万元。

（3）2018 年 1 月，购入乙公司股权的初始投资成本为 2800 万元，采用成本法核算。2019 年 10 月 10 日，南浦公司从乙公司分得的现金股利为 200 万元，计入投资收益，截至当年 12 月 31 日，该项投资未发生减值。南浦公司和乙公司均为设在我国境内的居民企业。税法规定，我国境内居民企业之间取得的利息、红利免税。

（4）2019 年发生广告费用 4800 万元，尚未支付，当年实现销售收入 30 000 万元。

（5）其他资料如下。

① 2019 年 12 月 31 日，南浦公司存在可以税前弥补的亏损 2600 万元，该亏损在发生

时已确认相应递延所得税资产650万元。

② 2019年年初递延所得税负债无余额。

③ 2019年实现利润3000万元。

④ 除上述事项外，南浦公司会计处理与税法处理不存在其他差异，预计未来期间能够产生足够的应纳税所得额用于抵扣可抵扣暂时性差异，预计未来期间适用所得税税率不会发生变化。

要求：

（1）确定南浦公司2019年12月31日有关资产、负债的账面价值和计税基础，以及资产、负债产生的暂时性差异（填表）。

（2）计算2019年应纳税所得额及当期应交所得税税额。

（3）确认递延所得税资产和递延所得税负债金额。

（4）作出有关所得税的相关账务处理。

【解析】

（1）暂时性差异计算表（见表8-7）。

表8-7　暂时性差异计算表　　单位：万元

项　目	账面价值	计税基础	暂时性差异	
			应纳税暂时性差异	可抵扣暂时性差异
应收账款	22 000	24 000		2000
可供出售金融资产	2600	2400	200	
长期股权投资	2800	2800		
其他应付款	4800	4500		300
合计	—	—	200	2300

（2）应纳税所得额=3000+2000+（4800−30 000×15%）−2600=2700（万元）。

当期应交所得税=2700×25%=675（万元）。

（3）递延所得税资产=2300×25%−650=−75（万元）（转回）。

递延所得税负债=200×25%=50（万元）。

（4）编制会计分录。

① 计算当年应交所得税时编制如下会计分录。

借：所得税费用　　675

　　贷：应交税费——应交所得税　　675

② 转回递延所得税资产时编制如下会计分录。

借：所得税费用　　75

　　贷：递延所得税资产　　75

③ 确认递延所得税负债时编制如下会计分录。

借：其他综合收益　　50

　　贷：延所得税负债　　50

任务五　企业所得税纳税申报

企业所得税纳税申报表是根据企业所得税征收与管理规程的要求，纳税人与税务机关为处理企业所得税征管事宜使用的具有固定格式的报表。它既是纳税人和纳税代理人履行纳税义务以规范格式申报纳税的书面报告，也是税务机关据以征收、分析、评估、检查企业所得税所使用的重要资料。

作为报税岗位的会计人员，每月需在规定时间内，根据会计资料计算企业所得税月（季）度预缴金额，准备申报材料，进行企业所得税预缴纳税申报和税款缴纳工作。年度终了后5个月内进行企业所得税的汇算清缴工作，进行企业所得税的年度纳税申报和税款缴纳工作。

一、企业所得税的征收管理

1．纳税地点

（1）除税收法律、行政法规另有规定外，居民企业以企业登记注册地为纳税地点；但登记注册地在境外的，以实际管理机构所在地为纳税地点。企业注册登记地，是指企业依照国家有关规定登记注册的住所地。

（2）居民企业在中国境内设立不具有法人资格的营业机构的，应当汇总计算并缴纳企业所得税。企业汇总计算并缴纳企业所得税的，应当统一核算应纳税所得额，具体办法由国务院财政、税务主管部门另行制定。

（3）非居民企业在中国境内设立机构、场所的，应当以其所设的机构和场所为纳税地点；若其设立了两个以上的机构和场所，可选择主要机构和场所汇总缴纳企业所得税。

2．纳税期限

企业所得税按年征收，分月或者分季度预缴，年终汇算清缴，多退少补。

企业所得税的纳税年度采用公历年制，企业在一个纳税年度中间开业，或者由于合并、关闭等原因终止经营活动，该纳税年度的实际经营期不足12个月的，应当以其实际经营期为一个纳税年度。企业清算时，应当以清算期为一个纳税年度。

企业应当自年度终了之日起5个月内，向税务机关报送年度企业所得税纳税申报表，并汇算清缴，结清应缴应退税款。

企业在年度中间终止经营活动的，应当自实际经营终止之日起60日内，向税务机关办理当期企业所得税汇算清缴。

企业清算时，以清算期间作为一个纳税年度。企业应当在办理注销登记前，就其清算所得向税务机关申报并依法缴纳企业所得税。清算所得，是指企业的全部资产可变现价值或者交易价格减除资产净值、清算费用、相关税费等后的余额，即清算所得=全部资产可变现价值（交易价格）-资产净值-清算费用-相关税费等。

3. 纳税申报

企业应当自月份或者季度终了后15日内，到主管国税机关办理企业所得税的纳税申报手续，预缴税款。企业在报送企业所得税纳税申报表时，应当按照规定附送财务会计报告和其他有关资料。

二、企业所得税的纳税申报

1. 企业所得税预缴纳税申报表

查账征收企业所得税的居民纳税人及在中国境内设立机构的非居民纳税人在月（季）度预缴企业所得税时应填制《中华人民共和国企业所得税月（季）度预缴纳税申报表（A类）》（见表8-8）；实行核定征收管理办法（包括核定应税所得率和核定税额征收方式）缴纳企业所得税的纳税人应填制《中华人民共和国企业所得税月（季）度预缴和年度纳税申报表（B类）》（见表8-9）。

表8-8　中华人民共和国企业所得税月（季）度预缴纳税申报表（A类）

税款所属期间：　　年　　月　　日至　　年　　月　　日

纳税人识别号（统一社会信用代码）：□□□□□□□□□□□□□□□□□□□□

纳税人名称：　　　　　　　　　　　　　　　　　　金额单位：人民币元（列至角分）

预缴方式	□ 按照实际利润额预缴	□ 按照上一纳税年度应纳税所得额平均额预缴	□ 按照税务机关确定的其他方法预缴
企业类型	□ 一般企业	□跨地区经营汇总纳税企业总机构	□ 跨地区经营汇总纳税企业分支机构

预缴税款计算		
行次	项　　目	本年累计金额
1	营业收入	
2	营业成本	
3	利润总额	
4	加：特定业务计算的应纳税所得额	
5	减：不征税收入	
6	减：免税收入、减计收入、所得减免等优惠金额（填写A201010）	
7	减：固定资产加速折旧（扣除）调减额（填写A201020）	
8	减：弥补以前年度亏损	
9	实际利润额（3+4-5-6-7-8）＼按照上一纳税年度应纳税所得额平均额确定的应纳税所得额	
10	税率（25%）	
11	应纳所得税额（9×10）	
12	减：减免所得税额（填写A201030）	
13	减：实际已缴纳所得税额	
14	减：特定业务预缴（征）所得税额	
15	本期应补（退）所得税额（11-12-13-14）＼税务机关确定的本期应纳所得税额	
汇总纳税企业总分机构税款计算		

续表

16	总机构填报	总机构本期分摊应补（退）所得税额（17+18+19）	
17		其中：总机构分摊应补（退）所得税额（15×总机构分摊比例__%）	
18		财政集中分配应补（退）所得税额（15×财政集中分配比例__%）	
19		总机构具有主体生产经营职能的部门分摊所得税额（15×全部分支机构分摊比例__%×总机构具有主体生产经营职能部门分摊比例__%）	
20	分支机构填报	分支机构本期分摊比例	
21		分支机构本期分摊应补（退）所得税额	

附报信息			
小型微利企业	□是 □否	科技型中小企业	□是 □否
高新技术企业	□是 □否	技术入股递延纳税事项	□是 □否
期末从业人数			

谨声明：此纳税申报表是根据《中华人民共和国企业所得税法》《中华人民共和国企业所得税法实施条例》，以及有关税收政策和国家统一会计制度的规定填报的，是真实的、可靠的、完整的

法定代表人（签章）： 年 月 日

纳税人公章： 会计主管： 填表日期： 年 月 日	代理申报中介机构公章： 经办人： 经办人执业证件号码： 代理申报日期： 年 月 日	主管税务机关受理专用章： 受理人： 受理日期： 年 月 日

表 8-9 中华人民共和国企业所得税月（季）度预缴和年度纳税申报表（B类）

税款所属期间： 年 月 日至 年 月 日

纳税人识别号（统一社会信用代码）：□□□□□□□□□□□□□□□□□□□□

纳税人名称： 金额单位：人民币元（列至角分）

核定征收方式	核定应税所得率（能核算收入总额的） 核定应税所得率（能核算成本费用总额的） 核定应纳所得税额	
行次	项 目	本年累计金额
1	收入总额	
2	减：不征税收入	
3	减：免税收入（4+5+10+11）	
4	国债利息收入免征企业所得税	
5	符合条件的居民企业之间的股息、红利等权益性投资收益免征企业所得税	
6	其中：通过沪港通投资且连续持有H股满12个月取得的股息红利所得免征企业所得税	
7	通过深港通投资且连续持有H股满12个月取得的股息红利所得免征企业所得税	
8	居民企业持有创新企业CDR取得的股息红利所得免征企业所得税	
9	符合条件的居民企业之间属于股息、红利性质的永续债利息收入免征企业所得税	
10	投资者从证券投资基金分配中取得的收入免征企业所得税	
11	取得的地方政府债券利息收入免征企业所得税	

续表

<table>
<tr><td>12</td><td colspan="3">应税收入额（1-2-3）\成本费用总额</td><td></td></tr>
<tr><td>13</td><td colspan="3">税务机关核定的应税所得率（%）</td><td></td></tr>
<tr><td>14</td><td colspan="3">应纳税所得额（第 12×13 行）\［第 12 行÷（1-第 13 行）×第 13 行］</td><td></td></tr>
<tr><td>15</td><td colspan="3">税率（25%）</td><td></td></tr>
<tr><td>16</td><td colspan="3">应纳所得税额（14×15）</td><td></td></tr>
<tr><td>17</td><td colspan="3">减：符合条件的小型微利企业减免企业所得税</td><td></td></tr>
<tr><td>18</td><td colspan="3">减：实际已缴纳所得税额</td><td></td></tr>
<tr><td>19</td><td colspan="3">本期应补（退）所得税额（16-17-18）\ 税务机关核定本期应纳所得税额</td><td></td></tr>
<tr><td>20</td><td colspan="3">民族自治地方的自治机关对本民族自治地方的企业应缴纳的企业所得税中属于地方分享的部分减征或免征（ □ 免征 □ 减征：减征幅度____%）</td><td></td></tr>
<tr><td>21</td><td colspan="3">本期实际应补（退）所得税额</td><td></td></tr>
<tr><td colspan="5">按 季 度 填 报 信 息</td></tr>
<tr><td colspan="2">季初从业人数</td><td></td><td>季末从业人数</td><td></td></tr>
<tr><td colspan="2">季初资产总额（万元）</td><td></td><td>季末资产总额（万元）</td><td></td></tr>
<tr><td colspan="2">国家限制或禁止行业</td><td>□ 是 □ 否</td><td>小型微利企业</td><td>□ 是 □ 否</td></tr>
<tr><td colspan="5">按 年 度 填 报 信 息</td></tr>
<tr><td colspan="2">小型微利企业</td><td>□ 是 □ 否</td><td></td><td></td></tr>
<tr><td colspan="5">谨声明：本纳税申报表是根据国家税收法律法规及相关规定填报的，是真实的、可靠的、完整的
纳税人（签章）：　　年　月　日</td></tr>
<tr><td colspan="3">经办人：
经办人身份证号：
代理机构签章：
代理机构统一社会信用代码：</td><td colspan="2">受理人：
受理税务机关（章）：

受理日期：　　年　月　日</td></tr>
</table>

2. 企业所得税年度纳税申报表

查账征收企业所得税的纳税人在年度汇算清缴时，无论盈利或者亏损，都必须在规定的期限内进行纳税申报，填写企业基础信息表、企业所得税年度纳税申报表及其有关附表。限于篇幅，本书仅展示纳税申报表主表。

3. 开具《税收缴款书》缴纳税款

纳税人在向税务机关报送企业所得税月（季）度预缴纳税申报表或者年度纳税申报表后，应在规定期间内向税务机关指定为代理金库的银行缴纳税款，缴纳税款时，代理金库的银行应开具税收缴款书。税款缴款书共 6 联，纳税人缴纳税款后，以经国库经收处收款签章后的“收据联”作为完税凭证，证明纳税义务完成，并据此作为会计核算的依据。

例 8-31 本项目综合实训。

北京市一家居民企业为增值税一般纳税人，主要生产销售彩色电视机，适用的城市维护建设税税率为 7%，教育费附加为 3%，地方教育费附加为 2%。假定 2019 年有关经营活动如下。

（1）销售彩色电视机取得不含增值税收入 8600 万元，与彩色电视机配比的销售成本为

5660万元。

（2）转让技术所有权取得收入700万元，该技术所有权成本为100万元。

（3）出租设备取得含增值税租金收入226万元，接受原材料捐赠取得增值税专用发票注明材料金额50万元、增值税进项税额6.5万元，取得国债利息收入30万元。

（4）购进原材料共计3000万元，取得增值税专用发票注明进项税额390万元。

（5）销售费用1650万元，其中广告费1400万元。

（6）管理费用850万元，其中业务招待费90万元。

（7）财务费用80万元，其中含向非金融企业借款500万元支付年利息40万元（当年金融企业贷款的年利率为5.8%）。

（8）计入成本、费用中的实发工资为540万元；发生工会经费15万元、职工福利费82万元、职工教育经费47.7万元。

（9）营业外支出300万元，其中包括通过公益性社会团体向贫困地区的捐款50万元。

（10）计算当期相关的税金及附加。

（其他相关资料：上述销售费用、管理费用和财务费用不涉及转让费用；取得相关票据均通过主管税务机关认证。）

要求：请编制上述业务的会计分录，分析相关业务的税法处理，计算该企业应该缴纳的企业所得税，并填写相关的企业所得税纳税申报表。

【解析】

（1）案例分析。

① 确认收入并结转成本，本业务会计税法所得税无差异。

借：银行存款　　9718
　　贷：主营业务收入　　8600
　　　　应交税费——应交增值税（销项）　　1118

借：主营业务成本　　5660
　　贷：库存商品　　5660

② 技术所有权转让，存在相关增值税和所得税优惠政策。

借：银行存款　　700
　　贷：无形资产　　100
　　　　处置资产损益　　600

技术所有权转让，免征增值税；居民企业技术转让所得不超过500万元的部分，免征企业所得税；超过500万元的部分，减半征收企业所得税，所以调减应纳税所得额=600-（600-500）÷2=550（万元）。

③ 根据业务分别编制相关的会计分录。

借：银行存款　　226
　　贷：其他业务收入　　200
　　　　应交税费——应交增值税（销项）　　26

借：原材料　　50
　　应交税费——应交增值税（进项）　　6.5
　　贷：营业外收入　　56.5

借：银行存款　　　　　　　　　　　30

　　贷：投资收益　　　　　　　　　　　30

国债利息收入是免税收入，调减当期应纳税所得额30万元。

④ 材料购进业务，税法处理与会计处理所得税无差异。

借：原材料　　　　　　　　　　　3000

　　应交税费——应交增值税（进项）　390

　　贷：银行存款　　　　　　　　　　3390

⑤ 确认相关费用。

借：销售费用　　　　　　　　　　1650

　　管理费用　　　　　　　　　　850

　　财务费用　　　　　　　　　　80

　　贷：银行存款等　　　　　　　　　2580

非金融机构借款500万元以同期金融企业贷款年利率计算利息=500×5.8%=29（万元），调增当期应纳税所得额11万元。

⑥ 确认相关工资费用，并进行税法调整。

借：应付职工薪酬——工资　　　　540

　　　　　　　　——工会经费　　15

　　　　　　　　——职工福利　　82

　　　　　　　　——职工教育经费　18

　　贷：银行存款等　　　　　　　　　655

工会经费=实发工资×2%=540×2%=10.8（万元），调增15−10.8=4.2（万元）。

职工福利费=实发工资×14%=540×14%=75.6（万元），调增82−75.6=6.4（万元）。

职工教育经费=实发工资×8%=540×8%=43.2（万元），调增47.7−43.2=4.5（万元）。

共需调增应纳税所得额=4.2+6.4+4.5=15.1（万元），其中职工教育经费可递延，确认递延所得税资产1.125万元。

借：递延所得税资产　　　　　　1.125

　　贷：所得税费用　　　　　　　　1.125

⑦ 确认营业外支出。

借：营业外支出　　　　　　　　300

　　贷：银行存款等　　　　　　　　300

⑧ 计算企业城市维护建设税、教育费附加和地方教育费附加等。

企业应交增值税=1118+26−6.5−390=747.5（万元）

应交城市维护建设税=747.5×7%=52.325（万元）

应交教育费附加=747.5×3%=22.425（万元）

应交地方教育费附加=747.5×2%=14.95（万元）

借：税金及附加　　　　　　　　89.7

　　贷：应交税费——应交城建税　　　52.325

　　　　　　　　——应交教育费附加　22.425

　　　　　　　　——应交地方教育费附加　14.95

⑨ 广告费扣除调整。

当期销售收入=8600+200=8800（万元）

广告费可扣除数=8800×15%=1320（万元）

实际发生1400万元，需要调增应纳税所得额80万元，并确认递延所得税资产20万元。

借：递延所得税资产　　　　　　　　20

　　贷：所得税费用　　　　　　　　　　20

⑩ 业务招待费调整。

业务招待费税前扣除标准为实际发生额的60%和销售收入的0.5%之间的较低者。

销售收入的0.5%=8800×0.5%=44（万元），实际发生额的60%=90×60%=54（万元）。

所以税前可以扣除44万元，调增应纳税所得额=90−44=46（万元）。

⑪ 公益性捐赠支出调整。

公益性捐赠支出不得超过年度利润的12%部分，准予扣除。

年度利润的12%=856.8×12%=102.816（万元），当年公益性捐赠支出为50万元，并未超额，无须调整。

⑫ 应纳税所得额的计算。

会计利润=856.8（万元）

调增=11+15.1+80+46=152.1（万元）

免税收入=30（万元）

所得税减免=550（万元）

当期应纳税所得额=856.8+152.1−30−550=428.90（万元）

当期应交所得税=428.90×25%=107.225（万元）

借：所得税费用　　　　　　　　107.225

　　贷：应交税费——应交所得税　　　　107.225

（2）所得税纳税申报表的填写（见表8-10）。

表8-10　中华人民共和国企业所得税年度纳税申报表（A类）　　单位：万元

行次	类别	项　目	金　额
1	利润总额计算	一、营业收入（填写A101010\101020\103000）	8800
2		减：营业成本（填写A102010\102020\103000）	5660
3		减：税金及附加	89.70
4		减：销售费用（填写A104000）	1650
5		减：管理费用（填写A104000）	850
6		减：财务费用（填写A104000）	80
7		减：资产减值损失	
8		加：公允价值变动收益	
9		加：投资收益	30
10		二、营业利润（1-2-3-4-5-6-7+8+9）	500.30
11		加：营业外收入（填写A101010\101020\103000）	656.50
12		减：营业外支出（填写A102010\102020\103000）	300
13		三、利润总额（10+11-12）	856.80

续表

行次	类别	项　　目	金　额
14	应纳税所得额计算	减：境外所得（填写 A108010）	
15		加：纳税调整增加额（填写 A105000）	152.1
16		减：纳税调整减少额（填写 A105000）	
17		减：免税、减计收入及加计扣除（填写 A107010）	30
18		加：境外应税所得抵减境内亏损（填写 A108000）	
19		四、纳税调整后所得（13-14+15-16-17+18）	978.9
20		减：所得减免（填写 A107020）	550
21		减：弥补以前年度亏损（填写 A106000）	
22		减：抵扣应纳税所得额（填写 A107030）	
23		五、应纳税所得额（19-20-21-22）	428.90
24	应纳税额计算	税率（25%）	
25		六、应纳所得税额（23×24）	107.225
26		减：减免所得税额（填写 A107040）	
27		减：抵免所得税额（填写 A107050）	
28		七、应纳税额（25-26-27）	107.225
29		加：境外所得应纳所得税额（填写 A108000）	
30		减：境外所得抵免所得税额（填写 A108000）	
31		八、实际应纳所得税额（28+29-30）	107.225
32		减：本年累计实际已缴纳的所得税额	
33		九、本年应补（退）所得税额（31-32）	107.225
34		其中：总机构分摊本年应补（退）所得税额（填写 A109000）	
35		财政集中分配本年应补（退）所得税额（填写 A109000）	
36		总机构主体生产经营部门分摊本年应补（退）所得税额（填写 A109000）	

技能测试题

在线测评

项目九　个人所得税会计业务操作

能力目标

1. 明确个人所得税纳税义务人、税目、税率；
2. 能正确确定各应税项目的所得额，正确计算个人所得税应纳税额；
3. 对个人所得税涉税业务进行正确的会计处理和纳税申报。

知识目标

1. 掌握个人所得税纳税人、征税对象、税率；
2. 熟悉个人所得税税收优惠政策；
3. 掌握个人所得税应纳税额的计算及代扣代缴的会计处理。

【案例导入】

企业虚报本单位员工个人所得税需要担责

2018 年 2 月，黄女士到南京市栖霞区税务部门反映，其通过“我的南京”App 查询 2017 年的个人所得税纳税记录时发现，除了她目前供职的企业正常为其代扣代缴个人所得税外，她上一家任职的企业、某规划咨询公司在其离职后并未及时终止她的个税申报，而是虚列其工资并扣缴了个人所得税，导致 2017 年黄女士的个人所得税申报存在不实的两处或者两处以上取得工资、薪金所得的情况。

税务部门得知情况后，立即组织人员开展核查，查明该规划咨询公司因财务和人事部门衔接问题，未及时调整对离职人员的工资列支，致使 2017 年虚报人员工资 3 万余元，构成了编造虚假计税依据的违法行为。对企业恶意冒用身份证申报，并且造成了不缴或者少缴税款的事实，根据《中华人民共和国税收征收管理法》第六十三条的规定，由税务机关追缴其不缴或者少缴的税款、滞纳金，并处罚款，依法追究刑事责任。企业如果虚假列支非本单位员工的工资，也要承担相应的法律责任。

知识拓展

任务一　个人所得税纳税准备

一、个人所得税的概念与纳税义务人

个人所得税法是指国家制定的用于调整个人所得税征收和缴纳之间权利与义务关系的法律规范。个人所得税的纳税义务人具体包括中国公民，个体工商户、个人独资企业和合伙企业，外籍个人，以及中国香港、澳门、台湾同胞等。

【提示】个人独资企业和合伙企业不缴纳企业所得税，而是对投资者个人或者自然人合伙人取得的生产经营所得征收个人所得税。

知识拓展

1．纳税人分类与纳税义务

根据住所和居住时间，可将纳税人分为居民个人和非居民个人，分别承担不同的纳税义务。划分标准和纳税义务如表 9-1 所示。

表 9-1　划分标准和纳税义务

类　型	判 定 标 准	纳 税 义 务
居民个人	在中国境内有住所的个人	无限（全面）纳税义务，即就其来源于中国境内和境外的所得，向中国政府缴纳个人所得税
	在中国境内无住所，但一个纳税年度内在中国境内居住累计满 183 天的个人	
非居民个人	在中国境内无住所又不居住的个人	有限纳税义务，即仅就其来源于中国境内的所得，向中国政府缴纳个人所得税
	在中国境内无住所，且一个纳税年度内在中国境内居住累计不满 183 天的个人	

（1）中国境内有住所，是指因户籍、家庭、经济利益关系而在中国境内习惯性居住。

（2）纳税年度，自公历 1 月 1 日起至 12 月 31 日止。

（3）在中国境内居住的时间按照在中国境内停留的时间计算。

例 9-1 2019 年某美国人 1 月 5 日来华，5 月 1 日离境，5 月 7 日再次入境，直到 7 月 7 日离境，在判断该外籍人员承担何种纳税义务时，计算天数如下。

1 月 5 日算 1 天，1 月 6 日—31 日算 26 天，1 月为 27 天。

2 月 1 日至 4 月 30 日为 89 天。

5 月 1 日、7 日各算 1 天，5 月 8 日—31 日为 24 天，5 月为 26 天。

6 月为 30 天。

7 月 1 日—6 日为 6 天，7 月 7 日算 1 天，7 月为 7 天

2019 年该美国人在中国共停留 27+89+26+30+7=179（天），小于“累计不超过 183 天”的规定，因此该美国人应就其在中国境内所得缴纳个人所得税。

2．所得来源地的确定

除国务院财政、税务主管部门另有规定外，下列所得，不论支付地点是否在中国境内，均为来源于中国境内的所得：① 因任职、受雇、履约等在中国境内提供劳务取得的所得；② 将财产出租给承租人在中国境内使用而取得的所得；③ 许可各种特许权在中国境内使用而取得的所得；④ 转让中国境内的不动产等财产或者在中国境内转让其他财产取得的所得；⑤ 从中国境内企业、事业单位、其他组织及居民个人取得的利息、股息、红利所得。

【注意】为吸引境外人才，《中华人民共和国个人所得税法实施条例》规定：“在中国境内无住所的个人，在中国境内居住累计满 183 天的年度连续不满六年的，经向主管税务机关备案，其来源于中国境外且由境外单位或者个人支付的所得，免予缴纳个人所得税；在中国境内居住累计满 183 天的任一年度中有一次离境超过 30 天的，其在中国境内居住累计

满 183 天的年度的连续年限重新起算。”

在中国境内无住所的个人，在一个纳税年度内在中国境内居住累计不超过 90 天的，其来源于中国境内的所得，由境外雇主支付并且不由该雇主在中国境内的机构、场所负担的部分，免予缴纳个人所得税。

二、个人所得税的征税对象

为便于计算，将各项所得分为以下几项：① 工资、薪金所得；② 劳务报酬所得；③ 稿酬所得；④ 特许权使用费所得；⑤ 经营所得；⑥ 利息、股息、红利所得；⑦ 财产租赁所得；⑧ 财产转让所得；⑨ 偶然所得。居民个人取得前款第一项至第四项所得（以下简称综合所得），按纳税年度合并计算个人所得税；非居民个人取得前款第一项至第四项所得，按月或者按次分项计算个人所得税。纳税人取得前款第五项至第九项所得，依照个人所得税法的规定分别计算个人所得税。

知识拓展

1．工资、薪金所得

工资、薪金所得，是指个人因任职或者受雇而取得的工资、薪金、奖金、年终加薪、劳动分红、津贴、补贴，以及与任职或者受雇有关的其他所得。

一般来说，工资、薪金所得属于非独立个人劳动所得。所谓非独立个人劳动，是指个人所从事的是由他人指定、安排并接受管理的劳动，工作或者服务于公司、工厂、行政、事业单位的人员（私营企业主除外）均为非独立劳动者。他们从上述单位取得的劳动报酬，是以工资、薪金的形式体现的。在这类报酬中，工资和薪金的收入主体略有差异。通常情况下，把直接从事生产、经营或者服务的劳动者（工人）的收入称为工资，即所谓的“蓝领阶层”所得；而将从事社会公职或者管理活动的劳动者（公职人员）的收入称为薪金，即所谓的“白领阶层”所得。但在实际立法过程中，各国都从简便易行的角度考虑，将工资、薪金合并为一个项目计征个人所得税。

除工资、薪金外，奖金、年终加薪、劳动分红、津贴、补贴也被确定为工资、薪金范畴。其中，年终加薪、劳动分红不分种类和取得情况，一律按工资、薪金所得课税。津贴、补贴等则有例外。根据我国目前个人收入的构成情况，规定对一些不属于工资、薪金性质的补贴、津贴或者不属于纳税人本人工资、薪金所得项目的收入，不予征税。这些项目包括以下几项。

（1）独生子女补贴。

（2）执行公务员工资制度未纳入基本工资总额的补贴、津贴差额和家属成员的副食品补贴。

（3）托儿补助费。

（4）差旅费津贴、误餐补助。其中，误餐补助是指按照财政部规定，个人因公在城区、郊区工作，不能在工作单位或者返回就餐的，根据实际误餐顿数，按规定的标准领取的误餐费。单位以误餐补助名义发给职工的补助、津贴不能包括在内。

奖金是指所有具有工资性质的奖金，免税奖金的范围在税法中另有规定。

2. 劳务报酬所得

劳务报酬所得，是指个人从事设计、装潢、安装、制图、化验、测试、医疗、法律、会计、咨询、讲学、新闻、广播、翻译、审稿、书画、雕刻、影视、录音、录像、演出、表演、广告、展览、技术服务、介绍服务、经纪服务、代办服务及其他劳务报酬的所得。

（1）劳务报酬与工资薪金的区别。劳务报酬与工资薪金所得的区别在于劳务报酬是独立个人从事非雇佣劳动取得的所得，而工资薪金所得属于非独立个人劳动所得。也就是说，在企事业单位中任职、受雇而得到的报酬，存在雇佣与被雇佣关系。针对个人的不同收入，“劳务报酬所得”与“工资、薪金所得”的辨析如表 9-2 所示。

表 9-2　“劳务报酬所得”与“工资、薪金所得”的辨析

个人收入名目	情　形	个人所得税处理
营销业绩奖励	对雇员进行奖励	按照“工资、薪金所得”项目征收
	对非雇员进行奖励	按照“劳务报酬所得”项目征收
董事费、监事费收入	在公司任职、受雇，同时担任董事、监事	按照“工资、薪金所得”项目征收
	不在该公司任职、受雇的	按照“劳务报酬所得”项目征收
兼职律师从律师事务所取得工资、薪金性质的所得		（1）律师事务所应代扣代缴其个人所得税，以收入全额（取得分成收入的为扣除办理案件支出费用后的余额）直接确定适用税率，计算扣缴个人所得税 （2）兼职律师应自行向主管税务机关申报两处或者两处以上取得的“工资、薪金所得”
律师以个人名义再聘请其他人员为其工作而支付的报酬		由该律师按“劳务报酬所得”项目负责代扣代缴个人所得税

（2）在校学生因参与勤工俭学活动而取得属于《中华人民共和国个人所得税法》规定的应税所得项目的所得，应依法缴纳个人所得税。

（3）个人兼职取得的收入，应按照“劳务报酬所得”税目缴纳个人所得税。

（4）有关证券经纪人、个人保险代理人佣金收入的个人所得税处理。

① 证券经纪人从证券公司取得的佣金收入，应按照“劳务报酬所得”项目缴纳个人所得税。证券经纪人佣金收入由展业成本和劳务报酬构成，对展业成本部分（目前展业成本的比例暂定为每次收入额的 40%）不征收个人所得税。

② 个人保险代理人以其取得的佣金、奖励和劳务费等相关收入（不含增值税）减去地方税费附加及展业成本，按照规定计算个人所得税。展业成本，为佣金收入减去地方税费附加余额的 40%。

3. 稿酬所得

个人因其作品以图书、报刊等形式出版、发表而取得的所得。

（1）任职、受雇于报纸、杂志等单位的记者、编辑等专业人员，因在本单位的报刊、杂志上发表作品取得的所得，属于因任职、受雇而取得的所得，应与其当月工资收入合并，按“工资、薪金所得”项目征收个人所得税。

除上述专业人员外，其他人员在本单位的报刊、杂志上发表作品取得的所得，应按“稿酬所得”项目征收个人所得税。

出版社的专业作者撰写、编写或者翻译的作品，由本社以图书形式出版而取得的稿费收入，应按“稿酬所得”项目计算缴纳个人所得税。

（2）遗作稿酬。作者去世后，财产继承人取得的遗作稿酬，应当征收个人所得税。

4．特许权使用费所得

特许权使用费所得，是指个人提供专利权、商标权、著作权、非专利技术及其他特许权的使用权取得的所得。

（1）提供著作权的使用权取得的所得，不包括稿酬的所得。

（2）对作者将自己的文字作品手稿原件或者复印件公开拍卖（竞价）取得的所得，属于提供著作权的使用所得，故应按特许权使用费所得项目征收个人所得税。

（3）个人取得特许权的经济赔偿收入，应按“特许权使用费所得”税目缴纳个人所得税。

（4）编剧从电视剧的制作单位取得的剧本使用费，统一按“特许权使用费所得”（而非“稿酬所得”）税目征收个人所得税，不论剧本使用方是否为其任职单位。

5．经营所得

经营所得，是指：① 个体工商户从事生产、经营活动取得的所得，个人独资企业投资人、合伙企业的个人合伙人来源于境内注册的个人独资企业、合伙企业生产、经营的所得；② 个人依法从事办学、医疗、咨询，以及其他有偿服务活动取得的所得；③ 个人对企业、事业单位承包经营、承租经营及转包、转租取得的所得；④ 个人从事其他生产、经营活动取得的所得。

（1）从事个体出租车运营的出租车驾驶员取得的收入，按经营所得项目缴纳个人所得税。

出租车属于个人所有，但挂靠出租汽车经营单位或者企事业单位，驾驶员向挂靠单位缴纳管理费的，或者出租汽车经营单位将出租车所有权转移给驾驶员的，出租车驾驶员从事客货运营取得的收入，比照“经营所得”项目征税。

【注意】出租汽车经营单位对出租车驾驶员采取单车承包或者承租方式运营，出租车驾驶员从事客货营运取得的收入，按“工资、薪金所得”征税。

（2）个体工商户、个人独资企业、合伙企业取得与生产、经营活动无关的其他各项应税所得，应分别按照其他应税项目的有关规定，计算征收个人所得税。例如，对外投资取得的股息所得，应按“股息、利息、红利”税目的规定单独计征个人所得税。

（3）个人独资企业、合伙企业的个人投资者以企业资金为本人、家庭成员及其相关人员支付与企业生产经营无关的消费性支出及购买汽车、住房等财产性支出，视为企业对个人投资者的利润分配，并入投资者个人的生产经营所得，依照“经营所得”项目征税。

（4）个人对企事业单位承包、承租经营后，工商登记改变为个体工商户的，按“经营所得”税目征收个人所得税，不再征收企业所得税。

（5）个人对企事业单位承包、承租经营后，工商登记仍为企业的，不论其分配方式如何，均应先依法缴纳企业所得税，然后根据不同情况依法缴纳个人所得税。

① 承包、承租人对企业经营成果不拥有所有权，仅按合同（协议）规定取得一定所得

的，应按“工资、薪金所得”税目征收个人所得税。

② 承包、承租人按合同（协议）规定只向发包方、出租方缴纳一定的费用，缴纳承包、承租费用后的企业的经营成果归承包、承租人所有的，其取得的所得，按“经营所得”税目征收个人所得税。承租、承包经营所得适用税目的确定如表 9-3 所示。

表 9-3 承租、承包经营所得适用税目的确定

登记情况		是否缴纳企业所得税	是否缴纳个人所得税	税目
登记为个体工商户		×	√	经营所得
仍然登记为企业	承包、承租人对经营成果不拥有所有权	√	√	工资、薪金所得
	承包、承租人对经营成果拥有所有权		√	经营所得

6. 利息、股息、红利所得

利息、股息、红利所得，是指个人拥有债权、股权而取得的利息、股息、红利性质的所得。

【提示】国债和国家发行的金融债券利息免税；储蓄存款利息所得暂免征收个人所得税。

7. 财产租赁所得

财产租赁所得包括个人出租不动产、机器设备、车船及其他财产取得的所得。

个人取得的财产转租收入，属于“财产租赁所得”的征税范围。在确定纳税义务人时，应以产权凭证为依据，对无产权凭证的，由主管税务机关根据实际情况确定。

产权所有人死亡，在未办理产权继承手续期间，该财产出租而有租金收入的，以领取租金的个人为纳税义务人。

8. 财产转让所得

财产转让所得，是指个人转让有价证券、股权、合伙企业中的财产份额、不动产、机器设备、车船及其他财产取得的所得。

（1）个人通过招标、竞拍或者其他方式购置债权以后，通过相关司法或者行政程序主张债权而取得的所得，应按照“财产转让所得”项目缴纳个人所得税。

（2）个人通过网络收购玩家的虚拟货币，加价后向他人出售取得的收入，属于个人所得税应税所得，应按照“财产转让所得”项目计算缴纳个人所得税。

（3）个人发生非货币性资产交换，以及将财产用于捐赠、偿债、赞助、投资等用途的，应当视同转让财产并缴纳个人所得税，但国务院财政、税务主管部门另有规定的除外。

（4）个人转让房屋。对个人转让自用达 5 年以上并且是家庭唯一生活用房取得的所得，暂免征收个人所得税；个人转让房屋的个人所得税应税收入不含增值税，其取得房屋时所支付价款中包含的增值税计入财产原值，计算转让所得时可扣除的税费不包括本次转让缴纳的增值税。

（5）个人股权转让所得。

① 上市公司股票。第一，对境内上市公司股票（非限售股）转让所得，暂免征收个人所得税；第二，对个人转让上市公司限售股取得的所得，按照“财产转让所得”，适用 20%

的比例税率征收个人所得税。

【解释】限售股：取得流通权后的非流通股，由于受到流通期限和流通比例的限制，被称为限售股。目前，我国A股市场的限售股主要由两部分构成：一类是股改产生的限售股；另一类是新股首次发行上市（IPO）产生的限售股。

② 非上市公司股权。个人将投资于在中国境内成立的企业或者组织（不包括个人独资企业和合伙企业、境内上市公司）的股权或者股份，转让给其他个人或者法人的行为，按照“财产转让所得”项目，依法缴纳个人所得税。

③ 转让方取得与股权转让相关的各种款项，包括违约金、补偿金，以及其他名目的款项、资产、权益等，均应当并入股权转让收入。

④ 纳税人收回转让的股权征收个人所得税的方法。第一，股权转让合同履行完毕、股权已作变更登记，且所得已经实现的，转让人取得的股权转让收入应当依法缴纳个人所得税。第二，转让行为结束后，当事人双方签订并执行解除原股权转让合同、退回股权的协议，是另一次股权转让行为，对前次转让行为征收的个人所得税款不予退回。第三，股权转让合同未履行完毕，因执行仲裁委员会作出的解除股权转让合同及补充协议的裁决、停止执行原股权转让合同，并原价收回已转让股权的，由于其股权转让行为尚未完成、收入未完全实现，随着股权转让关系的解除，股权收益不复存在，纳税人不应缴纳个人所得税。

（6）职工个人取得的量化资产。

① 取得量化资产。对职工个人以股份形式取得的仅作为分红依据，不拥有所有权的企业量化资产，不征收个人所得税；对职工个人以股份形式取得的拥有所有权的企业量化资产，暂缓征收个人所得税。

② 分红。对职工个人以股份形式取得的企业量化资产参与企业分配而获得的股息、红利，应按“利息、股息、红利所得”项目征收个人所得税。

③ 转让。职工个人将其以股份形式取得的拥有所有权的企业量化资产转让时，就其转让收入额，减除个人取得该股份时实际支付的费用支出和合理转让费用后的余额，按“财产转让所得”税目计征个人所得税。

【解释】量化资产，是指所在的企业原是集体所有制，后进行股份制改造。作为企业的一员，自然会得到一些企业的股份，然而这些股份不能以现金的方式发给企业员工，而是把企业的所得资产，如地皮、厂房、设备等，划分成股份，然后分配给每名职工的资产。

9．偶然所得

（1）偶然所得，是指个人得奖、中奖、中彩及其他偶然性质的所得。

（2）免税的偶然所得。

① 个人取得单张有奖发票奖金所得不超过800元（含800元）的，暂免征收个人所得税；个人取得单张有奖发票奖金所得超过800元的，应全额按“偶然所得”税目征收个人所得税。

② 对个人购买福利彩票、赈灾彩票、体育彩票，一次中奖收入在1万元以下（含1万元）的暂免征收个人所得税；超过1万元的，“全额”征收个人所得税。

③ 个人举报、协查各种违法、犯罪行为而获得的奖金。

（3）企业促销展业赠送礼品。

① 企业通过价格折扣、折让方式向个人销售商品（产品）和提供服务，不征收个人所得税。

② 企业在向个人销售商品（产品）和提供服务的同时给予赠品（如通信企业对个人购买手机赠送话费、入网费，或者购话费赠手机等），不征收个人所得税。

③ 企业对累积消费达到一定额度的个人按消费积分反馈礼品，不征收个人所得税。

④ 企业对累积消费达到一定额度的顾客，给予额外抽奖机会，个人的获奖所得，按照“偶然所得”项目缴纳个人所得税。

知识拓展

任务二　个人所得税应纳税额的确定

一、税率

1．综合所得适用税率

居民个人取得工资、薪金，劳务报酬，稿酬，特许权使用费的所得，称为综合所得，按纳税年度合并计算个人所得税；非居民个人取得上述四项所得，按月或者按次分项计算个人所得税。

综合所得适用七级超额累进税率，税率为3%～45%（见表9-4）。

表9-4　综合所得适用税率表

级数	应纳税所得额		税率（%）	速算扣除数/元	
	年应纳税所得额	月应纳税所得额		按年	按月
1	不超过36 000元的部分	不超过3000元的部分	3	0	0
2	超过36 000元至144 000元的部分	超过3000元至1 2000元的部分	10	2520	210
3	超过144 000元至300 000元的部分	超过12 000元至25 000元的部分	20	16 920	1410
4	超过300 000元至420 000元的部分	超过25 000元至35 000元的部分	25	31 920	2660
5	超过420 000元至660 000元的部分	超过35 000元至55 000元的部分	30	52 920	4410
6	超过660 000元至960 000元的部分	超过55 000元至80 000元的部分	35	85 920	7160
7	超过960 000元的部分	超过80 000元的部分	45	181 920	15 160

注：1．本表所称全年应纳税所得额，是指居民个人取得综合所得以每一纳税年度收入额减除费用6万元，以及专项扣除、专项附加扣除和依法确定的其他扣除后的余额。

2．非居民个人取得工资、薪金所得，劳务报酬所得，稿酬所得和特许权使用费所得，依照本表按月换算后计算应纳税额。

2．经营所得适用税率

个体工商户、个人独资企业和合伙企业经营所得适用5%～35%的五级超额累进税率（见表9-5）。

表 9-5　经营所得适用税率表

级数	全年应纳税所得额	税率（%）	速算扣除数/元
1	不超过 30 000 元的部分	5	0
2	超过 30 000 元至 90 000 元的部分	10	1500
3	超过 90 000 元至 300 000 元的部分	20	10 500
4	超过 300 000 元至 500 000 元的部分	30	40 500
5	超过 500 000 元的部分	35	65 500

注：本表所称全年应纳税所得额是指以每一纳税年度的收入总额减除成本、费用及损失后的余额。

3．利息、股息、红利所得，财产租赁所得，财产转让所得，偶然所得适用税率

利息、股息、红利所得，财产租赁所得，财产转让所得，偶然所得，适用比例税率，税率为 20%。

个人出租住房税率减按 10%。

二、应纳税额的计算

个人取得的应纳税所得，包括现金、实物、有价证券和其他形式的经济利益。所得为实物的，应当按照取得的凭证上所注明的价格计算应纳税所得额；无凭证的实物或者凭证上所注明的价格明显偏低的，参照市场价格核定应纳税所得额。所得为有价证券的，根据票面价格和市场价格核定应纳税所得额。所得为其他形式的经济利益的，参照市场价格核定应纳税所得额。

（一）居民个人综合所得应纳税额的计算

1．应纳税所得额的确定

以每一纳税年度的收入额减除费用 6 万元，以及专项扣除、专项附加扣除和依法确定的其他扣除后的余额，为应纳税所得额。

（1）专项扣除，包括居民个人按照国家规定的范围和标准缴纳的基本养老保险、基本医疗保险、失业保险等社会保险费与住房公积金等。

【提示】企业为员工支付各项免税之外的保险金，应在企业向保险公司缴付时并入员工当期的工资收入，按“工资、薪金所得”税目计征个人所得税。

（2）专项附加扣除，是指个人所得税法规定的子女教育、继续教育、大病医疗、住房贷款利息、住房租金和赡养老人等 6 项专项附加扣除。

① 子女教育专项附加扣除。纳税人的子女接受学前教育和全日制学历教育的相关支出，按照每个子女每月 1000 元的标准定额扣除。

所称学前教育包括年满 3 岁至小学入学前教育。学历教育包括义务教育（小学、初中教育）、高中阶段教育（普通高中、中等职业、技工教育）、高等教育（大学专科、大学本科、硕士研究生、博士研究生教育）。

父母可以选择由其中一方按扣除标准的 100%扣除，也可以选择由双方分别按扣除标准的 50%扣除，具体扣除方式在一个纳税年度内不能变更。

② 继续教育专项附加扣除。纳税人在中国境内接受学历继续教育的支出，在学历教育期间按照每月 400 元定额扣除。同一学历（学位）继续教育的扣除期限不能超过 48 个月。纳税人接受技能人员职业资格继续教育、专业技术人员职业资格继续教育支出，在取得相关证书的年度，按照每年 3600 元定额扣除。

个人接受本科及以下学历（学位）继续教育，符合《个人所得税专项附加扣除暂行办法》规定扣除条件的，可以选择由其父母扣除，也可以选择由本人扣除。

纳税人接受技能人员职业资格继续教育、专业技术人员职业资格继续教育的，应当留存相关证书等资料备查。

③ 大病医疗专项附加扣除。在一个纳税年度内，纳税人发生的与基本医保相关的医药费用支出，扣除医保报销后个人负担（是指医保目录范围内的自付部分）累计超过 15 000 元的部分，纳税人在办理年度汇算清缴时，在 80 000 元限额内据实扣除。纳税人发生的医药费用支出可以选择由本人或者其配偶扣除；未成年子女发生的医药费用支出可以选择由其父母一方扣除。纳税人及其配偶、未成年子女发生的医药费用支出，分别计算扣除额。

纳税人应当留存医药服务收费及医保报销相关票据原件（或者复印件）等资料备查。医疗保障部门应当向患者提供在医疗保障信息系统记录的本人年度医药费用信息查询服务。

④ 住房贷款利息专项附加扣除。纳税人本人或者配偶单独或者共同使用商业银行或者住房公积金个人住房贷款为本人或者其配偶购买中国境内住房，发生的首套住房贷款利息支出，在实际发生贷款利息的年度，按照每月 1000 元的标准定额扣除，扣除期限最长不超过 240 个月。纳税人只能享受一次首套住房贷款的利息扣除。

【注意】所称首套住房贷款是指购买住房享受首套住房贷款利率的住房贷款。

经夫妻双方约定，可以选择由其中一方扣除，具体扣除方式在一个纳税年度内不能变更。夫妻双方婚前分别购买住房发生的首套住房贷款，其贷款利息支出，婚后可以选择其中一套购买的住房，由购买方按扣除标准的 100%扣除，也可以由夫妻双方对各自购买的住房分别按扣除标准的 50%扣除，具体扣除方式在一个纳税年度内不能变更。纳税人应当留存住房贷款合同、贷款还款支出凭证备查。

⑤ 住房租金专项附加扣除。纳税人在主要工作城市没有住房而发生的住房租金支出，可以按照以下标准定额扣除。

第一，承租的住房位于直辖市、省会城市、计划单列市及国务院确定的其他城市，扣除标准为每月 1500 元。

第二，承租的住房位于其他城市的，市辖区户籍人口超过 100 万的，扣除标准为每月 1100 元。

第三，承租的住房位于其他城市的，市辖区户籍人口不超过 100 万（含）的，扣除标准为每月 800 元。

主要工作城市是指纳税人任职受雇所在城市，无任职受雇单位的，为其经常居住城市。城市范围包括直辖市、计划单列市、副省级城市、地级市（地区、州、盟）全部行政区域范围。纳税人无任职受雇单位的，为受理其综合所得汇算清缴的税务机关所在城市。

夫妻双方主要工作城市相同的，只能由一方扣除住房租金支出。住房租金支出由签订租赁住房合同的承租人扣除。纳税人及其配偶不得同时分别享受住房贷款利息专项附加扣除和住房租金专项附加扣除。纳税人应当留存住房租赁合同、协议等有关资料备查。纳税人的配偶在纳税人的主要工作城市有自有住房的，视同纳税人在主要工作城市有自有住房。

⑥ 赡养老人专项附加扣除。纳税人赡养一位及以上年满 60 岁父母，以及子女均已去世的年满 60 岁的祖父母、外祖父母的赡养支出，统一按照以下标准定额扣除。

第一，纳税人为独生子女的，按照每月 2000 元的标准定额扣除。

第二，纳税人为非独生子女的，由其与兄弟姐妹分摊每月 2000 元的扣除额度，每人分摊的额度不能超过每月 1000 元。可以由赡养人均摊或者约定分摊，也可以由被赡养人指定分摊。约定或者指定分摊的须签订书面分摊协议，指定分摊优先于约定分摊。具体分摊方式和额度在一个纳税年度内不能变更。

享受子女教育、继续教育、住房贷款利息或者住房租金、赡养老人专项附加扣除的纳税人，自符合条件开始，可以向支付工资、薪金所得的扣缴义务人提供专项附加扣除有关信息，由扣缴义务人在预扣预缴税款时，按其在本单位本年可享受的累计扣除额办理扣除；也可以在次年 3 月 1 日至 6 月 30 日内，向汇缴地主管税务机关办理汇算清缴申报时扣除。纳税人次年需要由扣缴义务人继续办理专项附加扣除的，应当于每年 12 月对次年享受专项附加扣除的内容进行确认，并报送至扣缴义务人。纳税人未及时确认的，扣缴义务人于次年 1 月起暂停扣除，待纳税人确认后再行办理专项附加扣除。纳税人同时从两处以上取得工资、薪金所得，并由扣缴义务人减除专项附加扣除的，对同一专项附加扣除项目，在一个纳税年度内只能选择从一处取得的所得中减除。

享受大病医疗专项附加扣除的纳税人，由其在次年 3 月 1 日至 6 月 30 日内，自行向汇缴地主管税务机关办理汇算清缴申报时扣除。

居民个人取得劳务报酬所得、稿酬所得、特许权使用费所得，应当在汇算清缴时（次年 3 月 1 日至 6 月 30 日内）向税务机关提供有关信息，减除专项附加扣除。

纳税人首次享受专项附加扣除，应当将相关信息提交扣缴义务人或者税务机关，扣缴义务人应尽快将相关信息报送税务机关，纳税人对所提交信息的真实性负责。专项附加扣除信息发生变化的，应当及时向扣缴义务人或者税务机关提供相关信息。

前款所称专项附加扣除相关信息，包括纳税人本人、配偶、未成年子女、被赡养老人等个人身份信息，以及国务院税务主管部门规定的其他与专项附加扣除相关的信息。

有关部门和单位应当向税务部门提供或者协助核实与专项附加扣除有关的信息。有关部门和单位拥有专项附加扣除涉税信息，但拒绝向税务部门提供的，由税务部门提请同级国家监察机关依法追究其主要负责人及相关人员的法律责任。

扣缴义务人应当按照纳税人提供的信息计算办理扣缴申报，不得擅自更改纳税人提供的相关信息。

扣缴义务人发现纳税人申报虚假信息的，应当提醒纳税人更正；纳税人拒不改正的，扣缴义务人应当告知税务机关。税务机关核查专项附加扣除情况时，有关部门、企事业单位和个人应当协助核查。核查时首次发现纳税人拒不提供或者提供虚假资料凭据的，应通报纳税人和扣缴义务人，5 年内再次发现上述情形的，记入纳税人信用记录，会同有关部门实施联合惩戒。

知识拓展

（3）其他扣除，包括个人缴付符合国家规定的企业年金、职业年金，个人购买符合国家规定的商业健康保险、税收递延型商业养老保险的支出，以及国务院规定可以扣除的其他项目。

① 自2017年7月1日起，对个人购买符合规定的商业健康保险产品的支出允许在当年（月）计算应纳税所得额时予以税前扣除，扣除限额为2400元/年，即200元/月。

② 自2018年5月1日起，在上海市、福建省（含厦门市）和苏州工业园区实施个人税收递延型商业养老保险试点。

第一，在试点地区取得工资薪金、连续性劳务报酬所得的个人扣除限额，即放入商业养老保险账户的资金，按照当月工资薪金、连续性劳务报酬收入的6%和1000元孰低办法确定。

第二，取得经营所得的个体工商户业主、个人独资企业投资者、合伙企业自然人合伙人和承包承租经营者扣除限额，按照不超过当年应税收入的6%和12 000元孰低办法确定。

例 9-2 张三今年30周岁，在上海工作，税前月薪为10 000元，上海市“三险一金”个人缴费比例合计为19%，没有缴纳补充公积金。张三现购买了一份税收递延型商业养老保险，60岁退休，缴费期限为30年，暂不考虑专项附加扣除。

【解析】 张三现应纳税所得额=10 000×（1−19%）−5000−10 000×6%=2500（元）

③ 企业年金、职业年金。企业年金是指企业及其职工按照《企业年金试行办法》的规定，在依法参加基本养老保险的基础上，自愿建立的补充养老保险。所称职业年金是指根据《事业单位职业年金试行办法》，事业单位及其工作人员在依法参加基本养老保险的基础上，建立的补充养老保险制度。

第一，缴费时，企业和事业单位为在本单位任职或者受雇的全体职工缴付的年金单位缴费部分如下。

根据规定标准缴付的，在计入个人账户时，个人暂不缴纳个人所得税。

超过规定标准的，应并入个人当期的“工资、薪金所得”，依法计征个人所得税。

第二，个人根据规定缴付的年金个人缴费部分如下。

不超过本人缴费工资计税基数的4%的部分，暂从个人当期的应纳税所得额中扣除。

超过本人缴费工资计税基数的4%的部分，应并入个人当期的“工资、薪金所得”，依法计征个人所得税。

【注意】 企业年金个人缴费工资计税基数为本人上一年度月平均工资。职业年金个人缴费工资计税基数为职工岗位工资和薪级工资之和。该类工资超过职工工作地所在设区城市上一年度职工月平均工资300%以上的部分，不计入个人缴费工资计税基数。

第三，分红时，年金基金投资运营收益分配计入个人账户时，个人暂不缴纳个人所得税。

第四，领取时，个人达到国家规定的退休年龄，领取的企业年金、职业年金，不并入综合所得，全额单独计算应纳税款。其中，按月领取的，适用月度税率表计算纳税；按季领取的，平均分摊计入各月，按每月领取额适用月度税率表计算纳税；按年领取的，适用综合所得税率表计算纳税。

个人因出境定居而一次性领取的年金个人账户资金，或者个人死亡后，其指定的受益人或者法定继承人一次性领取的年金个人账户余额，适用综合所得税率表计算纳税。对个人除上述特殊原因外一次性领取年金个人账户资金或者余额的，适用月度税率表计算纳税。

例 9-3 王某在国内一家企业工作，2019 年 1 月取得工资总额 9300 元，含个人缴付的年金 500 元和按照规定缴付的“三险一金”为 800 元（王某上一年度月平均工资为 8000 元）。

根据上述资料，计算王某 1 月缴付的年金可以从应纳税所得额中扣除的金额。

【解析】

（1）1 月缴付的年金可以从应纳税所得额中扣除的金额=8000×4%=320（元）。

（2）个人缴付年金应计入应纳税所得额的部分=500−320=180（元）。

专项扣除、专项附加扣除和依法确定的其他扣除，以居民个人一个纳税年度的应纳税所得额为限额。一个纳税年度扣除不完的，不结转以后年度扣除。

2. 应纳税额

应纳税额=（每年收入额−60 000 元−专项扣除−专项附加扣除−依法确定的其他扣除）×税率−速算扣除数

【注意】劳务报酬所得、稿酬所得、特许权使用费所得以收入减除 20%的费用后的余额为收入额。稿酬所得的收入额减按 70%计算。

例 9-4 李某为某一企业财务总监，家中独子，上有 65 岁父母需要赡养，下有一个儿子在读高中，背负首套房贷，年支付房贷利息 15 000 元。本年实际取得税前工资收入总额 230 000 元，按照所在省人民政府规定的比例提取并缴付的社保和住房公积金 18 000 元；担任某高校兼职教授，获得课酬收入 5000 元；编写出版《税收筹划》，获得稿酬 20 000 元。请计算李某当年应纳个人所得税。

【解析】

（1）李某的计税收入=230 000+5000×（1−20%）+20 000×（1−20%）×70%=245 200（元）。

（2）专项附加扣除=12 000（子女教育）+24 000（赡养老人）+12 000（住房贷款）=48 000（元）。

（3）当年应纳税额=（245 200−60 000−18 000−48 000）×10%−2520=9400（元）。

3. 居民个人应纳税额预扣预缴

（1）工资、薪金所得。扣缴义务人向居民个人支付工资、薪金所得时，应当按照累计预扣法计算预扣税款，并按月办理全员全额扣缴申报，具体计算公式为

本期应预扣预缴税额=（累计预扣预缴应纳税所得额×预扣率−速算扣除数）−累计减免税额−累计已预扣预缴税额

累计预扣预缴应纳税所得额=累计收入−累计免税收入−累计减除费用−累计专项扣除−累计专项附加扣除−累计依法确定的其他扣除

式中，累计减除费用，按照 5000 元/月乘以纳税人当年截至本月在本单位的任职受雇月份数计算。

上述公式中，计算居民个人工资、薪金所得预扣预缴税额的预扣率、速算扣除数，见表 9-6。

表 9-6　居民个人工资、薪金所得预扣预缴表

级数	累计预扣预缴应纳税所得额	预扣率（%）	速算扣除数/元
1	不超过 36 000 元的部分	3	0
2	超过 36 000 元至 144 000 元的部分	10	2520
3	超过 144 000 元至 300 000 元的部分	20	16 920
4	超过 300 000 元至 420 000 元的部分	25	31 920
5	超过 420 000 元至 660 000 元的部分	30	52 920
6	超过 660 000 元至 960 000 元的部分	35	85 920
7	超过 960 000 元的部分	45	181 920

例 9-5 李先生在甲企业任职，2019 年 1 月在甲企业取得工资薪金收入 18 000 元，无免税收入，缴纳“三险一金”等共计 2000 元，可以办理的专项附加扣除为 3000 元，无其他扣除。

（1）1 月应纳税所得额=累计收入−累计免税收入−累计基本减除费用−累计专项扣除−累计专项附加扣除−累计依法确定的其他扣除=18 000−5000−2000−3000=8000（元），对应税率为 3%，应纳税额=8000×3%=240（元）；2019 年 1 月，甲企业在发放工资环节按照上述规则计算并预扣个人所得税 240 元。

（2）2019 年 2 月，李先生在甲企业取得工资薪金收入 16 000 元，无免税收入，缴纳“三险一金”等共计 2000 元，可以办理的专项附加扣除为 3000 元，无其他扣除。

【解析】

累计预缴应纳税所得计算累计收入=截至当前月份累计支付的工资薪金所得收入额=18 000+16 000=34 000（元）

累计免税收入=0（元）

累计基本减除费用=5000×当前月份=5000×2=10 000（元）

累计专项扣除=截至当前月份累计专项扣除=2000+2000=4000（元）

累计专项附加扣除=截至当前月份累计专项附加扣除=3000+3000=6000（元）

累计依法确定的其他扣除=0（元）

累计预缴应纳税所得额=累计收入−累计免税收入−累计基本减除费用−累计专项扣除−累计专项附加扣除−累计依法确定的其他扣除=34 000−10 000−4000−6000=14 000（元），对应税率为 3%。

2 月应预扣预缴税额=（累计预缴应纳税所得额×税率−速算扣除数）−已预扣预缴税额=14 000×3%−240=420−240=180（元），2019 年 2 月甲企业在发放工资环节按照上述规则计算并预扣个人所得税 180 元。

知识拓展

（2）劳务报酬、稿酬、特许权使用费所得应纳税额预扣预缴。

扣缴义务人向居民个人支付劳务报酬所得、稿酬所得、特许权使用费所得时，按次或者按月预扣预缴个人所得税。具体预扣预缴税款计算方法如下。

劳务报酬所得、稿酬所得、特许权使用费所得以每次收入减除费用后的余额为收入额，稿酬所得的收入额减按 70%计算。

减除费用：劳务报酬所得、稿酬所得、特许权使用费所得预扣预缴税款时，每次收入

不超过 4000 元的，减除费用按 800 元计算；每次收入 4000 元以上的，减除费用按 20%计算。

【注意】劳务报酬所得、稿酬所得、特许权使用费所得，属于一次性收入的，以取得该项收入为一次；属于同一项目连续性收入的，以一个月内取得的收入为一次。

应纳税所得额：劳务报酬所得、稿酬所得、特许权使用费所得，以每次收入额为预扣预缴应纳税所得额。劳务报酬所得适用 20%～40%的超额累进预扣率，稿酬所得、特许权使用费所得适用 20%的比例预扣率。

劳务报酬所得应预扣预缴税额=预扣预缴应纳税所得额×预扣率−速算扣除数

稿酬所得、特许权使用费所得应预扣预缴税额=预扣预缴应纳税所得额×20%

计算劳务报酬所得预扣预缴税额的预扣率、速算扣除数，见表 9-7。

表 9-7　居民个人劳务报酬所得预扣预缴表

级数	预扣预缴应纳税所得额	预扣率（%）	速算扣除数/元
1	不超过 20 000 元的部分	20	0
2	超过 20 000 元至 50 000 元的部分	30	2000
3	超过 50 000 元的部分	40	7000

例 9-6 中国公民李某 2019 年 1 月取得如下收入。

（1）在高校讲学一次，取得收入 5000 元。

（2）出版自传作品一部，取得稿酬 160 000 元。

（3）转让一项专利权，取得转让收入 150 000 元，专利开发支出 10 000 元。

【解析】张某当月收入需要预缴的个人所得税如下。

（1）讲学按劳务报酬所得，应预扣预缴税额=5000×（1−20%）×20%=800（元）。

（2）出版作品按稿酬所得，应预扣预缴税额=160 000×（1−20%）×70%×20%=17 920（元）。

（3）转让专利权按特许权使用费所得，应预扣预缴税额=150 000×（1−20%）×20%=24 000（元）。

4．居民个人取得全年一次性奖金

居民个人取得全年一次性奖金，符合《国家税务总局关于调整个人取得全年一次性奖金等计算征收个人所得税方法问题的通知》（国税发〔2005〕9 号）规定的，在 2021 年 12 月 31 日前，不并入当年综合所得，以全年一次性奖金收入除以 12 个月得到的数额，按照本通知所附按月换算后的综合所得税率表（以下简称月度税率表），确定适用税率和速算扣除数，单独计算纳税。其计算公式为

应纳税额=全年一次性奖金收入×适用税率−速算扣除数

居民个人取得全年一次性奖金，也可以选择并入当年综合所得计算纳税。

自 2022 年 1 月 1 日起，居民个人取得全年一次性奖金，应并入当年综合所得计算缴纳个人所得税。

5. 内部退养

内部退养是指职工在未到退休年龄的情况下，经本人申请，单位领导批准，可以退出工作岗位休养。

（1）内部退养的人员从原任职单位取得的一次性收入，应当按照“工资、薪金所得”缴纳个人所得税。

（2）个人在办理内部退养手续后至法定退休年龄之间重新就业取得的“工资、薪金所得”，应当按照规定纳税，并依法自行申报。

6. 提前退休

个人办理提前退休手续而取得的一次性补贴收入，应按照办理提前退休手续至法定离退休年龄之间实际年度数平均分摊，确定适用税率和速算扣除数，单独适用综合所得税率表，计算纳税。其计算公式为

应纳税额=［（一次性补贴收入÷办理提前退休手续至法定退休年龄的实际年度数
-费用扣除标准）×适用税率-速算扣除数］
×办理提前退休手续至法定退休年龄的实际年度数

7. 解除劳动关系取得一次性补偿收入

个人与用人单位解除劳动关系取得一次性补偿收入（包括用人单位发放的经济补偿金、生活补助费和其他补助费），在当地上年职工平均工资 3 倍数额以内的部分，免征个人所得税；超过 3 倍数额的部分，不并入当年综合所得，单独适用综合所得税率表，计算纳税。

8. 退休人员

（1）按照国家统一规定发给干部、职工的安家费、退职费、基本养老金或者退休费、离休费、离休生活补助费，免征个人所得税。

（2）再任职。退休人员再任职取得的收入，在减除按税法规定的费用扣除标准后，按“工资、薪金所得”税目计征个人所得税。

（3）达到离休、退休年龄，但确因工作需要，适当延长离休、退休年龄的高级专家（是指享受国家发放的政府特殊津贴的专家、学者），其在延长离休、退休期间的工资、薪金所得，视同离休、退休工资免征个人所得税。

（4）其他补贴、奖金、实物。离退休人员除按规定领取离退休工资或者养老金外，另从原任职单位取得的各类补贴、奖金、实物，不属于免税的退休工资、离休工资、离休生活补助费，应按“工资、薪金所得”应税项目缴纳个人所得税。

9. 关于单位低价向职工售房的政策

单位按低于购置或者建造成本价格出售住房给职工，职工因此而少支出的差价部分，不并入当年综合所得，以差价收入除以 12 个月得到的数额，按照月度税率表确定适用税率和速算扣除数，单独计算纳税。其计算公式为

应纳税额=职工实际支付的购房价款低于该房屋的购置或者建造成本价格的差额
×适用税率-速算扣除数

10. 关于个人取得公务交通、通信补贴收入征税问题

个人因公务用车和通信制度改革而取得的公务用车、通信补贴收入，扣除一定标准的公务费用后，按照“工资、薪金所得”项目计征个人所得税。按月发放的，并入当月“工资、薪金所得”计征个人所得税；不按月发放的，分解到所属月份并与该月份“工资、薪金所得”合并后计征个人所得税。

公务费用扣除标准，由省级税务部门根据纳税人公务交通、通信费用实际发生情况调查测算，报经省级人民政府批准后确定，并报国家税务总局备案。

11. 两处以上取得工资薪金

从中国境内两处或者两处以上取得工资、薪金所得的，选择并固定向其中一处单位所在地主管税务机关申报。

例 9-7 某人从 A 单位取得 8000 元，从 B 单位取得 10 000 元，那么这两个单位应该如何对其代扣代缴个人所得税（选择 A 单位为扣除费用方及所在地主管税务机关为申报汇缴机关）？

【解析】

A 单位扣缴个人所得税=（8000−5000）×3%=90（元）

B 单位扣缴个人所得税=10 000×10%−210=790（元）

如该个人选择到 A 单位所在地主管税务机关申报汇总纳税，申报税款=（8000+10 000−5000）×20%−1410=1190（元）。

应补个人所得税=1190−90−790=310（元）

12. 科技人员特定的现金奖励的征税问题

依法批准设立的非营利性研究开发机构和高等学校根据《中华人民共和国促进科技成果转化法》规定，从职务科技成果转化收入中给予科技人员的现金奖励，可减按 50%计入科技人员当月“工资、薪金所得”，依法缴纳个人所得税。

（二）非居民个人劳务所得应纳税额的计算

1. 应纳税所得额

非居民个人的工资、薪金所得，以每月收入额减除费用 5000 元后的余额为应纳税所得额；劳务报酬所得、稿酬所得、特许权使用费所得，以每次收入额为应纳税所得额。

非居民个人取得的劳务报酬所得、稿酬所得、特许权使用费所得，属于一次性收入的，以取得该项收入为一次；属于同一项目连续性收入的，以一个月内取得的收入为一次。

2. 应纳税额

工资、薪金所得应纳税额=（每月收入额−5000 元）×税率−速算扣除数

劳务报酬所得、稿酬所得、特许权使用费所得应纳税额=每次（月）收入额×税率−速算扣除数

其中，税率表为按月换算后的综合所得税率。

例 9-8 美国公民汤姆6月与中国A培训机构签订了3个月的劳务合同，每月工资为20 000元；向B公司转让一项著作权，获得收入50 000元。请计算汤姆6月应缴纳的个人所得税。

【解析】

工资应纳税额=（20 000-5000）×20%-1410=1590（元）

转让著作权应纳税额=50 000×（1-20%）×30%-4410=7340（元）

3．预扣预缴

非居民个人取得工资、薪金所得，劳务报酬所得，稿酬所得和特许权使用费所得，有扣缴义务人的，由扣缴义务人按月或者按次代扣代缴税款，不办理汇算清缴。个人所得税按以下方法按月或者按次代扣代缴：非居民个人的工资、薪金所得，以每月收入额减除费用5000元后的余额为应纳税所得额；劳务报酬所得、稿酬所得、特许权使用费所得，以每次收入额为应纳税所得额。其中，劳务报酬所得、稿酬所得、特许权使用费所得以收入减除20%的费用后的余额为收入额。稿酬所得的收入额减按70%计算。

上述四项所得的应纳税额=应纳税所得额×税率-速算扣除数

税率表为按月换算后的综合所得税率。

非居民个人在一个纳税年度内税款扣缴方法保持不变，达到居民个人条件时，应当告知扣缴义务人基础信息变化情况，年度终了后按照居民个人有关规定办理汇算清缴。

（三）经营所得应纳税额的计算

经营所得，以每一纳税年度的收入总额减除成本、费用及损失后的余额，为应纳税所得额。

所称成本、费用，是指个体工商户、个人独资企业、合伙企业及个人从事其他生产、经营活动发生的各项直接支出和分配计入成本的间接费用、销售费用、管理费用、财务费用；所称损失，是指个体工商户、个人独资企业、合伙企业及个人从事其他生产经营活动发生的固定资产和存货的盘亏、毁损、报废损失，转让财产损失、坏账损失，以及自然灾害等不可抗力因素造成的损失和其他损失。

取得经营所得的个人，没有综合所得的，计算其每一纳税年度的应纳税所得额时，应当减除费用6万元、专项扣除、专项附加扣除及依法确定的其他扣除。专项附加扣除在办理汇算清缴时减除。

应纳税额=（全年收入总额-成本、费用及损失）×适用税率-速算扣除数

根据《个体工商户个人所得税计税办法》（国家税务总局令2014年第35号）规定，个体工商户的生产、经营所得，包括个人独资企业、合伙企业投资者、取得其他经营所得的个人。个体工商户应纳税所得额的计算，以权责发生制为原则，属于当期的收入和费用，不论款项是否收付，均作为当期的收入和费用；不属于当期的收入和费用，即使款项已经在当期收付，均不作为当期收入和费用。财政部、国家税务总局另有规定的除外。

1．计税基本规定

（1）个体工商户的生产、经营所得，以每一纳税年度的收入总额，减除成本、费用、税金、损失、其他支出及允许弥补的以前年度亏损后的余额，为应纳税所得额。

（2）个体工商户从事生产经营及其与生产经营有关的活动取得的货币形式和非货币形式的各项收入，为收入总额，包括销售货物收入、提供劳务收入、转让财产收入、利息收入、租金收入、接受捐赠收入、其他收入。

前款所称其他收入包括个体工商户资产溢余收入、逾期一年以上的未退包装物押金收入、确实无法偿付的应付款项、已作坏账损失处理后又收回的应收款项、债务重组收入、补贴收入、违约金收入、汇兑收益等。

（3）成本，是指个体工商户在生产经营活动中发生的销售成本、销货成本、业务支出及其他耗费。

（4）费用，是指个体工商户在生产经营活动中发生的销售费用、管理费用和财务费用，已经计入成本的有关费用除外。

（5）税金，是指个体工商户在生产经营活动中发生的除个人所得税和允许抵扣的增值税外的各项税金及其附加。

（6）损失，是指个体工商户在生产经营活动中发生的固定资产和存货的盘亏、毁损、报废损失，转让财产损失，坏账损失，自然灾害等不可抗力因素造成的损失及其他损失。

个体工商户发生的损失，减除责任人赔偿和保险赔款后的余额，参照财政部、国家税务总局有关企业资产损失税前扣除的规定扣除。

个体工商户已经作为损失处理的资产，在以后纳税年度又全部收回或者部分收回时，应当计入收回当期的收入。

（7）其他支出，是指除成本、费用、税金、损失外，个体工商户在生产经营活动中发生的与生产经营活动有关的、合理的支出。

（8）个体工商户发生的支出应当区分收益性支出和资本性支出。收益性支出在发生当期直接扣除；资本性支出应当分期扣除或者计入有关资产成本，不得在发生当期直接扣除。

前款所称支出，是指与取得收入直接相关的支出。

除税收法律法规另有规定外，个体工商户实际发生的成本、费用、税金、损失和其他支出，不得重复扣除。

（9）个体工商户下列支出不得扣除：① 个人所得税税款；② 税收滞纳金；③ 罚金、罚款和被没收财物的损失；④ 不符合扣除规定的捐赠支出；⑤ 赞助支出；⑥ 用于个人和家庭的支出；⑦ 与取得生产经营收入无关的其他支出；⑧ 国家税务总局规定不准扣除的支出。

（10）个体工商户生产经营活动中，应当分别核算生产经营费用和个人、家庭费用。对生产经营与个人、家庭生活混用难以分清的费用，其40%视为与生产经营有关费用，准予扣除。

（11）个体工商户纳税年度发生的亏损，准予向以后年度结转，用以后年度的生产经营所得弥补，但结转年限最长不得超过5年。

（12）个体工商户使用或者销售存货，按照规定计算的存货成本，准予在计算应纳税所得额时扣除。

（13）个体工商户转让资产，该项资产的净值，准予在计算应纳税所得额时扣除。

（14）《个体工商户个人所得税计税办法》所称亏损，是指个体工商户依照《个体工商户个人所得税计税办法》规定计算的应纳税所得额小于零的数额。

2. 扣除项目及标准

（1）业主的工资与生计费：① 个体工商户业主的工资薪金支出不得税前扣除；② 个体工商户业主的费用扣除标准统一确定为60 000元/年；③ 投资者兴办两个或者两个以上企业的，其投资者个人费用扣除标准由投资者选择在其中一个企业的生产经营所得中扣除。

（2）从业人员的工资：个体工商户实际支付给从业人员的、合理的工资薪金支出，准予扣除。

（3）基本社会保险：个体工商户按照国家有关规定为其业主和从业人员缴纳的基本养老保险费、基本医疗保险费、失业保险费、生育保险费、工伤保险费和住房公积金，准予扣除。

（4）补充社会保险：① 个体工商户为从业人员缴纳的补充养老保险费、补充医疗保险费，分别在不超过从业人员工资总额5%标准内的部分据实扣除；超过部分，不得扣除。② 个体工商户业主本人缴纳的补充养老保险费、补充医疗保险费，以当地（地级市）上年度社会平均工资的3倍为计算基数，分别在不超过该计算基数5%标准内的部分据实扣除；超过部分，不得扣除。

（5）商业保险：除个体工商户依照国家有关规定为特殊工种从业人员支付的人身安全保险费和财政部、国家税务总局规定可以扣除的其他商业保险费外，个体工商户业主本人或者为从业人员支付的商业保险费，不得扣除。

（6）个体工商户发生的合理的劳动保护支出，准予扣除。

（7）个体工商户代其从业人员或者他人负担的税款，不得税前扣除。

（8）三项经费：① 个体工商户向当地工会组织拨缴的工会经费、实际发生的职工福利费支出、职工教育经费支出分别在工资薪金总额的2%、14%、2.5%的标准内据实扣除；职工教育经费的实际发生数额超出规定比例当期不能扣除的数额，准予在以后纳税年度结转扣除。② 个体工商户业主本人向当地工会组织缴纳的工会经费、实际发生的职工福利费支出、职工教育经费支出，以当地（地级市）上年度社会平均工资的3倍为计算基数，在规定比例内据实扣除。

（9）生产经营费用：① 个体工商户生产经营活动中，应当分别核算生产经营费用和个人、家庭费用；对生产经营与个人、家庭生活混用难以分清的费用，其40%视为与生产经营有关的费用，准予扣除。② 个体工商户按照规定缴纳的摊位费、行政性收费、协会会费等，按实际发生数额扣除。③ 个体工商户参加财产保险，按照规定缴纳的保险费，准予扣除。

（10）借款费用：个体工商户在生产经营活动中发生的合理的不需要资本化的借款费用，准予扣除。

（11）个体工商户在生产经营活动中发生的下列利息支出，准予扣除：① 向金融企业借款的利息支出；② 向非金融企业和个人借款的利息支出，不超过按照金融企业同期同类贷款利率计算的数额的部分。

（12）业务招待费：① 个体工商户发生的与生产经营活动有关的业务招待费，按照实际发生额的60%扣除，但最高不得超过当年销售（营业）收入的5‰。② 业主自申请营业执照之日起至开始生产经营之日止所发生的业务招待费，按照实际发生额的60%计入个体工商户的开办费。

（13）广告费和业务宣传费：个体工商户每一纳税年度发生的与其生产经营活动直接相关的广告费和业务宣传费不超过当年销售（营业）收入 15%的部分，可以据实扣除；超过部分，准予在以后纳税年度结转扣除。

（14）公益性捐赠：① 个体工商户通过公益性社会团体或者县级以上人民政府及其部门，用于规定的公益事业的捐赠，捐赠额不超过其应纳税所得额 30%的部分可以据实扣除。② 可以全额在个人所得税前扣除的捐赠支出项目，按有关规定执行。③ 个体工商户直接对受益人的捐赠不得扣除。

（15）研究开发费用：① 个体工商户研究开发新产品、新技术、新工艺所发生的开发费用准予在当期直接扣除。② 个体工商户研究开发新产品、新技术而购置单台价值在 10 万元以下的测试仪器和试验性装置的购置费准予直接扣除；单台价值在 10 万元以上（含 10 万元）的测试仪器和试验性装置，按固定资产管理，不得在当期直接扣除。

（16）开办费：个体工商户自申请营业执照之日起至开始生产经营之日（个体工商户取得第一笔销售/营业收入）止所发生符合规定的费用，除为取得固定资产、无形资产的支出，以及应计入资产价值的汇兑损益、利息支出外，作为开办费，个体工商户可以选择在开始生产经营的当年一次性扣除，也可自生产经营月份起在不短于 3 年期限内摊销扣除，但一经选定，不得改变。

（17）损失：① 个体工商户发生的损失，减除责任人赔偿和保险赔款后的余额，参照财政部、国家税务总局有关企业资产损失税前扣除的规定扣除。② 个体工商户已经作为损失处理的资产，在以后纳税年度又全部收回或者部分收回时，应当计入收回当期的收入。

（18）亏损弥补：个体工商户纳税年度发生的亏损，准予向以后年度结转，用以后年度的生产经营所得弥补，但结转年限最长不得超过 5 年。

例 9-9 某个人独资企业，2019 年全年销售收入为 1000 万元，销售成本和期间费用为 760 万元，其中业务招待费 10 万元、广告费 15 万元、业务宣传费 8 万元、投资者工资 3 万元；增值税以外的各种税费为 150 万元，没有其他涉税调整事项。该个人独资企业 2019 年应缴纳的个人所得税是多少？（假设不考虑专项扣除、专项附加扣除及依法确定的其他扣除）

【解析】

个体工商户每一纳税年度发生的与其生产经营业务直接相关的业务招待费支出，按照发生额的 60%扣除，但最高不得超过当年销售（营业）收入的 5‰。业务招待费实际发生额的 60%=10×60%=6（万元），扣除限额=1000×5‰=5（万元），按照限额 5 万元扣除；投资者的工资不可以税前扣除；广告费支出限额=1000×15%=150（万元），实际发生=15+8=23（万元），可以据实扣除。

应纳税所得额=1000−760+10−5+3−150−6=92（万元）

应缴纳个人所得税=92×35%−6.55=25.65（万元）

【注意】从事生产、经营活动，未提供完整、准确的纳税资料，不能正确计算应纳税所得额的，由主管税务机关核定其应纳税所得额。但对年收入超过国务院税务主管部门规定数额的个体工商户、个人独资企业、合伙企业，税务机关不得采取定期定额、事先核定应税所得率等方式征收个人所得税。

（四）财产租赁所得应纳税额的计算

1．应纳税所得额

财产租赁所得以 1 个月内取得的收入为一次，实行按次征税。

（1）每次（月）收入≤4000 元，则有

应纳税所得额=每次（月）收入额-财产租赁过程中缴纳的税费
-由纳税人负担的租赁财产实际开支的修缮费用（以 800 元为限）-800 元

（2）每次（月）收入＞4000 元，则有

应纳税所得额=［每次（月）收入额-财产租赁过程中缴纳的税费
-由纳税人负担的租赁财产实际开支的修缮费用（以 800 元为限）］×（1-20%）

【提示】个人出租房屋的个人所得税应税收入不含增值税，计算房屋出租所得可扣除的税费不包括本次出租缴纳的增值税。

2．应纳税额

应纳税额=应纳税所得额×20%（或者 10%）

3．转租

（1）个人取得的房屋转租收入，属于“财产租赁所得”税目的征税范围。

（2）个人转租房屋的，其向房屋出租方支付的租金及增值税，在计算转租所得时予以扣除。

例 9-10 李某出租商铺，2019 年 11 月取得不含增值税租金收入 6000 元，本月财产租赁过程中缴纳的可以税前扣除的税费合计为 400 元，发生由纳税人负担的租赁财产实际开支的修缮费用 1000 元，均取得合法票据。

【解析】李某当月应缴纳个人所得税=（6000-400-800）×（1-20%）×20%=768（元）

知识拓展

（五）财产转让所得应纳税额的计算

1．应纳税所得额

财产转让所得，按照一次转让财产的收入额减除财产原值和合理费用后的余额，为应纳税所得额。

财产原值，是指：① 有价证券，为买入价及买入时按照规定缴纳的有关费用；② 不动产，为建造费或者购进价格及其他有关费用；③ 土地使用权，为取得土地使用权所支付的金额、开发土地的费用及其他有关费用；④ 机器设备、车船，为购进价格、运输费、安装费及其他有关费用；⑤ 其他财产，参照以上方法确定。

纳税义务人未提供完整、准确的财产原值凭证，不能正确计算财产原值的，由主管税务机关核定其财产原值。

合理费用，是指卖出财产时按照规定支付的有关税费。

2. 应纳税额

应纳税额=应纳税所得额×20%=（收入总额-财产原值-合理费用）×20%

例 9-11 李某转让一处临街商铺（原值为 200 万元），取得不含增值税的转让收入 450 万元，支付可以税前扣除的各项合理税费合计 5 万元（均取得合法票据）。

【解析】李某出售该商铺应纳个人所得税=（450-200-5）×20%=49（万元）

（六）利息、股息、红利所得应纳税额的计算

（1）利息、股息、红利所得，以每次收入额为应纳税所得额。利息、股息、红利所得，以支付利息、股息、红利时取得的收入为一次。

（2）应纳税额的计算公式为

应纳税额=应纳税所得额×适用税率=每次收入额×20%

（3）个人从公开发行和转让市场取得的上市公司股票，持股期限超过 1 年的，股息红利所得暂免征收个人所得税。

个人从公开发行和转让市场取得的上市公司股票，持股期限在 1 个月以内（含 1 个月）的，其股息红利所得全额计入应纳税所得额；持股期限在 1 个月以上至 1 年（含 1 年）的，暂减按 50%计入应纳税所得额；上述所得统一适用 20%的税率计征个人所得税。

（七）偶然所得应纳税额的计算

（1）偶然所得，以每次收入额为应纳税所得额。

（2）应纳税额的计算公式为

应纳税额=应纳税所得额×20%=每次收入额×20%

（八）应纳税额计算的其他规定

（1）个人将其所得对教育、扶贫、济困等公益慈善事业进行捐赠，捐赠额未超过纳税人申报的应纳税所得额 30%的部分，可以从其应纳税所得额中扣除；国务院规定对公益慈善事业捐赠实行全额税前扣除的，从其规定。

① 一般情况：准予税前扣除的捐赠金额≤应纳税所得额的 30%。

例 9-12 刘某本月取得财产租赁收入 30 000 元，从中取出 8000 元通过中国境内非营利社会团体向灾区捐赠。

【解析】

未捐赠前应纳税所得额=30 000×（1-20%）=24 000（元）。

捐赠扣除限额=24 000×30%=7200（元），实际捐赠额 8000 元超过了限额，只能按限额扣除。

应纳税额=（24 000-7200）×20%=3360（元）。

② 特殊规定：全额扣除。

第一，向红十字事业的捐赠：个人通过非营利性的社会团体和国家机关向红十字事业的捐赠，在计算缴纳个人所得税时，准予在税前的所得额中全额扣除。

第二，向农村义务教育的捐赠：个人通过非营利性的社会团体和国家机关向农村义务教育的捐赠，在计算缴纳个人所得税时，准予在税前的所得额中全额扣除。

第三，向公益性青少年活动场所（其中包括新建）的捐赠：个人通过非营利性的社会团体和国家机关对公益性青少年活动场所（其中包括新建）的捐赠，在计算缴纳个人所得税时，准予在税前的所得额中全额扣除。

第四，向福利性、非营利性老年服务机构的捐赠，以及通过特定基金会用于公益救济性的捐赠：个人通过非营利性的社会团体和政府部门向福利性、非营利性老年服务机构捐赠、通过特定的基金会用于公益救济性的捐赠，符合相关条件的，准予在缴纳个人所得税税前全额扣除。

例 9-13 2019 年 5 月李某花费 500 元购买体育彩票，一次中奖 30 000 元，将其中 1000 元直接捐赠给甲小学。李某彩票中奖收入应缴纳个人所得税税额为多少？

【解析】个人直接向受赠人的捐赠不允许税前扣除。因此，李某 5 月应缴纳个人所得税=30 000×20%=6000（元）。

（2）个人的所得（不含偶然所得和经国务院财政部门确定征税的其他所得）用于资助非关联的科研机构和高等学校研究开发新产品、新技术、新工艺所发生的研究开发经费，经主管税务机关确定，可以全额在下月（工资、薪金所得）或者下次（按次计征的所得）或者当年（按年计征的所得）计征个人所得税时，从应纳税所得额中扣除，不足抵扣的，不得结转抵扣。

（3）企业为股东个人购买汽车个人所得税的征税方法。

① 企业为股东购买车辆并将车辆所有权办到股东个人名下，其实质为企业对股东进行了红利性质的实物分配，应按照“利息、股息、红利所得”项目征收个人所得税。考虑到该股东个人名下的车辆同时为企业经营使用的实际情况，允许合理减除部分所得；减除的具体数额由主管税务机关根据车辆的实际使用情况合理确定。

② 依据《中华人民共和国企业所得税暂行条例》及有关规定，上述企业为个人股东购买的车辆，不属于企业的资产，不得在企业所得税前扣除折旧。

例 9-14 2019 年 2 月 3 日吉祥公司购买一辆价值 180 万元的汽车，并于 2019 年 2 月 4 日将该车所有权办到该公司股东王五董事长个人名下。

【解析】王五按“利息、股息、红利所得”缴纳个人所得税=180×20%=36（万元），由吉祥公司代扣代缴。

（4）个人终止投资经营收回款项征收个人所得税规定。个人因各种原因终止投资、联营、经营合作等行为，从被投资企业或者合作项目、被投资企业的其他投资者及合作项目的经营合作人取得股权转让收入、违约金、补偿金、赔偿金及以其他名目收回的款项等，均属于个人所得税应税收入，应按照“财产转让所得”项目适用的规定计算缴纳个人所得税。

应纳税所得额的计算公式为

应纳税所得额=个人取得的股权转让收入、违约金、补偿金、赔偿金及以其他名目收回款项合计数−原实际出资额（投入额）及相关税费

应纳税额=应纳税所得额×20%

(5) 个人无偿受赠房屋产权的个人所得税处理。为了加强个人所得税征管，堵塞税收漏洞，《财政部　国家税务总局关于个人无偿受赠房屋有关个人所得税问题的通知》（财税〔2009〕78 号）有关规定如下。

① 以下情形的房屋产权无偿赠与，对当事双方不征收个人所得税：房屋产权所有人将房屋产权无偿赠与配偶、父母、子女、祖父母、外祖父母、孙子女、外孙子女、兄弟姐妹；房屋产权所有人将房屋产权无偿赠与对其承担直接抚养或者赡养义务的抚养人或者赡养人；房屋产权所有人死亡，依法取得房屋产权的法定继承人、遗嘱继承人或者受遗赠人。

② 除《财政部　国家税务总局关于个人无偿受赠房屋有关个人所得税问题的通知》（财税〔2009〕78 号）第一条规定情形外，房屋产权所有人将房屋产权无偿赠与他人的，受赠人因无偿受赠房屋取得的受赠所得，按照“经国务院财政部门确定征税的其他所得”项目缴纳个人所得税，税率为 20%。

③ 对受赠人无偿受赠房屋计征个人所得税时，其应纳税所得额为房地产赠与合同上标明的赠与房屋价值减除赠与过程中受赠人支付的相关税费后的余额。赠与合同标明的房屋价值明显低于市场价格或者房地产赠与合同未标明赠与房屋价值的，税务机关可依据受赠房屋的市场评估价格或者采取其他合理方式确定受赠人的应纳税所得额。

④ 受赠人转让受赠房屋的，以其转让受赠房屋的收入减除原捐赠人取得该房屋的实际购置成本，以及赠与和转让过程中受赠人支付的相关税费后的余额，为受赠人的应纳税所得额，依法计征个人所得税。受赠人转让受赠房屋价格明显偏低且无正当理由的，税务机关可以依据该房屋的市场评估价格或者其他合理方式确定的价格核定其转让收入。

例 9-15 2016 年 9 月，黄先生继承了一套普通住房性质的 A 住房（当时的评估价格为 100 万元），缴纳契税 5 万元，并于 2019 年 1 月将该房产卖出，售价为 100 万元。

【解析】应纳个人所得税=（转让收入−受赠时契税）×20%=（100−5）×20%=19（万元）

(6) 股权转让所得个人所得税管理办法。股权是指自然人股东（以下简称个人）投资于在中国境内成立的企业或者组织（以下简称被投资企业，不包括个人独资企业和合伙企业）的股权或者股份。

① 股权转让是指个人将股权转让给其他个人或者法人的行为，主要包括以下几点：出售股权；公司回购股权；发行人首次公开发行新股时，被投资企业股东将其持有的股份以公开发行方式一并向投资者发售；股权被司法或者行政机关强制过户；以股权对外投资或者进行其他非货币性交易；以股权抵偿债务；其他股权转移行为。

② 个人转让股权，以股权转让收入减除股权原值和合理费用后的余额为应纳税所得额，按“财产转让所得”缴纳个人所得税。对个人多次取得同一被投资企业股权的，转让部分股权时，采用“加权平均法”确定其股权原值。

例 9-16 2015 年张先生以 100 万元现金投资到 M 公司占 M 公司 10%的股份；2016 年张先生又以 200 万元现金投资到 M 公司取得 M 公司 10%的股份；2017 年张先生以 300 万元现金继续对 M 公司增资，又取得了 10%的股份，至此张先生持有 M 公司共 30%的股份。2018 年张先生将持有的 M 公司 10%的股份进行了转让，转让价格为 400 万元。如何分析 2018 年张先生将持有的 M 公司 10%的股份进行了转让的个人所得税？

【解析】根据相关规定，应按加权平均法确认张先生转让的 M 公司 10%的股权原值。

股权原值=［（100 +200 +300）］÷30%×10%=200（万元），应纳税所得额=400-200=200（万元），个人所得税应纳税额=200×20%=40（万元）。

（7）股权激励个人所得税政策。

股权激励的方式主要分为股票期权、限制性股票、股票增值权三种形式。

① 股票期权所得额。第一，员工行权时，其从企业取得股票的实际购买价（施权价）低于购买日公平市场价（是指该股票当日的收盘价）的差额。第二，员工在行权日之前将股票期权转让的，以股票期权的转让净收入作为工资薪金所得征收个人所得税（股票期权转让收入扣除折价购入股票期权时实际支付的价款后的余额）。

【注意 1】员工接受实施股票期权计划企业授予的股票期权时，除另有规定外，一般不作为应税所得征税。

【注意 2】员工将行权后的股票再转让时获得的高于购买日公平市场价的差额，是因个人在证券二级市场上转让股票等有价证券而获得的所得，应按照"财产转让所得"适用的征免规定计算缴纳个人所得税。（个人将行权后的境内上市公司股票再行转让而取得的所得，暂不征收个人所得税；个人转让境外上市公司的股票而取得的所得，应按税法的规定计算应纳税所得额和应纳税额，依法缴纳税款。）

② 限制性股票所得额。上市公司实施限制性股票计划时，应以被激励对象限制性股票在中国证券登记结算公司（境外为证券登记托管机构）进行股票登记日期的股票市价（是指当日收盘价）和本批次解禁股票当日市价（是指当日收盘价）的平均价格乘以本批次解禁股票份数，减去被激励对象本批次解禁股份数所对应的为获取限制性股票实际支付资金数额，其差额为应纳税所得额。

③ 股票增值权所得额。股票增值权被授权人获取的收益，是由上市公司根据授权日与行权日股票差价乘以被授权股数，直接向被授权人支付的现金。

居民个人取得股票期权、股票增值权、限制性股票等股权激励，在 2021 年 12 月 31 日前，不并入当年综合所得，全额单独适用综合所得税率表，计算纳税。其计算公式为

应纳税额=股权激励收入×适用税率-速算扣除数

居民个人一个纳税年度内取得两次以上（含两次）股权激励的，应合并计算纳税。

例 9-17 王某、张某同为 C 公司员工，2018 年 1 月 C 公司实行股票期权计划，授予王某股票期权 20 000 股，授予价 5 元/股，并约定自 2018 年 6 月 1 日起王某可以行权。2018 年 6 月 10 日王某以授予价购买股票 20 000 股，当天股票收盘价为 10 元/股。2018 年 1 月 1 日 C 公司经股东大会同意授予公司高管限制性股票，并于当天按 10 元/股的价格授予张某 20 000 股限制性股票，并收到股款 100 000 元，当天股票收盘价为 15 元/股。根据计划规定，自授予日起至 2018 年 12 月 31 日为禁售期，禁售期后 3 年内分两批解锁，第一批为 2019 年 6 月 1 日，解锁 40%，第二批为 2020 年 6 月 1 日，解锁剩余的 60%。2019 年 6 月 1 日公司股票收盘价为 30 元/股，经考核符合解锁条件，对张某股票实行解禁。2020 年 6 月 1 日，经考核不符合解禁条件，根据惩罚性措施向张某回购该部分股票注销，并返还购股款 50 000 元。

【解析】

（1）2018 年 6 月 10 日王某行权时应缴纳个人所得税=［20 000×（10-5）×10%-2520］=7480（元）。

（2）2019 年 6 月 1 日张某解禁第一批股票时应纳税所得额=[（30+15）÷2−10]×20 000×40%=100 000（元），应纳个人所得税=100 000×10%−2520=7480（元）。

（3）2020 年 6 月 1 日张某经考核不符合解禁条件，股票被公司收回并返还了股款，不需要缴纳个人所得税。

（8）两人以上共同取得同一项目收入的计税方法。

两个或者两个以上的个人共同取得同一项目收入的，应当对每个人取得的收入分别按照个人所得税法规定减除费用后计算纳税。

例 9-18 甲、乙、丙三人合作承担一项安装劳务，共取得报酬 40 000 元，其中，甲分得 4000 元，乙分得 10 000 元，丙分得 26 000 元，计算甲、乙、丙三人各自应纳税所得额是多少？

【解析】

甲应纳税所得额=4000×（1−20%）=3200（元）

乙应纳税所得额=10 000×（1−20%）=8000（元）

丙应纳税所得额=26 000×（1−20%）=20 800（元）

（9）境外所得的税额扣除。居民个人从中国境外取得的所得，可以从其应纳税额中抵免已在境外缴纳的个人所得税税额，但抵免额不得超过该纳税人境外所得依照个人所得税法规定计算的应纳税额。

居民个人从境内和境外取得的综合所得或者经营所得，应当分别合并计算应纳税额；从境内和境外取得的其他所得应当分别单独计算应纳税额。

个人独资企业、合伙企业及个人从事其他生产、经营活动在境外营业机构的亏损，不得抵减境内营业机构的盈利。

个人所得税法所称已在境外缴纳的个人所得税税额，是指居民个人来源于中国境外的所得，依照该所得来源国家或者地区的法律应当缴纳并且实际已经缴纳的所得税税额；所称依照个人所得税法规定计算的应纳税额，是居民个人境外所得已缴境外个人所得税的抵免限额。除国务院财政、税务主管部门另有规定外，来源于一国（地区）抵免限额为来源于该国的综合所得抵免限额、经营所得抵免限额、其他所得项目抵免限额之和。

① 来源于一国（地区）综合所得的抵免限额=中国境内、境外综合所得依照个人所得税法和个人所得税法实施条例的规定计算的综合所得应纳税总额×来源于该国（地区）的综合所得收入额÷中国境内、境外综合所得收入总额。

② 来源于一国（地区）经营所得抵免限额=中国境内、境外经营所得依照个人所得税法和个人所得税法实施条例的规定计算的经营所得应纳税总额×来源于该国（地区）的经营所得的应纳税所得额÷中国境内、境外经营所得的应纳税所得额。

③ 来源于一国（地区）的其他所得项目抵免限额，等于来源于该国（地区）的其他所得项目依照个人所得税法和个人所得税法实施条例的规定计算的应纳税额。

居民个人在中国境外一个国家或者地区实际已经缴纳的个人所得税税额，低于依照个人所得税法第七条款规定计算出的该国家或者地区抵免限额的，应当在中国缴纳差额部分的税款；超过该国家或者地区抵免限额的，其超过部分不得在本纳税年度的应纳税额中扣除，但是可以在以后纳税年度的该国家或者地区抵免限额的余额中补扣。补扣期限最长不得超过五年。

居民个人申请抵免已在境外缴纳的个人所得税税额，应当提供境外税务机关出具的税款所属年度的有关纳税凭证。

例 9-19 某中国公民在 2019 纳税年度，在 B 国一公司任职，取得工资、薪金收入 120 000 元，因提供一项专利技术使用权，一次性取得特许权使用费收入 30 000 元，该两项收入在 B 国缴纳个人所得税 5200 元（暂不考虑专项扣除、专项附加扣除）。

【解析】

B 国所纳个人所得税的抵减为

综合所得收入=120 000+30 000×（1-20%）=144 000（元）

应纳税额=（144 000-60 000）×10%-2520=5880（元）

根据计算结果，该纳税义务人从 B 国取得应税所得在 B 国缴纳的个人所得税税额的抵减限额为 5880 元，其在 B 国实际缴纳个人所得税为 5200 元，低于抵减限额，可以全额抵扣，并需在中国补缴差额部分的税款，为 680（5880-5200）元。

三、税收优惠

1. 免税项目

（1）省级人民政府、国务院部委和中国人民解放军军以上单位，以及外国组织、国际组织颁发的科学、教育、技术、文化、卫生、体育、环境保护等方面的奖金。

（2）国债和国家发行的金融债券利息。所称国债利息，是指个人持有财政部发行的债券而取得的利息；所称国家发行的金融债券利息，是指个人持有经国务院批准发行的金融债券而取得的利息。

（3）按照国家统一规定发给的补贴、津贴。所称按照国家统一规定发给的补贴、津贴，是指按照国务院规定发给的政府特殊津贴、院士津贴，以及国务院规定免纳个人所得税的其他补贴、津贴。

（4）福利费、抚恤金、救济金。所称福利费，是指根据国家有关规定，从企业、事业单位、国家机关、社会组织提留的福利费或者工会经费中支付给个人的生活补助费；所称抚恤金，是指发给伤残人员或者家属的费用；所称救济金，是指各级人民政府民政部门支付给个人的生活困难补助费。

（5）保险赔款。

（6）军人的转业费、复员费、退役金。

（7）按照国家统一规定发给干部、职工的安家费、退职费、基本养老金或者退休费、离休费、离休生活补助费。

（8）依照有关法律规定应予免税的各国驻华使馆、领事馆的外交代表、领事官员和其他人员的所得。

（9）中国政府参加的国际公约、签订的协议中规定免税的所得。

（10）国务院规定的其他免税所得。

上述第 10 项免税规定，由国务院报全国人民代表大会常务委员会备案。

2. 减税项目

有下列情形之一的，可以减征个人所得税，具体幅度和期限由省、自治区、直辖市人民政府规定，并报同级人民代表大会常务委员会备案。

（1）残疾、孤老人员和烈属的所得。

【解释】对残疾人个人取得的“劳动所得”适用减税规定，具体所得项目为综合所得和经营所得。

（2）因严重自然灾害造成重大损失的。

（3）国务院可以规定其他减税情形，并报全国人民代表大会常务委员会备案。

3. 暂免征税项目

（1）外籍个人：① 外籍个人以非现金形式或者实报实销形式取得的住房补贴、伙食补贴、搬迁费、洗衣费。② 外籍个人按合理标准取得的境内、境外出差补贴。③ 外籍个人取得的语言训练费、子女教育费等，经当地税务机关审核批准为合理的部分。④ 外籍个人从外商投资企业取得的股息、红利所得。

（2）对国有企业职工，因企业被依法宣告破产，从破产企业取得的一次性安置费收入，免予征收个人所得税。

（3）对工伤职工及其近亲属按照规定取得的工伤保险待遇，免征个人所得税。

四、反避税

有下列情形之一的，税务机关有权按照合理的方法进行纳税调整。

（1）个人与其关联方之间的业务往来不符合独立交易原则而减少本人或者其关联方应纳税额，且无正当理由。

所称关联方，是指与个人有下列关联关系之一的个人、企业或者其他经济组织：① 夫妻、直系血亲、兄弟姐妹，以及其他抚养、赡养、扶养关系；② 资金、经营、购销等方面的直接或者间接控制关系；③ 其他经济利益关系。

个人之间有前款第一项关联关系的，其中一方个人与企业或者其他组织存在前款第二项和第三项关联关系的，另一方个人与该企业或者其他组织构成关联方。

所称独立交易原则，是指没有关联关系的交易各方，按照公平成交价格和营业常规进行业务往来遵循的原则。

（2）居民个人控制的，或者居民个人和居民企业共同控制的设立在实际税负明显偏低的国家（地区）的企业，无合理经营需要，对应当归属于居民个人的利润未进行分配或者减少分配。

所称控制，是指：① 居民个人、居民企业直接或者间接单一持有外国企业10%以上有表决权股份，且由其共同持有该外国企业50%以上股份；② 居民个人、居民企业持股比例未达到第一项规定的标准，但在股份、资金、经营、购销等方面对该外国企业构成实质控制。

所称实际税负明显偏低，是指实际税负低于《中华人民共和国企业所得税法》规定的税率的50%。

居民个人或者居民企业能够提供资料证明其控制的企业满足国务院财政、税务主管部门规定的条件的，可免予纳税调整。

（3）个人实施其他不具有合理商业目的的安排而获取不当税收利益。

所称不具有合理商业目的，是指以减少、免除或者推迟缴纳税款为主要目的。

税务机关依照前款规定作出纳税调整，需要补征税款的，应当补征税款，并依法加收利息。规定的利息，应当按照税款所属纳税年度最后一日中国人民银行公布的同期人民币贷款基准利率加 5 个百分点计算，自税款纳税申报期满次日起至补缴税款期限届满之日止按日加收。纳税人在补缴税款期限届满前补缴税款的，加收利息至补缴税款之日。

个人如实向税务机关提供有关资料，配合税务机关补征税款的，利息可以按照前款规定的人民币贷款基准利率计算。

例 9-20 非居民个人间接转让中国境内公司股权被征收个人所得税案例。

某香港商人在港注册一家典型“壳公司”，注册资本仅有 1 万港元。2000 年该公司作为投资方在深圳注册一家法人企业，专门从事物流运输，同时置办大量仓储设施。经过近 10 年的经营，子公司已经形成品牌企业，经营前景良好，而且由于房地产市场一直处于上升趋势，公司存量物业市场溢价很大。2010 年，该港商在境外将香港公司转让给新加坡某公司，深圳公司作为子公司一并转让，转让价格为 2 亿多元。

对港商个人取得的转让收益是否征税，税企之间存在很大分歧。经过反复调查和多次取证，深圳市地税局认为本案转让标的为香港公司和深圳公司，标的物业为深圳公司的资产，转让价格基础是深圳公司资产市场估价。鉴于香港公司在港无实质性经营业务，其转让溢价应大部分归属深圳公司资产增值。这种形式上直接转让香港公司股权，实质上是间接转让深圳公司股权，存在重大避税嫌疑。经请示国家税务总局，决定对其追征税款。全国首例对非居民个人间接转让中国境内企业股权追征个人所得税 1368 万元在深圳市地税局入库，从而结束了长达半年跨境税款追踪，实现了非居民个人在境外直接转让母公司股权，间接转让境内子公司股权征税个案突破。

《中华人民共和国个人所得税法》中的“反避税条款”无疑将为税务机关未来的个人所得税反避税实践提供更好的制度保障和执法依据。与此同时，个人所得税反避税的实施也需要有更为详细的立案和调查调整流程等程序性规则与实体性认定标准，在赋予税务机关个人所得税反避税权力的同时，兼顾纳税人的权利保护。

任务三　个人所得税会计核算

一、会计科目的设置

对采用自行申报缴纳个人所得税的纳税人，除实行查账征收的个体工商户外（个人独资企业、合伙企业参照个体工商户执行），一般不需要进行会计核算。实行查账征收的个体工商户，应设置“应交税费——应交个人所得税”科目，核算其应缴纳的个人所得税；一般企业涉及的代扣代缴个人所得税业务，应设置“应交税费——代扣个人所得税”科目，核算其代扣代缴情况。

二、会计账务处理

（一）经营所得个人所得税的会计核算

实行查账征收的个体工商户、个人独资企业、合伙企业，应缴纳个人所得税，其会计核算应通过“所得税费用”和“应交税费——应交个人所得税”等科目。在计算应纳个人所得税时，借记“所得税费用”科目，贷记“应交税费——应交个人所得税”科目；实际上缴税款时，借记“应交税费——应交个人所得税”科目，贷记“银行存款”科目。

例 9-21 某个体工商户当年全年经营收入为500 000元，其中生产经营成本、费用总额为300 000元（不含业主工资），计算其全年应纳的个人所得税。

【解析】

应纳税所得额=500 000−300 000−60 000=140 000（元）

应纳税额=140 000×20%−10 500=17 500（元）

编制的会计分录如下。

计算应交个人所得税时编制如下会计分录。

借：所得税费用　　17 500

　　贷：应交税费——应交个人所得税　　17 500

实际缴纳税款时编制如下会计分录。

借：应交税费——应交个人所得税　　17 500

　　贷：银行存款　　17 500

（二）代扣代缴个人所得税的会计核算

现行会计准则并未对代扣税款核算作出规定，但实际工作中，一般可在“应交税费”总账下设置“代扣个人所得税”明细账进行核算。同时，根据所代扣税款的具体项目不同，将代扣的税款冲减“应付职工薪酬”“应付账款”“其他应付款”等科目。

1. 支付工资、薪金所得的单位代扣代缴个人所得税核算

单位对支付给职工的工资、薪金代扣个人所得税时，借记“应付职工薪酬”和“应付账款”等科目，贷记“应交税费——代扣个人所得税”科目；实际缴纳个人所得税税款时，借记“应交税费——代扣个人所得税”科目，贷记“银行存款”科目。

例 9-22 某企业按月发放职工工资时，代扣代缴职工李某个人所得税230元。

【解析】

代扣其个人所得税的会计分录如下。

借：应付职工薪酬　　230

　　贷：应交税费——代扣个人所得税　　230

按规定期限上缴税款时编制如下会计分录。

借：应交税费——代扣个人所得税　　230

　　贷：银行存款　　230

2. 支付其他所得的单位代扣代缴个人所得税的核算

企业代扣除工资薪金所得以外的个人所得税时，根据个人所得项目不同，代扣个人所得税时，应分别借记“应付债券”“应付账款”“其他应付款”等科目，贷记“应交税费——代扣个人所得税”科目；实际缴纳个人所得税税款时，借记“应交税费——代扣个人所得税”科目，贷记“银行存款”科目。

例 9-23 某企业3月与王某签约购入其一项发明专利，支付专利转让费80 000元。根据个人所得税法规定，该企业应代扣代缴王某专利转让应缴的个人所得税。

【解析】

应代扣代缴的个人所得税=80 000×（1−20%）×20%=12 800（元）

购入专利时编制如下会计分录。

借：无形资产　80 000
　　贷：其他应付款——王某　80 000

支付转让款，并代扣个人所得税时编制如下会计分录。

借：其他应付款——王某　80 000
　　贷：应交税费——代扣个人所得税　12 800
　　　　银行存款　67 200

任务四　个人所得税纳税申报

个人所得税以所得人为纳税人，以支付所得的单位或者个人为扣缴义务人。纳税人有中国居民身份号码的，以中国居民身份号码为纳税人识别号；纳税人没有中国居民身份号码的，由税务机关赋予其纳税人识别号。扣缴义务人扣缴税款时，纳税人应当向扣缴义务人提供纳税人识别号。

暂不能确定纳税人为居民个人或者非居民个人的，应当按照非居民个人缴纳税款，年度终了确定纳税人为居民个人的，按照规定办理汇算清缴。

一、个人所得税的扣缴申报

扣缴申报是指按照税法规定负有扣缴纳税义务的单位或者个人，在向个人支付应纳税所得时，应计算应纳税额，并从其所得中扣除，同时向税务机关报送扣缴个人所得税报告表。其目的是控制税源，防止偷漏税和逃税。

1. 扣缴义务人

税法规定，凡是支付个人应纳税所得的企业（公司）、事业单位、机关单位、社团组织、军队、驻华机构、个体户等单位或者个人，都是个人所得税的扣缴义务人。扣缴义务人应当按照国家规定办理全员全额扣缴申报，并向纳税人提供其个人所得和已扣缴税款等信息。

所称全员全额扣缴申报，是指扣缴义务人在扣缴税款的次月内，向主管税务机关报送支付所得个人的有关信息、支付所得数额、扣除事项及数额、扣缴税款的具体数额和总额及其他相关涉税信息资料。

扣缴义务人首次向纳税人支付所得时，应当按照纳税人提供的纳税人识别号等基础信息，填写《个人所得税基础信息表（A表）》，并于次月扣缴申报时向税务机关报送。

扣缴义务人对纳税人向其报告的相关基础信息变化情况，应当于次月扣缴申报时向税务机关报送。

2. 代扣代缴的范围

扣缴义务人向个人支付应税款项时，应当依照个人所得税法规定预扣或者代扣税款，按时缴库，并专项记载备查。居民个人取得综合所得，按年计算个人所得税；有扣缴义务人的，由扣缴义务人按月或者按次预扣预缴税款；非居民个人取得工资、薪金所得，劳务报酬所得，稿酬所得和特许权使用费所得，有扣缴义务人的，由扣缴义务人按月或者按次代扣代缴税款，不办理汇算清缴。

税务机关应根据扣缴义务人所扣缴的税款，支付2%的手续费，由扣缴义务人用于代扣代缴费用开支和奖励代扣代缴工作做得较好的办税人员。

二、个人所得税的自行申报

自行申报纳税是由纳税人自行在税法规定的纳税期限内，向税务机关申报取得的应税所得项目和数额，如实填写个人所得税纳税申报表，并按照税法规定计算应纳税额，据此缴纳个人所得税的一种方法。

（一）自行申报的范围

有下列情形之一的，纳税人应当依法办理纳税申报。

（1）取得综合所得需要办理汇算清缴。

所称取得综合所得需要办理汇算清缴，包括下列情形：① 在两处或者两处以上取得综合所得，且综合所得年收入额减去专项扣除的余额超过6万元；② 取得劳务报酬所得、稿酬所得、特许权使用费所得中一项或者多项所得，且综合所得年收入额减去专项扣除的余额超过6万元；③ 纳税年度内预缴税额低于应纳税额的；④ 纳税人申请退税。

（2）取得应税所得没有扣缴义务人。

（3）取得应税所得，扣缴义务人未扣缴税款。

（4）取得境外所得。

（5）因移居境外注销中国户籍。

（6）非居民个人在中国境内从两处以上取得工资、薪金所得。

（7）国务院规定的其他情形。

（二）纳税期限

1. 代扣代缴期限

扣缴义务人每月或者每次预扣、代扣的税款，应当在次月15日内缴入国库，并向税务机关报送扣缴个人所得税申报表。

居民个人取得综合所得，按年计算个人所得税；有扣缴义务人的，由扣缴义务人按月或者按次预扣预缴税款；需要办理汇算清缴的，应当在取得所得的次年3月1日至6月30日内办理汇算清缴。预扣预缴办法由国务院税务主管部门制定。

居民个人向扣缴义务人提供专项附加扣除信息的，扣缴义务人按月预扣预缴税款时应当按照规定予以扣除，不得拒绝。

2. 自行申报纳税期限

纳税人取得应税所得没有扣缴义务人的，应当在取得所得的次月15日内向税务机关报送纳税申报表，并缴纳税款。

纳税人取得应税所得，扣缴义务人未扣缴税款的，纳税人应当在取得所得的次年6月30日前，缴纳税款；税务机关通知限期缴纳的，纳税人应当按照期限缴纳税款。

居民个人从中国境外取得所得的，应当在取得所得的次年3月1日至6月30日内申报纳税。

非居民个人在中国境内从两处以上取得工资、薪金所得的，应当在取得所得的次月15日内申报纳税。

纳税人因移居境外注销中国户籍的，应当在注销中国户籍前办理税款清算。

纳税人取得经营所得，按年计算个人所得税，由纳税人在月度或者季度终了后15日内向税务机关报送纳税申报表，并预缴税款；在取得所得的次年3月31日前办理汇算清缴。

（三）纳税地点

纳税人办理纳税申报的地点及其他有关事项的管理办法，由国务院税务主管部门制定。

（1）需要办理汇算清缴的纳税人，应当向任职、受雇单位所在地主管税务机关办理纳税申报。纳税人有两处以上任职、受雇单位的，选择向其中一处任职、受雇单位所在地主管税务机关办理纳税申报；纳税人没有任职、受雇单位的，向户籍所在地或者经常居住地主管税务机关办理纳税申报。

（2）纳税人取得经营所得，向经营管理所在地主管税务机关办理纳税申报，从两处以上取得经营所得的，选择向其中一处经营管理所在地主管税务机关办理年度汇总申报。

（3）非居民个人取得工资、薪金所得，劳务报酬所得，稿酬所得，特许权使用费所得的，应当向扣缴义务人所在地主管税务机关办理纳税申报。

（4）居民个人从中国境外取得所得的，应当向中国境内任职、受雇单位所在地主管税务机关办理纳税申报；在中国境内没有任职、受雇单位的，向户籍所在地或者中国境内经常居住地主管税务机关办理纳税申报；户籍所在地与中国境内经常居住地不一致的，选择其中一地主管税务机关办理纳税申报。

（5）纳税人因移居境外注销中国户籍的，应当在申请注销中国户籍前，向户籍所在地主管税务机关办理纳税申报，进行税款清算。

（6）非居民个人在中国境内从两处以上取得工资、薪金所得的，应当向其中一处任职、受雇单位所在地主管税务机关办理纳税申报。

个人所得税扣缴申报表如表9-8所示。

表 9-8　个人所得税扣缴申报表

税款所属期：　　年　月　日至　　年　月　日

扣缴义务人名称：

扣缴义务人纳税人识别号（统一社会信用代码）：□□□□□□□□□□□□□□□□□□□□

金额单位：人民币元（列至角分）

							本月（次）情况														累计情况（工资、薪金）											税款计算							
							收入额计算				专项扣除				其他扣除									累计专项附加扣除															
序号	姓名	身份证件类型	身份证件号码	纳税人识别号	是否为非居民个人	所得项目	收入	费用	免税收入	减除费用	基本养老保险费	基本医疗保险费	失业保险费	住房公积金	年金	商业健康保险	税延养老保险	财产原值	允许扣除的税费	其他	累计收入额	累计减除费用	累计专项扣除	子女教育	赡养老人	住房贷款利息	住房租金	继续教育	累计其他扣除	减按计税比例	准予扣除的捐赠额	应纳税所得额	税率/预扣率	速算扣除数	应纳税额	减免税额	已扣缴税额	应补（退）税额	备注
1	2	3	4	5	6	7	8	9	10	11	12	13	14	15	16	17	18	19	20	21	22	23	24	25	26	27	28	29	30	31	32	33	34	35	36	37	38	39	40
合　计																																							

谨声明：本扣缴申报表是根据国家税收法律法规及相关规定填报的，是真实的、可靠的、完整的

扣缴义务人（签章）：　　　　年　月　日

代理机构签章： 代理机构统一社会信用代码： 经办人签字： 经办人身份证件号码：	受理人： 受理税务机关（章）： 受理日期：　　年　月　日

填表说明：

1. 第 8～21 列“本月（次）情况”：填写扣缴义务人当月（次）支付给纳税人的所得，以及按规定各所得项目当月（次）可扣除的减除费用、专项扣除、其他扣除等。其中，工资、薪金所得预扣预缴个人所得税时扣除的专项附加扣除，按照纳税年度内纳税人在该任职受雇单位截至当月可享受的各专项附加扣除项目的扣除总额，填写至“累计情况（工资薪金）”中第 25～29 列相应栏，本月情况中则无须填写。

（1）“收入额计算”：包含“收入”“费用”“免税收入”。

具体计算公式为

收入额=收入−费用−免税收入

① 第 8 列“收入”：填写当月（次）扣缴义务人支付给纳税人所得的总额。

② 第 9 列“费用”：仅限支付劳务报酬、稿酬、特许权使用费三项所得时填写，支付其他各项所得时无须填写本列。预扣预缴居民个人上述三项所得个人所得税时，每次收入不超过 4000 元的，费用填写 800 元；每次收入 4000 元以上的，费用按收入的 20%填写。扣缴非居民个人上述三项所得的个人所得税时，费用按收入的 20%填写。

③ 第 10 列“免税收入”：填写纳税人各所得项目收入总额中，包含的税法规定的免税

收入金额。其中，税法规定“稿酬所得的收入额减按 70%计算”，对稿酬所得的收入额减计的 30%部分，填入本列。

（2）第 11 列“减除费用”：仅限支付工资、薪金所得时填写。具体按税法规定的减除费用标准填写，如 2019 年为 5000 元/月。

（3）第 12～15 列“专项扣除”：分别填写按规定允许扣除的基本养老保险费、基本医疗保险费、失业保险费、住房公积金的金额。

（4）第 16～21 列“其他扣除”：分别填写按规定允许扣除的项目金额。

2．第 22～30 列“累计情况（工资、薪金）”：本栏仅适用于居民个人取得工资、薪金所得预扣预缴的情形，工资、薪金所得以外的项目无须填写。具体各列，按照纳税年度内居民个人在该任职受雇单位截至当前月份累计情况填报。

（1）第 22 列“累计收入额”：填写本纳税年度截至当前月份，扣缴义务人支付给纳税人的工资、薪金所得的累计收入额。

（2）第 23 列“累计减除费用”：按照 5000 元/月乘以纳税人当年在本单位的任职受雇月份数计算。

（3）第 24 列“累计专项扣除”：填写本年度截至当前月份，按规定允许扣除的“三险一金”的累计金额。

（4）第 25～29 列“累计专项附加扣除”：分别填写截至当前月份，纳税人按规定可享受的子女教育、赡养老人、住房贷款利息或者住房租金、继续教育扣除的累计金额。大病医疗扣除由纳税人在年度汇算清缴时办理，此处无须填报。

（5）第 30 列“累计其他扣除”：填写本年度截至当前月份，按规定允许扣除的年金（包括企业年金、职业年金）、商业健康保险、税延养老保险及其他扣除项目的累计金额。

3．第 31 列“减按计税比例”：填写按规定实行应纳税所得额减计税收优惠的减计比例。无减计规定的，可不填，系统默认为 100%。例如，某项税收政策实行减按 60%计入应纳税所得额，则本列填 60%。

4．第 32 列“准予扣除的捐赠额”：是指按照税法及相关法规、政策规定，可以在税前扣除的捐赠额。

5．第 33～39 列“税款计算”：填写扣缴义务人当月扣缴个人所得税款的计算情况。

（1）第 33 列“应纳税所得额”：根据相关列次计算填报。

① 居民个人取得工资、薪金所得，填写累计收入额减除累计减除费用、累计专项扣除、累计专项附加扣除、累计其他扣除、准予扣除的捐赠额后的余额。

② 非居民个人取得工资、薪金所得，填写收入额减去减除费用、准予扣除的捐赠额后的余额。

③ 居民个人或者非居民个人取得劳务报酬所得、稿酬所得、特许权使用费所得，填写本月（次）收入额减除可以扣除的税费、准予扣除的捐赠额后的余额。

④ 居民个人或者非居民个人取得利息、股息、红利所得和偶然所得，填写本月（次）收入额减除准予扣除的捐赠额后的余额。

⑤ 居民个人或者非居民个人取得财产租赁所得，填写本月（次）收入额减除允许扣除的税费、准予扣除的捐赠额后的余额。

⑥ 居民个人或者非居民个人取得财产转让所得，填写本月（次）收入额减除财产原值、

允许扣除的税费、准予扣除的捐赠额后的余额。

其中，适用“减按计税比例”的所得项目，其应纳税所得额按上述方法计算后乘以减按计税比例的金额填报。

（2）第34～35列“税率/预扣率”和“速算扣除数”：填写各所得项目按规定适用的税率（或者预扣率）和速算扣除数。没有速算扣除数的，则不填。

（3）第36列“应纳税额”：根据相关列次计算填报，具体计算公式为

应纳税额=应纳税所得额×税率（预扣率）-速算扣除数

（4）第37列“减免税额”：填写符合税法规定可减免的税额。居民个人工资、薪金所得，填写本年度累计减免税额；居民个人取得工资、薪金以外的所得或者非居民个人取得各项所得，填写本月（次）减免税额。

（5）第38列“已扣缴税额”：填写本年或者本月（次）纳税人同一所得项目，已由扣缴义务人实际扣缴的税款金额。

（6）第39列“应补（退）税额”：根据相关列次计算填报，具体计算公式为

应补（退）税额=应纳税额-减免税额-已扣缴税额

例9-24 本项目综合实训。

中国公民郑某是某科技有限公司的高管，2019年全年取得以下各项收入。

（1）工资收入300 000元，税法认可的专项扣除为50 000元，专项附加扣除为30 000元，其他扣除为10 000元。

（2）郑某还兼任另一家有限责任公司董事，2019年12月从该公司取得董事费收入120 000元。

（3）郑某从4月1日开始按市场价格出租一套居住房屋，每月收取不含增值税租金收入10 000元（仅考虑房产税，不考虑其他税费）。

（4）郑某通过拍卖行将一幅珍藏多年的名人书画拍卖，取得不含增值税收入500 000元，经主管税务机关核定郑某收藏该书画发生的费用为100 000元，拍卖时支付相关税费50 000元。

要求：计算郑某2019年应纳个人所得税，并填制个人所得税纳税申报表。

【解析】

（1）个人所得税计算如下。

综合所得=300 000+120 000×（1-20%）=396 000（元）

应纳个人所得税=[（396 000-60 000-50 000-30 000-10 000）×20%-16 920]=32 280（元）

租金应缴纳的个人所得税=（10 000-10 000×4%）×（1-20%）×10%×9=6912（元）

拍卖字画所得应缴纳个人所得税=（500 000-100 000-50 000）×20%=70 000（元）

（2）个人所得税申报表见本书教学参考资料。

技能测试题

在线测评

附录　综合实训——温州市茶山木业制造有限公司涉税业务会计处理

温州市茶山木业制造有限公司为增值税一般纳税人，从事木地板的生产、进口及销售，同时从事筷子生产经营，坐落在温州市高科路1号，纳税人识别号为330302001143392277。截至2019年12月31日，公司占地面积为10万平方米，房产原值为5000万元。2019年取得主营业务收入5000万元，其他业务收入600万元，营业外收入48万元，投资收益90万元；发生主营业务成本2800万元，其他业务成本400万元，营业外支出180万元；税金及附加400万元，管理费用400万元，销售费用1000万元，财务费用150万元。（注意：以下所有业务涉及会计损益类账户金额的，已包含在上述给出的已知条件中。）查看该公司2019年的业务，部分涉税事项如下。

（1）1月，本公司增资扩股，接受A公司的投资，收到A公司投入的办公楼一栋，作价1000万元，增值税100万元，收到A公司开具的增值税专用发票，双方于当月办理了产权过户手续。

（2）由于生产经营需要，5月向银行借款100万元，年利率为6%；6月向个人借款50万元，年利率为10%；10月因某项工程专门借款300万元，合同约定的利率为8%，年底工程尚未完工。

（3）2月，出租闲置的房屋一套，房产原值为200万元，收取年不含税租金12万，存入银行。

（4）2月，出售2015年购入的房屋一套，原值为400万元，不含税售价为500万元，该房屋地产评估机构评定的价格为400万元，发生评估费、房产交易中介费等1万元（不含交易过程中发生的税金）。

（5）2月，销售使用过的未抵扣过进项税额的固定资产，普通发票3.09万元。

（6）2月，从国内购进一辆汽车，取得增值税专用发票，价款为80万元，增值税为10.4万元。

（7）5月，购买矿泉水，用于职工饮用，取得增值税专用发票，价款为8万元，增值税为1.04万元。

（8）5月，购进一批油漆、修理零备件原材料，取得防伪税控系统开具的增值税专用发票上注明价款50万元；发生不含税运费2万元，取得运输企业开具的增值税专用发票；材料已验收入库。

（9）5月，购入原木取得防伪税控系统开具的增值税专用发票上注明的买价为118万元，税金为10.62万元。

（10）5月，销售自产豪华木地板45 000平方米，价格为280元/平方米，开具增值税专用发票，另外收取包装费 11.3 万元（开具普通发票）；本月另收取过期不退的木地板包装箱押金为 2.26 万元。

（11）5 月，将自产 A 型木地板 1000 平方米用于自己的办公室装修，3000 平方米用于奖励优秀员工，账面成本合计 20 万元。该 A 型地板没有同类销售价格。

（12）5 月，受托加工一批特制木地板（无同类售价），委托方提供橡木，合同列明材料成本 21 万元，收取加工费（不含税）11 万元，并开具增值税专用发票。本月完成生产，共交付委托方 1400 平方米橡木地板。

（13）5 月，将上月外购木地板 12 000 平方米（取得专用发票，注明价款 70 万元）全部用于生产 C 型漆饰木地板，销售给某商业贸易公司，本月收到对方开具的商业汇票，注明价税合计 101.7 万元；销售木地板时，支付运费，取得增值税专用发票，价款为 6 万元，增值税为 0.54 万元。

（14）5 月，将自产 B 型号木地板 2000 平方米无偿提供给某房地产公司，用于装修该房地产公司的样板间供客户参观，B 型地板的账面成本为 18 万元；出厂不含税售价为 160 元/平方米。

（15）5 月，进口一批西班牙橡木原木，关税完税价格为 120 万元，关税税率为 20%，取得海关开具的海关进口增值税专用缴款书；同期进口一批西班牙橡木地板，关税完税价格为 300 万元，关税税率为 30%。

（16）5 月，将进口的橡木加工成 E 型木地板，本月销售取得价税合计为 79.1 万元；部分橡木制作成工艺品，销售取得价税合计 49.72 万元。

（17）5 月，用部分原木的尾料加工成一次性木筷 10 000 箱对外销售，单箱不含税售价为 50 元；用进口橡木加工成 800 箱高档筷子，单箱不含税售价为 180 元，本月两种型号的筷子全部销售给某贸易公司，因为是长期客户，销售时一次给予 5%的折扣。

（18）购入安全生产专用设备，支付设备价款 100 万元，增值税进项税额为 13 万元，取得增值税专用发票。

（19）管理费用中业务招待费为 50 万元，支付给关联企业管理费 9 万元，企业研发支出 100 万元，计提用于环境保护的专项资金 29 万元。

（20）广告费支出 850 万元。

（21）资产减值准备金支出 100 万元，未经过核定。

（22）工资薪金总额为 800 万元，其中总经理张某月平均工资为 1 万元，年终奖为 2 万元；工会经费为 16 万元（有工会收据），职工福利费为 122 万元，职工教育经费为 69 万元。

（23）投资收益中，国债利息收入为 50 万元，投资于上市公司取得股息 30 万元，股票转让所得为 10 万元（不含税），该股票持有 5 个月时卖出。

（24）营业外支出中，由于管理不善，产品被盗，损失的产品生产成本为 50 万元，经测算，产品成本中外购原材料的比重占 60%，外购材料的增值税税率为 13%，损失已经税务审批核定；通过教育部门捐赠 80 万元，用于小学图书馆建设；非广告性质赞助支出 20 万元。

（25）根据董事会议决议，发放税后股利 100 万元，其中，股东张 A 能获得现金股利 2 万元。

已知：木地板和木制一次性筷子消费税税率和成本利润率均为 5%；取得增值税专用发

票已经通过税务机关认证，房产税减除标准为20%，城镇土地使用税单位税额为4元（暂不考虑年度中间增减情况），车购税税率为10%，契税税率为3%。

其他资料：题目中如未作说明，采购、销售等涉及款项收付的，均通过银行存款处理。在计算印花税时，涉及专用发票时，合同金额不含增值税，其他情况的合同金额视为含增值税。在计算个人所得税时，暂不考虑专项扣除、专项附加扣除，年终奖选择并入当年综合所得。2019年经税务机关认可的亏损是380万元。

要求，针对上述已知业务完成下列要求。

（1）计算该企业2019年的增值税、消费税、城市维护建设税及教育费附加、土地增值税、房产税、城镇土地使用税、印花税、企业所得税及代扣的个人所得税。

（2）编制相关的涉税分录。

（3）填制增值税纳税申报表、企业所得税纳税申报表。